Marzenie Celta

Mario Vargas Llosa

Marzenie Celta

przekład **Marzena Chrobak**

Wydawnictwo Znak · Kraków 2011

Tytuł oryginału
El sueño del celta

Copyright © Mario Vargas Llosa, 2010

Opracowanie graficzne
Katarzyna Borkowska
kb-design@02.pl

Fotografie na pierwszej stronie okładki
© Nico De Pasquale Photography/Getty Images
© Renee Keith/iStockphoto

Fotografia autora na czwartej stronie okładki
Copyright © RICHARD SMITH/CORBIS SYGMA/FotoChannels

Redakcja
Klementyna Suchanow

Adiustacja
Urszula Horecka

Korekta
Barbara Gąsiorowska
Barbara Wójcik

Opracowanie typograficzne
Daniel Malak

Łamanie
Jan Szczurek

Copyright © for the translation by Marzena Chrobak, 2011

ISBN 978-83-240-1817-8

znak

Książki z dobrej strony: www.znak.com.pl
Społeczny Instytut Wydawniczy Znak, 30-105 Kraków, ul. Kościuszki 37
Dział sprzedaży: tel. (12) 61 99 569, e-mail: czytelnicy@znak.com.pl

*Álvarowi, Gonzalowi i Morganie.
I Josefinie, Leandrowi,
Ariadnie, Aitanie, Isabelli i Anaís.*

Każdy z nas jest kolejno nie jednym, lecz wieloma. I te następujące po sobie osobowości, które wyłaniają się jedne z drugich, zazwyczaj wykazują najbardziej niespodziewane i zdumiewające kontrasty.

José Enrique Rodó, *Motivos de Proteo*

KONGO

I

Gdy otworzyły się drzwi celi, wraz ze snopem światła i przeciągiem wpadł hałas z ulicy tłumiony przez kamienne mury i Roger obudził się przestraszony. Mrugając powiekami, jeszcze wpółprzytomny, otrząsając się z resztek snu, dostrzegł we wnęce drzwi sylwetkę szeryfa. Na obrzękłej twarzy – jasne wąsy, złośliwe oczka – malowała się antypatia, której ów nigdy nie próbował ukryć. Ten to z pewnością będzie nieszczęśliwy, jeśli rząd angielski rozpatrzy pozytywnie jego wniosek o ułaskawienie.

– Widzenie – powiedział szeptem szeryf, nie spuszczając z niego wzroku.

Wstał, rozcierając ramiona. Jak długo spał? Jedną z udręk w Pentonville Prison była utrata poczucia czasu. W więzieniu w Brixton i w londyńskiej Tower słyszał dzwon wybijający półgodziny i godziny; tutaj grube mury nie wpuszczały do wnętrza odgłosu dzwonów z kościołów przy Caledonian Road ani wrzawy targu Islington, a strażnicy przy drzwiach skrupulatnie przestrzegali zakazu rozmowy z więźniem. Szeryf założył mu kajdanki i pokazał, by wyszedł przed nim. Czy adwokat przyniesie mu jakieś dobre wieści? Czy odbyło się posiedzenie gabinetu i podjęto decyzję? Być może wzrok szeryfa, jeszcze bardziej niż zwykle nabrzmiały niechęcią, oznacza złagodzenie kary.

Szedł długim korytarzem po posadzce z czerwonej cegły poczerniałej od brudu, mijając metalowe drzwi cel i wyblakłe ściany, w których co dwadzieścia lub dwadzieścia pięć kroków wysokie, zakratowane okno pozwalało dostrzec skrawek szarawego nieba. Skąd to dojmujące uczucie zimna? Był lipiec, środek lata, nie było powodu, by ciało cierpło mu jak pod dotknięciem lodowatej dłoni.

Przekraczając próg ciasnej salki przeznaczonej do widzeń, zmartwił się. Czekał na niego nie adwokat, mecenas George Gavan Duffy, lecz jeden z jego asystentów, młody blondyn o zmizerowanym wyglądzie i wystających kościach policzkowych, ubrany jak fircyk, którego widział podczas czterech dni procesu, gdy nosił papiery adwokatom. Dlaczego mecenas Gavan Duffy nie stawił się osobiście, tylko wysyłał aplikanta?

Młodzieniec obrzucił go zimnym spojrzeniem. W jego źrenicach były gniew i odraza. O co chodziło temu imbecylowi? „Patrzy na mnie jak na jakąś łasicę" – pomyślał Roger.

– Coś nowego?

Młodzieniec pokręcił głową. Wziął głęboki wdech.

– W sprawie wniosku o ułaskawienie jeszcze nic nie wiadomo – wymamrotał sucho, wykrzywiając twarz w grymasie, który jeszcze bardziej upodabniał go do upiora. – Trzeba poczekać, aż zbierze się Rada Ministrów.

Rogera irytowała obecność szeryfa i drugiego strażnika w ciasnej rozmównicy. Choć zachowywali milczenie i bezruch, wiedział, że łowią każde jego słowo. Ta świadomość przygniatała mu pierś i utrudniała oddychanie.

– Jednakże biorąc pod uwagę ostatnie wydarzenia – dodał młody blondyn, mrugając po raz pierwszy powiekami i przesadnie otwierając i zamykając usta – wszystko się skomplikowało.

– Do Pentonville Prison nie docierają wiadomości z zewnątrz. Co takiego się stało?

Może niemiecka Admiralicja postanowiła wreszcie zaatakować Wielką Brytanię i wysłała desant na irlandzkie wybrzeże? Może wymarzona inwazja właśnie trwała i armaty kajzera mściły w tym momencie irlandzkich patriotów rozstrzelanych przez Anglików po upadku powstania wielkanocnego? Jeśli wojna przybrała taki obrót, jego plany, mimo wszystko, zyskiwały szansę realizacji.

— Wszystko się skomplikowało, nie wiadomo, czy w ogóle cokolwiek się uda — powtórzył aplikant.

Był blady, powściągał gniew, Roger odgadywał kształt jego czaszki pod papierową skórą. Czuł, że szeryf uśmiecha się za jego plecami.

— O czym pan mówi? Mecenas Gavan Duffy był optymistą co do wniosku. Co takiego się wydarzyło, że zmienił zdanie?

— Pańskie dzienniki — powiedział młodzian, skandując sylabę po sylabie, z kolejnym grymasem niechęci. Zniżył głos i Roger ledwie dosłyszał jego słowa. — Odkrył je Scotland Yard w pańskim domu przy Ebury Street. — Zamilkł na długą chwilę, czekając na komentarz Rogera, gdy jednak ów nie odezwał się, dał upust swemu oburzeniu, krzywiąc usta: — Jak pan mógł zachować się tak nieroztropnie, poczciwy człowieku! — mówił powoli, co podkreślało jego wściekłość. — Jak pan mógł powierzyć atramentowi i papierowi takie rzeczy, poczciwy człowieku! A skoro już pan to zrobił, jak pan mógł nie powziąć elementarnych środków ostrożności i nie zniszczyć dzienników, zanim zaczął pan spiskować przeciwko Imperium Brytyjskiemu!

„Ten gołowąs obraża mnie, nazywając »poczciwym człowiekiem«" — pomyślał Roger. Zmanierowany młodzik był źle wychowany, zwracając się tak do rozmówcy starszego od siebie co najmniej dwukrotnie.

— Ich fragmenty krążą teraz po całym mieście — dodał aplikant nieco spokojniej, choć nadal z niechęcią, nie patrząc już na niego. — W Admiralicji rzecznik ministra kapitan Reginald Hall osobiście wręczył kopie dziesiątkom dziennikarzy. Cały Londyn je czyta. Są w parlamencie, w Izbie Lordów, w klubach liberałów i konserwatystów, w redakcjach, w kościołach. W mieście mówi się tylko o nich.

Roger nie odzywał się. Nie wykonał żadnego ruchu. Ponownie ogarnęło go owo dziwne uczucie, powracające wielokrotnie w ciągu ostatnich miesięcy, począwszy od tamtego szarego deszczowego poranka w kwietniu tysiąc dziewięćset szesnastego roku, gdy aresztowano go, zziębniętego do szpiku kości, w ruinach McKenna's Fort, na południu Irlandii: nie chodziło o niego, mówiono o kimś innym, to komuś innemu przydarzały się te wszystkie rzeczy.

– Wiem doskonale, że pańskie życie prywatne nie jest sprawą ani moją, ani pana Gavana Duffy'ego, ani nikogo innego – ciągnął młodzik, starając się pohamować gniew pobrzmiewający w jego głosie. – Moja wizyta ma charakter wyłącznie służbowy. Pan Gavan Duffy chciał zapoznać pana z aktualną sytuacją. I uprzedzić. To, co się wydarzyło, może zaważyć na losach wniosku o ułaskawienie. Tego ranka w niektórych gazetach ukazały się już komentarze na temat zawartości pańskich dzienników. Niewykluczone, że wywrze to wpływ na opinię publiczną przychylną pańskiemu wnioskowi. To oczywiście tylko zwykłe przypuszczenie. Mecenas Gavan Duffy będzie pana informował na bieżąco. Czy życzy pan sobie, bym mu coś przekazał?

Więzień zaprzeczył ledwie dostrzegalnym ruchem głowy. W tej samej chwili odwrócił się na pięcie i stanął przed drzwiami rozmównicy. Szeryf dał znak strażnikowi, a ów odsunął ciężki rygiel i drzwi się otworzyły. Powrót do celi przeciągał się w nieskończoność. Kroczył długim korytarzem z poczerniałej cegły z wrażeniem, że zaraz się potknie, upadnie twarzą na wilgotny kamień i nie wstanie więcej. Dochodząc do metalowych drzwi, przypomniał sobie, że w dniu gdy przywieziono go do Pentonville Prison, szeryf powiedział mu, że wszyscy lokatorzy tej celi, bez wyjątku, skończyli na szubienicy.

– Będę mógł się dzisiaj wykąpać? – zapytał przed wejściem.

Otyły szeryf pokręcił głową, patrząc mu w oczy z takim samym obrzydzeniem, jakie Roger zauważył we wzroku aplikanta.

– Będzie się pan mógł wykąpać dopiero w dniu egzekucji – oznajmił, smakując każde słowo. – I to tylko wtedy, jeśli taka będzie pana ostatnia wola. Niektórzy od kąpieli wolą dobrą kolację. Mr Ellis jest z tego niezadowolony, ponieważ potem srają na widok sznura. I trzeba po nich sprzątać. Mr Ellis to kat, do pańskiej wiadomości.

Gdy usłyszał za plecami dźwięk zamykanych drzwi, opadł na pryczę i zamknął oczy. Przyjemnie byłoby poczuć zimną wodę na ciele, czuć, jak sztywnieje i sinieje z zimna. W Pentonville Prison więźniowie, z wyjątkiem skazanych na śmierć, mogli myć się mydłem raz na tydzień w strużce zimnej wody z zardzewiałej rury. Jednak warunki w celi były znośne. Przypomniał sobie z dreszczem odrazy brud panujący w więzieniu w Brixton, gdzie natychmiast oblazły go wszy i pchły rojące się w sienniku, pozostawiając setki śladów po ugryzieniach na plecach, nogach i rękach. Starał się myśleć tylko o nich, lecz bez przerwy stawała mu przed oczami twarz pełna niechęci, a w uszach brzmiał pełen nienawiści głos jasnowłosego aplikanta w stroju jak z żurnala, którego wysłał mecenas Gavan Duffy, zamiast osobiście przynieść mu złe wieści.

II

Ze swoich narodzin, pierwszego września tysiąc osiemset sześćdziesiątego czwartego roku, w Doyle's Cottage, Lawson Terrace, w Sandycove na przedmieściach Dublina, nie pamiętał, rzecz jasna, niczego. Chociaż zawsze wiedział, że przyszedł na świat w stolicy Irlandii, przez sporą część życia powtarzał to, co wpoił mu ojciec kapitan Roger Casement, odznaczony po ośmiu latach służby w Trzecim Pułku Szwoleżerów w Indiach: że jego prawdziwą kolebką jest hrabstwo Antrim, w sercu Ulsteru, protestanckiej i probrytyjskiej Irlandii, gdzie ród Casementów osiadł w wieku osiemnastym.

Roger został wychowany i wykształcony jako anglikanin, członek Kościoła Irlandii, podobnie jak jego rodzeństwo, Agnes (Nina), Charles i Tom – wszyscy troje starsi od niego – lecz zanim jeszcze osiągnął wiek rozumu, intuicja podpowiadała mu, że w kwestiach religijnych jego rodzina nie jest tak jednomyślna jak w innych. Nawet kilkuletnie dziecko nie mogło nie zauważyć, że w towarzystwie sióstr i szkockich kuzynów matka zachowuje się tak, jakby coś ukrywała. Jej tajemnicę odkrył jako nastolatek: chociaż na pozór, aby wyjść za jego ojca, Anne Jephson nawróciła się na protestantyzm, w ukryciu przed mężem nadal pozostała katoliczką (papistką, jak by powiedział kapitan Casement), chodziła do spowiedzi, na mszę i do komunii, a nawet –

co było najbardziej strzeżonym sekretem – on sam został ochrzczony jako katolik po ukończeniu czterech lat, podczas wakacyjnego wyjazdu całej gromadki do Rhyl w północnej Walii, gdzie mieszkały ciotki i wujowie ze strony matki.

W tamtych latach, w Dublinie czy podczas pobytów w Londynie i w Jersey, religia nie interesowała Rogera ani odrobinę, chociaż – by nie sprawiać przykrości ojcu – podczas niedzielnego nabożeństwa modlił się, śpiewał i z szacunkiem słuchał słów pastora. Matka dawała mu lekcje fortepianu, a czysty i wykształcony głos zyskiwał aplauz na rodzinnych spotkaniach, gdy intonował dawne ballady irlandzkie.

W owym czasie tak naprawdę interesowały go głównie historie, które w chwilach dobrego nastroju kapitan Casement opowiadał jemu i jego rodzeństwu. Historie z Indii i z Afganistanu, zwłaszcza o bitwach z Afgańczykami i Sikhami. Owe egzotyczne nazwy i pejzaże, owe podróże przez dżunglę i przez góry, gdzie kryły się skarby, dzikie bestie, inne zwierzęta, pradawne ludy o dziwacznych zwyczajach, barbarzyńscy bogowie, rozpalały wyobraźnię. Jego braci opowieści te niekiedy nudziły, lecz mały Roger mógłby całymi dniami słuchać o przygodach ojca na odległych rubieżach Imperium.

Gdy nauczył się czytać, lubił zanurzać się w historie wielkich odkrywców, wikingów, Portugalczyków, Anglików i Hiszpanów, przemierzających oceany całej planety i obalających mity o tym, że gdy żeglarze dotrą do pewnego punktu, wody morskie zaczynają wrzeć, otwierają się otchłanie i wynurzają lewiatany, w których paszczy mieści się cały statek. Chociaż gdy miał wybierać między słuchaniem a czytaniem, Roger zawsze wolał opowieści ojca. Kapitan Casement miał ciepły głos i bogate słownictwo, plastycznie i żywo opisywał indyjską dżunglę czy skalistą przełęcz Chajber w Afganistanie, gdzie jego kompania lekkokonnych wpadła kiedyś w zasadzkę zastawioną przez fanatyków w turbanach, którym dzielni angielscy żołnierze stawili czoło najpierw za pomocą karabinów, następnie bagnetów, a wreszcie noży i gołych rąk, aż zmusili ich do sromotnego odwrotu. Jednak to nie walki najbardziej rozpalały wyobraźnię małego Rogera, tylko podróże, przedzieranie się przez tereny, gdzie nigdy wcześniej nie stanęła stopa białego człowieka, dokonywanie cudów wytrwałości, pokonywanie przeszkód natury. Ojciec lubił zabawiać swe dzieci, lecz potrafił też być wobec nich bardzo surowy i nie wahał się przed chłostaniem ich, nawet Niny, dziewczynki, za różne przewinienia; taką karę stosowano w wojsku, a doświadczenie pokazało mu, że to jedyna skuteczna kara.

Choć Roger podziwiał swego ojca, tak naprawdę kochał tylko matkę, tę smukłą kobietę, która zdawała się raczej płynąć w powietrzu, niż chodzić, jasnooką i jasnowłosą, której dłonie, tak delikatne, gdy wsuwała je w kędziory jego włosów lub głaskała podczas kąpieli, napełniały go poczuciem najwyższego szczęścia. Jedną z pierwszych rzeczy, jakich miał się nauczyć – miał wtedy pięć czy sześć lat? – było to, że chronić się w ramionach matki może tylko wówczas, gdy kapitana nie ma w pobliżu. Ów, wierny purytańskiej tradycji swej rodziny, nie był zwolennikiem rozpieszczania dzieci, które czyniło je mięczakami i osłabiało w walce o życie. W obecności ojca Roger utrzymywał dystans wobec bladej i delikatnej Anne Jephson. Jednakże gdy tylko rodziciel wychodził do klubu, na spotkanie z przyjaciółmi lub na przejażdżkę, biegł do niej, a ona obsypywała go całusami i pieszczotami. Niekiedy Charles, Nina i Tom protestowali: „Rogera kochasz bardziej niż nas". Matka zapewniała ich wówczas, że nie, że kocha wszystkich jednakowo, lecz najmłodszy synek wymaga więcej uwagi i czułości niż starsze dzieci.

Gdy zmarła, w tysiąc osiemset siedemdziesiątym trzecim roku, Roger miał dziewięć lat. Umiał już pływać i wygrywał w zawodach z rówieśnikami, a nawet starszymi kolegami. W odróżnieniu od Niny, Charlesa i Toma, którzy wylali morze łez podczas czuwania i pogrzebu Anne Jephson, Roger nie zapłakał ani razu. W owych ponurych dniach dom Casementów przerodził się w kaplicę pełną ludzi w żałobie ze ściągniętymi bólem twarzami, którzy mówili przyciszonym głosem i obejmowali kapitana Casementa i czwórkę jego dzieci, składając im kondolencje. Przez kilkanaście dni nie mógł wydobyć z siebie ani słowa, jakby nagle oniemiał. Odpowiadał na pytania ruchami głowy lub gestami, był poważny, ze spuszczoną głową i nieobecnym spojrzeniem; przesiadywał tak nawet nocami, w ciemnym pokoju, nie mogąc zasnąć. Od tego czasu przez całe życie postać Anne Jephson miała przychodzić do niego w snach, z zachęcającym uśmiechem, rozkładając ramiona, w których chronił się przepełniony poczuciem bezpieczeństwa i błogości, podczas gdy smukłe palce przebiegały po jego głowie, plecach, policzkach, wznosząc barierę ochronną przed nikczemnościami świata.

Jego bracia szybko się pocieszyli. Roger także, lecz tylko pozornie. Chociaż odzyskał mowę, nigdy nie poruszał tematu śmierci matki. Gdy ktoś z rodziny wspominał mu o niej, milkł i zamykał się w sobie do momentu, aż rozmówca zmienił temat. Podczas bezsennych nocy wyczuwał w ciemnościach obecność cienia nieszczęsnej Anne Jephson przyglądającego się mu ze smutkiem.

Niepocieszony i zmieniony na zawsze pozostał kapitan Roger Casement. Jako że nie był wylewny i ani Roger, ani jego rodzeństwo nigdy nie widzieli, by okazywał czułość ich matce, cała czwórka ze zdumieniem zauważyła, że odejście małżonki stanowiło dlań prawdziwy kataklizm. Zawsze tak zadbany, chodził teraz ubrany byle jak, zarośnięty, chmurny, patrząc na dzieci z urazą, jakby to one ponosiły winę za jego owdowienie. Wkrótce po śmierci Anne postanowił opuścić Dublin, a dzieci wysłał do Ulsteru, do Magherintemple House, siedziby rodu, gdzie odtąd jego stryjeczny dziadek John Casement i jego żona Charlotte mieli zajmować się wychowaniem całej czwórki. Ojciec, jakby nie chcąc brać w tym udziału, zamieszkał czterdzieści kilometrów dalej, w Adair Arms Hotel w Ballymena, gdzie – jak wymykało się niekiedy dziadkowi Johnowi – kapitan Casement „na wpół oszalały z bólu i samotności", dniami i nocami oddawał się praktykom spirytualistycznym, próbując porozumieć się ze zmarłą za pośrednictwem medium, kart i szklanej kuli.

Od tego czasu Roger rzadko widywał ojca i nigdy więcej nie usłyszał z jego ust opowieści o Indiach i Afganistanie. Kapitan Roger Casement zmarł na suchoty w roku tysiąc osiemset siedemdziesiątym szóstym, trzy lata po małżonce. Roger skończył właśnie dwanaście lat. W Ballymena Diocesan School, dokąd uczęszczał przez trzy lata, był uczniem roztargnionym i przeciętnym, nie licząc łaciny, francuskiego i starożytnej historii, w których to przedmiotach celował. Pisywał wiersze, stale chodził zamyślony, pochłaniał książki o podróżach po Afryce i Dalekim Wschodzie. Uprawiał sporty, zwłaszcza pływanie. Weekendy spędzał w zamku Galgorm, należącym do rodziny Youngów, zapraszany przez kolegę z klasy. Więcej czasu niż z nim spędzał jednak z Rose Maud Young, piękną, wykształconą pisarką, która przemierzała wioski rybaków i rolników hrabstwa Antrim, zbierając utwory poetyckie, legendy i piosenki w języku gaelickim. To z jej ust usłyszał po raz pierwszy o epickich waśniach i bojach z mitologii irlandzkiej. Zamek z czarnego kamienia, z basztami, herbami, kominkami i fasadą jak w katedrze został wzniesiony w osiemnastym wieku przez teologa o posępnym obliczu – wedle portretu w holu – Alexandra Colville'a, o którym szeptano w Ballymena, że zawarł pakt z diabłem i jego duch błąka się po domostwie. Kilkakrotnie, księżycową nocą, cały drżący, Roger wyruszał na jego poszukiwanie po pustych komnatach i mrocznych korytarzach, lecz nigdy go nie spotkał.

Dopiero wiele lat później miał poczuć się swobodnie w Magherintemple House, siedzibie Casementów, dawnej kancelarii anglikańskiej parafii Culfeightrin, noszącej wówczas miano Churchfield. Kiedy bowiem mieszkał tam w okresie między dziewiątymi a piętnastymi urodzinami, ze stryjecznym dziadkiem Johnem, stryjeczną babką Charlotte i pozostałymi krewnymi ojca, zawsze czuł się nieswojo w tym przytłaczającym gmachu z szarego kamienia, o trzech piętrach, ścianach pokrytych bluszczem, neogotyckim dachu, wysokich stropach i z kotarami, za którymi zdawały się ukrywać duchy. Przestronne komnaty, długie korytarze, klatki schodowe o wytartych drewnianych poręczach i skrzypiących schodach pogłębiały jego samotność. Wolał przebywać na zewnątrz, między krzepkimi wiązami, sykomorami i drzewami morelowymi opierającymi się porywistym wichrom czy na łagodnych wzgórzach, gdzie pasły się krowy i owce i skąd roztaczał się widok na miejscowość Ballycastle, morze, skały naprzeciw wyspy Rathlin, a w pogodne dni dostrzegało się nawet zamglony kontur Szkocji. Często wyprawiał się do pobliskich wiosek Cushendun i Cushendall, jakby żywcem wyjętych z irlandzkich legend, i do dziewięciu glen Irlandii Północnej, tych wąskich dolin o skalistych zboczach, nad których szczytami zataczały kręgi orły; widok ów budził w nim zawsze odwagę i uniesienie. Jego ulubioną rozrywką były wycieczki po tej surowej krainie zamieszkanej przez chłopów tak wiekowych jak krajobraz, wśród których trafiali się jeszcze tacy, co rozmawiali między sobą po staroirlandzku; stryjeczny dziadek John i jego przyjaciele szydzili niekiedy z tego narzecza. Ani Charles, ani Tom nie podzielali zapału Rogera do życia na świeżym powietrzu, nie pociągały ich wędrówki na przełaj i wspinaczki po stromych zboczach Antrim, za to Nina owszem, i dlatego właśnie, choć była starsza od niego o osiem lat, to ją lubił najbardziej i to z nią zawsze miał się najlepiej dogadywać. Wielokrotnie wyprawiał się z nią aż do najeżonej czarnymi skałami zatoki Murlough, na małą kamienistą plażę, u stóp Glenshesk, której wspomnienie miało mu towarzyszyć przez całe życie; w listach do rodziny będzie o niej zawsze pisał: „ten rajski zakątek".

Jeszcze bardziej niż piesze wędrówki Roger uwielbiał letnie wakacje. Spędzał je w Liverpoolu, u ciotki Grace, siostry matki, w której domu czuł się kochany i mile widziany, przez *aunt* Grace, rzecz jasna, lecz także przez jej męża wuja Edwarda Bannistera, który przemierzył sporą połać świata i odbywał podróże handlowe do Afryki. Pracował w marynarce handlowej, dla Elder Dempster Line, przewożącej towary i pasażerów między Wielką Brytanią a Afryką Zachodnią. Dzieci ciotki Grace i wuja Edwarda, jego kuzyni, byli lepszymi towarzyszami zabaw niż jego właśni bracia, zwłaszcza kuzynka Gertrude

Bannister, Gee, z którą od najmłodszych lat łączyła go bliska zażyłość niezacieniona najmniejszą chmurką. Byli tak zżyci, że Nina zażartowała kiedyś: "Pewnego dnia się pobierzecie". Gee roześmiała się, lecz Roger zarumienił się po same uszy. Ze spuszczonym wzrokiem wybełkotał: "No nie, nie, nie opowiadaj takich głupot".

Podczas tych pobytów w Liverpoolu, w domu kuzynostwa, Roger przezwyciężał niekiedy nieśmiałość i wypytywał wuja Edwarda o Afrykę, kontynent, o którym sama wzmianka napełniała mu głowę obrazami dżungli, dzikich zwierząt, przygód i nieulękłych podróżników. Dzięki wujowi Edwardowi Bannisterowi po raz pierwszy usłyszał o doktorze Davidzie Livingstonie, szkockim lekarzu i misjonarzu, który od lat eksplorował Czarny Ląd, podróżując wzdłuż rzek takich jak Zambezi i Shire, nadając imiona górom i ostępom, niosąc chrześcijaństwo dzikim plemionom. Był pierwszym Europejczykiem, który przemierzył Afrykę wszerz, pierwszym, który przebył pustynię Kalahari; największym bohaterem Imperium Brytyjskiego. Roger śnił o nim, czytał broszury z opisem jego czynów i marzył o tym, by wziąć udział w tych ekspedycjach, u jego boku stawiać czoło niebezpieczeństwom, pomagać w szerzeniu wiary chrześcijańskiej wśród tych pogan tkwiących jeszcze w epoce kamiennej. Gdy doktor Livingstone, poszukujący źródeł Nilu, zaginął w dżungli, Roger miał dwa lata. Gdy w roku tysiąc osiemset siedemdziesiątym drugim inny legendarny poszukiwacz przygód i podróżnik Henry Morton Stanley, pracujący dla pewnej nowojorskiej gazety reporter walijskiego pochodzenia, wynurzył się z dżungli, oznajmiając, że odnalazł doktora Livingstone'a żywego, Roger właśnie skończył osiem lat. Przeżywał tę powieściową historię ze zdumieniem i zazdrością. A gdy rok później nadeszła wieść, że doktor Livingstone, który nigdy nie zgodził się na opuszczenie afrykańskiej ziemi i powrót do Anglii, zmarł, Roger poczuł się, jakby stracił ukochanego krewniaka. Gdy dorośnie, on też będzie podróżnikiem, jak ci tytani, Livingstone i Stanley, którzy przesuwali granice Zachodu i żyli w sposób tak niezwykły.

Gdy Roger skończył piętnaście lat, stryjeczny dziadek John Casement zdecydował, że przerwie naukę i poszuka pracy, jako że ani on, ani jego bracia nie mieli żadnej renty, z której mogliby żyć. Przystał na to z ochotą. Wspólnie postanowili, że uda się do Liverpoolu, gdzie możliwości pracy było więcej niż w Irlandii Północnej. I rzeczywiście, wkrótce po przyjeździe do Bannisterów wuj Edward znalazł mu posadę w tej samej kompanii, w której sam pracował od tylu lat. Roger zaczął staż niedługo po swych piętnastych urodzinach. Wyglądał na starszego. Był bardzo wysoki, szczupły, miał głębokie szare oczy, czarne kręcone włosy, jasną cerę, równe zęby, był powściągliwy, dyskretny, schludny, sympatyczny i uczynny. Mówił po angielsku z leciutkim irlandzkim akcentem, z czego żartowali kuzyni.

Był chłopcem poważnym, pilnym, lakonicznym, niezbyt dobrze przygotowanym intelektualnie, lecz pracowitym. Zdecydowany uczyć się potraktował swe obowiązki w kompanii bardzo poważnie. Umieścili go w dziale administracji i księgowości. Na początku wykonywał obowiązki gońca. Nosił dokumenty z jednego biura do drugiego, chodził do portu załatwiać formalności na statkach, w biurach celnych i w magazynach. Szefowie cenili go. Przez cztery lata pracy w Elder Dempster Line nie nawiązał z nikim bliższego kontaktu z powodu sposobu bycia pełnego rezerwy i purytańskich obyczajów: był wrogiem pijatyk, prawie nie brał do ust alkoholu, nigdy nie widziano go w portowych knajpach czy lupanarach. Stał się za to zatwardziałym palaczem. Jego namiętność do Afryki i pragnienie zasłużenia się dla firmy skłoniły go do uważnego czytania i komentowania broszur oraz publikacji krążących po biurach związanych z handlem morskim między Imperium Brytyjskim a Afryką Zachodnią. Powtarzał potem poglądy w nich zawarte święcie przekonany o ich słuszności. Dostarczanie do Afryki produktów europejskich oraz sprowadzanie surowców pochodzących z afrykańskiej ziemi było czymś więcej niż zwykłą operacją handlową, było przedsięwzięciem na rzecz krzewienia postępu wśród ludów tkwiących w prehistorii, praktykujących kanibalizm i niewolnictwo. Handel niósł na Czarny Ląd religię, moralność, prawo, wartości nowożytnej Europy wykształconej, wolnej i demokratycznej, postęp, który pewnego dnia przekształci nieszczęsnych dzikusów w mężczyzn i kobiety naszych czasów. W przedsięwzięciu tym Imperium Brytyjskie kroczyło w awangardzie europejskiej i należało czuć się dumnym z brania udziału w nim i z pracy wykonywanej w Elder Dempster Line. Koledzy z biura wymieniali kpiące spojrzenia, zastanawiając się, czy młody Roger Casement jest durniem czy spryciarzem, czy wierzy w te bzdury, czy głosi je, by przypochlebić się szefom.

Przez te cztery lata pracy w Liverpoolu Roger mieszkał u wujostwa, którym oddawał część swojej pensji i którzy traktowali go jak syna. Z kuzynami dogadywał się bardzo dobrze, zwłaszcza z Gertrude – przy ładnej pogodzie chodził z nią w niedziele i święta wiosłować lub wędkować lub czytywał jej coś na głos przy kominku, jeśli padało. Ich związek był braterski, całkowicie pozbawiony dwuznaczności czy kokieterii. Gertrude była pierwszą osobą, której pokazał pisywane w tajemnicy wiersze. Po kilku latach znał na pamięć trajektorie statków kompanii i zanim jeszcze postawił stopę w pierwszym afrykańskim porcie, opowiadał o nich, jakby całe życie spędził pośród tamtejszych biur i placówek handlowych, formalności, obyczajów i mieszkańców.

Odbył trzy podróże do Afryki Zachodniej na pokładzie SS „Bounny" i doświadczenie to zachwyciło go do tego stopnia, że po trzecim rejsie wymówił posadę i oznajmił rodzeństwu, wujostwu i kuzynostwu, że postanowił wyjechać do Afryki. Uczynił to tonem egzaltowanym, w duchu, jak skomentował wuj Edward, „owych krzyżowców, którzy w średniowieczu wyruszali na Wschód, by wyzwolić Jerozolimę". Rodzina odprowadziła go do portu, Gee i Nina popłakały się. Roger ukończył niedawno dwadzieścia lat.

III

Kiedy szeryf otworzył drzwi celi i zmiażdżył go wzrokiem, Roger przypominał sobie właśnie ze wstydem, że zawsze był zwolennikiem kary śmierci. Oznajmił to publicznie kilka lat temu, w *Raporcie na temat Amazonii* przygotowanym dla Ministerstwa Spraw Zagranicznych i wydanym pod tytułem *Blue Book*, domagając się dla Julia Césara Arany, peruwiańskiego króla kauczukowego w Putumayo, przykładnej kary: „Gdyby udało się nam doprowadzić do tego, by zawisł na szubienicy za swe potworne zbrodnie, byłby to początek kresu owego niekończącego się męczeństwa i piekielnych prześladowań nieszczęsnych tubylców". Nie napisałby dziś tych samych słów. Przypomniał sobie też niemiłe uczucie, które budziło się w nim, gdy wchodząc do jakiegoś domu, odkrywał klatkę z ptakami. Uwięzione kanarki, szczygły i papugi zawsze wydawały mu się ofiarami niepotrzebnego okrucieństwa.

– Widzenie – powiedział szeptem szeryf, obserwując go z tą samą pogardą, którą słychać było w jego głosie. Podczas gdy Roger wstawał i otrzepywał więzienny strój, dodał szyderczo: – Dzisiaj znowu jest pan w prasie, panie Casement. Nie jako zdrajca ojczyzny...

– Moją ojczyzną jest Irlandia – przerwał.

- ... tylko jako nikczemnik – szeryf mlaskał językiem, jakby miał zaraz splunąć. – Zdrajca i łotr w jednej osobie. Co za plugastwo! Z przyjemnością zobaczę pana dyndającego na stryczku, eks-*sir* Roger.
– Czy rząd odrzucił mój wniosek o ułaskawienie?
– Jeszcze nie – odpowiedział z ociąganiem szeryf. – Ale odrzuci. Jego Królewska Wysokość także, rzecz jasna.
– Jego nie poproszę o łaskę. To wasz król, nie mój.
– Irlandia jest brytyjska – szepnął szeryf. – Bardziej niż kiedykolwiek przedtem, po tym jak zdławiliśmy to tchórzliwe powstanie wielkanocne w Dublinie. Cios w plecy zadany państwu w stanie wojny. Ja bym nie rozstrzeliwał przywódców, tylko powiesił.

Zamilkł, bo doszli do rozmównicy.

To nie ojciec Carey, katolicki kapelan Pentonville Prison, przyszedł go odwiedzić, lecz Gertrude, Gee, jego kuzynka. Objęła go mocno i Roger poczuł, że drży w jego ramionach. Przywodziła na myśl spłoszonego ptaka. Jakże się postarzała od czasu jego uwięzienia i procesu. Przypomniał sobie figlarną i pełną animuszu dziewczynkę z Liverpoolu, atrakcyjną, kochającą życie kobietę z Londynu, którą przyjaciele zwali pieszczotliwie Hoppy ze względu na to, że utykała, zdrową, silną i pewną siebie osobę sprzed kilku lat. Stała teraz przed nim zalękniona i schorowana staruszka. Jasne światło jej oczu zgasło, twarz, szyję i dłonie pokrywały zmarszczki. Ubierała się w znoszone suknie w ciemnych barwach.

– Pewnie cuchnę, jakbym wyszedł z rynsztoka – zażartował Roger, pokazując na włochatą niebieską bluzę. – Odebrali mi prawo do kąpieli. Pozwolą mi na jedną przed samą egzekucją.

– Nie będzie egzekucji, Rada Ministrów ułaskawi cię – stwierdziła Gertrude, ruchem głowy dodając mocy swym słowom. – Prezydent Wilson wstawi się za tobą u brytyjskiego rządu, Rogerze. Obiecał, że wyśle telegram. Ułaskawią cię, nie dojdzie do egzekucji, uwierz mi.

Mówiła tonem tak pełnym napięcia i tak łamiącym się głosem, że Rogerowi zrobiło się jej ogromnie żal, jej i wszystkich przyjaciół, których tak jak Gee dręczył niepokój i niepewność. Miał ochotę zapytać ją o ataki w prasie, o których napomknął szeryf, lecz powstrzymał się. Prezydent Stanów Zjednoczonych wstawi się za nim? To zapewne inicjatywa Johna Devoya i innych przyjaciół z Clan na Gael. Jeśli to uczyni, jego gest z pewnością przyniesie skutek. Nadal istniała możliwość, że rząd zamieni karę śmierci na inną.

Nie było gdzie usiąść, Roger i Gertrude stali blisko siebie odwróceni plecami do szeryfa i strażnika. Obecność czterech osób w ciasnej rozmównicy pogłębiała uczucie klaustrofobii.

– Gavan Duffy powiedział mi, że wyrzucili cię z Queen Anne's. Wiem, że to przeze mnie. Najmocniej cię przepraszam, kochana Gee. Przysparzanie ci problemów to ostatnia rzecz, jakiej byłbym sobie życzył.

– Nie wyrzucili mnie, poprosili, żebym zgodziła się na rozwiązanie umowy. I dali mi czterdzieści funtów odprawy. Nie szkodzi. Dzięki temu miałam więcej czasu, by pomóc Alice Stopford Green w staraniach o ocalenie ci życia. To jest teraz najważniejsze.

Wzięła kuzyna za rękę i uścisnęła ją z czułością. Przez wiele lat uczyła w szkole przy Queen Anne's Hospital w Caversham, dochodząc do stanowiska zastępcy dyrektora. Zawsze lubiła swoją pracę, z której wielokrotnie przytaczała zabawne anegdoty w listach do Rogera. Teraz z powodu pokrewieństwa z zadżumionym zostanie bezrobotna. Czy będzie miała z czego żyć? Kto jej pomoże?

– Nikt nie wierzy w oszczerstwa, które wypisują przeciwko tobie – powiedziała Gertrude, zniżając głos, jakby sądziła, że dwaj mężczyźni stojący obok mogą jej nie usłyszeć. – Wszyscy przyzwoici ludzie są oburzeni, że rząd posługuje się tymi kalumniami, by osłabić siłę manifestu w twojej obronie podpisanego przez tyle wpływowych osób.

Głos uwiązł jej w gardle, jakby miała się rozpłakać. Roger objął ją jeszcze raz.

– Tak bardzo cię kochałem, Gee, najukochańsza Gee – szepnął jej do ucha. – A teraz kocham cię jeszcze bardziej. Zawsze ci będę wdzięczny za to, że byłaś lojalna wobec mnie w chwilach dobrych i złych. Dlatego też twoja opinia jest jedną z niewielu, na których mi zależy. Ty wiesz, że wszystko to, co zrobiłem, zrobiłem dla Irlandii, prawda? Dla tej wielkiej, szlachetnej sprawy, jaką jest Irlandia. Czyż nie tak, Gee? Zaczęła szlochać, cichutko, z twarzą przytuloną do jego piersi.

– Widzenie trwa dziesięć minut, upłynęło pięć – przypomniał szeryf, nie odwracając się ku nim. – Zostało jeszcze pięć.

– Teraz, kiedy mam tyle czasu na rozmyślania – powiedział Roger do ucha kuzynki – często wspominam te lata w Liverpoolu, kiedy byliśmy młodzi, a życie uśmiechało się do nas, Gee.

– Wszyscy myśleli, że jesteśmy zakochani i że pewnego dnia się pobierzemy – szepnęła Gee. – Ja też wspominam z tęsknotą tamte czasy, Rogerze.

– Byliśmy czymś więcej niż zakochanymi, Gee. Byliśmy bratem i siostrą, wspólnikami. Dwiema stronami tej samej monety. Nierozerwalnie złączeni. Byłaś dla mnie wszystkim. Matką, którą straciłem w wieku dziewięciu lat. Przyjaciółmi, których nigdy nie miałem. Z tobą zawsze czułem się lepiej niż z własnym rodzeństwem. Dawałaś mi poczucie bezpieczeństwa, pewności, radość. Później, kiedy mieszkałem w Afryce, twoje listy były jedynym mostem łączącym mnie z resztą świata. Nie wiesz, jak bardzo byłem szczęśliwy, gdy je dostawałem, ile razy je czytałem, kochana Gee.

Zamilkł. Nie chciał, by kuzynka spostrzegła, że on też jest bliski płaczu. Od młodych lat nie znosił, z pewnością z powodu purytańskiego wychowania, publicznego okazywania uczuć, lecz w ostatnich miesiącach nachodziły go chwile słabości, które niegdyś tak bardzo drażniły go u innych. Gee także milczała. Stała przytulona do niego, a Roger czuł jej przyspieszony oddech, pierś, która podnosiła się i opadała.

– Byłaś jedyną osobą, której pokazałem moje wiersze. Pamiętasz?

– Pamiętam, że były okropne – powiedziała Gertrude. – Ale kochałam cię tak bardzo, że wychwalałam je. Nawet nauczyłam się jakiegoś na pamięć.

– Doskonale wiedziałem, że ci się nie podobają, Gee. Całe szczęście, że nigdy ich nie opublikowałem. A byłem tego bliski, jak wiesz. Popatrzyli na siebie i roześmieli się.

– Robimy wszystko, wszystko, by ci pomóc, Rogerze – powiedziała Gee, poważniejąc. Jej głos także się postarzał; dawniej stanowczy i dźwięczny, drżał teraz i załamywał się. – My, którzy cię kochamy, a jest nas wielu. Alice przede wszystkim, rzecz jasna. Porusza niebo i ziemię. Pisze listy, spotyka się z politykami, władzami, dyplomatami. Wyjaśnia, uprasza. Puka do wszystkich drzwi. Stara się uzyskać pozwolenie na widzenie. To trudne. Wydają je tylko rodzinie. Ale Alice jest znana, wpływowa. Zdobędzie pozwolenie i przyjdzie, zobaczysz. Wiesz, że podczas powstania wielkanocnego w Dublinie Scotland Yard przeszukał jej dom od strychu po piwnice? Skonfiskowali sterty papierów. Ona tak cię kocha i podziwia, Rogerze.

„Wiem" – pomyślał Roger. On także kochał i podziwiał Alice Stopford Green. Ta historyczka, Irlandka z anglikańskiej rodziny, podobnie jak Casementowie, której dom był jednym z najbardziej uczęszczanych salonów intelektualnych Londynu, ośrodkiem spotkań towarzyskich i roboczych wszystkich nacjonalistów i separatystów irlandzkich, była dla niego więcej niż przyjaciółką i doradczynią w kwestiach politycznych. Wiele go nauczyła, to dzięki niej odkrył i pokochał przeszłość Irlandii, jej długą historię i kulturę, która kwitła, zanim wchłonął ją potężniejszy sąsiad. Podsuwała mu lektury, rozjaśniała mu w głowie podczas rozmów pełnych pasji, zachęcała go, by nie porzucał nauki języka irlandzkiego, którego, niestety, nigdy nie opanował. „Umrę, nie mówiąc po gaelicku" – pomyślał. A później, gdy został radykałem, była pierwszą osobą w Londynie, która zaczęła go nazywać nadanym mu przez Herberta Warda przydomkiem, z jakiego tak się śmiał: Celt.

– Dziesięć minut – oznajmił szeryf. – Koniec widzenia.

Poczuł, że kuzynka obejmuje go i próbuje dosięgnąć ustami jego ucha, bezskutecznie, gdyż znacznie przewyższał ją wzrostem. Zaszeptała najciszej, jak mogła, tak że ledwie usłyszał jej słowa:

– Te wszystkie okropne rzeczy, które wypisują w gazetach, to kalumnie, ohydne kłamstwa, prawda, Rogerze?

Pytanie zaskoczyło go tak, że odpowiedział dopiero po kilku sekundach.

– Nie wiem, co piszą o mnie w prasie, kochana Gee. Nie dociera to do mnie. Ale – starannie dobrał słowa – to na pewno kalumnie. Chcę, żebyś wiedziała jedno, Gee. I żebyś mi wierzyła. Popełniłem w życiu wiele pomyłek, to jasne. Ale nie zrobiłem niczego, czego mógłbym się wstydzić. Ani ty, ani żaden z moich przyjaciół nie musicie się mnie wstydzić. Wierzysz mi, prawda, Gee?

– Oczywiście, że ci wierzę – odpowiedź kuzynki przerwał szloch. Zasłoniła usta dłońmi.

Wracając do celi, Roger czuł, że jego oczy także napełniają się łzami. Zebrał wszystkie siły, by szeryf tego nie zauważył. To dziwne, że chciało mu się płakać. O ile pamiętał, nie zapłakał ani razu przez wszystkie miesiące od czasu, gdy został schwytany. Ani podczas przesłuchań w Scotland Yardzie, ani na posiedzeniach sądu, ani gdy oznajmiano wyrok skazujący go na śmierć przez powieszenie. Dlaczego więc teraz? Z powodu Gertrude. Z powodu Gee. To, że tak cierpiała, że tak wątpiła, oznaczało co najmniej, że jego osoba i jego życie miały dla niej wartość. Nie był zatem tak samotny, jak mu się zdawało.

IV

Podróż brytyjskiego konsula Rogera Casementa w górę rzeki Kongo, która rozpoczęła się piątego czerwca tysiąc dziewięćset trzeciego roku i miała zmienić jego życie, była odwlekana przez kilkunaście miesięcy. Projekt tej ekspedycji forsował w Foreign Office od roku tysiąc dziewięćsetnego, gdy po służbie w Old Calabar (Nigeria), Lourenço Marques (Maputo) i São Paulo de Luanda (Angola) objął stanowisko konsula Wielkiej Brytanii rezydującego w Bomie – nędznej mieścinie – przekonując, że najlepszą metodą sporządzenia raportu na temat sytuacji autochtonów w Wolnym Państwie Kongo będzie wyruszenie z tej zapadłej dziury do dżungli i plemion Środkowego oraz Górnego Konga. Tam zbierze dane na temat, o którym informował Ministerstwo Spraw Zagranicznych od chwili przybycia na te tereny. Po rozważeniu racji stanu, które konsul rozumiał, aczkolwiek zbierało mu się od nich na wymioty – Wielka Brytania była sojuszniczką Belgii i nie chciała popychać jej w ramiona Niemiec – Foreign Office wydało mu wreszcie zezwolenie na podróż do osad, stacji, misji, punktów, obozów i faktorii, gdzie pozyskiwano kauczuk, czarne złoto pożądane na całym świecie do produkcji opon i zderzaków samochodowych oraz tysiąca innych rzeczy stosowanych w przemyśle i gospodarstwie domowym. Miał sprawdzić na miejscu, ile prawdy kryje się w doniesieniach o popełnianych wobec tubylców w Kongu Jego Królewskiej Wysokości Leopolda II, władcy Belgów, niegodziwościach, o których informowało Towarzystwo Ochrony Rdzennych Mieszkańców w Londynie oraz niektóre kościoły baptystów i misje katolickie w Europie i Stanach Zjednoczonych.

Organizował podróż z właściwą sobie skrupulatnością i entuzjazmem, który ukrywał przed belgijskimi urzędnikami, a także kolonistami i handlowcami w Bomie. Teraz z czystym sumieniem będzie mógł przekonywać przełożonych, ze znajomością rzeczy, że Imperium, wierne swym tradycjom sprawiedliwości i zasadom *fair play*, powinno stanąć na czele międzynarodowej kampanii kładącej kres tej nikczemności. Jednakże w połowie tysiąc dziewięćset drugiego roku dopadł go trzeci atak malarii, jeszcze silniejszy niż dwa poprzednie, które przeżył od tysiąc osiemset osiemdziesiątego czwartego, kiedy to w przypływie idealizmu i marzeń o przygodach postanowił porzucić Europę i wyruszyć do Afryki, by za pośrednictwem handlu, chrześcijaństwa oraz społecznych i politycznych instytucji Zachodu działać na rzecz wydobycia Afrykanów z zacofania, chorób i ignorancji.

Nie były to czcze słowa. Głęboko w nie wierzył, gdy jako dwudziestolatek przybył na Czarny Ląd. Pierwsze ataki zimnicy nadeszły wiele lat później. Miało się wówczas ziścić największe marzenie jego życia: udział w ekspedycji, na której czele stał najsłynniejszy poszukiwacz przygód na afrykańskim kontynencie: Henry Morton Stanley! Służyć pod rozkazami podróżnika, który podczas legendarnej wyprawy, trwającej niemal trzy lata, od tysiąc osiemset siedemdziesiątego czwartego do tysiąc osiemset siedemdziesiątego siódmego, przemierzył Afrykę ze wschodu na zachód, wzdłuż biegu rzeki Kongo, od jej źródeł do ujścia do Atlantyku! Towarzyszyć bohaterowi, który odnalazł zaginionego doktora Livingstone'a! To wtedy, jakby bogowie zapragnęli zgasić jego uniesienie, dostał pierwszego ataku malarii. Bagatelka, w porównaniu z drugim, trzy lata później, a przede wszystkim z trzecim, z tysiąc dziewięćset drugiego, podczas którego po raz pierwszy miał wrażenie, że umiera. Objawy były te same. W letni poranek, gdy miał już spakowaną torbę z mapami, kompasem, ołówkami i notesami, otwierając oczy w sypialni na piętrze swego domu w Bomie, w dzielnicy białych, o kilka kroków od siedziby gubernatora, gdzie mieściła się rezydencja i biura konsulatu, poczuł, że trzęsie się z zimna. Odsunął moskitierę i spojrzał przez okna bez szyb i zasłon, za to z metalową siatką przeciwko insektom podziurawioną przez ulewę, na błotniste wody wielkiej rzeki i przybrzeżne wyspy pokryte bujną roślinnością. Nie był w stanie utrzymać się na nogach. Uginały się pod nim, jakby były z waty. John, jego buldog, zaczął skakać i szczekać przestraszony. Roger upadł z powrotem na łóżko. Jego ciało płonęło, a chłód mroził kości. Zawołał Kongijczyków Charliego i Mawuku, szefa służby i kucharza, którzy spali na parterze, lecz żaden nie odpowiedział. Zapewne byli poza domem, zaskoczeni przez burzę pobiegli się schronić pod koroną jakiegoś baobabu i czekali tam, aż się przejaśni. Znowu ta przeklęta malaria? Właśnie teraz, w przededniu wyprawy? Mógł się spodziewać serii biegunek i krwotoków, będzie tak słaby, że pozostanie w łóżku wiele dni, może nawet tygodni, wpółprzytomny, dygocząc z zimna.

Pierwszy nadszedł Charlie przemoczony do suchej nitki. „Idź po doktora Salaberta" – nakazał mu Roger, nie po francusku, lecz w lingala. Doktor Salabert był jednym z dwóch lekarzy w Bomie, dawnym porcie niewolniczym – zwanym wówczas Mboma – dokąd w szesnastym wieku przybywali portugalscy handlarze z Wyspy Świętego Tomasza, by kupować niewolników od plemiennych kacyków nieistniejącego dziś Królestwa Konga. Obecnie Belgowie uczynili ją stolicą Wolnego Państwa Kongo. W odróżnieniu od Matadi, w Bomie nie było szpitala, zaledwie przychodnia w razie nagłych przypadków, obsługiwana przez dwie flamandzkie zakonnice. Medyk nadszedł pół godziny później, powłócząc nogami i podpierając się kosturem. Był młodszy, niżby wskazywał jego wygląd, lecz surowy klimat, a przede wszystkim alkohol postarzały go. Sprawiał wrażenie starca. Ubierał się jak włóczęga. Miał na sobie trzewiki bez sznurówek i rozpiętą kamizelkę. Mimo że dzień dopiero się zaczynał, jego oczy były zaczerwienione.

– Tak, przyjacielu, malaria, a cóż by miało być? Gorączka i tyle. Wie pan, co robić: chinina, dużo napojów, dieta, buliony, ciepłe pledy i ubrania, żeby się wypocić. Niech pan nawet nie marzy o wyjściu z łóżka wcześniej niż za dwa tygodnie. A tym bardziej o podróży, nawet do sklepu za rogiem. Trzeciaczka wyniszcza organizm, wie pan o tym aż za dobrze.

Nie dwa, lecz trzy tygodnie spędził złożony gorączką i trzęsawką. Schudł osiem kilo, a gdy po raz pierwszy wstał z łóżka, po kilku krokach osunął się na ziemię wycieńczony, czując się tak słabo jak nigdy dotąd. Doktor Salabert, patrząc mu uważnie w oczy, ostrzegł go grobowym głosem, nie bez szczypty czarnego humoru:

– Przy pańskiej kondycji wyruszenie na tę wyprawę byłoby samobójstwem. Pański organizm jest wyniszczony i nie zniósłby wycieczki w Góry Krystaliczne, a co dopiero kilku tygodni pod gołym niebem. Nie dotrze pan nawet do Mbanza-Ngungu. Są szybsze sposoby zadania sobie śmierci, panie konsulu: kula w usta albo zastrzyk strychniny. Gdyby pan się zdecydował, może pan na mnie liczyć. Niejednemu pomogłem udać się w wielką podróż.

Roger Casement musiał wysłać do Foreign Office telegram, że stan zdrowia zmusza go do odroczenia ekspedycji. A jako że w porze deszczowej, która nastąpiła niebawem, dżungla i rzeki stały się nieprzejezdne, wyprawa w głąb Wolnego Państwa musiała poczekać kilka miesięcy, które przekształciły się w sumie w rok. Kolejny rok poświęcony powolnej rekonwalescencji, próbom odzyskania utraconej wagi i powrótu do tenisa oraz pływania, partiom brydża i szachów, którymi oszukiwał długie noce w Bomie, nudnym czynnościom konsularnym, takim jak spisywanie statków przypływających i odpływających, towarów wyładowywanych z frachtowców przybywających z Antwerpii: karabinów, amunicji, biczów, win, świętych obrazków, krucyfiksów, paciorków z kolorowego szkła; księgowanie towarów ładowanych na statki wracające do Europy: ogromnych gór kauczuku, kości słoniowej, skór zwierząt. To była wymiana, która w jego młodzieńczej wyobraźni miała ocalić Kongijczyków od kanibalizmu i arabskich kupców z Zanzibaru kontrolujących handel niewolnikami i otworzyć przed nimi wrota do cywilizacji!

Trzy tygodnie spędził w pościeli złożony zimnicą, majacząc, popijając dawki chininy rozpuszczone w ziołowych naparach, które przyrządzali mu Charlie i Mawuku trzy razy dziennie, żywiąc się bulionem i kawałkami gotowanej ryby lub kurczaka – jedynym, co znosił jego żołądek – bawiąc się z Johnem, swym buldogiem, najwierniejszym kompanem. Nie miał nawet sił, by czytać.

Podczas owej przymusowej bezczynności wielokrotnie wspominał ekspedycję z tysiąc osiemset osiemdziesiątego czwartego roku pod dowództwem swego bohatera Henry'ego Mortona Stanleya. Spędził wiele tygodni w dżungli, odwiedził niezliczone wioski murzyńskie, obozował na polanach otoczonych palisadą, za którą wrzeszczały małpy i wyły dzikie zwierzęta. Był podniecony i szczęśliwy, choć pogryziony przez moskity i inne robactwo, przeciw którym na nic się nie zdało nacieranie spirytusem kamforowym. Pływał w jeziorach i rzekach oszałamiającej piękności, nie bojąc się krokodyli, przekonany jeszcze wówczas, że czyniąc to, co czynili on, czterystu afrykańskich tragarzy, przewodników i pomocników, dwudziestu białych – Anglików, Niemców, Flamandów, Walończyków i Francuzów wchodzących w skład wyprawy – oraz oczywiście sam Stanley, stanowią awangardę postępu w owym świecie wynurzającym się dopiero z epoki kamienia, epoki, którą Europa zostawiła za sobą tysiące lat temu.

Kilka lat później, w gorączce, w wizjonerskim stanie między jawą a snem, rumienił się ze wstydu na myśl o własnej ślepocie. Na początku nawet nie zdawał sobie za dobrze sprawy z celu owej ekspedycji prowadzonej przez Stanleya, a finansowanej przez króla Belgów, którego, rzecz jasna, uważał wówczas – jak cała Europa, jak cały

Zachód, jak cały świat – za wielkiego humanitarnego monarchę pałającego pragnieniem położenia kresu pladze niewolnictwa i pladze antropofagii, a także wyzwolenia plemion z pogaństwa i poddaństwa utrzymujących ich w stanie dzikości.

Działo się to na rok przed tym, jak zachodnie mocarstwa podarowały Leopoldowi II, na konferencji berlińskiej w tysiąc osiemset osiemdziesiątym piątym roku, owo Wolne Państwo Kongo o powierzchni ponad dwóch i pół miliona kilometrów kwadratowych – osiemdziesiąt pięć razy większe od Belgii – i król Belgów zaczął zarządzać terytorium, na którym miał dokonać misji odkupienia dwudziestu milionów Kongijczyków (na tyle szacowano wówczas liczbę mieszkańców). Monarcha o wyczesanej brodzie w kolorze konopi wynajął w tym celu Stanleya, odgadując, dzięki swemu niezwykłemu talentowi do wyczuwania ludzkich słabości, że podróżnik jest równie zdolny do wielkich czynów jak do wielkich podłości, jeśli nagroda zaspokaja jego apetyt.

Oficjalnym celem ekspedycji z tysiąc osiemset osiemdziesiątego czwartego roku, w której Roger zdobył szlify podróżnika, było przygotowanie społeczności rozrzuconych wzdłuż górnego, środkowego i dolnego Konga – na przestrzeni tysięcy kilometrów gęstej dżungli, wąwozów, wodospadów, wzgórz pokrytych bujną roślinnością – na przybycie europejskich handlarzy i zarządców, których Międzynarodowe Stowarzyszenie Konga (Association Internationale du Congo – AIC), z Leopoldem II na czele, miało przysłać na te tereny zaraz po otrzymaniu koncesji od zachodnich mocarstw. Stanley i jego towarzysze mieli wyjaśnić owym półnagim kacykom, pokrytym tatuażami i ozdobami z piór, z ozdobami z kolców w ustach i w ramionach, z penisami zakrytymi trzcinowymi tulejkami, dobre intencje Europejczyków: zamierzają pomóc im w polepszeniu warunków życia, uwolnić od nękających plag, takich jak śpiączka i inne śmiertelne choroby, zapewnić edukację i otworzyć oczy na prawdy tego i tamtego świata, co zapewni ich dzieciom i wnukom godne, sprawiedliwe i wolne życie.

„Nie zdawałem sobie sprawy, bo nie chciałem zdawać sobie sprawy" – pomyślał. Charlie przykrył go wszystkimi pledami, jakie znalazł w domu. Mimo to konsul, skulony pod moskitierą i zlodowaciały, choć słońce paliło na zewnątrz, dygotał jak liść na wietrze. Jednak jeszcze gorsze niż bycie dobrowolnym głupcem okazało się znajdowanie usprawiedliwienia tego, co każdy postronny obserwator nazwałby oszustwem. Ponieważ we wszystkich wioskach, do których docierała ekspedycja z tysiąc osiemset osiemdziesiątego czwartego roku, po rozdaniu paciorków i innych tanich świecidełek oraz po standardowych objaśnieniach udzielonych za pośrednictwem tłumaczy (tubylcy często nie rozumieli ich ni w ząb) Stanley podsuwał kacykom i czarownikom do podpisu zredagowane po francusku umowy zawierające zobowiązanie do zapewnienia siły roboczej, przewodników, zakwaterowania i wyżywienia funkcjonariuszom oraz innym osobom zatrudnionym przez stowarzyszenie, podczas czynności, jakie przedsięwezmą, by osiągnąć cele przyświecające stowarzyszeniu. Ci stawiali na umowach iksy, kreseczki, kółka oraz inne obrazki, nie protestując i nie wiedząc, co podpisują i że w ogóle coś podpisują, ciesząc się z naszyjników, bransoletek i innych ozdób z kolorowych szkiełek, którymi ich obdarowywano, i z toastów, które wznosił Stanley dla uczczenia umowy.

„Nie wiedzą, co robią, ale my wiemy, że to dla ich dobra, a to usprawiedliwia oszustwo" – myślał młody Roger Casement. Czy istniał inny sposób? Jak inaczej uprawomocnić przyszłą kolonizację w oczach ludzi, którzy nie byliby w stanie zrozumieć ani słowa z owych „traktatów" wiążących ich oraz następne pokolenia? Należało nadać jakąś legalną formę przedsięwzięciu, które władca Belgów pragnął przeprowadzić w drodze perswazji i dialogu, w odróżnieniu od innych tego typu akcji, dokonanych ogniem i mieczem, poprzez najazdy, morderstwa, rabunki. Czyż ta kolonizacja nie miała być pokojowa i dokonana zgodnie z prawem?

W miarę upływu lat – minęło ich wówczas osiemnaście od czasu, gdy zaciągnął się pod jego sztandary – Roger Casement doszedł do wniosku, że bohater jego dzieciństwa i młodości był jednym z najbardziej bezwzględnych łotrów, jakich Zachód wypluł na kontynent afrykański. Mimo to, jak wszyscy służący pod jego dowództwem, nie mógł odmówić mu charyzmy, daru budzenia sympatii, magii, owej mieszanki odwagi i zimnego wyrachowania, z której podróżnik lepił swe osiągnięcia. Przemierzał Afrykę, z jednej strony, siejąc spustoszenie i śmierć – paląc i łupiąc wioski, mordując tubylców, masakrując plecy swych tragarzy batami z pasów skóry hipopotama pozostawiającymi tysiące blizn na ciałach barwy hebanu na całym ogromnym lądzie – z drugiej strony, torując drogę handlowi i Ewangelii przez bezkresne tereny pełne dzikiego zwierza i chorób, które jego zdawały się oszczędzać jak jednego z tytanów z eposów Homera i opowieści biblijnych.

– Nie odczuwa pan czasem wyrzutów sumienia z powodu tego, co robimy?

Pytanie wyrwało się młodemu podróżnikowi spontanicznie. Nie mógł go już wycofać. Płomienie ogniska, w centrum obozu, pochłaniały z cichym trzaskiem gałązki i owady, które nieopatrznie podleciały zbyt blisko.

– Wyrzutów sumienia? – dowódca ekspedycji zmarszczył nos i wykrzywił piegowatą, ogorzałą od słońca twarz, jakby pierwszy raz w życiu usłyszał takie słowa i starał się odgadnąć, co oznaczają. – Z powodu czego?

– Umów, które podsuwamy im do podpisu – powiedział młody Casement, przezwyciężając zakłopotanie. – Oddają swoje życie, swoje wioski, swoje ludy, wszystko, co mają, w ręce Międzynarodowego Stowarzyszenia Konga. Przy czym ani jeden z nich nie wie, co podpisuje, bo żaden nie zna francuskiego.

– Gdyby znali, też by nie zrozumieli. – Podróżnik wybuchnął szczerym, otwartym śmiechem, który stanowił jeden z atrybutów przysparzających mu najwięcej sympatii. – Nawet ja nie rozumiem, o co tam chodzi.

Był krzepki i niziutki, prawie karłowaty, miał wygląd sportowca, nadal młodzieńczy, szare skrzące się oczy, gęsty wąs, porywającą osobowość. Paradował zawsze w butach ze sztylpami, z pistoletem u pasa, w jasnej kurtce z wieloma kieszeniami. Roześmiał się ponownie, a jego zastępcy, którzy wraz ze Stanleyem i Rogerem popijali kawę i palili papierosy wokół ogniska, zawtórowali mu pochlebczo. Ale młody Casement się nie śmiał.

– A ja tak, chociaż rzeczywiście niekiedy zawiły styl wydaje się zastosowany specjalnie po to, by nikt ich nie zrozumiał – powiedział tonem pełnym szacunku. – Sprowadzają się do rzeczy bardzo prostej. Tubylcy oddają swe ziemie AIC w zamian za obietnicę pomocy społecznej. Zobowiązują się pomóc w budowie dróg, mostów, portów, faktorii. Pracować na roli i zapewnić porządek publiczny. Żywić urzędników i robotników podczas trwania robót. Stowarzyszenie nie oferuje w zamian niczego. Ani wynagrodzeń, ani odszkodowań. Zawsze wierzyłem, że jesteśmy tutaj dla dobra Afrykanów, panie Stanley. Chciałbym, aby pan, którego podziwiam od czasu, gdy nauczyłem się czynić użytek z rozumu, podał mi argumenty, dzięki którym nadal będę wierzył, że tak jest. Że te umowy są naprawdę dla ich dobra.

Zapadła długa cisza przerywana trzaskiem płomieni i sporadycznymi pomrukami nocnych zwierząt wychodzących na łów. Niedawno przestało padać, ale powietrze było jeszcze wilgotne i ciężkie i wydawało się, że wszystko wokół kiełkuje, rośnie, zagęszcza się. Osiemnaście lat później, w bezładnych obrazach, które podsuwała mu do głowy gorączka, Roger ponownie dostrzegał badawcze, zdziwione, nieco kpiące spojrzenie, jakim obrzucił go Henry Morton Stanley.

– Afryka nie jest dla słabych – odezwał się wreszcie, jakby mówił sam do siebie. – To, że pana te rzeczy zaprzątają, to oznaka słabości. W świecie, w którym znajdujemy się obecnie, rzecz jasna. Nie w Stanach Zjednoczonych czy w Anglii, jak pan zapewne rozumie. W Afryce słabi nie mają szans na przetrwanie. Wykończą ich węże, febra, zatrute strzały albo mucha tse-tse.

Pochodził z Walii, ale zapewne przez wiele lat mieszkał w Stanach Zjednoczonych, ponieważ jego angielszczyzna miała melodię północnoamerykańską i zawierała zwroty typowe dla tamtych rejonów.

– To wszystko jest dla ich dobra, oczywiście, że tak – dorzucił Stanley, wskazując ruchem głowy krąg chat o stożkowych dachach wsi, na której skraju rozbili obóz. – Przybędą tu misjonarze, wydobędą ich z pogaństwa i nauczą, że chrześcijanin nie powinien zjadać swojego bliźniego. Lekarze zaszczepią ich przeciwko chorobom, z powodu których masowo umierają, i będą leczyć ich lepiej niż czarownicy. Powstaną firmy, które dadzą im pracę. Szkoły, w których nauczą się cywilizowanych języków. Gdzie nauczą ich okrywać ciało, modlić się do prawdziwego Boga, mówić po chrześcijańsku, a nie tymi swoimi małpimi narzeczami. Powoli zastąpią barbarzyńskie zwyczaje zachowaniem właściwym istotom nowoczesnym i wykształconym. Gdyby wiedzieli, co dla nich czynimy, całowaliby nam stopy. Ale na poziomie umysłowym bliżej im do krokodyla i hipopotama niż do pana czy do mnie. Dlatego to my decydujemy za nich, wybieramy to, co jest dla nich dobre, podsuwamy im te umowy. Ich dzieci i wnuki będą nas błogosławić. Nie zdziwiłbym się, gdyby za jakiś czas zaczęli czcić Leopolda II, tak jak czczą teraz swoje fetysze i straszydła.

W której części biegu wielkiej rzeki był ten obóz? Jak przez mgłę przypominał sobie, że gdzieś między Bolobo i Chumbiri i że mieszkali tam chyba Bateke. Ale nie był pewien. Dane te znajdowały się w jego dziennikach, jeśli można tak było nazwać masę notatek rozrzuconych po zeszytach i luźnych kartkach zgromadzonych przez te wszystkie lata. Tak czy owak, doskonale pamiętał tę rozmowę. I dyskomfort, z jakim wrócił do namiotu i rzucił się na pryczę po tej wymianie zdań z Henrym Mortonem Stanleyem. Czy to wtedy zaczęła się rozpadać jego przenajświętsza trójca trzech „C"? Do tej pory święcie wierzył, że kolonializm usprawiedliwiają: *cristianism, civilization, commerce*. Od czasu gdy pracował jako skromny pomocnik buchaltera w Elder Dempster Line, zakładał, że trzeba ponieść pewne koszty. Nadużycia były nieuniknione. Do kolonii wyruszą nie tylko altruiści, tacy jak doktor Livingstone, lecz także cwaniacy i dranie, ale w ostatecznym rozrachunku korzyści znacznie przewyższą straty. Życie w Afryce pokazywało mu teraz, że praktyka nie jest tak prosta jak teoria.

W roku, w którym służył pod rozkazami Henry'ego Mortona Stanleya, nadal podziwiając odwagę i zdolności przywódcze, z jakimi ten prowadził ekspedycję przez w dużej mierze nieznane tereny nad rzeką Kongo i jej niezliczonymi dopływami, Roger Casement zrozumiał także, że słynny podróżnik jest chodzącą tajemnicą. Opowiadano o nim tysiąc sprzecznych historii. Nie sposób było ustalić, ile w nich było prawdy, a ile zmyślenia, a w prawdzie, ile przesady i fantazji. Nie wiadomo było, co w nim jest rzeczywistością, a co fikcją.

Jedno nie ulegało wątpliwości: obraz wielkiego dobroczyńcy autochtonów nie odpowiadał stanowi faktycznemu. Dowiedział się o tym, słuchając nadzorców, którzy towarzyszyli Stanleyowi od tysiąc osiemset siedemdziesiątego pierwszego roku do tysiąc osiemset siedemdziesiątego drugiego w podróży mającej na celu odnalezienie doktora Livingstone'a, znacznie mniej pokojowej, mówili, niż obecna, przebiegająca zapewne według instrukcji samego Leopolda II, bardziej dbałego o poprawność stosunków z plemionami, z którymi podpisał umowy – czterysta pięćdziesiąt w sumie – o cesję ziem i siły roboczej. Od historii na temat tamtej ekspedycji, opowiadanych przez tych mężczyzn, twardych i odczłowieczonych przez lata spędzone w dżungli, włos jeżył się na głowie. Palono wioski, odcinano głowy kacykom i strzelano do ich żon i dzieci, jeśli odmówili dostarczenia członkom wyprawy żywności, tragarzy, przewodników i ludzi do wyrąbywania maczetami przejścia w dżungli. Ci dawni kompani Stanleya bali się go i wysłuchiwali reprymend w milczeniu i ze spuszczonymi oczami. Ślepo przy tym wierzyli w słuszność jego decyzji i z nabożeństwem wspominali słynną wyprawę, trwającą dziewięćset dziewięćdziesiąt dziewięć dni, w latach tysiąc osiemset siedemdziesiąt cztery – tysiąc osiemset siedemdziesiąt siedem, w trakcie której zmarli wszyscy biali i spora część Murzynów.

Kiedy w lutym tysiąc osiemset osiemdziesiątego piątego roku, na konferencji berlińskiej, w jakiej nie brał udziału ani jeden Kongijczyk, czternaście państw, z Wielką Brytanią, ze Stanami Zjednoczonymi, z Francją i Niemcami na czele, ofiarowało wielkodusznie Leopoldowi II – u boku którego stał w owym momencie Henry Morton Stanley – dwa i pół miliona kilometrów kwadratowych Konga i dwadzieścia milionów jego mieszkańców, aby „otworzył tę krainę dla handlu, zniósł niewolnictwo, ucywilizował i ochrzcił pogan", Roger Casement, który niedawno obchodził swe dwudzieste pierwsze urodziny oraz pierwszą rocznicę pobytu na ziemi afrykańskiej, świętował to wydarzenie. Uczcili je również wszyscy pracownicy Międzynarodowego Stowarzyszenia Konga, którzy przebywali już od jakiegoś czasu w tym rejonie, kładąc podwaliny pod projekt monarchy. Casement był silnym młodzieńcem, bardzo wysokim, szczupłym, o głębokich szarych oczach, kruczoczarnych włosach i takiejż bródce, mało skłonnym do żartów, lakonicznym; sprawiał wrażenie dojrzałego. Jego troski wprawiały kolegów w zakłopotanie. Któż z nich mógłby traktować serio gadaninę o „cywilizacyjnej misji Europy w Afryce", która stanowiła obsesję młodego Irlandczyka? Szanowali go jednak, ponieważ był pracowity i zawsze skłonny do pomocy czy zastąpienia kogoś w biurze lub w terenie. Zdawał się nie mieć żadnych nałogów oprócz papierosów. Właściwie nie pił alkoholu, a gdy wokół ogniska trunek rozwiązywał języki i rozmawiano o kobietach, wyczuwało się jego dyskomfort i chęć ucieczki. Był niezmordowany podczas wędrówek przez dżunglę i zanurzał się we wszystkich rzekach i jeziorach, nie zachowując żadnych zasad ostrożności i przepływając z energicznymi wymachami rąk przed nosem drzemiących hipopotamów. Uwielbiał psy; jego towarzysze wspominali, że gdy pewnego dnia, w trakcie owej wyprawy w tysiąc osiemset osiemdziesiątym czwartym roku, dzika świnia zatopiła kły w jego foksterierze wabiącym się Spindler, na widok wykrwawiającego się psiaka z rozerwanym bokiem dostał ataku nerwowego. W odróżnieniu od pozostałych europejskich członków tej ekspedycji nie zależało mu na pieniądzach. Nie przybył do Afryki po to, by zbić majątek, lecz z niezrozumiałych powodów, takich jak chęć szerzenia postępu wśród dzikich. Swoją pensję, osiemdziesiąt funtów szterlingów rocznie, wydawał, zapraszając kolegów na kolację lub na szklaneczkę jakiegoś trunku. Sam żył skromnie. Za to zawsze dbał o swój wygląd, podczas wyprawy regularnie czyścił ubranie, mył się i czesał, jakby wychodził nie z namiotu rozbitego na leśnej polanie bądź łasze piasku nad rzeką, lecz z kamienicy w centrum Londynu, Liverpoolu czy Dublina. Miał smykałkę do języków. Mówił płynnie po francusku i po portugalsku, a po kilku dniach przebywania wśród jakiegoś plemienia potrafił sklecić kilka zdań w jego narzeczu. Wszystkie obserwacje notował w zeszytach do słówek. Ktoś odkrył, że pisuje wiersze. Zażartowano sobie z tego, co zawstydziło go do tego stopnia, że ledwie wyjąkał jakieś zaprzeczenie. Kiedyś wyznał, że jako dziecko został wychłostany przez ojca i z tego powodu irytuje go, gdy nadzorcy biją batem tubylców za upuszczenie ładunku lub niewykonanie rozkazu. Miał nieco rozmarzony wzrok.

Kiedy podczas powolnej rekonwalescencji Roger wspominał Stanleya, opadały go sprzeczne uczucia. Walijski poszukiwacz przygód widział w Afryce tylko pretekst do sportowych wyczynów i zdobycia prywatnego łupu. Czy można jednak zaprzeczyć, że był jedną z owych istot z mitów i legend, które dzięki nieulękłemu sercu, pogardzie dla śmierci i ambicji zdawały się przełamywać granice ludzkich możliwości? Widywał go biorącego w ramiona dzieci o buzi i ciałku pokrytych oznakami ospy, pojącego z własnej manierki tubylców umierających na cholerę lub śpiączkę, zachowującego się, jakby nikt i nic nie było w stanie go zarazić. Kim tak naprawdę był ów bojownik Imperium Brytyjskiego i realizator ambicji Leopolda II? Roger był przekonany, że jego sekret nigdy nie zostanie odkryty i że jego prawdziwe życie zawsze będzie skrywać pajęczyna zmyśleń. Jak brzmiało jego prawdziwe imię? To, którego używał, pochodziło od pewnego handlarza z Nowego Orleanu, który w okrytych mrokiem tajemnicy latach młodości okazał mu serce i być może go adoptował. Mówiono, że w rzeczywistości nazywał się John Rowlands, lecz nikt nie mógł tego potwierdzić. Podobnie jak pogłosek o tym, że urodził się w Walii i spędził dzieciństwo w jednym z owych przytułków, dokąd trafiały dzieci niemające ojca ani matki, znalezione na ulicy przez stróżów zdrowia publicznego. Podobno jako młody chłopak dotarł do Stanów Zjednoczonych na pokładzie frachtowca jako pasażer na gapę, a tam, podczas wojny domowej, walczył jako żołnierz najpierw w szeregach konfederatów, a następnie jankeskich. Potem, jak sądzono, został dziennikarzem i pisywał reportaże o zdobywaniu Zachodu przez pionierów i o ich walkach z Indianami. Kiedy „New York Herald" wysłał go do Afryki na poszukiwanie Davida Livingstone'a, Stanley nie miał ani krzty doświadczenia jako podróżnik. Jak udało mu się przeżyć w dziewiczym lesie tropikalnym i znaleźć igłę w stogu siana, czyli dotrzeć dziesiątego listopada tysiąc osiemset siedemdziesiątego pierwszego roku do Ujiji, gdzie ponoć, jak się chełpił, zaskoczył misjonarza, pozdrawiając go słowami: *„Doctor Livingstone, I presume?"*.

Osiągnięciem Stanleya, które Roger Casement najbardziej podziwiał w młodości, jeszcze bardziej niż wyprawę od źródeł rzeki Kongo do jej ujścia w Atlantyku, była budowa, w latach tysiąc osiemset siedemdziesiąt dziewięć – tysiąc osiemset osiemdziesiąt jeden, *the caravan trail*. Ten szlak karawanowy otworzył przed handlem europejskim drogę od ujścia wielkiej rzeki aż do *the pool*, ogromnego zalewu, który z czasem miał otrzymać imię eksploratora: Stanley Pool. Znacznie później Roger odkrył, że była to kolejna z operacji przygotowawczych króla Belgów szykującego sobie infrastrukturę do eksploatacji terytorium, które miał przejąć na mocy traktatu berlińskiego w tysiąc osiemset osiemdziesiątym piątym roku. Stanley okazał się śmiałym wykonawcą królewskiego projektu.

„A ja – będzie często powtarzał Roger Casement swemu przyjacielowi Herbertowi Wardowi coraz bardziej świadomy prawdziwego oblicza Wolnego Państwa Kongo – byłem od samego początku jednym z jego pionków". Nie całkiem od samego początku. Gdy Roger przybył do Afryki, Stanley już od pięciu lat budował *the caravan trail*, którego pierwszy odcinek, od Vivi do Isanguili, osiemdziesiąt trzy kilometry w górę Konga, przez nieprzebytą i malaryczną dżunglę, pełną głębokich jarów, spróchniałych pni, zgniłych bagien, gdzie korony drzew nie wpuszczały światła słonecznego, został ukończony na początku lat osiemdziesiątych. Od tamtego miejsca do Muyangi, jakieś sto dwadzieścia kilometrów w górę rzeki, Kongo było dostępne dla żeglugi, lecz tylko dla doświadczonych pilotów umiejących omijać wiry i chronić się na płyciznach lub w jaskiniach podczas ulewy, gdy poziom wody w rzece niebezpiecznie się zwiększał; w przeciwnym razie łódź mogła zostać rzucona na skały lub roztrzaskać się na bystrzach, które powstawały bezustannie w coraz to nowych miejscach. Gdy Roger zaczął pracować dla AIC, które po roku tysiąc osiemset osiemdziesiątym piątym przekształciło się w Wolne Państwo Kongo, Stanley założył już, między Kinszasą a Ndolo, osadę, którą nazwał Léopoldville. Był grudzień tysiąc osiemset osiemdziesiątego pierwszego roku, miały jeszcze upłynąć trzy lata, zanim Roger Casement wyruszy w dżunglę, a cztery, zanim oficjalnie narodzi się Wolne Państwo Kongo. W owym czasie ten obszar kolonialny, największy w Afryce, stworzony przez monarchę, którego stopa nigdy tam nie stanęła, był już rzeczywistością handlową, do której kupcy europejscy mogli dotrzeć od strony Atlantyku, omijając barierę utworzoną w dolnym odcinku rzeki przez progi, prądy i wiry Wodospadów Livingstone'a dzięki owemu szlakowi o długości prawie pięciuset kilometrów, wytyczonemu przez Stanleya między Bomą i Vivi a Léopoldville i *the pool*. Gdy Roger przybył na Czarny Ląd, śmiali handlarze, forpoczta Leopolda II, zaczynali już zapuszczać się w głąb Konga i pozyskiwali pierwsze ładunki kości słoniowej, skór i koszów kauczuku z rejonu pełnego drzew wydzielających czarną smołę, dostępną dla każdego, kto chciałby wyciągnąć po nią rękę.

W swych pierwszych latach afrykańskich Roger Casement wielokrotnie przemierzył szlak karawanowy w górę rzeki, od Bomy i Vivi do Léopoldville, i w dół rzeki, od Léopoldville do atlantyckiego ujścia, gdzie zielone gęste wody mieszały się ze słonymi falami oceanu; to tędy w roku tysiąc czterysta osiemdziesiątym drugim karawela portugalskiego żeglarza Diogo Cão po raz pierwszy wpłynęła na terytorium Królestwa Konga. Roger poznał dolny bieg rzeki lepiej niż jakikolwiek inny Europejczyk osiadły w Bomie lub w Matadi, dwóch centrach, z których kolonizacja belgijska promieniowała w głąb kontynentu.

Przez resztę swego życia Roger ubolewał – powtarzał to sobie teraz po raz kolejny, w tysiąc dziewięćset drugim roku, trzęsąc się w febrze – że pierwsze osiem lat w Afryce poświęcił, niby pionek w partii szachów, sprawie budowy Wolnego Państwa Kongo, oddając jej swój czas, zdrowie, wysiłki, idealizm, wierząc, że przyczynia się tym samym do osiągnięcia szczytnych celów.

Niekiedy, starając się usprawiedliwić przed samym sobą, zapytywał siebie: „Jak mogłem zdać sobie sprawę z tego, co się dzieje na tych dwóch i pół miliona kilometrów, pracując jako nadzorca podczas ekspedycji Stanleya z tysiąc osiemset osiemdziesiątego czwartego, a potem innego Amerykanina, Henry'ego Sheltona Sanforda, między osiemdziesiątym szóstym a osiemdziesiątym ósmym, w ośrodkach i faktoriach świeżo założonych wzdłuż szlaku karawanowego?". Był zaledwie maleńkim trybikiem gigantycznej machiny, która zaczęła nabierać kształtów tak dyskretnie, że nikt, oprócz jej sprytnego wynalazcy oraz grupki najbardziej zaufanych współpracowników, nie wiedział, do czego ma służyć.

A przecież podczas dwóch rozmów, które odbył z królem Belgów, w roku tysiąc dziewięćsetnym, zaraz po tym, jak został mianowany konsulem w Bomie przez Foreign Office, Roger Casement odczuł głęboką nieufność do tego krzepkiego olbrzyma obwieszonego medalami, o długiej, bujnej, wyczesanej brodzie, wydatnym nosie i oczach proroka, który wiedząc, że Roger jest przejazdem w Brukseli w drodze do Konga, zaprosił go na kolację. Przepych pałacu, pełnego grubych, miękkich dywanów, kryształowych żyrandoli, zwierciadeł w ozdobnych ramach, orientalnych rzeźb, oszołomił go. Przy stole zasiadło kilkunastu gości, nie licząc królowej Marii Henrietty, jej córki księżniczki Klementyny oraz francuskiego księcia Napoleona Wiktora Bonapartego. Monarcha przez cały wieczór nie dopuścił nikogo do słowa. Przemawiał jak natchniony, a gdy opisywał okrucieństwa arabskich handlarzy niewolników, którzy wyruszali na swoje rajdy z Zanzibaru, jego głos nabierał mistycznych akcentów. Chrześcijańska Europa miała obowiązek położyć kres temu kupczeniu ludzkim ciałem. Taki cel sobie wyznaczył i taki będzie dar małej Belgii dla cywilizacji: uwolnić ową zbolałą społeczność od podobnego okropieństwa. Eleganckie damy ziewały, książę Napoleon szeptał dusery swej sąsiadce i nikt nie słuchał orkiestry grającej koncert Haydna.

Następnego poranka Leopold II wezwał brytyjskiego konsula na rozmowę w cztery oczy. Przyjął go w prywatnym gabinecie. Wszędzie stały porcelanowe bibeloty i figurki z jadeitu oraz z kości słoniowej. Monarcha pachniał wodą kolońską, miał polakierowane paznokcie. Podobnie jak poprzedniego wieczoru Rogerowi ledwo udało się wtrącić kilka słów. Król Belgów perorował na temat swych donkiszotowskich ambicji i niezrozumienia ze strony zawistnych dziennikarzy i polityków. To prawda, że popełniano błędy i nadużycia. Z jakiego powodu? Niełatwo jest znaleźć ludzi godnych i kompetentnych, skorych do zaryzykowania i podjęcia pracy w dalekim Kongu. Poprosił konsula, by jeśli ów zauważy jakieś niedociągnięcia na terytorium, które miał objąć, poinformował osobiście jego, monarchę. Król Belgów wywarł na nim wrażenie figury pompatycznej, z wyraźnymi skłonnościami do samouwielbienia.

Teraz, w tysiąc dziewięćset drugim, dwa lata później, mówił sobie, że władca bez wątpienia posiadał te cechy, ale oprócz tego był także mężem stanu o zimnej i makiawelicznej inteligencji. Zaledwie powstało Wolne Państwo Kongo, Leopold II, dekretem z tysiąc osiemset dziewięćdziesiątego szóstego roku, zarezerwował jako Domaine de la Couronne (Domenę Korony) około dwustu pięćdziesięciu tysięcy kilometrów kwadratowych pomiędzy rzekami Kasai i Ruki, gdzie pracujący dla niego podróżnicy – głównie Stanley – zlokalizowali dużą liczbę drzew kauczukowych. Obszar ów został wydzielony z terytorium, na którego zagospodarowanie wydawano koncesje firmom prywatnym; prawo do jego eksploatacji miał wyłącznie monarcha. Nad Wolnym Państwem Kongo, które zastąpiło Międzynarodowe Stowarzyszenie Konga, Leopold II sprawował formalne zwierzchnictwo jako jedyny suweren i *trustee*.

Wyjaśniając międzynarodowej opinii publicznej, że jedynym skutecznym środkiem wyplenienia handlu niewolnikami jest użycie „sił porządkowych", król wysłał do Konga dwa tysiące żołnierzy regularnej armii belgijskiej, do których miała dołączyć dziesięciotysięczna milicja złożona z autochtonów, jedni i drudzy utrzymywani przez ludność kongijską. Chociaż większością owego wojska dowodzili oficerowie belgijscy, w jego szeregi, a zwłaszcza w szeregi kadr milicji, przeniknęli osobnicy najgorszego autoramentu, różne ciemne typy, byli więźniowie, łowcy przygód marzący o zbiciu fortuny, szumowiny z rynsztoków i domów publicznych całej Europy. Force Publique usadowiła się, niby pasożyt w żywym organizmie, w niezliczonych wioskach rozrzuconych na obszarze wielkości Europy, od Hiszpanii po Rosję, i żerowała na afrykańskiej społeczności, nierozumiejącej, co się dzieje, lecz widzącej, że oto spadła na nią plaga gorsza niż łowcy niewolników, szarańcza, czerwone mrówki i zaklęcia sprowadzające śpiączkę razem wzięte. Bo żołnierze i milicjanci owej Force Publique byli zachłanni, brutalni i nienasyceni, gdy chodziło o jadło, napitek, zwierzęta, skóry, kość słoniową, kobiety, jednym słowem, o wszystko, co mogło zostać zjedzone, wypite, zrabowane, sprzedane, zgwałcone.

W tym samym czasie gdy zaczynała się eksploatacja Kongijczyków, humanitarny monarcha rozpoczął wydawanie koncesji przedsiębiorstwom, które zgodnie z jednym z mandatów przyznanych nowemu państwu miały „poprzez handel utorować rdzennym mieszkańcom

Afryki drogę do cywilizacji". Niektórzy handlarze zmarli na febrę, od ukąszeń węży, pożarci przez dzikie zwierzęta w wyniku nieznajomości dżungli, garstka innych zginęła od zatrutych strzał i włóczni śmiałków, którzy odważyli się zbuntować przeciwko cudzoziemcom dysponującym bronią ogłuszającą jak grzmot i palącą jak ogień, wyjaśniającym im, że zgodnie z umowami podpisanymi przez kacyków muszą porzucić pracę na roli, połowy ryb, polowania, rytuały i rytm życia, by służyć jako przewodnicy, tragarze, myśliwi, zbieracze kauczuku, bez prawa do żadnego wynagrodzenia. Spora liczba koncesjonariuszy, przyjaciół i faworytów belgijskiego monarchy zbiła w ten sposób, w krótkim czasie, ogromną fortunę, a przede wszystkim on sam.

Poprzez system koncesji firmy rozlewały się po Wolnym Państwie Kongo koncentrycznymi falami, wnikając coraz głębiej w rozległe dorzecze środkowego i górnego Konga. Na terytorium objętym koncesją posiadały nieograniczoną władzę. Ochronę zapewniała im, oprócz Force Publique, własna milicja, na której czele stał zawsze jakiś były wojskowy, były dozorca więzienny, były więzień lub zbieg; niektórzy z nich zasłynęli w całej Afryce ze swego bestialstwa. W ciągu kilku lat Kongo stało się pierwszym światowym producentem kauczuku, którego świat cywilizowany pochłaniał coraz większe ilości, by utrzymywać w ruchu swe samochody, inne pojazdy, koleje, nie mówiąc o infrastrukturze transportowej oraz irygacyjnej czy potrzebach przemysłu odzieżowego i dekoratorskiego.

O tym wszystkim nie miał bladego pojęcia Roger Casement przez owe osiem lat – od roku tysiąc osiemset osiemdziesiątego czwartego do tysiąc osiemset dziewięćdziesiątego drugiego – gdy w pocie czoła, dygocząc w atakach malarii, piekąc się w afrykańskim słońcu i gromadząc blizny od ukąszeń, ukłuć i zadrapań pozostawionych przez zwierzęta i rośliny, harował, by wznieść podwaliny pod handlowe i polityczne dzieło Leopolda II. Natomiast zjawiskiem, które owszem, dostrzegł od razu, było pojawienie się i zapanowanie na tych bezkresnych włościach emblematu cywilizacji: bicza.

Kto wynalazł to delikatne, poręczne i skuteczne narzędzie do rozkazywania, zastraszania i karania niedołęstwa, powolności czy głupoty owych dwunożnych istot barwy hebanu, które nigdy nie wykonywały żadnego zadania tak, jak oczekiwali kolonizatorzy, czy chodziło o pracę na roli, o dostarczenie manioku (*kwango*), mięsa antylopy lub dzikiej świni oraz innych produktów w ramach kontyngentu wyznaczonego każdej wsi albo rodzinie, czy też o podatek na finansowanie przedsięwzięć użyteczności publicznej zarządzonych przez rząd?

Mówiło się, że ojcem tego wynalazku – i tym, który dał mu hiszpańską nazwę, *el chicote* – był kapitan Force Publique, niejaki *monsieur* Chicot, Belg w pierwszym pokoleniu, człowiek najwyraźniej praktyczny i z wyobraźnią, obdarzony wyostrzonym zmysłem obserwacji, ponieważ pierwszy zauważył, że z niezwykle twardej skóry hipopotama da się wykonać bat trwalszy i raniący dotkliwiej niż baty z jelit bydlęcych czy z jelit płowej zwierzyny, szorstki rzemień powodujący więcej krwi, blizn i palącego bólu niż jakikolwiek inny, a zarazem lekki i praktyczny, gdyż okręcony wokół niewielkiej drewnianej rączki dawał się z łatwością zatknąć za pas lub zawiesić na ramieniu, tak że nadzorcy, wartownicy, strażnicy, dozorcy więzienni czy brygadziści zupełnie nie czuli jego ciężaru. Sama jego obecność w ekwipunku funkcjonariuszy Force Publique budziła lęk: na jego widok oczy Murzynów, Murzynek i Murzyniątek stawały się wielkie i okrągłe, a białka odcinające się od ciemnej twarzy o brązowym lub niebieskawym odcieniu błyszczały ze strachu na myśl o tym, że za każdy błąd, potknięcie czy uchybienie bicz przetnie powietrze z charakterystycznym świstem i spadnie na ich nogi, pośladki czy ramiona, wyrywając z gardła krzyk.

Jednym z pierwszych koncesjonariuszy w Wolnym Państwie Kongo był obywatel Stanów Zjednoczonych Henry Shelton Sanford. Pełnił funkcję agenta i poplecznika Leopolda II wobec rządu swego kraju i stanowił kluczowy element królewskiej strategii mającej na celu przekonanie mocarstw kolonialnych, by odstąpiły Kongo władcy Belgów.

W czerwcu tysiąc osiemset osiemdziesiątego szóstego roku powstała Sanford Exploring Expedition (SEE) skupiająca w swych rękach handel kością słoniową, kauczukiem, olejem palmowym i miedzią w górnym biegu Konga. Cudzoziemcy zatrudnieni w Międzynarodowym Stowarzyszeniu Konga, jak Roger Casement, zostali przeniesieni do SEE, a ich stanowiska objęli Belgowie. Roger przeszedł w służbę Sanford Exploring Expedition z pensją stu pięćdziesięciu funtów szterlingów rocznie.

Rozpoczął pracę we wrześniu tysiąc osiemset osiemdziesiątego szóstego jako agent odpowiedzialny za skład towarów w Matadi, nazwa ta oznacza „kamień" w kikongo. Gdy tu przybył, ta placówka na szlaku karawanowym była zaledwie polaną wyciętą maczetami w dżungli na brzegu wielkiej rzeki. Do tego miejsca dotarła, cztery wieki temu, karawela Dioga Cão, a portugalski żeglarz wyrył na skale swe imię, nadal widoczne. Architekci i inżynierowie z niemieckiej firmy zaczynali stawiać pierwsze domy z sosnowego drewna importowanego z Europy – importować drewno do Afryki! – konstrukcje portowe, magazyny; prace te zostały pewnego ranka przerwane – Roger doskonale pamiętał owo wydarzenie – na dźwięk głuchego pomruku trzęsienia ziemi, a na polanie pojawiło się stado słoni, które o mało nie rozdeptały zalążka osady. Przez sześć, osiem, piętnaście, osiemnaście lat Roger Casement przyglądał się, jak wioseczka, którą zaczynał budować własnymi rękami jako skład towarów dla SEE, rozrasta się i wspina na otaczające ją łagodne wzgórza, jak przybywa klockowatych domów kolonizatorów, drewnianych, piętrowych, z obszernymi werandami, stożkowatymi dachami, ogródkami, oknami zabezpieczonymi metalową siatką, ulic, skrzyżowań i ludzi. Oprócz wzniesionego najwcześniej kościoła katolickiego w Kinkandzie, w tysiąc dziewięćset drugim roku stał jeszcze drugi, Notre Dame Médiatrice, oraz była tu misja baptystów, apteka, szpital z dwójką lekarzy i wieloma zakonnicami-pielęgniarkami, poczta, piękna stacja kolejowa, komisariat, sąd, kilkanaście składów celnych, solidne nabrzeże, a także sklepy z odzieżą, żywnością, konserwami, kapeluszami, obuwiem oraz narzędziami. Wokół miasta białych wyrosła pstrokata dzielnica Murzynów Bakongo złożona z lepianek pokrytych strzechą. Tutaj, w Matadi, mówił sobie niekiedy Roger, znacznie wyraźniej niż w stolicy, w Bomie, była obecna Europa cywilizacji, nowoczesności i religii chrześcijańskiej. Matadi miało nawet maleńki cmentarz na wzgórzu Tunduwa, obok misji. Roztaczał się zeń widok na oba brzegi rzeki i jej okolice. Chowano tu Europejczyków. Do miasta i do portu mieli wstęp wyłącznie ci z tubylców, którzy pracowali jako służący lub tragarze i mogli okazać przepustkę potwierdzającą tożsamość. Jeśli ktoś spoza tego grona wkroczył na ów teren, był wydalany z Matadi bezpowrotnie po zapłaceniu grzywny i krótkiej chłoście. Jeszcze w tysiąc dziewięćset drugim roku gubernator generalny mógł się chwalić, że ani w Bomie, ani w Matadi nie zanotowano nawet jednej kradzieży, zabójstwa czy gwałtu.

Z dwóch lat przepracowanych dla SEE, między dwudziestym drugim a dwudziestym czwartym rokiem życia, Roger Casement zapamięta na zawsze dwa epizody: wielomiesięczny transport statku „Florida" z Banany, mikroskopijnego portu przy ujściu rzeki Kongo do Atlantyku, do Stanley Pool, szlakiem karawanowym, oraz incydent z porucznikiem Francquim, którego – przełamując swą zwyczajową pogodę ducha, przedmiot żartów jego przyjaciela Herberta Warda – o mało co nie wrzucił w rzeczne wiry i od którego kuli uratował się cudem.

„Florida" była potężnym statkiem, który SEE sprowadziła do Bomy, by służył jako frachtowiec w środkowym i górnym biegu rzeki Kongo, to znaczy po drugiej stronie Gór Krystalicznych. Livingstone Falls, liczne progi skalne i kaskady oddzielające Bomę i Matadi od Léopoldville, tworzyły tam kipiel pełną wirów, którym zawdzięczała nazwę Czarciego Kotła. Od tego miejsca na wschód rzeka była żeglowna przez tysiące kilometrów. Na zachodzie jednak opadała, w drodze do morza, o tysiąc stóp, co sprawiało, że na długich odcinkach nie nadawała się do żeglugi. Aby dotrzeć lądem do Stanley Pool, „Florida" została rozebrana na setki kawałków, które opisane i opakowane przebyły na barkach murzyńskich tragarzy całe czterysta siedemdziesiąt osiem kilometrów szlaku karawanowego. Rogerowi Casementowi powierzono największy i najcięższy kawałek: kadłub statku. Zajął się wszystkim. Od nadzoru budowy ogromnego wozu, na który położono kadłub, po rekrutację setki tragarzy i rębaczy, którzy przeciągnęli ów straszliwy ciężar przez szczyty i wąwozy Gór Krystalicznych, poszerzając maczetami wąską ścieżkę przez dżunglę. Budował nasypy i mury oporowe, stawiał obozy, leczył chorych i tych, którzy ulegli wypadkom, gasił spory między członkami różnych plemion, wyznaczał straże, organizował wydawanie posiłków oraz polowania i połowy, gdy brakowało żywności. Były to trzy miesiące niebezpieczeństw i trosk, ale także entuzjazmu i świadomości czynienia czegoś, co oznaczało postęp, miesiące zwycięskiej walki z wrogą naturą. I to, co wielokrotnie miał powtarzać Roger w następnych latach, bez użycia bata i nie pozwalając, by nadużywali go nadzorcy zwani Zanzibarczykami, gdyż pochodzili z tej wyspy, stolicy handlu żywym towarem, albo zachowywali się z okrucieństwem handlarzy niewolników.

Gdy na brzegu wielkiego jeziora Stanley Pool „Florida" została złożona i zwodowana, Roger pływał nią po środkowym i górnym odcinku Konga, organizując skład i transport towarów dla SEE w miejscowościach, do których miał powrócić podczas swej podróży do jądra ciemności w tysiąc dziewięćset trzecim roku: Bolobo, Lukolela, region Irebu, a wreszcie stanica Équateur, czyli Równik, przechrzczona później na Coquilhatville.

Do zatargu z porucznikiem Francquim, którego w odróżnieniu od Rogera nie mierził widok bicza i który nie żałował nikomu jego razów, doszło podczas powrotu z podróży na równik, jakieś pięćdziesiąt kilometrów w górę rzeki od Bomy, w mikroskopijnej osadzie bez nazwy. Porucznik Francqui, dowodzący ośmioma murzyńskimi żołnierzami Force Publique, wracał właśnie z karnej ekspedycji. Chodziło, jak zwykle, o siłę roboczą. Stale brakowało ludzi do dźwigania towarów i bagaży kursujących pomiędzy Bomą i Matadi a Léopoldville-Stanley

Pool. Jako że tubylcze plemiona wzbraniały się przed wysyłaniem swych członków do tej morderczej pracy, od czasu do czasu Force Publique, a niekiedy także koncesjonariusze prywatni, organizowała rajdy na oporne wioski i porywano mężczyzn zdolnych do pracy, których wiązano w długie szeregi, palono chaty, konfiskowano skóry, kość słoniową i zwierzęta, a także spuszczano porządne baty kacykom, by w przyszłości wywiązywali się z zawartej umowy.

Gdy Roger Casement i jego mały oddział, złożony z pięciu tragarzy i jednego Zanzibarczyka, weszli do osady, z trzech lub czterech chat zostały już tylko zgliszcza, a mieszkańcy uciekli. Wszyscy, z wyjątkiem tego chłopca, prawie dziecka, który leżał na ziemi z rękami i nogami przywiązanymi do palików i na którego plecach porucznik Francqui wyładowywał swą frustrację razami bicza. Zazwyczaj chłostę wymierzali nie oficerowie, lecz żołnierze, jednakże porucznik czuł się z pewnością znieważony ucieczką całej wioski i pałał żądzą zemsty. Czerwony z gniewu, zlany potem, za każdym uderzeniem wydawał z siebie ciche sapnięcie. Nie speszył go widok Rogera i jego grupki. Ograniczył się do odpowiedzenia ruchem głowy na jego pozdrowienie, nie przerywając kaźni. Dzieciak stracił pewnie przytomność jakiś czas wcześniej. Jego plecy i nogi były jedną krwawą masą, a Rogerowi utkwił w pamięci ze szczególną wyrazistością pewien szczegół: obok nagiego ciałka defilował szereg mrówek.

– Nie ma pan prawa tego robić, poruczniku Francqui – powiedział po francusku. – Dość tego!

Drobny mężczyzna opuścił bicz i odwrócił się, by spojrzeć na wysokiego brodacza, który jako jedyną broń trzymał w dłoniach kij do badania gruntu i odsuwania listowia podczas marszu. Między jego nogami kręcił się mały piesek. Zdumienie sprawiło, że nabiegła krwią, okrągła twarz porucznika, o przyciętym wąsiku i mrugających nerwowo oczkach, nabrała barwy płótna, a po chwili poczerwieniała ponownie.

– Co pan powiedział? – ryknął.

Roger zobaczył, że Francqui upuszcza bicz, podnosi prawą ręką do pasa i odpina kaburę, z której wystawała kolba rewolweru. W ułamku sekundy zrozumiał, że ogarnięty szałem oficer może do niego strzelić. Zareagował natychmiast. Zanim tamten zdążył wyciągnąć broń, chwycił go za gardło, wytrącając mu mocnym ciosem rewolwer. Porucznik Francqui szamotał się, próbując wyrwać się z żelaznego uścisku. Oczy wyszły mu na wierzch jak u ropuchy.

Ośmiu żołnierzy Force Publique, którzy z papierosem w ustach obserwowali chłostę, nie poruszyło się, lecz Roger wyczuwał, że w każdej chwili mogą sięgnąć po karabiny i czekają na rozkaz dowódcy, by przejść do czynu.

– Nazywam się Roger Casement, pracuję dla SEE, a pan doskonale mnie zna, poruczniku Francqui, bo grywaliśmy razem w pokera w Matadi – powiedział, puszczając go, po czym schylił się po rewolwer i podał go uprzejmie oficerowi. – Sposób, w jaki pan karze tego chłopca, jest wykroczeniem, bez względu na to, jakie było jego przewinienie. Jako oficer Force Publique wie pan o tym lepiej ode mnie, ponieważ niewątpliwie zna pan prawo Wolnego Państwa Kongo. Jeśli chłopiec umrze z powodu chłosty, będzie pan miał na sumieniu zbrodnię.

– Przed przyjazdem do Konga na wszelki wypadek zostawiłem sumienie w mojej ojczyźnie – powiedział porucznik. Okrągła twarz nabrała kpiącego wyrazu i Francqui zdawał się zastanawiać, czy Casement jest błaznem czy wariatem. Jego histeria minęła. – Na szczęście był pan szybki, już miałem wpakować w pana kulę. Wpadłbym w niezły kocioł dyplomatyczny, gdybym zabił Anglika. Tak czy owak, radzę panu, żeby pan nie interweniował w taki sposób w działania moich kolegów z Force Publique. Mają wredne charaktery i z nimi mogłoby pójść panu gorzej niż ze mną.

Jego gniew rozwiał się, wyglądał teraz na przygnębionego. Wymamrotał, że ktoś najwyraźniej uprzedził mieszkańców wioski o jego nadejściu. Będzie teraz musiał wrócić do Matadi z pustymi rękoma. Nie odezwał się ani słowem, gdy Casement rozkazał swemu oddziałowi odwiązać chłopca, wrzucić go do hamaka, zawiesić ów między dwoma palikami i ruszyć w kierunku Bomy. Gdy tam dotarli dwa dni później, mimo ran i upływu krwi chłopiec jeszcze żył. Roger zostawił go w punkcie sanitarnym. Wybrał się do sądu i złożył doniesienie o nadużyciu władzy przez porucznika Francquiego. W ciągu kolejnych tygodni dwukrotnie wzywano go do złożenia zeznań, a podczas przewlekłych i głupich przesłuchań przez sędziego zrozumiał, że jego doniesienie trafi do archiwum, a porucznik nie otrzyma nawet upomnienia.

Gdy w końcu sędzia wydał orzeczenie o oddaleniu doniesienia, ponieważ brakowało dowodów, a ofiara odmówiła potwierdzenia, Roger Casement zwolnił się już z SEE i pracował ponownie pod rozkazami Henry'ego Mortona Stanleya – którego okoliczni Murzyni Kikongo obdarzyli teraz przydomkiem Bula Matadi (Łamacz Kamieni) – przy budowie linii kolejowej równoległej do szlaku karawanowego, z Bomy i Matadi do Léopoldville-Stanley Pool. Zmasakrowany chłopiec został z Rogerem jako służący, pomocnik i towarzysz podróży po Afryce. Jako że nigdy nie powiedział, jak się nazywa, Casement ochrzcił go Charlie. Przebywał u jego boku od szesnastu lat.

Bezpośrednim powodem odejścia Rogera z SEE był zatarg z jednym z dyrektorów kompanii. Nie żałował tego, ponieważ praca przy budowie linii kolejowej, choć wymagająca potwornego wysiłku fizycznego, przywróciła mu wiarę w ideały, które przywiodły go do Afryki. Wycinanie traktu przez las i wysadzanie dynamitem gór, by położyć podkłady i szyny kolejowe, było pionierskim przedsięwzięciem, o jakim zawsze marzył. Godziny spędzane na powietrzu, gdy smażył się na słońcu albo przemakał do suchej nitki podczas ulewy, kierując pracą robotników i rębaczy, wydając rozkazy Zanzibarczykom, czuwając, by każda zmiana wykonała prawidłowo swą pracę, walcując, niwelując, zbrojąc teren, na którym układano belki, wycinając gąszcz, były czasem natężonej uwagi i poczucia uczestnictwa w dziele mającym przynieść korzyść zarówno Europejczykom, jak i Afrykanom, kolonizatorom i kolonizowanym. Herbert Ward powiedział mu pewnego dnia:

„Kiedy cię poznałem, uważałem cię tylko za poszukiwacza przygód. Teraz wiem, że jesteś mistykiem".

Mniej podobały się Rogerowi wyprawy do wiosek, by negocjować zatrudnienie tragarzy i rębaczy dla kolei. Brak rąk do pracy stał się naczelnym problemem przeżywającego bujny rozwój Wolnego Państwa Kongo. Mimo podpisania „umów" kacykowie, którzy zorientowali się w zamiarach przybyszy, niechętnie wysyłali swych poddanych do pracy przy wyrębie przejść w dżungli, do budowy stanic i magazynów, do zbierania kauczuku. Jeszcze będąc zatrudnionym przez Sanford Exploring Expedition, Roger uzyskał pozwolenie na wypłacanie robotnikom z funduszy firmy niewielkiego wynagrodzenia, zazwyczaj w naturze, mimo braku prawnego obowiązku. Inne przedsiębiorstwa także zaczęły stosować ten środek. Jednak i tak nie było łatwo ich zwerbować. Kacykowie tłumaczyli, że nie mogą pozbyć się ludzi niezbędnych do pracy na roli, polowania i łowienia ryb, podstaw ich egzystencji. Z czasem na wieść o zbliżaniu się werbowników mężczyźni w wieku produkcyjnym zaczęli chować się w gęstwinie dżungli. Rozpoczęły się wówczas karne ekspedycje, przymusowe zaciągi i praktyka zamykania kobiet w tak zwanych *maisons d'otages* (domach zakładniczek), by uzyskać pewność, że ich mężowie nie uciekną.

Podczas pracy zarówno dla Stanleya, jak i dla Henry'ego Sheltona Sanforda Roger wielokrotnie otrzymywał zadanie negocjowania ze społecznościami autochtonicznymi dostawy siły roboczej. Dzięki smykałce do języków był w stanie porozumieć się w kikongo i w lingala – później także w swahili – choć zawsze korzystał z pomocy tłumaczy. Słysząc, jak duka w ich języku, tubylcy tracili część początkowej nieufności. Jego grzeczny sposób bycia, cierpliwość, postawa pełna szacunku ułatwiały dialog, podobnie jak przywożone przez niego prezenty: ubrania, noże i inne przedmioty użytku domowego, a także szklane paciorki, które tak lubili. Zazwyczaj wracał do obozu z garstką ludzi do karczowania dżungli i dźwigania ciężarów. Zyskał sławę przyjaciela Murzynów, na co niektórzy z kolegów patrzyli z politowaniem, a inni, podobnie jak niektórzy oficerowie Force Publique, z pogardą.

Rogerowi owe wizyty w wioskach sprawiały przykrość, która nasilała się w miarę upływu lat. Początkowo odbywał je z ochotą, gdyż zaspokajały jego ciekawość zwyczajów, języków, strojów, zachowań, pożywienia, tańców i śpiewów, praktyk religijnych owych zdających się tkwić jeszcze w otchłani wieków ludów, u których niewinność prymitywna, zdrowa i bezpośrednia mieszała się z okrutnymi zwyczajami, takimi jak składanie w ofierze bliźniaków przez pewne plemiona, zabijanie kilkorga służących – prawie zawsze niewolników – by pogrzebać ich u boku zmarłego władcy, praktykowanie kanibalizmu przez niektóre grupy, co budziło zresztą strach i odrazę u pozostałych społeczności. Negocjacje te wywoływały w nim trudny do zdefiniowania dyskomfort, poczucie, że stosuje brudne zagrywki wobec tych ludzi z innej epoki, którzy choćby nie wiadomo jak się starali, nigdy nie zrozumieją go całkowicie; mimo środków przedsiębranych, by złagodzić oszukańczy charakter tych umów, odczuwał wyrzuty sumienia z powodu postępowania wbrew swym przekonaniom, moralności i owej „pierwszej zasadzie", jak nazywał Boga.

Dlatego właśnie, pod koniec grudnia tysiąc osiemset osiemdziesiątego ósmego, nie przepracowawszy jednego roku w Chemin de Fer Stanleya, złożył wymówienie i zatrudnił się w misji baptystów w Ngombe Lutete u państwa Bentleyów, małżeństwa, które ją prowadziło. Decyzję tę podjął nagle, w wyniku rozmowy rozpoczętej o zmierzchu i zakończonej o pierwszym brzasku, w domku w dzielnicy kolonialnej Matadi, z człowiekiem, który przebywał tam przejazdem. Theodore Horte był dawnym oficerem marynarki. Porzucił British Navy dla pracy misyjnej w Kongu. Baptyści działali tu od czasu, gdy doktor David Livingstone rozpoczął eksplorację kontynentu afrykańskiego i głoszenie Ewangelii. Założyli misje w Palabai, Banza Manteke, Ngombe Lutete oraz, całkiem niedawno, w Arlhington, w okolicy Stanley Pool. Theodore Horte, wizytujący owe misje, podróżował bezustannie od jednej do drugiej, niosąc pomoc pastorom i badając możliwości założenia kolejnych placówek. Rozmowa ta wywarła na Rogerze Casemencie wrażenie, które miał zapamiętać na całe życie. Podczas dni rekonwalescencji po trzecim ataku malarii, w połowie tysiąc dziewięćset drugiego roku, byłby w stanie odtworzyć ją z najdrobniejszymi szczegółami.

Nikt by nie pomyślał, słuchając Theodore'a Horte'a, że ów był niegdyś zawodowym żołnierzem i brał udział w ważnych operacjach wojskowych British Navy. Nigdy nie mówił o swej przeszłości ani o życiu prywatnym. Miał około pięćdziesięciu lat, dystyngowany wygląd i nienaganne maniery. Owej spokojnej nocy w Matadi, bezdeszczowej i bezchmurnej, pod niebem usianym milionami gwiazd odbijających się w wodach rzeki, kiedy to jedynym dźwiękiem był szmer ciepłego wiatru czeszącego im włosy, Casement i Horte, kołysząc się w hamakach zawieszonych obok siebie, rozpoczęli po kolacji pogawędkę, która – jak początkowo sądził Roger – miała potrwać kilka minut, zanim zapadną w sen, i ograniczyć się do wymiany konwencjonalnych, szybko zapomnianych zdań. Jednakże wkrótce po nawiązaniu rozmowy coś sprawiło, że jego serce zabiło mocniej niż zwykle. Poczuł się ukołysany delikatnością i ciepłem głosu pastora Horte'a, ogarnęła go nieprzemożna chęć porozmawiania na tematy, których nigdy nie poruszał w gronie kolegów – z wyjątkiem, sporadycznie, Herberta Warda – a tym bardziej w obecności szefów. O tym, co go dręczyło i martwiło, o wątpliwościach, które ukrywał, jakby chodziło o coś nagannego. Czy to wszystko miało sens? Czy afrykańska przygoda Europy rzeczywiście była tym, co o niej opowiadano, co o niej pisano, w co wierzono? Czy niosła cywilizację, postęp, nowoczesność za pośrednictwem wolnego handlu i ewangelizacji? Czy zasługiwały na miano propagatorów cywilizacji te bestie z Force Publique, rabujące co tylko się da podczas ekspedycji karnych? Ilu spośród kolonizatorów – handlarzy, żołnierzy, funkcjonariuszy, łowców przygód – żywiło choćby minimum szacunku dla krajowców, uważało ich za bliźnich albo przynajmniej za istoty ludzkie? Pięć procent? Jeden na stu? Zaprawdę, zaprawdę, palców dwóch rąk miał aż nadto, by policzyć napotkanych przez wszystkie lata spędzone w tym kraju Europejczyków nietraktujących Murzynów jak zwierzęta pozbawione duszy, które można karać, eksploatować, chłostać, a nawet zabijać, bez najmniejszych wyrzutów sumienia.

Theodore Horte słuchał w milczeniu wybuchu rozgoryczenia młodego Casementa. Gdy się odezwał, nie wydawał się zdziwiony tym, co usłyszał. Wręcz przeciwnie, przyznał, że jego także, od lat, ogarniały poważne wątpliwości. Jednakże, przynajmniej w teorii, sprawa „cywilizacji" była słuszna. Czyż warunki życia tubylców nie były straszne? Czyż ich poziom higieny, przesądy, nieznajomość podstawowych zasad zachowania zdrowia, nie sprawiały, że marli jak muchy? Czyż nie było tragiczne ich życie polegające wyłącznie na walce o przetrwanie? Europa miała im wiele do zaoferowania, by wyszli ze swego prymitywnego stanu. By na przykład zaprzestali barbarzyńskich praktyk składania w ofierze dzieci i chorych w tylu społecznościach, wojen, w których wyniszczali się wzajemnie, niewolnictwa i kanibalizmu – jeszcze gdzieniegdzie praktykowanego. A poza tym czyż nie było dla nich dobre poznanie prawdziwego Boga, zastąpienie bożków, których wielbili, Bogiem chrześcijańskim, Bogiem litości, miłości i sprawiedliwości? To prawda, że napłynęło tu wielu szubrawców, być może największe szumowiny Europy. Czy można temu zaradzić? Ze Starego Kontynentu nadeszły przecież także dobre rzeczy. Nie tylko zachłanność handlarzy o brudnej duszy, lecz także nauka, prawodawstwo, edukacja, przyrodzone prawa istoty ludzkiej, etyka chrześcijańska. A ponadto czyż nie było zbyt późno, by się wycofać? Próżne było pytanie, czy kolonizacja jest dobra czy zła, czy gdyby zostawić ich własnemu losowi, Kongijczykom wiodłoby się lepiej czy gorzej. Gdy nie da się zawrócić biegu historii, szkoda tracić czas na zastanawianie się, czy byłoby lepiej, gdyby potoczyła się inaczej. Próbujmy raczej skierować jej bieg w dobrą stronę. Zawsze da się wyprostować to, co zostało wypaczone. Czy nie taka jest najlepsza nauka, jaką daje nam Chrystus?

Gdy o brzasku Roger Casement zapytał go, czy osoba świecka taka jak on, który nigdy nie był zbyt religijny, mogłaby pracować w którejś z misji prowadzonych przez baptystów w regionie dolnego i środkowego Konga, Theodore Horte zachichotał.

– To musi być jeden z podstępów Pana Boga – oznajmił. – Państwo Bentleyowie, z misji w Ngombe Lutete, szukają świeckiej osoby do pomocy w prowadzeniu księgowości. A pan teraz zadaje mi to pytanie. Czy to nie coś więcej niż czysty przypadek? Może jedna z tych pułapek, jakie zastawia na nas niekiedy Bóg, by przypomnieć, że stale jest z nami i że nigdy nie powinniśmy tracić nadziei?

Praca Rogera od stycznia do marca tysiąc osiemset osiemdziesiątego dziewiątego roku w misji w Ngombe Lutete, choć krótka, była intensywna i pomogła mu pozbyć się niepewności, w której tkwił od jakiegoś czasu. Zarabiał zaledwie dziesięć funtów miesięcznie i z pensji tej musiał opłacić koszty utrzymania, lecz widząc, jak wielebny William Holman Bentley i jego małżonka pracują od rana do nocy, z ogromnym zapałem i przekonaniem, oraz dzieląc z nimi życie w tej misji, która była jednocześnie placówką religijną, ośrodkiem zdrowia, centrum szczepień, szkołą, sklepem, a także miejscem rozrywki, konsultacji i doradztwa, uznał przedsięwzięcie kolonizatorskie za mniej okrutne, bardziej rozsądne, rzeczywiście cywilizacyjne. Nabrał otuchy, patrząc, jak wokół tej pary powstaje maleńka wspólnota Afrykanów nawróconych na religię zreformowaną, którzy zarówno swym strojem, jak i śpiewaniem psalmów podczas codziennych prób chóru przed nabożeństwem niedzielnym, a także udziałem w lekcjach czytania i pisania oraz w katechezie zdawali się świadczyć o tym, że porzucają życie plemienne na rzecz nowoczesnego, chrześcijańskiego.

Jego praca nie ograniczała się do prowadzenia ksiąg przychodów i rozchodów misji. To akurat zabierało mu najmniej czasu. Zajmował się wszystkim, od grabienia opadłych liści i plewienia niewielkiego terenu wokół misji – była to codzienna walka z przyrodą uporczywie próbującą odzyskać przecinkę, którą jej wydarto – po zasadzanie się na lamparta pustoszącego kurnik. Organizował transport, ścieżką przez dżunglę lub rzeką, w małej łodzi, przywożąc i odwożąc chorych, sprzęt, pracowników; czuwał nad sprawnym funkcjonowaniem sklepu misyjnego, w którym tubylcy mogli sprzedać i kupić różne towary. Handel odbywał się głównie poprzez barter, lecz w obiegu były także franki belgijskie i funty szterlingi. Państwo Bentleyowie kpili z jego braku zdolności handlowych i skłonności do marnotrawstwa, jako że Rogerowi wszystkie ceny wydawały się zbyt wysokie i chciał je obniżać, mimo że w ten sposób pozbawiał misję niewielkiej marży, a siebie – możliwości uzupełnienia marnej pensyjki.

Mimo sympatii, jaką żywił do Bentleyów, i poczucia czystego sumienia, jakie dawała mu praca u ich boku, Roger od początku wiedział, że jego pobyt w misji w Ngombe Lutete będzie przejściowy. Zajęcie to było godne i altruistyczne, lecz miało sens jedynie wówczas, gdy towarzyszyła mu wiara taka jak ta, która ożywiała Theodore'a Horte'a i Bentleyów, a której jemu brakowało, choć naśladował ich gesty i zachowania, uczestnicząc w komentowanych lekturach Biblii, katechezach i nabożeństwach niedzielnych. Nie był ateistą ani agnostykiem, lecz czymś bardziej nieokreślonym, człowiekiem obojętnym, który nie neguje istnienia Boga – „pierwszej zasady" – lecz jest niezdolny do tego, by czuć się na swoim miejscu na łonie Kościoła, solidaryzując się i bratając z innymi wiernymi, złączony z nimi wspólną ideą. Próbował wyjaśnić to Theodore'owi Horte'owi podczas owej nocnej rozmowy w Matadi, lecz trudno mu się było wysłowić. Były marynarz uspokoił go: „Doskonale to rozumiem, Rogerze. Bóg ma swoje sposoby działania. Wzbudza w nas wzburzenie i niepokój, popycha do poszukiwań. Aż pewnego dnia wszystko się rozjaśnia i ukazuje się On. Panu także to się przydarzy, zobaczy pan".

W ciągu tych trzech miesięcy się nie przydarzyło. Teraz, w roku tysiąc dziewięćset drugim, trzynaście lat po tamtej historii, Roger nadal tkwił w niepewności religijnej. Gorączka minęła, stracił sporo na wadze, i chociaż niekiedy kręciło mu się w głowie, taki był słaby, podjął swe obowiązki konsularne w Bomie. Odwiedził gubernatora generalnego i innych oficjeli. Wrócił do partyjek szachów i brydża. Pora deszczowa zaczęła się na dobre i miała potrwać wiele miesięcy.

Pod koniec marca tysiąc osiemset osiemdziesiątego dziewiątego roku, gdy dobiegła końca jego umowa z wielebnym Williamem Holmanem Bentleyem, po pięciu latach nieobecności, powrócił po raz pierwszy do Anglii.

V

– Dostanie się tutaj to jedna z najtrudniejszych rzeczy, jakich dokonałam w życiu – oznajmiła Alice na dzień dobry, ściskając mu rękę. – Już myślałam, że nigdy mi się nie uda. Ale wreszcie jestem.

Alice Stopford Green zachowywała pozory osoby zimnej, racjonalnej, której obcy jest wszelki sentymentalizm, lecz Roger znał ją na tyle dobrze, by wyczuć, że jest ogromnie wzruszona. Zauważył leciutkie drżenie jej głosu, którego nie zdołała ukryć, i poruszające się szybko nozdrza, niechybną oznakę przejęcia. Dobiegała siedemdziesiątki, lecz zachowała młodzieńczą figurę. Zmarszczki nie zatarły świeżości jej piegowatej twarzy ani światła jasnych oczu o przenikliwym spojrzeniu, które nadal błyszczały inteligencją. Była ubrana z właściwą sobie dyskretną elegancją w jasną sukienkę, lekki żakiet i buty na obcasie.

– Jakże się cieszę, kochana Alice, jakże się cieszę – powtarzał Roger Casement, ujmując jej ręce. – Już myślałem, że nigdy cię nie zobaczę.

– Przyniosłam ci kilka książek, trochę słodyczy i coś do ubrania, ale wszystko mi zabrali strażnicy przy wejściu. – Skrzywiła usta w grymasie bezradności. – Bardzo mi przykro. Dobrze się czujesz?

– Tak, tak – odpowiedział Roger pośpiesznie. – Tyle dla mnie zrobiłaś przez te miesiące. Są jakieś wieści?

– Gabinet zbiera się w czwartek – powiedziała. – Wiem z dobrego źródła, że ta sprawa jest na pierwszym miejscu w porządku obrad. Robimy wszystko, co w naszej mocy, i więcej, Rogerze. Petycję podpisało około pięćdziesięciu osobistości. Naukowcy, artyści, pisarze, politycy. John Devoy zapewnia nas, że lada moment powinien nadejść telegram od prezydenta Stanów Zjednoczonych do rządu brytyjskiego. Wszyscy przyjaciele zmobilizowali się, by uciąć, to znaczy, by powstrzymać tę nikczemną kampanię w prasie. Wiesz, o co chodzi, prawda?

– Z grubsza – powiedział Casement z gestem niechęci. – Tu nie docierają nowiny z zewnątrz, a dozorcy mają zakaz odzywania się do mnie. Tylko szeryf to robi, ale po to, żeby mnie znieważyć. Sądzisz, że została jeszcze jakaś nadzieja, Alice?

– Oczywiście, że tak sądzę – oświadczyła z naciskiem, ale Casement pomyślał, że to litościwe kłamstwo. – Wszyscy moi przyjaciele potwierdzają, że w tych sprawach rząd decyduje jednogłośnie. Jeśli choć jeden minister będzie przeciwny egzekucji, jesteś uratowany. A wygląda na to, że twój dawny szef z Foreign Office *sir* Edward Grey jest przeciw. Nie trać nadziei, Rogerze.

Tym razem szeryfa Pentonville Prison nie było w rozmównicy. Towarzyszył im tylko młodziutki i dyskretny strażnik odwrócony do nich plecami, wyglądający na korytarz przez zakratowane okienko w drzwiach i udający, że zupełnie nie interesuje go rozmowa Rogera i historyczki. „Gdyby wszyscy dozorcy w Pentonville Prison byli tacy uważający, tutejsze życie byłoby znacznie bardziej znośne" – pomyślał Casement. Uzmysłowił sobie, że jeszcze nie zapytał Alice o wydarzenia w Dublinie.

– Wiem, że podczas powstania wielkanocnego Scotland Yard dokonał rewizji w twoim domu przy Grosvenor Road – powiedział. – Biedna Alice. Czy byli bardzo nieprzyjemni?

– Nie tak bardzo, Rogerze. Skonfiskowali górę papierzysk. Listy prywatne, rękopisy. Mam nadzieję, że mi je zwrócą, nie sądzę, by im się do czegoś przydały. – Westchnęła z troską. – W porównaniu z tym, co wycierpieli nasi w Irlandii, ta rewizja to pestka.

Czy długo jeszcze potrwają surowe represje? Roger starał się odpędzić od siebie myśl o rozstrzeliwanych, zabitych, o konsekwencjach tego tragicznego tygodnia, lecz Alice najwyraźniej wyczytała w jego oczach chęć poznania prawdy.

– Egzekucje chyba zostały zakończone – szepnęła, rzucając ukradkowe spojrzenie na plecy strażnika. – Liczbę aresztowanych szacujemy na trzy tysiące pięćset. Większość przewieziono do Anglii i rozproszono po więzieniach całego kraju. Ustaliliśmy, że jest wśród nich jakieś osiemdziesiąt kobiet. Pomagają nam różne stowarzyszenia. Wielu angielskich adwokatów zaoferowało, że podejmie się ich obrony bez wynagrodzenia.

Pytania kłębiły się w głowie Rogera. Ilu jego przyjaciół jest wśród zabitych, wśród rannych, wśród uwięzionych? Powstrzymał się jednak od ich zadania. Po co dociekać spraw, na które nie ma wpływu, a prawda o nich dopełni tylko czary jego goryczy?

– Wiesz co, Alice? Jednym z powodów, dla których chciałbym, żeby mnie ułaskawiono, jest to, że jeśli nie zrobią tego, umrę, nie nauczywszy się irlandzkiego. Jeśli zostanę ułaskawiony, zabiorę się do nauki i przyrzekam ci, że w tej właśnie rozmównicy pogawędzimy kiedyś po gaelicku.

Potaknęła, parskając śmiechem, który jednak nie zabrzmiał zbyt przekonująco.

– Gaelicki to trudny język – powiedziała, poklepując go po ramieniu. – Trzeba dużo czasu i cierpliwości, by się go nauczyć. Ty prowadziłeś bardzo aktywny tryb życia, kochany. Ale pociesz się, niewielu Irlandczyków uczyniło dla Irlandii tyle co ty.

– Dzięki tobie, kochana Alice. Zawdzięczam ci tyle rzeczy. Przyjaźń, gościnność, inteligencję, kulturę. Owe wtorkowe wieczory na Grosvenor Road, z niezwykłymi ludźmi, w tej tak miłej atmosferze. To najlepsze wspomnienia w moim życiu. Teraz mogę powiedzieć ci o tym i podziękować, kochana przyjaciółko. Nauczyłaś mnie kochać przeszłość i kulturę Irlandii. Byłaś wspaniałą nauczycielką, ogromnie wzbogaciłaś moje życie.

Mówił to, co czuł od zawsze, lecz o czym milczał przez wstydliwość i nieśmiałość. Od początku ich znajomości podziwiał i kochał historyczkę i pisarkę Alice Stopford Green, której książki i studia nad historią oraz legendami i mitami irlandzkimi, a także nad językiem gaelickim przyczyniły się bardziej niż cokolwiek innego do wszczepienia Casementowi owej „celtyckiej dumy", jaką chełpił się z taką pasją, że kpili z niego niekiedy nawet jego przyjaciele nacjonaliści. Poznał Alice jedenaście lub dwanaście lat temu, szukając wsparcia dla Stowarzyszenia na rzecz Reformy Konga (Congo Reform Association), które założył wspólnie z Edmundem D. Morelem. Para tych świeżych przyjaciół zaczynała batalię polityczną z Leopoldem II i jego makiawelicznym tworem, Wolnym Państwem Kongo. Zapał, z jakim Alice Stopford Green oddała się kampanii, ujawniając kongijskie okropności, przesądził o tym, że wielu pisarzy i polityków przyłączyło się do niej. Alice stała się mentorką i przewodniczką intelektualną Rogera, który gdy tylko przebywał w Londynie, każdego tygodnia odwiedzał prowadzony przez pisarkę salon. Spotykali się w nim profesorowie, dziennikarze, poeci, malarze, muzycy i politycy, którzy zazwyczaj, podobnie jak ona, byli krytykami imperializmu i kolonializmu, zwolennikami *Home Rule*, czyli autonomii dla Irlandii, a nawet radykalnymi nacjonalistami, domagającymi się całkowitej niezależności dla Éire. W eleganckich, pełnych książek pokojach w domu przy Grosvenor Road, gdzie Alice przechowywała bibliotekę swego zmarłego małżonka historyka Johna Richarda Greena, Roger poznał W.B. Yeatsa, *sir* Arthura Conan Doyle'a, Bernarda Shawa, G.K. Chestertona, Johna Galsworthy'ego, Roberta Cunninghame'a Grahama i wielu innych popularnych pisarzy.

– Mam pytanie, które już wczoraj chciałem zadać Gee, ale się nie odważyłem – powiedział Roger. – Czy Conrad podpisał petycję? Ani mój adwokat, ani Gee nie wymienili jego nazwiska.

Alice pokręciła głową.

– Osobiście napisałam do niego, prosząc go o podpis – oznajmiła z niesmakiem. – Jego argumenty były niejasne. Zawsze wypowiadał się wymijająco w kwestiach politycznych. Być może status zasymilowanego obywatela brytyjskiego sprawia, że nie czuje się zbyt pewnie. Tymczasem jako Polak nienawidzi Niemiec równie mocno jak Rosji za to, że dokonały rozbiorów jego państwa. W sumie nie wiem. My wszyscy, jego przyjaciele, ubolewamy nad tym. Można być wielkim pisarzem, a zarazem strachajłem w kwestiach politycznych. Wiesz o tym lepiej niż ktokolwiek, Rogerze.

Casement przytaknął. Pożałował, że zadał to pytanie. Lepiej by było nie znać odpowiedzi. Brak tego podpisu będzie go teraz dręczyć tak, jak dręczyła go przekazana przez mecenasa Gavana Duffy'ego informacja o tym, że podania o ułaskawienie nie chciał podpisać Edmund D. Morel. Jego przyjaciel, jego brat Bulldog! Towarzysz walki w obronie Kongijczyków odmówił złożenia podpisu, tłumacząc się patriotyczną lojalnością wobec ojczyzny w stanie wojny.

– To, że Conrad nie podpisał, nie zmienia za bardzo stanu rzeczy – ciągnęła historyczka. – Jego wpływy polityczne w rządzie Asquitha są żadne.

– Nie, oczywiście, że nie – potaknął Roger. Być może nie miało to znaczenia dla powodzenia lub porażki petycji, ale dla niego, w głębi ducha, owszem. Byłoby mu lżej, gdyby mógł sobie powiedzieć w przypływach zniechęcenia i rozpaczy, jakie ogarniały go niekiedy w celi, że osoba o takim prestiżu, którą podziwia tylu ludzi – z nim włącznie – popiera go w ciężkich chwilach i przesyła mu, poprzez swój podpis, znak zrozumienia i przyjaźni.

– Znasz go od dawna, nieprawdaż? – zapytała Alice, jakby odgadując jego myśli.

– Poznaliśmy się dokładnie dwadzieścia sześć lat temu. W czerwcu tysiąc osiemset dziewięćdziesiątego, w Kongu – sprecyzował Roger. – Nie był jeszcze pisarzem. Chociaż jeśli mnie pamięć nie myli, powiedział mi, że zaczął pisać powieść. *Szaleństwo Almayera*, bez wątpienia, pierwszą, którą wydał. Wysłał mi egzemplarz, z dedykacją. Zachowałem go. Wtedy jeszcze nic nie opublikował. Był marynarzem. Jego angielski był ledwie zrozumiały, ze względu na silny polski akcent.

– Nadal ciężko go zrozumieć – Alice uśmiechnęła się. – Ciągle mówi po angielsku z tym okropnym akcentem. „Jakby miał w ustach kamienie" – twierdzi Bernard Shaw. Ale pisze niebiańsko, czy to się nam podoba czy nie.

Pamięć podsunęła Rogerowi wspomnienie owego czerwcowego dnia tysiąc osiemset dziewięćdziesiątego roku, kiedy zlany potem w wilgotnym upale początków lata, rozdrażniony ukłuciami moskitów wyżywających się na jego skórze cudzoziemca pojawił się w Matadi ten młody kapitan brytyjskiej marynarki handlowej. Miał około trzydziestki, wysokie czoło, kruczoczarną bródkę i zapadnięte oczy, trzymał się prosto, nazywał się Konrad Korzeniowski i był Polakiem, od kilku lat obywatelem brytyjskim. Zatrudniony przez Belgijską Spółkę Akcyjną na rzecz Handlu z Górnym Kongiem, miał dowodzić jednym ze stateczków parowych transportujących towary i handlarzy między Léopoldville-Kinszasa a odległymi Wodospadami Stanleya koło Kisangani. Był to jego pierwszy przydział kapitański, co napawało go dumą i radością. Przybywał do Konga przesiąknięty tymi wszystkimi mrzonkami i mitami, z których Leopold II ukuł swój wizerunek wielkiego filantropa i monarchy stawiającego sobie za cel cywilizowanie Afryki i uwolnienie Kongijczyków z oków niewolnictwa, pogaństwa i innych barbarzyńskich nawyków. Mimo dużego doświadczenia na morzach Azji i Ameryki, daru języków, oczytania było w tym Polaku coś niewinnego i dziecinnego, co natychmiast podbiło serce Rogera Casementa. Sympatia okazała się obustronna, gdyż przez całe trzy tygodnie, od dnia, w którym się poznali, do momentu gdy Korzeniowski wyruszył w towarzystwie trzydziestu tragarzy szlakiem karawanowym w stronę Léopoldville-Kinszasa, gdzie miał objąć dowództwo swego statku „Le Roi des Belges", widywali się rano, po południu i wieczorem.

Odbywali długie spacery w okolicach Matadi, aż do nieistniejącej już Vivi, pierwszej, ulotnej stolicy kolonii, z której nie został kamień na kamieniu, i aż do ujścia rzeki Mpozo, gdzie jak głosiła legenda, pierwsze bystrza i wodospady Livingstone Falls i Czarci Kocioł zatrzymały Portugalczyka Dioga Cão cztery wieki temu. Na równinie Lufundi Roger Casement pokazał młodemu Polakowi miejsce, gdzie podróżnik Henry Morton Stanley zbudował swą pierwszą siedzibę, która lata później spłonęła w pożarze. Lecz przede wszystkim dużo rozmawiali, o wielu rzeczach, chociaż głównie o tym, co działo się w tym świeżo upieczonym Wolnym Państwie Kongo, w którym Konrad właśnie wylądował, a Roger mieszkał od sześciu lat. Po kilku dniach od zawarcia znajomości polski marynarz wyrobił sobie o nowym miejscu pracy pojęcie bardzo różne od tego, z jakim tu zawitał. I, jak powiedział Rogerowi, gdy się żegnali, o świcie w sobotę dwudziestego ósmego czerwca tysiąc osiemset dziewięćdziesiątego roku, przed wyruszeniem w Góry Krystaliczne, został „rozdziewiczony". Tak się wyraził, z tym swoim kamienistym, mocnym akcentem: „Pan mnie rozdziewiczył, Casement. Co do Leopolda II, co do Wolnego Państwa Kongo. Może też co do życia". Po czym powtórzył dramatycznym tonem: „Rozdziewiczył".

Widywali się jeszcze wielokrotnie, podczas pobytów Rogera w Londynie, i napisali do siebie kilka listów. Trzynaście lat po owym pierwszym spotkaniu, w czerwcu tysiąc dziewięćset trzeciego, Casement, który właśnie przebywał w Anglii, otrzymał zaproszenie od Josepha Conrada (teraz tak się nazywał i był uznanym pisarzem) na weekend w Pent Farm, jego wiejskim domku w Hythe, w hrabstwie Kent. Powieściopisarz wiódł tam ze swą żoną i synem życie skromne i samotne. Roger zachował ciepłe wspomnienie z owych kilku dni spędzonych u boku Conrada. Miał teraz włosy przetkane srebrnymi nitkami i gęstą brodę, przytył, a jego sposób wyrażania się cechowała pewna intelektualna arogancja. Ale jemu okazał nadzwyczajną serdeczność. Gdy Roger pogratulował mu kongijskiej powieści

Jądro ciemności, którą właśnie przeczytał i która – powiedział mu – poruszyła go do głębi trzewi, bo była najbardziej niezwykłym opisem okropności, jakie miały miejsce w Kongu, Conrad przerwał mu, machając rękami.

– Pan powinien figurować w tej książce jako współautor, Casement – oznajmił, poklepując go po plecach. – Nigdy bym jej nie napisał bez pańskiej pomocy. Pan zdjął mi łuski z oczu. Co do Afryki, co do Wolnego Państwa Kongo. I co do bestii ludzkiej.

Po kolacji, podczas rozmowy w cztery oczy – dyskretna pani Conrad, kobieta bardzo skromnego pochodzenia, i synek poszli się położyć – pisarz, po opróżnieniu drugiego kieliszka porto, powiedział Rogerowi, że za to, co robił dla kongijskich Murzynów, zasługuje na miano „brytyjskiego Bartolomé de las Casas". Roger zarumienił się po czubki uszu, słysząc taką pochwałę. Jak zatem było możliwe, że ktoś, kto miał o nim tak dobre mniemanie, kto tyle im pomógł, jemu i Edmundowi D. Morelowi, w kampanii przeciwko Leopoldowi II, odmówił podpisania memoriału zawierającego wyłącznie prośbę o ułaskawienie? Czym, wykonując ten gest, miałby się narazić rządowi?

Pamiętał inne sporadyczne spotkania z Conradem, podczas jego wizyt w Londynie. Pewnego razu spotkali się w Wellington Club przy Grosvenor Place, gdzie Roger chadzał z kolegami z Foreign Office. Pisarz nalegał, by po wyjściu jego towarzyszy Roger został z nim na lampce koniaku. Wspominali tragiczny stan ducha, w jakim sześć miesięcy po ich pierwszym spotkaniu marynarz pojawił się ponownie w Matadi. Roger Casement nadal tam pracował, jako odpowiedzialny za magazyny i za transport. Z Conrada Korzeniowskiego nie został nawet cień młodego entuzjasty pełnego złudzeń, którego Roger poznał pół roku wcześniej. Polak postarzał się, miał stargane nerwy i rozstrojony żołądek, cierpiał na pasożyty. Od bezustannych biegunek znacznie schudł. Zgorzkniały, pesymistycznie nastawiony marzył tylko o jak najrychlejszym powrocie do Londynu i oddaniu się w ręce medyków z prawdziwego zdarzenia.

– Widzę, że dżungla nie obeszła się z panem łaskawie, Konradzie. Niech pan nie wpada w popłoch. Malaria taka już jest, nie popuści szybko, nawet gdy ustąpi gorączka.

Gawędzili po kolacji, na werandzie domku, gdzie mieszkał i urzędował Roger. Nie było księżyca ani gwiazd na nocnym niebie Matadi, ale nie padało, a ciche bzyczenie owadów kołysało ich, podczas gdy palili i popijali małymi łyczkami z trzymanych w ręku kieliszków.

– Najgorsza nie była bynajmniej dżungla, ten klimat tak niezdrowy, ta febra, w której leżałem nieprzytomny prawie dwa tygodnie – poskarżył się Polak. – Ani nawet ta straszliwa dyzenteria, kiedy srałem krwią przez pięć dni z rzędu. Najgorsze, najgorsze, Casement, było oglądanie tych okropnych rzeczy, które dzieją się każdego dnia w tym przeklętym kraju. Popełniane przez czarne demony i białe demony, gdzie tylko spojrzysz.

Konrad odbył rejs w obie strony na stateczku parowym, którym miał dowodzić, „Le Roi des Belges", z Léopoldville-Kinszasa aż po Stanley Falls. Wszystko potoczyło się źle. O mało nie utonął, gdy przewróciło się czółno, w którym niedoświadczeni wioślarze wpadli w wir, nieopodal Kinszasy. Malaria złożyła go na długo w maleńkiej kajutce; nękany atakami febry, nie miał sił, by wstać. Na miejscu dowiedział się, że poprzedni kapitan „Le Roi des Belges" zginął od strzał tubylców podczas sprzeczki w jednej z wiosek. Inny urzędnik Belgijskiej Spółki Akcyjnej na rzecz Handlu z Górnym Kongiem, po którego Konrad wyruszył do odległej osady, gdzie ów robił zapasy kości słoniowej i kauczuku, zmarł w trakcie podróży na nieznaną chorobę. Jednak to nie plagi cielesne, które sprzysięgły się przeciw niemu, doprowadzały Polaka do szału.

– To moralna zgnilizna, zgnilizna duszy, obejmująca wszystko w tym kraju – powtórzył głosem głuchym i mrocznym, jakby przeniknięty apokaliptyczną wizją.

– Próbowałem pana przygotować na to, gdy się poznaliśmy – przypomniał mu Casement. – Przykro mi, że nie wyjaśniłem dokładniej, czego może się pan spodziewać w Górnym Kongu.

Co nim tak wstrząsnęło? Odkrycie, że prymitywne praktyki, takie jak kanibalizm, były jeszcze stosowane w niektórych wioskach? Że wśród plemion i w faktoriach krążyli jeszcze niewolnicy, którzy zmieniali właściciela za kilka franków? Że domniemani wyzwoliciele poddawali Kongijczyków jeszcze okrutniejszym formom ucisku i służebności? Oszołomił go widok pleców tubylca pooranych śladami bicza? Czy to, że po raz pierwszy w życiu zobaczył, jak biały smaga czarnego batem, aż jego ciało zmienia się w krzyżówkę ran? Nie zapytał o szczegóły, lecz nie ulegało wątpliwości, że kapitan „Le Roi des Belges" był świadkiem strasznych rzeczy, gdy wypowiadał trzyletni kontrakt, by czym prędzej powrócić do Anglii. Ponadto opowiedział Rogerowi, że w Léopoldville-Kinszasa, po powrocie ze Stanley Falls, wdał się w gwałtowną sprzeczkę z dyrektorem Belgijskiej Spółki Akcyjnej na rzecz Handlu z Górnym Kongiem Camille'em Delcommune'em, którego nazwał „barbarzyńcą w kamizelce i kapeluszu". Teraz chciał wrócić do cywilizacji, co znaczyło dla niego: do Anglii.

– Czytałaś *Jądro ciemności*? – zagadnął Roger historyczkę. – Uważasz, że ta wizja istoty ludzkiej jest prawdziwa?

– Sądzę, że nie – odparła Alice. – Dużo dyskutowaliśmy na jej temat któregoś wtorku, gdy się ukazała. Ta powieść to parabola, według której Afryka sprawia, że cywilizowani Europejczycy, którzy tam wyjeżdżają, wracają do stanu barbarzyństwa. Twój raport na temat Konga pokazał raczej coś przeciwnego. Że to my, Europejczycy, wprowadziliśmy tam najbardziej barbarzyńskie zachowania. Poza tym ty sam spędziłeś w Afryce dwadzieścia lat i nie zdziczałeś. Raczej wróciłeś stamtąd bardziej cywilizowany, niż byłeś, wyjeżdżając z wiarą w zalety kolonializmu i Imperium.

– Konrad mówił, że w Kongu zgnilizna moralna istoty ludzkiej wypełza na powierzchnię. U białych i u czarnych. *Jądro ciemności* wielokrotnie spędzało mi sen z powiek. Uważam, że nie opisuje ani Konga, ani rzeczywistości, ani historii, lecz piekło. Kongo to pretekst do wyrażenia tej straszliwej wizji zła absolutnego, jaką mają niektórzy katolicy.

– Przykro mi, że państwu przerywam – odezwał się strażnik, odwracając się do nich. – Minęło piętnaście minut, a pozwolenie na widzenie obejmuje dziesięć. Muszą się państwo pożegnać.

Roger wyciągnął rękę do Alice, lecz ona, ku jego zdziwieniu, rozłożyła ramiona. Uścisnęła go mocno.

– Będziemy nadal robić wszystko, wszystko, by ocalić ci życie, Rogerze – szepnęła mu do ucha.

Pomyślał: „Skoro Alice pozwala sobie na taką wylewność, musi być przekonana, że podanie o łaskę zostanie odrzucone".

Wracając do celi poczuł, że zalewa go smutek. Czy kiedykolwiek zobaczy jeszcze Alice Stopford Green? Ileż dla niego znaczyła! Nikt nie ucieleśniał bardziej niż ona żarliwej miłości do Irlandii, miłości, która stanowiła jego ostatnią namiętność, najbardziej intensywną, najbardziej krnąbrną, miłości, która go strawiła i prawdopodobnie pośle go na śmierć. „Nie żałuję" – powtórzył sobie. Wieki ucisku zrodziły w Irlandii tyle bólu, tyle niesprawiedliwości, że warto było poświęcić się dla tej szlachetnej sprawy. Która jednak zakończyła się fiaskiem. Tak starannie przygotowany plan przyśpieszenia odzyskania niezależności poprzez sprzymierzenie się z Niemcami i skoordynowanie ofensywy armii lądowej i marynarki wojennej kajzera z narodowym powstaniem się nie powiódł. Nie był też w stanie powstrzymać rebelii. A teraz Seán MacDermott, Patrick Pearse, Éamonn Ceannt, Tom Clarke, Joseph Plunkett i tylu innych zostali rozstrzelani. Setki towarzyszy będą gnić w więzieniu przez Bóg wie ile lat. Przynajmniej pozostanie przykład, co z uporem i determinacją powtarzał w Berlinie Joseph Plunkett ubrany jak łachmyta. Przykład oddania, miłości, poświęcenia dla sprawy podobnej do tej, która popchnęła go do walki przeciwko Leopoldowi II w Kongu, przeciwko Julio C. Aranie i handlarzom kauczuku z Putumayo w Amazonii. Opowiedzenia się za sprawiedliwością, po stronie słabszych przeciw nadużyciom potentatów i despotów. Czy kampania piętnująca go jako degenerata i zdrajcę zatrze wszystko inne? W ostatecznym rozrachunku nie miało to znaczenia. Najważniejsza decyzja zostanie podjęta tam w górze, ostateczne słowo należy do tego Boga, który wreszcie od jakiegoś czasu zaczął okazywać mu współczucie.

Leżąc na pryczy na wznak, z zamkniętymi oczami, po raz kolejny ujrzał przed sobą postać Josepha Conrada. Czy poczułby się lepiej, gdyby były marynarz podpisał petycję? Może tak, może nie. Co chciał mu powiedzieć tamtej nocy, w swoim domku w Kent, gdy oznajmił: „Przed podróżą do Konga byłem tylko biednym zwierzęciem"? To zdanie wywarło na nim silne wrażenie, choć nie do końca je zrozumiał. Co oznaczało? Być może to, co Conrad uczynił, czego zaniechał, co zobaczył i usłyszał w ciągu owych sześciu miesięcy w Środkowym i Górnym Kongu, obudziło w nim najgłębsze i najbardziej transcendentne pytania na temat kondycji ludzkiej, grzechu pierworodnego, zła, historii. Roger byłby w stanie zrozumieć go bez trudu. Jego Kongo także uczłowieczyło, jeśli „być człowiekiem" oznaczało poznanie najdalszych granic, jakich mogły sięgnąć: zachłanność, skąpstwo, uprzedzenia, okrucieństwo. Zgnilizna moralna była właśnie tym czymś, co nie istniało wśród zwierząt, wyłączną cechą ludzi. Kongo pokazało mu, że te rzeczy stanowią część życia. Otworzyło mu oczy. „Rozdziewiczyło" także i jego, podobnie jak Polaka. Przypomniał sobie, że gdy przybył do Afryki, w wieku dwudziestu lat, był jeszcze prawiczkiem. Czyż nie było jawną niesprawiedliwością, że prasa, jak doniósł mu szeryf Pentonville Prison, oskarżała jego jedynego z całej ludzkości o to, że jest śmieciem?

By pokonać ogarniające go przygnębienie, spróbował wyobrazić sobie przyjemność, jaką byłaby długa kąpiel w wannie, z dużą ilością wody i mydła i nagim ciałem przytulonym do niego.

VI

Wyjechał z Matadi piątego czerwca tysiąc dziewięćset trzeciego roku koleją, dziełem Stanleya, przy której budowie sam pracował w czasach młodości. W ciągu dwóch dni powolnej podróży do Léopoldville obsesyjnie powracał myślą do swego wyczynu z młodzieńczych lat: oto był pierwszym białym, który pływał w Nkissi, największej rzece na szlaku karawanowym między Manyangą a Stanley Pool. Wcześniej już zanurzał się, z całkowitą niefrasobliwością, w nurt mniejszych rzek w dolnym i środkowym biegu Konga: Kwilo, Lukungu, Mpozo i Lunzadi, gdzie także żyły krokodyle, i nie stało mu się nic złego. Jednak Nkissi, większa i bardziej rwąca, miała około stu metrów szerokości i była pełna wirów ze względu na bliskość wielkich wodospadów. Tubylcy uprzedzali go, że to ryzykowne, że prąd może go porwać i roztrzaskać o skały. I rzeczywiście, po kilku ruchach pływackich Roger poczuł się ciągnięty za nogi i znoszony na środek rzeki przez prądy, z których mimo energicznych ruchów rąk i nóg nie był w stanie się wyrwać. Gdy już brakowało mu sił – nałykał się przy tym sporo wody – udało mu się zbliżyć do brzegu dzięki temu, że zanurkował w falę, która go wyniosła. Tam uczepił się skał. Gdy wspiął się na brzeg, był cały podrapany i ciężko dyszał.

Podróż, w którą wreszcie wyruszał, trwała trzy miesiące i dziesięć dni. Roger uzna później, że w tym okresie zmienił swój sposób bycia i przekształcił się w innego człowieka, patrzącego bardziej trzeźwo i realistycznie niż przedtem na Kongo, Afrykę, istoty ludzkie, kolonializm, Irlandię i życie. To samo doświadczenie uczyniło zeń także istotę bardziej skłonną do bycia nieszczęśliwym. W późniejszych latach życia w momentach przygnębienia wielokrotnie miał sobie mówić, że lepiej by było nigdy nie odbyć tej wyprawy do Środkowego i Górnego Konga w celu weryfikacji oskarżeń o nadużycia wobec tubylców na terenach pozyskiwania kauczuku, wysuwanych w Londynie przez niektóre Kościoły i tego dziennikarza, Edmunda D. Morela, który najwyraźniej poświęcił swe życie krytyce Leopolda II i Wolnego Państwa Kongo.

Na pierwszym odcinku trasy między Matadi a Léopoldville zaskoczyło go wyludnienie tych okolic. Wioski takie jak Tumba, gdzie spędził noc, oraz inne, rozsiane w dolinach Nsele i Ndolo, niegdyś tętniące życiem, były na wpół opustoszałe, zobaczył tam jedynie podobnych do duchów starców powłóczących nogami w pyle drogi lub przykucniętych pod pniami drzew, z zamkniętymi oczami, jakby martwych lub śpiących.

W ciągu owych trzech miesięcy i dziesięciu dni wrażenie opustoszenia, odpływu ludzi, zniknięcia wiosek i osad, przez które przechodził, w których nocował, z którymi handlował piętnaście czy szesnaście lat temu, powracało raz po raz, niby koszmar, we wszystkich regionach, na brzegach rzeki Kongo i jej dopływów oraz w interiorze, dokąd się zapuszczał, by zebrać świadectwa misjonarzy, urzędników, oficerów i żołnierzy Force Publique oraz tubylców, których wypytywał w lingala, kikongo i swahili albo w ich własnych językach, za pośrednictwem tłumaczy. Gdzie się podziali ci ludzie? Pamięć go nie myliła. Stały mu wyraźnie przed oczami gwarne place wiosek, stadka dzieci, kobiet, wytatuowanych mężczyzn ze spiłowanymi zębami trzonowymi, w naszyjnikach z zębów dzikich zwierząt, niekiedy z włóczniami i w maskach, którzy otaczali go, oglądali uważnie i dotykali. Jak to było możliwe, że rozpłynęli się w powietrzu w tak krótkim czasie? Niektóre wioski wymarły, w innych liczba mieszkańców zmniejszyła się do połowy, do jednej trzeciej albo nawet do jednej dziesiątej. W pewnych miejscach mógł zebrać dokładne dane liczbowe. Lukolela, na przykład, w tysiąc osiemset osiemdziesiątym czwartym, gdy Roger odwiedził po raz pierwszy tę ludną miejscowość, liczyła ponad pięć tysięcy mieszkańców. Teraz zaledwie trzystu pięćdziesięciu dwóch. A większość z nich w beznadziejnym stanie, sterana wiekiem lub chorobami, tak że po dokonaniu inspekcji Casement stwierdził, że tylko osiemdziesięciu dwóch z pozostałych przy życiu nadaje się jeszcze do pracy. Gdzie wyparowało ponad cztery tysiące mieszkańców Lukoleli?

Wyjaśnienia agentów rządowych, pracowników kompanii zajmujących się zbieraniem kauczuku i oficerów Force Publique były zawsze te same: Murzyni marli jak muchy na śpiączkę, ospę, tyfus, przeziębienia, zapalenia płuc, malarię oraz inne plagi, które z powodu marnego odżywiania się dziesiątkowały organizmy nieodporne na choroby. To prawda, epidemie zbierały śmiertelne żniwo. Przede wszystkim śpiączka wywoływana – jak odkryto przed kilkoma laty – przez muchę tse-tse, atakowała krew i mózg, powodowała u swych ofiar paraliż członków i letarg, z którego nigdy się nie budziły. Jednakże na tym etapie podróży Roger Casement wypytywał o przyczynę wyludnienia Konga nie w poszukiwaniu odpowiedzi, lecz by się upewnić, że kłamstwa, których wysłuchiwał, były powtarzane na czyjeś polecenie lub rozkaz. On sam doskonale znał odpowiedź. Plagą, która zdematerializowała ogromną część mieszkańców Środkowego i Górnego Konga, były zachłanność, okrucieństwo, rabunek kauczuku, nieludzki system, nieubłagany wyzysk Afrykanów przez europejskich kolonistów.

W Léopoldville postanowił, że aby zachować niezależność i uniknąć prób przeszkodzenia mu przez władze, nie skorzysta z żadnego urzędowego środka transportu. Za zgodą Foreign Office wynajął od Amerykańskiej Jednostki Misyjnej Baptystów stateczek „Henry Reed" wraz z załogą. Negocjacje były powolne, podobnie jak załadunek drewna i zapasów na podróż. Jego pobyt w Léopoldville-Kinszasa trwał od szóstego czerwca do drugiego lipca, kiedy to z opóźnieniem wypłynęli w górę rzeki. Oczekiwanie jednak opłaciło się. Swoboda, jaką dało mu dysponowanie własnym statkiem, wpływanie tam, gdzie mu się podobało, i przybijanie do brzegu, gdy tylko naszła go ochota, pozwoliły mu ustalić rzeczy, których nigdy by nie odkrył, gdyby zależał od instytucji kolonialnych. I nigdy nie mógłby odbyć tylu rozmów z samymi Afrykanami, którzy ośmielali się podejść do niego tylko wówczas, gdy upewnili się, że nie towarzyszy mu żaden wojskowy ani przedstawiciel cywilnych władz belgijskich.

Léopoldville bardzo się rozrosło od ostatniej bytności Rogera sześć albo siedem lat temu. Przybyło domów, składów, misji, biur, sądów, urzędów celnych, sklepów i targów, a także inspektorów, rachmistrzów, oficerów i żołnierzy. Księża i pastorzy byli wszędzie. Coś w tej wiosce przeradzającej się w miasto nie spodobało mu się od pierwszego momentu. Nie przyjęto go źle. Od gubernatora po komisarza, przez sędziów i inspektorów, z którymi poszedł się przywitać, nawet protestanccy pastorzy i katoliccy misjonarze, których także odwiedził, wszyscy byli serdeczni. Zgodzili się udzielić informacji, o które prosił, chociaż okazały się one, co miał stwierdzić w następnych tygodniach, wykrętne albo bezczelnie fałszywe. Wyczuwał, że jakaś wroga i dławiąca siła przenika atmosferę i modeluje kształt, jakiego nabierało miasto. Natomiast Brazzaville, stolica sąsiedniego Konga francuskiego wznosząca się po drugiej stronie rzeki, dokąd zawinął kilka razy, zrobiło na nim wrażenie mniej przygnębiające, nieomal przyjemne. Być może ze względu na otwarte, prosto wytyczone ulice i dobry humor mieszkańców. Nie zauważył tam owej nieuchwytnie złowieszczej atmosfery Léopoldville. W ciągu niecałych czterech tygodni, które spędził w mieście, negocjując wynajem stateczku, zebrał mnóstwo informacji, lecz bezustannie towarzyszyło mu wrażenie, że nikt nie porusza sedna sprawy, że nawet osoby o najlepszych intencjach coś ukrywają przed nim, a zarazem przed sobą, z obawy przed koniecznością zmierzenia się z prawdą straszną i oskarżycielską.

Jego przyjaciel Herbert Ward miał mu później powiedzieć, że to wszystko było czystym uprzedzeniem, że rzeczy, które zobaczył i usłyszał w późniejszych tygodniach, zadziałały wstecz i zmąciły jego wspomnienie z Léopoldville. Poza tym jego pamięć zachowała nie tylko nieprzyjemne obrazy z pobytu w mieście założonym przez Henry'ego Mortona Stanleya w tysiąc osiemset osiemdziesiątym pierwszym roku. Pewnego poranka, po długim spacerze, jaki odbył, korzystając z rześkiego powietrza, Roger dotarł aż do portu. Jego uwagę przykuł widok dwóch brązowych, półnagich chłopców, którzy rozładowywali jakieś łodzie, śpiewając. Wyglądali na bardzo młodych. Mieli na sobie cienkie przepaski biodrowe, które nie zakrywały całkowicie kształtu pośladków. Obaj byli szczupli, elastyczni, wykonując rytmiczne ruchy podczas wyładunku ciężarów, budzili wrażenie zdrowia, harmonii i piękna. Pożałował, że nie ma ze sobą aparatu fotograficznego. Chętnie utrwaliłby ich obraz na kliszy, by pamiętać później, że nie wszystko było brzydkie i ponure w rozwijającym się Léopoldville.

Gdy drugiego lipca tysiąc dziewięćset trzeciego roku „Henry Reed" podniósł kotwicę i sunął przez gładką, ogromną taflę Stanley Pool, Roger poczuł wzruszenie: na francuskim brzegu odcinały się wyraźnie w przejrzystym świetle poranka piaszczyste skarpy, które przypomniały mu kredowe klify Dover. Wielkoskrzydłe ibisy przelatywały nad zalewem, eleganckie i wyniosłe, błyszczące w słońcu. Przez sporą część dnia pejzaż pozostał niezmącenie piękny. Od czasu do czasu podnieceni tłumacze, tragarze i rębacze wskazywali ślady w błocie pozostawione przez słonie, hipopotamy, bawoły rzeczne i antylopy. John, jego buldog, uszczęśliwiony podróżą biegał od burty do burty, wydając znienacka szczeknięcia podobne do grzmotu. Jednakże gdy dotarli do Chumbiri, gdzie przybili do brzegu, by załadować drewno, nastrój psa gwałtownie się zmienił, rozjuszony w ciągu kilku sekund pogryzł świnię, kozę i strażnika sadu, który pastorzy Baptystowskiego Towarzystwa Misyjnego założyli obok swej małej misji. Roger musiał wynagrodzić im szkody prezentami.

Począwszy od drugiego dnia podróży, zaczęli mijać stateczki parowe i wielkie łodzie załadowane koszami pełnymi kauczuku, płynące w dół rzeki Kongo ku Léopoldville. Spektakl ten miał im towarzyszyć przez całą resztę podróży, podobnie jak wystające gdzieniegdzie znad gęstwiny przybrzeżnych drzew słupy telegraficzne linii będącej w budowie oraz dachy wiosek, których mieszkańcy uciekali na ich widok w dżunglę. Roger obrał wówczas inną strategię: gdy chciał porozmawiać w mieszkańcami jakiejś wioski, wysyłał najpierw tłumacza, który wyjaśniał im, że konsul brytyjski przybywa sam, bez żadnego belgijskiego oficera, by zapoznać się z ich problemami i potrzebami.

Trzeciego dnia podróży, w Bolobo, gdzie także znajdowała się misja Baptystowskiego Towarzystwa Misyjnego, poznał przedsmak tego, co go czekało. W grupie baptystowskich misjonarzy osobą, której energia, inteligencja i sympatia zrobiły na nim największe wrażenie, była doktor Lily de Hailes. Wysoka, niezmordowana, ascetyczna, elokwentna, mieszkała w Kongu od czternastu lat, mówiła wieloma afrykańskimi językami i prowadziła z oddaniem i skutecznie szpital dla krajowców. Placówka pękała w szwach. Gdy przeciskali się między hamakami, pryczami i matami, na których leżeli pacjenci, Roger zapytał ją z pełną premedytacją, dlaczego tak powszechne były rany na pośladkach, nogach i plecach. Miss Hailes spojrzała na niego z pobłażaniem.

– To ofiary plagi, której nazwa brzmi bat, panie konsulu. Bestii bardziej krwiożerczej niż lew i kobra. Czyżby nie było batów w Bomie i w Matadi?

– Nie używa się ich tak szczodrze jak tutaj.

Doktor Hailes miała zapewne za młodu bujne rude włosy, lecz z wiekiem przyprószyła je siwizna i tylko kilka płomiennych kosmyków wymykało się spod chustki, którą nosiła na głowie. Słońce spaliło jej kościstą twarz, kark i ramiona, lecz zielonkawe oczy pozostały młodzieńcze i żywe, skrzące się nieposkromioną wiarą.

– A jeśli chce pan wiedzieć, dlaczego tylu jest Kongijczyków z opatrunkami na rękach i organach płciowych, to również mogę wyjaśnić –

dodała Lily de Hailes wyzywająco. – Otóż żołnierze Force Publique obcięli im ręce i penisy albo zmiażdżyli je maczetami. Proszę nie zapomnieć umieścić tego w swoim raporcie. To szczegóły, o których raczej się nie wspomina w Europie, gdy mówi się o Kongu.

Tego popołudnia, po odbyciu za pośrednictwem tłumaczy wielogodzinnych rozmów z rannymi i chorymi w szpitalu w Bolobo, Roger nie mógł zjeść kolacji. Poczuł się winny wobec członków misji, w tym doktor Hailes, którzy upiekli kurczaka na jego cześć. Przeprosił, wyjaśniając, że nie czuje się dobrze. Był pewien, że gdyby wziął do ust choć kęs, zwymiotowałby na swych amfitrionów.

– Jeśli zemdliło pana od tego, co pan zobaczył, być może nie powinien pan rozmawiać z kapitanem Massardem – poradził mu kierownik misji. – Słuchanie go jest doświadczeniem dla, jak by to ująć, silnych żołądków.

– Po to przyjechałem do Środkowego Konga, proszę państwa.

Kapitan Pierre Massard z Force Publique nie stacjonował w Bolobo, lecz w Mbongo, gdzie mieścił się garnizon i poligon dla Afrykanów, którzy mieli służyć w tym korpusie strzegącym porządku i bezpieczeństwa. Przyjechał do Bolobo na inspekcję i rozbił swój mały namiot nieopodal misji. Pastorzy zaprosili go na pogawędkę z konsulem, uprzedzając tego ostatniego, że oficer słynie z wybuchowego charakteru. Krajowcy nazywali go Malu Malu, a wśród ponurych wyczynów, jakie mu przypisywano, znajdowało się zabicie trzech krnąbrnych Afrykanów, ustawionych w rzędzie, jedną kulą. Prowokowanie go byłoby nieroztropne, gdyż był zdolny do wszystkiego.

Kapitan okazał się mężczyzną krzepkim i raczej niskim, o kwadratowej szczęce i głowie ogolonej do gołej skóry, zębach pokrytych plamami od nikotyny i uśmieszku zamrożonym na twarzy. Miał malutkie, nieco skośne oczka i piskliwy, niemal kobiecy głos. Pastorzy przygotowali podwieczorek, ciasteczka z tapioki i sok z mango. Sami nie pili alkoholu, lecz nie sprzeciwili się temu, by Casement przyniósł z „Henry'ego Reeda" butelkę brandy i jasnoczerwonego wina. Kapitan ceremonialnie uścisnął ręce wszystkim i pozdrowił Rogera, składając mu barokowy ukłon i nazywając: „*Son Excellence, Monsieur le Consul*". Wznieśli toast, wypili i zapalili papierosy.

– Jeśli pan pozwoli, kapitanie Massard, chciałbym zadać panu pytanie – zagaił Roger.

– Jaka dobra francuszczyzna, panie konsulu. Gdzie pan się nauczył naszego języka?

– Zacząłem się go uczyć w młodości, w Anglii. Ale przede wszystkim tutaj, w Kongu, gdzie mieszkam od wielu lat. Na pewno mówię z belgijskim akcentem.

– Może mnie pan pytać, o co tylko pan zechce – oznajmił Massard, popijając kolejny łyczek. – *À propos*, pańska brandy jest doskonała.

Pastorzy przysłuchiwali się im, nieruchomi i milczący, jakby skamieniali. Wszyscy czterej, dwaj młodzi i dwaj starzy, pochodzili z Ameryki Północnej. Doktor Hailes udała się do szpitala. Zaczynało zmierzchać i powietrze rozbrzmiewało już szmerem nocnych owadów. Aby odstraszyć moskity, rozpalili ognisko, które trzeszczało cichutko, a niekiedy dymiło.

– Będę z panem całkowicie szczery, kapitanie Massard – powiedział Casement, nie podnosząc głosu, bardzo powoli. – Te zmiażdżone dłonie i rany po obciętych penisach, które widziałem w szpitalu w Bolobo, wydają mi się skutkiem barbarzyństwa nie do zaakceptowania.

– Tak jest, jasne, że tak jest – przyznał bez cienia wahania oficer, wykonując gest niesmaku. – To coś jeszcze gorszego, panie konsulu: to efekt marnotrawstwa. Ci okaleczeni ludzie nie będą już zdolni do pracy albo będą wykonywać ją źle, a ich wydajność będzie minimalna. W obliczu takiego braku rąk do pracy, na jaki tu cierpimy, to prawdziwa zbrodnia. Niech pan postawi przede mną żołnierzy, którzy obcięli te ręce i te penisy, a wybatożę im plecy tak, że nie zostanie im w żyłach ani kropla krwi.

Westchnął, przytłoczony poziomem imbecylizmu pleniącego się w świecie. Ponownie łyknął brandy i zaciągnął się głęboko papierosem.

– Czy prawo albo regulamin zezwalają na kaleczenie tubylców? – zapytał Roger Casement.

Kapitan Massard zachichotał, jego kwadratowa twarz zaokrągliła się przy tym, a w policzkach ukazały śmieszne dołeczki.

– Zabraniają w sposób kategoryczny – stwierdził, machając rękami, jakby próbował z czymś walczyć. – Ale niech pan spróbuje wyjaśnić, czym jest prawo albo regulamin tym dwunożnym zwierzakom. Nie zna ich pan? Powinien pan, jeśli mieszka od tylu lat w Kongu. Łatwiej wytłumaczyć pewne rzeczy hienie albo kleszczowi niż krajowcowi. – Zachichotał ponownie, lecz w tym samym momencie wpadł w gniew. Jego twarz stwardniała, a skośne oczka prawie znikły pod obrzmiałymi powiekami. – Wyjaśnię panu, co tu się dzieje, a wówczas pan zrozumie – powiedział z westchnieniem, z góry zmęczony koniecznością wykładania prawd tak oczywistych jak ta, że Ziemia jest okrągła. – Wszystko bierze się z banalnego problemu – oznajmił, ponownie machając rękami, z większą furią, niczym w ataku na skrzydlatego wroga. – Force Publique nie może trwonić amunicji. Nie możemy pozwolić, żeby żołnierze marnowali kule, strzelając do małp, węży i innych paskudztw, którymi napychają sobie bandziochy, czasem na surowo. Podczas szkolenia uczy się ich, że amunicji można używać tylko w obronie własnej, na rozkaz oficera. Ale te czarnuchy nie potrafią stosować się do rozkazów, choćby nie wiadomo jak łoić ich batem. Dlatego wydano to rozporządzenie. Rozumie pan, panie konsulu?

– Nie, nie rozumiem, kapitanie – przyznał Roger. – Jakie rozporządzenie?

– Że za każdym razem, gdy kogoś zabiją, mają obciąć mu rękę albo penis – wyjaśnił kapitan. – Żeby udowodnić, że nie marnują kul na polowanie. Rozsądny sposób, by uniknąć marnotrawienia amunicji, czyż nie? – Westchnął po raz kolejny i łyknął brandy. Splunął w ciemność. – Otóż nie, nic z tego – poskarżył się, ponownie wpadając w gniew. – Bo te skurwysyny znalazły sposób obejścia rozporządzenia. Domyśla się pan, jak?

– Nic nie przychodzi mi na myśl – powiedział Roger.
– Bardzo prosto. Obcinają ręce i penisy żywym, żeby wmówić nam, że strzelali do ludzi, podczas gdy polowali na małpy, węże i inne świństwa, które żrą. Rozumie pan teraz, dlaczego jest w szpitalu tylu biedaków bez rąk i bez ptaszków? – Zamilkł na długą chwilę i wychylił resztę brandy, jaka została mu w szklance. Wyglądał na zasmuconego i wręcz wykrzywił usta, jakby miał się rozpłakać. – Robimy, co możemy, panie konsulu – podsumował strapiony. – Co bynajmniej nie jest łatwe, zapewniam pana. Bo dzikusy są nie tylko bydlakami, ale także urodzonymi łgarzami. Kłamią, oszukują, są pozbawieni uczuć i zasad. Nawet strach nie przemawia do tych zakutych pał. Ręczę panu, że kary w Force Publique dla tych, którzy obcinają ręce i ptaszki żywym, żeby nas oszukać i polować, używając amunicji przydzielonej przez państwo, są bardzo surowe. Niech pan odwiedzi nasze placówki, a sam pan zobaczy, panie konsulu.

Rozmowa z kapitanem Massardem trwała tyle, ile paliło się ognisko rzucające iskry u ich stóp, co najmniej dwie godziny. Gdy przyszło do pożegnania, byli sami od dłuższego czasu, wszyscy czterej pastorzy poszli już dawno spać. Oficer i konsul wypili całą brandy i wino. Byli nieco wstawieni, lecz Roger Casement zachował jasność umysłu. Miesiące czy lata później mógłby szczegółowo zreferować wynurzenia i wybuchy gniewu, opisać, jak kwadratowa twarz kapitana Pierre'a Massarda nabrzmiewała od alkoholu. W trakcie kolejnych tygodni miał odbyć wiele innych rozmów z oficerami Force Publique, Belgami, Włochami, Francuzami i Niemcami, i wysłuchać z ich ust rzeczy strasznych, lecz w jego pamięci na zawsze utkwiła, jako najbardziej charakterystyczna, symbol kongijskiej rzeczywistości, owa nocna pogawędka w Bolobo z kapitanem Massardem. W pewnym momencie oficer zrobił się sentymentalny. Wyznał Rogerowi, że bardzo tęskni za swoją żoną. Nie widział jej od dwóch lat i otrzymywał niewiele listów. Być może przestała go kochać. Być może znalazła sobie kochanka. Nie byłoby w tym nic dziwnego. Wielu oficerów i funkcjonariuszy, w służbie Belgii i Jego Królewskiej Wysokości, przyjeżdżało tu, by dać się pogrzebać żywcem w tym piekle, chorować bez ustanku, narażać na ukąszenia jadowitych węży, żyć bez najbardziej elementarnych wygód. I po co to wszystko? Po to, by odebrać mizerny żołd, który ledwie pozwalał poczynić jakieś oszczędności. Czy ktoś w Belgii podziękuje im kiedyś za te poświęcenia? Wręcz przeciwnie, w metropolii panowało zatwardziałe uprzedzenie wobec „kolonialnych". Oficerowie i funkcjonariusze powracający z kolonii byli dyskryminowani i trzymani na dystans, jakby po tak długim przebywaniu wśród dzikich sami ulegli zdziczeniu.

Gdy kapitan Pierre Massard zboczył na temat seksu, Roger z góry poczuł niesmak i chciał się pożegnać. Jednakże oficer był już pijany i by go nie obrazić ani nie prowokować do kłótni, musiał zostać. Gdy powstrzymując mdłości, słuchał jego wynurzeń, powtarzał sobie, że nie przyjechał do Bolobo jako mściciel, lecz by zbadać sprawę i zebrać informacje. Im bardziej precyzyjny i wyczerpujący będzie jego raport, tym skuteczniejszy będzie jego wkład w przeciwdziałanie temu zinstytucjonalizowanemu złu, jakim stało się Kongo. Kapitan Massard współczuł tym młodym porucznikom czy instruktorom belgijskiej armii, którzy przyjeżdżali tu, łudząc się, że wyszkolą tych nieszczęśników na żołnierzy. A co z ich życiem seksualnym? Musieli zostawić w dalekiej Europie narzeczone, małżonki i kochanki. A tu? Nawet prostytutek godnych tego miana nie było na tych pustkowiach zapomnianych przez Boga. Tylko wstrętne Murzynice, pełne robactwa, takie, że trzeba było być nieźle nawalonym, żeby je przelecieć, ryzykując złapanie wszawicy, cieczy ropnej albo szankra. On, na przykład, miewał kłopoty. Nie stawał mu, *nom de Dieu*! Coś podobnego nie zdarzyło mu się nigdy w Europie. Nie stawał mu w łóżku, jemu, Pierre'owi Massardowi! A nawet nie można dać sobie obciągnąć przez te ich zębiska: tyle Murzynek miało spiłowane zęby, że strach człowieka oblatywał, że nagle mu odgryzą.

Złapał się za rozporek i wybuchnął śmiechem, wykonując obsceniczny gest. Korzystając z jego dobrego nastroju, Roger wstał od stołu.

– Muszę już iść, panie kapitanie. Jutro odpływam wczesnym rankiem i chciałbym nieco wypocząć.

Kapitan, nie wstając z krzesła, uścisnął mu mechanicznie rękę, nie przerywając perory wygłaszanej zmęczonym głosem i ze szklistym wzrokiem. Oddalając się, Roger słyszał za plecami jego lament. Wybór kariery wojskowej był największym błędem w życiu kapitana, błędem, za który będzie płacił do końca swoich dni.

Wypłynął następnego dnia na pokładzie „Henry'ego Reeda" do Lukoleli. Pozostał tam trzy dni, rozmawiając od rana do późnej nocy z ludźmi z najróżniejszych środowisk: funkcjonariuszami, kolonistami, nadzorcami, krajowcami. Następnie wyruszył do Ikoko i wpłynął na jezioro Mantumba. W okolicy rozciągał się ogromny teren uznany za Domenę Korony. Wokół niego operowały największe prywatne kompanie kauczukowe: Lulonga Company, ABIR Company i Société Anversoise du Commerce au Congo, posiadające koncesje na działalność w całym regionie. Odwiedził dziesiątki wiosek, na brzegu rozległego jeziora i w głębi lasu. Aby dotrzeć do tych drugich, trzeba było przemieszczać się w małych czółnach napędzanych pagajami albo żerdzią i całymi godzinami wędrować przez mroczną, wilgotną gęstwinę, w której krajowcy wycinali maczetami przejście, albo brnąć po pas w wodzie przez zalane tereny i cuchnące grzęzawiska, wśród roju moskitów i milczących nietoperzy zwisających z drzew. Przez te wszystkie tygodnie znosił zmęczenie, surowe warunki i uciążliwości klimatu bez mrugnięcia okiem, w stanie duchowej gorączki, jakby pod wpływem zaklęcia, ponieważ odnosił wrażenie, że z każdym dniem, z każdą godziną, zanurza się w coraz głębsze pokłady cierpienia i zła. Czy tak wygląda piekło, które Dante opisał w *Boskiej komedii*? Nie czytał tej książki, ale w tych dniach poprzysiągł sobie, że zrobi to, gdy tylko uda mu się zdobyć jej egzemplarz.

Krajowcy, którzy z początku rzucali się do ucieczki, widząc, że „Henry Reed" podpływa do brzegu, przekonani, że stateczek przywozi żołnierzy, wkrótce zaczęli wychodzić mu naprzeciw i przysyłać emisariuszy zachęcających do odwiedzenia ich wiosek. Rozeszła się wśród nich wieść, że brytyjski konsul podróżuje po okolicy, wysłuchując skarg i próśb, zaczęli więc przychodzić do niego z opowieściami, jedna straszniejsza od drugiej. Sądzili, że jest władny wyprostować wszystkie wypaczenia, do jakich dochodziło w Kongu. Jego wyjaśnienia nie zdawały się na nic. Nie miał żadnej władzy. Złoży raport na temat niesprawiedliwości i zbrodni, a Wielka Brytania i jej sojusznicy zażądają od rządu belgijskiego, by położył kres nadużyciom i ukarał oprawców i zbrodniarzy. To wszystko, co mógł zrobić. Czy rozumieli go? Nie był nawet pewny, czy go słuchają. Tak pilno było im mówić, opowiedzieć o rzeczach, które się im przydarzały, że nie zwracali na niego uwagi. Mówili szybko, bełkotliwie, z rozpaczą i wściekłością, do utraty tchu. Tłumacze musieli przerywać, prosząc, by zwolnili tempo i dali im czas na poprawne wykonanie zadania.

Roger słuchał, robiąc notatki. Później całymi nocami zapisywał na fiszkach i w kajetach to, co usłyszał, by nic nie popadło w niepamięć. Jadł bardzo niewiele. Tak bardzo dręczył go lęk, że te wszystkie bruliony mogą zaginąć, że już sam nie wiedział, gdzie je schować, jakie środki ostrożności przedsięwziąć. Zdecydował, że będzie mieć je zawsze przy sobie, na barkach tragarza, który otrzymał rozkaz nieodstępowania go pod żadnym pretekstem.

Prawie nie sypiał, a gdy powalało go zmęczenie, nadchodziły koszmary, w których przechodził od trwogi do osłupienia, od satanicznych wizji do przygnębienia i smutku, kiedy wszystko traciło sens i rację bytu: jego rodzina, jego przyjaciele, jego idee, jego kraj, jego uczucia, jego praca. W takich momentach najbardziej tęsknił za swym przyjacielem Herbertem Wardem i jego zaraźliwym entuzjazmem dla wszelkich przejawów życia, za ową optymistyczną radością, której nic i nikt nie był w stanie pokonać.

Znacznie później, gdy owa podróż dobiegła końca, gdy napisał raport i wyjechał z Konga, a dwadzieścia lat spędzonych w Afryce stało się już tylko wspomnieniem, Roger Casement mówił sobie, że gdyby miał podać jedno słowo, które leżało u źródła tych wszystkich okropieństw, brzmiałoby ono: zachłanność. Żądza zysku. Żądza owego czarnego złota, w które na nieszczęście mieszkańców obfitowały kongijskie lasy. Bogactwo to stało się przekleństwem, które spadło na owych nieszczęśników, i jeśliby sprawy dalej toczyły się tym torem, wyglądało na to, że zetrze ich z powierzchni ziemi. Do takiego wniosku doszedł podczas owych trzech miesięcy i dziesięciu dni: jeśli zasoby kauczuku nie wyczerpią się wcześniej, wyczerpią się Kongijczycy, których obecny system unicestwiał setkami i tysiącami.

W ciągu tamtych tygodni, począwszy od wpłynięcia na wody jeziora Mantumba, wspomnienia miały się mieszać w jego głowie niby tasowane karty. Gdyby nie prowadził w kajetach tak dokładnego rejestru dat, miejsc, świadectw i obserwacji, skłębiłyby się i poplątały w jego pamięci. Zamykał oczy, a w zawrotnym wirze pojawiały się i znikały hebanowe ciała z wężykami czerwonawych blizn przecinających ich plecy, pośladki i nogi, kikuty obciętych ramion dzieci i starców, twarze wychudłe, podobne do trupich, jakby odpłynęło z nich życie, pozbawione tłuszczu i mięśni, powleczone tylko skórą, jakby pozostała im zaledwie czaszka oraz ten wyraz czy zastygły grymas wyrażający nie tyle ból, ile bezkresne zdumienie tym, co się z nimi dzieje. I stale to samo, te same fakty powtarzały się raz po raz we wszystkich wioskach i wioseczkach, do których wkraczał Roger Casement ze swymi kajetami, ołówkami i aparatem fotograficznym.

Na początku wszystko było proste i jasne. Każdej wiosce przydzielono określone powinności: dostarczać, w rytmie tygodniowym lub dwutygodniowym, pewną ilość pożywienia – tapioki, ptactwa domowego, mięsa antylopy, dzikie świnie, kozy lub kaczki – dla lokalnego garnizonu Force Publique i robotników, którzy wycinali drogi, stawiali słupy telegraficzne i budowali pomosty oraz magazyny. Ponadto wioska musiała dostarczyć określoną ilość kauczuku w koszach uplecionych z lian przez tubylców. Kary za niewywiązanie się z owych powinności były zróżnicowane. Za dostarczenie mniejszego kontyngentu żywności lub kauczuku wymierzano chłostę, nigdy mniej niż dwadzieścia batów, a niekiedy nawet pięćdziesiąt lub sto. Wielu z wychłostanych umierało z upływu krwi. Tubylcy, którzy uciekali – co zdarzało się bardzo rzadko – narażali swoje rodziny, ponieważ wówczas ich żony stawały się zakładniczkami w *maisons d'otages*, które Force Publique utrzymywała w każdym garnizonie. Żony zbiegów były tam chłostane, głodzone i pozbawiane wody, a niekiedy poddawane wymyślnym torturom, takim jak zmuszanie do zjadania własnych odchodów lub odchodów strażników.

Nawet rozporządzenia wydane przez władzę kolonialną – kompanie prywatne czy będące własnością króla – nie były przestrzegane. Wszędzie system zaburzali i wypaczali żołnierze oraz urzędnicy wyznaczeni do nadzoru nad jego prawidłowym funkcjonowaniem, ponieważ w każdej wiosce wojskowi i agenci rządowi podnosili kwoty, by odłożyć dla siebie część żywności i kilka koszy kauczuku, które potem odsprzedawali, dorabiając do żołdu czy pensji.

We wszystkich wioskach, które odwiedził Roger, skargi kacyków były identyczne: skoro wszyscy mężczyźni zajmują się zbieraniem kauczuku, jak mają polować i uprawiać maniok oraz inne rośliny, by wyżywić władze, szefów, strażników i robotników? Poza tym drzewa kauczukowe kończyły się, co zmuszało zbieraczy do zapuszczania się coraz głębiej w dżunglę, w rejony nieznane i niegościnne, gdzie wielu z nich padało ofiarą lampartów, lwów i jadowitych węży. Nie było możliwości spełnienia tych wszystkich wymagań, choćby nie wiadomo jak się starali.

Pierwszego września tysiąc dziewięćset trzeciego roku Roger Casement skończył trzydzieści dziewięć lat. Żeglowali po rzece Lopori. Poprzedniego dnia zostawili za sobą osadę Isi Isulo na wzgórzach masywu Bongandanga. Urodziny te miały wyryć się w jego pamięci w sposób niemożliwy do zatarcia, jakby Bóg, albo może diabeł, chciał mu tego dnia pokazać, że okrucieństwo ludzkie nie zna granic, że zawsze można wymyślić coś nowego, by zadać udrękę bliźniemu.

Dzień wstał pochmurny, zanosiło się na burzę, ale nie lunęło i przez cały poranek powietrze było nabrzmiałe elektrycznością. Roger siadał do śniadania, gdy na prowizorycznym pomoście, gdzie zacumował „Henry Reed", pojawił się mnich trapista z misji prowadzonej przez zakon w Coquilhatville, ojciec Hutot. Był wysoki i chudy jak postać z El Greca, miał długą szpakowatą brodę i oczy, w których błyszczało coś, co mogło być gniewem, lękiem lub osłupieniem albo wszystkimi trzema naraz.

– Wiem, co sprowadza pana na te ziemie, panie konsulu – powiedział, podając Rogerowi Casementowi rękę chudą jak u kościotrupa. Połykał niektóre głoski języka francuskiego, starając się jak najszybciej wyrzucić z siebie to, co miał do powiedzenia. – Upraszam, by zechciał pan towarzyszyć mi do wioski Walla. To tylko godzina albo półtorej godziny stąd. Musi pan zobaczyć to na własne oczy.

Mówił jak w febrze, rozgorączkowany i rozdygotany.

– Dobrze, *mon père* – zgodził się Casement. – Ale proszę najpierw usiąść, wypijemy kawę i coś pan przegryzie.

Podczas śniadania ojciec Hutot wyjaśnił konsulowi, że trapiści z misji w Coquilhatville otrzymali zgodę przełożonego zakonu na naruszenie zasady ścisłej klauzuli obowiązującej ich w innych częściach świata, by nieść pomoc krajowcom, „którzy tak bardzo jej potrzebują na tej ziemi, gdzie Belzebub najwyraźniej wygrywa walkę z Panem".

Nie tylko głos mnicha drżał, roztrzęsione były jego oczy, ręce i duch. Bez przerwy mrugał powiekami. Miał na sobie zgrzebną tunikę poplamioną i zmoczoną, na stopach, zabłoconych i podrapanych, sandały z rzemyków. Przebywał w Kongu od około dziesięciu lat. Od ośmiu wędrował po okolicznych wioskach. Wspiął się na sam szczyt Bongandangi i widział z bliska lamparta, który nie skoczył na niego, lecz usunął się ze ścieżki, machając ogonem. Władał kilkoma językami lokalnymi i zaskarbił sobie zaufanie krajowców, zwłaszcza mieszkańców Walli, „tych męczenników".

Wyruszyli przecinką w gęstym lesie, wstrzymywani od czasu do czasu przez wąskie strumienie. Wokół śpiewały niewidoczne ptaki, a niekiedy przelatywało im nad głowami wrzaskliwe stado papug. Roger zauważył, że mnich wędruje przez dżunglę zwinnie, nie potykając się, jakby miał spore doświadczenie w takich marszach. Ojciec Hutot objaśnił mu, co wydarzyło się w Walli. Jako że wioska, już wcześniej zdziesiątkowana, nie była w stanie zgromadzić w całości ostatniej transzy żywności, kauczuku i drewna ani dostarczyć wymaganej przez władze siły roboczej, przysłano oddział trzydziestu żołnierzy Force Publique pod dowództwem porucznika Tanville'a z garnizonu w Coquilhatville. Na wieść o ich nadejściu cała wioska zbiegła w góry. Jednakże tłumacze odnaleźli ich i zapewnili, że mogą wrócić do domów. Nic im się nie stanie, porucznik Tanville chce tylko przekazać im nowe rozporządzenia i wynegocjować warunki. Kacyk zarządził powrót. Zaledwie ludzie znaleźli się w wiosce, żołnierze rzucili się na nich. Mężczyźni i kobiety zostali przywiązani do drzew i wybatożeni. Pewna ciężarna kobieta, która chciała odejść, by oddać mocz, została zabita jednym strzałem przez żołnierza przekonanego, że ucieka. Dziesięć innych zabrano do *maison d'otages* w Coquilhatville jako zakładniczki. Porucznik Tanville dał mieszkańcom Walli tydzień na uzupełnienie przepisanej dostawy, oznajmiając, że w przeciwnym razie dziesięć kobiet zostanie zastrzelonych, a wioska spalona.

Gdy kilka dni po tych wydarzeniach ojciec Hutot przybył do Walli, ujrzał straszny widok. By spłacić dług, rodziny sprzedały synów i córki, a dwóch mężczyzn – swoje żony, wędrownym handlarzom uprawiającym potajemnie handel niewolnikami. Trapista sądził, że sprzedano co najmniej osiem osób, lecz być może było ich więcej. Krajowcy byli sterroryzowani. Wysłali kilku krajanów, by zakupili brakujący kauczuk i żywność, lecz nie było pewne, czy pieniędzy ze sprzedaży niewolników wystarczy.

– Czy jest pan w stanie uwierzyć, że na świecie dzieją się takie rzeczy, panie konsulu?

– Tak, *mon père*. Teraz już wierzę w opowieść o każdym okropieństwie. Jeśli nauczyłem się czegoś w Kongu, to tego, że nie ma gorszej i bardziej krwiożerczej bestii niż istota ludzka.

„Nie widziałem w Walli ani jednej łzy" – pomyśli potem Roger Casement. Nie usłyszał też ani jednej skargi. Wioska zdawała się zamieszkana przez automaty, widma snujące się po wolnej od drzew przestrzeni, pomiędzy trzydziestką chat z drewnianych żerdzi, o stożkowych dachach z liści palmowych, tam i z powrotem, bez celu, nie wiedząc, dokąd się udać, nie pamiętając, kim są i gdzie się znajdują, jakby na wioskę spadła klątwa, zamieniając jej mieszkańców w upiory. Jednak te upiory miały plecy i pośladki pokryte świeżymi pręgami, na niektórych błyszczała krew, jakby rany były jeszcze otwarte.

Przy pomocy ojca Hutota, mówiącego biegle lokalnym językiem, Roger wykonał swoją pracę. Przesłuchał każdego mężczyznę i każdą kobietę z wioski, powtarzali to, co słyszał już i co miał jeszcze usłyszeć wiele razy. Także i tu, w Walli, zdziwiło go to, że nikt z owych nieszczęśników nie skarży się na istotę problemu: jakim prawem ci obcy najechali na nich, eksploatowali ich i maltretowali? Chodziło im tylko o najbardziej namacalną rzeczywistość: o kontyngent. Był za duży, nie było ludzkiej siły, która mogłaby zgromadzić tyle kauczuku, tyle żywności i tyle rąk do pracy. Nie skarżyli się nawet na chłostę ani na branie zakładników. Prosili tylko, by obniżyć im nieco kontyngent, by mogli się zeń wywiązać, żeby władze były zadowolone z ludzi z Walli.

Roger spędził tę noc w wiosce. Następnego dnia pożegnał się z ojcem Hutotem i opuścił Wallę z kolejnymi kajetami pełnymi notatek i zeznań. Postanowił zmodyfikować zaplanowaną trasę. Wrócił nad jezioro Mantumba i na pokładzie „Henry'ego Reeda" skierował się do Coquilhatville. Miasteczko było spore, miało nieregularne ulice z bitej ziemi i domki rozrzucone wśród gajów palmowych i kwadracików pól. Zaraz po przybiciu do brzegu udał się do garnizonu Force Publique, zajmującego rozległy, ogrodzony częstokołem z żółtych pali teren, na którym wznosiły się drewniane baraki.

Porucznik Tanville był w podróży służbowej. Przyjął go za to kapitan Marcel Junieux, komendant garnizonu odpowiedzialny za wszystkie placówki i posterunki Force Publique w rejonie. Miał jakieś czterdzieści lat, był wysoki, szczupły, muskularny, o cerze ogorzałej od słońca i szpakowatych włosach obciętych na jeża. Na szyi miał medalik z Matką Boską, a na przedramieniu wytatuowane jakieś zwierzątko. Zaprosił go do spartańskiego biura, na którego ścianach wisiały chorągiewki i portret Leopolda II w paradnym mundurze. Zaproponował filiżankę kawy. Posadził naprzeciwko małego biurka zarzuconego notesami, linijkami, mapami i ołówkami, na bardzo kruchym zydelku, który przy każdym ruchu Rogera Casementa sprawiał wrażenie, jakby miał się rozpaść. Kapitan spędził dzieciństwo w Anglii, gdzie jego ojciec prowadził interesy, i mówił dobrze po angielsku. Był zawodowym oficerem, który zgłosił się na ochotnika do wyjazdu do Konga pięć lat temu, „w służbie ojczyzny, panie konsulu". Powiedział to z gorzką ironią.

Był o krok od awansu i powrotu do metropolii. Wysłuchał Rogera, nie przerywając mu ani razu, z wielką powagą i na pozór w głębokim skupieniu. Wyraz jego twarzy, poważny i nieprzenikniony, nie zmienił się ani na moment. Relacja Rogera była precyzyjna i szczegółowa. Zdał sprawę ze wszystkiego, co mu opowiedziano i co widział na własne oczy: plecy i pośladki pokryte pręgami, świadectwa ludzi zmuszonych do sprzedaży własnych dzieci, by wywiązać się z niebotycznie wysokich kwot. Wyjaśnił, że rząd Jego Królewskiej Mości zostanie poinformowany o tych okropnościach, a ponadto on sam uznał za swój obowiązek złożenie, w imieniu rządu, który reprezentuje, protestu wobec Force Publique, odpowiedzialnej za pogwałcenie prawa tak straszne jak to w Walli. Jako naoczny świadek mógł potwierdzić, że wioska przemieniła się w piekło. Gdy zamilkł, oblicze kapitana Junieux nie zmieniło wyrazu. Odczekał długą chwilę, w całkowitym milczeniu. Wreszcie poruszył głową i przemówił miękko:

– Jak pan z pewnością wie, panie konsulu, my, to znaczy Force Publique, nie ustanawiamy praw. Ograniczamy się do dopilnowania, by ich przestrzegano.

Jego spojrzenie było jasne i bezpośrednie, bez śladu zakłopotania czy irytacji.

– Znam prawa i przepisy obowiązujące w Wolnym Państwie Kongo, panie kapitanie. Żadne z nich nie zezwala na okaleczanie krajowców, chłostę do wykrwawienia, branie kobiet jako zakładniczek, by ich mężowie nie uciekali, ani na eksploatowanie mieszkańców do tego stopnia, żeby matki musiały sprzedawać swoje dzieci, by móc wywiązać się z dostaw żywności i kauczuku, których wymagacie.

– My? – zapytał z przesadnym zdziwieniem kapitan Junieux. Kręcił głową, a gest ten spowodował poruszenie zwierzaczka na jego przedramieniu. – My nie wymagamy niczego od nikogo. Otrzymujemy rozkazy i dbamy o ich wykonanie, to wszystko. Force Publique nie ustala wysokości kontyngentu, panie Casement. Ustalają ją władze polityczne oraz dyrektorzy koncesjonowanych firm. My jesteśmy wykonawcami polityki, w której nie mamy żadnego udziału. Nikt nigdy nie pytał nas o zdanie. Gdyby tak było, sprawy być może wyglądałyby lepiej.

Zamilkł i przez moment wydawał się odbiegać myślą gdzieś daleko. Przez wielkie okna z metalowymi kratami Roger widział kwadratowy, pozbawiony drzew plac, po którym maszerował oddział afrykańskich żołnierzy w drelichowych spodniach, z nagimi torsami, bosych. Zmieniali kierunek na rozkaz podoficera, który – on, owszem – miał na sobie buty, koszulę mundurową i kepi.

– Przeprowadzę dochodzenie. Jeśli porucznik Tanville popełnił albo zataił wymuszenia, zostanie ukarany – powiedział kapitan. – Żołnierze również, rzecz jasna, jeśli nadużyli bata. To wszystko, co mogę panu obiecać. Cała reszta jest poza moim zasięgiem, należy do wymiaru sprawiedliwości. Zmiana systemu to nie zadanie dla wojskowych, lecz dla sędziów i polityków. Dla Najwyższego Rządu. O tym również pan wie, jak sądzę. – W jego głosie zabrzmiała nagle nutka zniechęcenia. – Niczego tak nie pragnę jak zmiany systemu. Mnie także mierzi to, co tu się wyprawia. To, do czego jesteśmy zmuszani, godzi w moje zasady. – Dotknął medalika na szyi. – W moją wiarę. Ja jestem bardzo wierzącym człowiekiem. Tam, w Europie, zawsze starałem się przestrzegać zasad mojej religii. Tu, w Kongu, to niemożliwe, panie konsulu. Oto smutna prawda. Dlatego jestem bardzo zadowolony z powrotu do Belgii. A moja stopa nie postanie w Afryce nigdy więcej, zapewniam pana.

Kapitan Junieux powstał zza biurka, podszedł do jednego z okien. Odwrócony tyłem do konsula milczał przez długą chwilę, obserwując rekrutów, którzy bez przerwy mylili krok, zderzali się i nie byli w stanie utrzymać szyku.

– Jeśli tak, mógłby pan coś zrobić, by położyć kres tym zbrodniom – szepnął Roger Casement. – Nie po to my, Europejczycy, przybyliśmy do Afryki.

– Ach, nie? – Kapitan Junieux odwrócił się, by spojrzeć na niego, a konsul zauważył, że pobladł. – W takim razie po co? Tak, wiem: by nieść cywilizację, chrześcijaństwo i prowadzić wolny handel. Czy pan jeszcze w to wierzy, panie Casement?

– Już nie – odrzekł bez wahania Casement. – Owszem, wierzyłem w to dawniej. Całym sercem. Wierzyłem przez wiele lat, z całą naiwnością chłopaczka z głową nabitą ideałami, jakim wówczas byłem. Że Europa przybywa do Afryki, by ocalać żywoty i dusze, by cywilizować dzikusów. Teraz wiem, że się myliłem.

W twarzy kapitana Junieux coś drgnęło i Rogerowi wydało się nagle, że hieratyczną maskę oficera zastąpiła inna, bardziej ludzka. Że wręcz spogląda na niego z litościwą sympatią, na jaką zasługują idioci.

– Próbuję odkupić ten grzech młodości, panie kapitanie. W tym celu przybyłem do Coquilhatville. W tym celu zbieram dokumentację, starając się, by była jak najobszerniejsza, na temat nadużyć popełnianych w imię domniemanej cywilizacji.

– Życzę panu powodzenia, panie konsulu – powiedział z kpiącym uśmiechem kapitan Junieux. – Jednakże, jeśli pozwoli pan, żebym mówił szczerze, obawiam się, że nie osiągnie pan niczego. Żadna ludzka siła nie zmieni tego systemu. Za późno na to.

– Jeśli nie ma pan nic przeciwko temu, chciałbym zobaczyć więzienie i *maison d'otages*, gdzie znajdują się kobiety zabrane z Walli – powiedział Roger, zmieniając temat.

– Może pan oglądać, co pan tylko zechce – zgodził się oficer. – Proszę czuć się jak u siebie. Za to, owszem, pozwolę sobie jeszcze raz przypomnieć to, co wyraźnie powiedziałem. To nie my tworzymy Wolne Państwo Kongo. My tylko dbamy o to, by działało. Innymi słowy, my także jesteśmy jego ofiarami.

Więzienie było szopą skleconą z drewna i cegieł, bez okien, z jednym wejściem pilnowanym przez dwóch afrykańskich żołnierzy z karabinami. W środku znajdowało się kilkunastu mężczyzn, w tym kilku starców, półnagich, leżących na ziemi, dwóch przywiązanych do pierścieni przymocowanych do ściany. Nie twarze, przybite albo bez wyrazu, tych milczących szkieletów wiodących za nim oczami, gdy przechodził przez pomieszczenie, były tym, co najbardziej nim wstrząsnęło, lecz odór. Odór uryny i kału.

– Próbowaliśmy nauczyć ich, by załatwiali swoje potrzeby do tych kubłów – powiedział, jakby czytając w jego myślach, kapitan, wskazując na naczynie. – Ale nie mają tego w zwyczaju. Wolą na ziemię. Tacy już są. Nie przeszkadza im fetor. Może nawet go nie czują.

Maison d'otages był mniejszy, lecz przedstawiał bardziej dramatyczny widok, gdyż panował w nim straszny tłok, do tego stopnia, że Roger z trudem przeciskał się między półnagimi ciałami. Miejsca było tak mało, że wiele kobiet nie mogło ani siedzieć, ani leżeć, musiały stać.

– To wyjątkowa sytuacja – wyjaśnił kapitan Junieux. – Nigdy nie było ich tu aż tyle. Wieczorem przeniesiemy część z nich do koszar, żeby mogły się przespać.

Tu także panował nieznośny odór moczu i kału. Niektóre kobiety były młodziutkie, prawie dziewczynki. Wszystkie miały to samo zagubione, nieobecne, sięgające zaświatów spojrzenie, które Roger miał zobaczyć u tak wielu Kongijek w trakcie tej podróży. Jedna z zakładniczek trzymała w ramionach noworodka tak spokojnego, że zdawał się martwy.

– Według jakiego kryterium je pan wypuszcza? – zagadnął.

– Nie ja o tym decyduję, lecz sędzia, proszę pana. Jest ich trzech w Coquilhatville. Kryterium jest tylko jedno: gdy mężowie dostarczą kontyngent w obowiązującej wysokości, mogą zabrać swoje żony.

– A jeśli tego nie zrobią?

Kapitan wzruszył ramionami.

– Niektórym udaje się uciec – powiedział, nie patrząc na rozmówcę i zniżając głos. – Inne biorą sobie żołnierze i żenią się z nimi. Te mają najwięcej szczęścia. Niektóre wariują i zabijają się. Inne umierają ze smutku, z gniewu i z głodu. Jak pan widział, prawie nie mają co jeść. To też nie nasza wina. Żywności, którą otrzymuję, nie wystarcza nawet dla żołnierzy. A tym bardziej dla więźniów. Niekiedy robimy wśród oficerów składkę, by im pomóc. Tak się sprawy mają. Ja sam nad tym ubolewam. Jeśli uda się panu polepszyć tę sytuację, Force Publique będzie wdzięczna.

Roger Casement chciał złożyć wizytę wszystkim trzem belgijskim sędziom z Coquilhatville, lecz przyjął go tylko jeden. Dwaj pozostali odmówili pod zmyślonym pretekstem. Za to *maître* Duval, mniej więcej pięćdziesięcioletni wytworny grubasek, który mimo tropikalnego upału miał na sobie kamizelkę, sztuczne mankiety oraz surdut z dewizką, wprowadził go do pustego gabinetu i poczęstował filiżanką herbaty. Wysłuchał go uprzejmie, pocąc się przy tym obficie. Od czasu do czasu wycierał sobie twarz chustką, która już była mokra. Chwilami ze zmartwionym wyrazem twarzy potakiwał konsulowi ruchem głowy. Gdy ów skończył, Duval poprosił go, by wyłuszczył wszystko na piśmie. To umożliwi mu przedstawienie sądowi, w którego skład wchodził, rekwizycji w celu otwarcia oficjalnego dochodzenia w sprawie owych pożałowania godnych incydentów. Chociaż, być może – poprawił się *maître* Duval, dotykając w zamyśleniu palcem podbródka – byłoby lepiej, gdyby pan konsul przedłożył swój raport Sądowi Najwyższemu, mającemu obecnie siedzibę w Léopoldville. Jako wyższa i bardziej wpływowa instancja, może oddziaływać z większą skutecznością na terenie całej kolonii. Nie tylko przeciwdziałając temu stanowi rzeczy, lecz także wypłacając odszkodowania pieniężne rodzinom ofiar oraz im samym. Roger Casement powiedział, że tak uczyni. Pożegnał się przekonany, że *maître* Duval nie kiwnie palcem, podobnie jak Sąd Najwyższy w Léopoldville. Mimo wszystko zamierzał wnieść petycję w tej sprawie.

O zmierzchu, gdy miał już odpływać, przybył krajowiec z informacją, że mnisi trapiści chcą się z nim spotkać. W misji ponownie ujrzał ojca Hutota. Mnisi – było ich pół tuzina – chcieli go prosić o to, by potajemnie wywiózł na swoim stateczku garstkę zbiegów, których ukrywali u siebie od kilku dni. Wszyscy pochodzili z wioski Bonginda, w górnym biegu rzeki, gdzie z powodu niewywiązania się z obowiązku dostawy kauczuku Force Publique przeprowadziła operację karną równie okrutną jak w Walli.

Misja trapistów w Coquilhatville mieściła się w sporym gmachu z gliny, kamienia i drewna, dwupiętrowym, z zewnątrz przypominającym małą fortecę. Jego okna zamurowano. Opat Dom Jesualdo, pochodzenia portugalskiego, był już w bardzo podeszłym wieku, podobnie jak dwaj inni zakonnicy, wymizerowani i jakby zagubieni w swych przepasanych rzemieniem białych habitach z czarnym szkaplerzem. Jedynie najstarsi byli mnichami, pozostali – braciszkami. Wszyscy, podobnie jak *père* Hutot, przypominali szkielety, co stanowiło najwyraźniej emblematyczną cechę lokalnych trapistów. Wewnątrz panowała jasność, ponieważ tylko kaplica, refektarz i sypialnia mnichów były zadaszone. W obrębie murów znajdowały się ogród i sad, zagroda z drobiem, cmentarz i kuchnia z wielkim paleniskiem.

– Jakie wykroczenie popełnili ludzie, których miałbym na prośbę ojców wywieźć stąd w tajemnicy przed władzami?

– Ich jedynym wykroczeniem jest bieda, panie konsulu – odrzekł Dom Jesualdo z przygnębieniem. – Doskonale pan o tym wie. Widział pan w Walli, co znaczy być biednym, niskiego rodu i Kongijczykiem.

Casement pokiwał głową. Z pewnością byłoby aktem miłosierdzia udzielić pomocy, o którą prosili go trapiści. Jednakże wahał się. Był dyplomatą, w jego przypadku potajemne wywożenie zbiegów ukrywających się przed wymiarem sprawiedliwości, nawet jeśli ścigano ich z niesłusznych powodów, stanowiło ryzyko, mogło skompromitować Wielką Brytanię i zaszkodzić misji, którą wykonywał dla Foreign Office.

– Czy mogę zobaczyć ich i porozmawiać z nimi?

Dom Jesualdo zgodził się. *Père* Hutot wyszedł i prawie natychmiast wrócił z całą grupką. Było ich siedmiu, wszyscy płci męskiej, w tym troje dzieci. Wszyscy mieli lewą rękę obciętą lub zmiażdżoną uderzeniem kolby. I krwawe pręgi na piersiach i na plecach. Wódz grupki nazywał się Mansunda, wyróżniały go pióropusz i duża liczba naszyjników z zębów zwierząt; na jego twarzy widniały dawne blizny po plemiennych rytuałach inicjacyjnych. Ojciec Hutot podjął się tłumaczenia. Wioska Bonginda dwa razy z rzędu nie dostarczyła wymaganego kontyngentu kauczuku – okoliczne drzewa były już ubogie w lateks – wysłannikom Kompanii Lulonga posiadającej koncesję na ten region. Afrykańscy strażnicy, wspomagani przez Force Publique, przystąpili zatem do chłosty oraz obcinania rąk i stóp. Spowodowało to wybuch gniewu, mieszkańcy zbuntowali się i zabili jednego strażnika; pozostali uciekli. Po kilku dniach do wioski wkroczył oddział Force Publique, który podłożył ogień pod wszystkie chaty, zabił sporą liczbę mieszkańców, mężczyzn i kobiet, przy czym niektórych spalono wewnątrz ich domostw, a pozostałych zabrał do więzienia i *maison d'otages* w Coquilhatville. Wódz Mansunda sądził, że jedynie jemu i jego towarzyszom udało się uciec, dzięki trapistom. Jeśli wpadną w ręce Force Publique, zostaną poddani przykładnej karze, podobnie jak reszta mieszkańców, gdyż w całym Kongu rebelię krajowców karano zawsze unicestwieniem całej społeczności.

– Dobrze, *mon père* – powiedział Casement. – Zabiorę ich na pokład „Henry'ego Reeda" i wywiozę stąd. Ale tylko na najbliższy brzeg francuski.

– Bóg panu wynagrodzi, panie konsulu – powiedział *père* Hutot.

– Nie wiem, *mon père* – odparł konsul. – Ojcowie i ja dokonujemy pogwałcenia prawa.

– Prawa ludzkiego – poprawił go trapista. – Przekraczamy je właśnie po to, by zachować wierność prawu Bożemu.

Roger Casement zjadł z mnichami skromną wegetariańską kolację. Długo z nimi gawędził. Dom Jesualdo zażartował, że na jego cześć trapiści złamali regułę milczenia obowiązującą w zakonie. I mnisi, i braciszkowie sprawili na nim wrażenie przytłoczonych i pokonanych przez ten kraj, podobnie jak on sam. „Jak mogło dojść do czegoś takiego?" – zapytywał się na głos. Opowiedział im, że dziewiętnaście lat wcześniej przybył na Czarny Ląd pełen entuzjazmu, przekonany, że przedsięwzięcie kolonialne zapewni Afrykanom godne życie. Jak mogła kolonizacja przemienić się w tak straszliwy rabunek, w to przyprawiające o zawrót głowy okrucieństwo, że ludzie uważający się za chrześcijan torturowali, kaleczyli, mordowali bezbronnych bliźnich i poddawali ich tak strasznym mękom, także dzieci i starców? Czy nie przybyliśmy tutaj, my, Europejczycy, by skończyć z handlem niewolnikami i przynieść religię miłosierdzia i sprawiedliwości? To zaś, co się tutaj dzieje, jest jeszcze gorsze niż handel niewolnikami, nieprawdaż?

Mnisi pozwolili mu wylać żale, nie otwierając ust. Czy wbrew temu, co mówił opat, nie chcieli złamać reguły milczenia? Nie; byli równie zdezorientowani i zranieni przez Kongo jak on.

– Ścieżki Boga są nieprzeniknione dla nas, biednych grzeszników, panie konsulu – westchnął Dom Jesualdo. – Najważniejsze to nie popadać w desperację. Nie tracić wiary. To, że są tu ludzie tacy jak pan, przynosi nam ulgę i nadzieję. Życzymy panu powodzenia w pańskiej misji. Będziemy modlić się, by Bóg pozwolił panu uczynić coś dla tych nieszczęsnych istot.

Siedmiu uciekinierów weszło na pokład "Henry'ego Reeda" o świcie następnego dnia, w zakolu rzeki, gdy stateczek znajdował się już w pewnej odległości od Coquilhatville. Przez trzy dni wspólnego rejsu Roger był napięty i niespokojny. Udzielił załodze ogólnikowych wyjaśnień, by usprawiedliwić obecność siedmiu okaleczonych krajowców, lecz wydawało mu się, że jego ludzie spoglądają nieufnie i podejrzliwie na grupkę, która trzymała się osobno. Na wysokości Irebu "Henry Reed" podpłynął do francuskiego brzegu rzeki Kongo, a nocą, gdy załoga spała, siedem milczących sylwetek wyślizgnęło się ze statku i zniknęło w gąszczu. Nikt później nie zapytał konsula o to, co się z nimi stało.

Na tym etapie podróży Roger Casement zaczął czuć się źle. Nie tylko pod względem moralnym i psychicznym. Jego ciało również odczuwało efekty braku snu, ugryzień owadów, nadmiernego wysiłku fizycznego oraz, być może przede wszystkim, stanu ducha, w którym wściekłość następowała po zniechęceniu, a wola wykonania obowiązku mieszała się z przeczuciem, że jego raport także nie zda się na nic, ponieważ w dalekim Londynie biurokraci z Foreign Office oraz politycy w służbie Jego Wysokości uznają, że byłoby nieroztropne zrażać do siebie sojusznika takiego jak Leopold II, że opublikowanie *report* z tak ciężkimi oskarżeniami pociągnie za sobą konsekwencje szkodliwe dla Wielkiej Brytanii, gdyż popchnie Belgię w ramiona Niemiec. Czyż interesy Imperium nie są ważniejsze niż żałosne skargi garstki półnagich dzikusów oddających cześć drapieżnym zwierzętom i wężom, w dodatku antropofagów?

Dokonując nadludzkiego wysiłku, by pokonać napady przygnębienia, bóle głowy, mdłości, spadek wagi – widział, że chudnie, ponieważ musiał wykłuwać w pasku kolejne dziurki – kontynuował odwiedziny w wioskach, placówkach, stacjach, wywiady z mieszkańcami, funkcjonariuszami, urzędnikami, ze strażnikami, zbieraczami kauczuku, ze wszystkich sił starając się nie ulec grozie codziennego spektaklu ciał umęczonych razami bata czy odciętych dłoni i koszmarnych opowieści o morderstwach, uwięzieniach, szantażach i zniknięciach. W pewnym momencie uznał, że to powszechne cierpienie Kongijczyków nasąca powietrze, rzekę i otaczającą go roślinność pewnym charakterystycznym zapachem, fetorem nie tylko realnym, lecz metafizycznym, duchowym.

„Odnoszę wrażenie, że tracę rozum, droga Gee – pisał do swej kuzynki Gertrude ze stacji Bongandanga w dniu, kiedy postanowił zawrócić i ruszyć w drogę powrotną do Léopoldville. – Dziś rozpocząłem powrót do Bomy. Pierwotnie planowałem posuwać się w stronę Górnego Konga jeszcze przez kilka tygodni. Ale prawdę mówiąc, mam już aż nadto materiału, by pokazać w moim raporcie, co się tu wyprawia. Obawiam się, że jeśli nadal będę sprawdzać, dokąd może się posunąć zło i nikczemność istot ludzkich, nie będę nawet w stanie napisać mojego raportu. Stoję na skraju szaleństwa. Normalna istota ludzka nie może się nurzać przez tyle miesięcy w tym piekle, nie tracąc zdrowia psychicznego, nie doznając zaburzeń umysłowych. W niektóre noce, gdy nie mogę spać, czuję, że coś takiego dzieje się ze mną. Coś rozpada się w moim umyśle. Żyję w stałej udręce i trwodze. Jeśli pozostanę w tym świecie, ja też wkrótce zacznę batożyć, obcinać ręce i mordować Kongijczyków między obiadem a kolacją, nie czując najmniejszych wyrzutów sumienia i nie tracąc apetytu. Bo to właśnie dzieje się z Europejczykami w tym potępionym kraju".

Jednakże ten bardzo długi list nie dotyczył tylko Konga, lecz przede wszystkim Irlandii. „I tak, kochana Gee, uznasz to za kolejny objaw szaleństwa, lecz ta podróż w głąb Konga posłużyła mi do odkrycia mojego własnego kraju. Do zrozumienia jego sytuacji, jego losu, jego rzeczywistości. W tutejszej dżungli odkryłem nie tylko prawdziwe oblicze Leopolda II. Odkryłem także prawdziwego siebie: niepoprawnego

Irlandczyka. Gdy się spotkamy, będziesz zaskoczona, Gee. Z trudem rozpoznasz swojego kuzyna Rogera. Mam wrażenie, że zmieniłem skórę, jak niektóre gady, umysłowość, a być może nawet i duszę".
Była to prawda. Przez cały powrotny rejs w dół Konga do Léopoldville-Kinszasa, dokąd „Henry Reed" dopłynął o zmierzchu piętnastego września tysiąc dziewięćset trzeciego roku, konsul zamienił zaledwie kilka słów z załogą. Spędzał całe dnie zamknięty w swej ciasnej kajutce lub, gdy pozwalała na to pogoda, w hamaku na rufie, z wiernym Johnem u stóp, zwiniętym w kłębek, spokojnym i czujnym, jakby udzieliło mu się przygnębienie pana.

Sama myśl o krainie dzieciństwa i młodości, za którą podczas tej podróży poczuł nagłą i głęboką tęsknotę, odpędzała od niego te obrazy kongijskich okropieństw, grożące destrukcją moralną i naruszeniem równowagi psychicznej. Wspominał pierwsze lata w Dublinie, gdzie był rozpieszczany przez matkę i pod jej opieką, szkolne lata w Ballymena, odwiedziny w zamku z duchem Galgorm, spacery z siostrą Niną po wzgórzach na północy Antrim (jakże łagodnych w porównaniu z afrykańskimi!) oraz uczucie szczęśliwości, jakim napełniały go wycieczki na szczyty wznoszące się nad Glenshesk, jego ulubionej spośród dziewięciu *glens* hrabstwa, smagane wichrami, skąd niekiedy dostrzegał krążące orły o wielkich, rozpostartych skrzydłach i sterczącym czubie, władców nieba.

Czyż Irlandia nie była kolonią tak jak Kongo? Przez tyle lat uparcie bronił się przed zaakceptowaniem tej prawdy, podobnie jak jego ojciec i wielu innych Irlandczyków z Ulsteru, którzy odrzucali ją ze ślepym oburzeniem. Lecz dlaczegóż by to, co było złe dla Konga, miało być dobre dla Irlandii? Czyż Anglicy nie najechali Éire? Czy nie przyłączyli jej do Imperium siłą, bez pytania o zdanie najechanych i okupowanych, tak jak Belgowie postąpili z Kongijczykami? Z biegiem lat początkowa przemoc uległa złagodzeniu, lecz Irlandia nadal była kolonią pozbawioną suwerenności przez silniejszego sąsiada. Oto fakty, których dostrzeżenia odmawiało wielu Irlandczyków. Co powiedziałby jego ojciec, gdyby usłyszał jego myśli? Czy sięgnąłby po swój podręczny bat? A matka? Czy Anne Jephson oburzyłaby się na wieść o tym, że na kongijskich pustkowiach jej syn stawał się, jeśli nie w czynie, to w myśli, nacjonalistą? Podczas owych popołudni, bardzo samotny, otoczony brunatnymi wodami rzeki Kongo, pełnymi liści, gałęzi i pni, Roger Casement podjął decyzję: gdy tylko powróci do Europy, zgromadzi zapas książek poświęconych historii i kulturze Éire, które tak słabo znał, i przeczyta je wszystkie.

Pozostał w Léopoldville tylko trzy dni, nie starając się spotkać z nikim. W stanie, w jakim się znajdował, nie miał energii, by odwiedzać przedstawicieli władzy i znajomych, którym musiałby opowiadać – kłamiąc, rzecz oczywista – o swej podróży przez Środkowe i Górne Kongo, o tym, co ujrzał przez te miesiące. Wysłał do Foreign Office szyfrowaną depeszę z informacją, że zebrał wystarczający materiał potwierdzający prawdziwość doniesień o maltretowaniu krajowców. Poprosił o pozwolenie na przeniesienie się do sąsiedniej kolonii portugalskiej, by móc sporządzić swój raport w spokojniejszych warunkach niż podczas służby konsularnej w Bomie. I napisał długie doniesienie, stanowiące zarazem oficjalny protest, do Prokuratury Sądu Najwyższego w Léopoldville-Kinszasa w sprawie wydarzeń w Walli, domagając się śledztwa i sankcji dla osób odpowiedzialnych. Osobiście zaniósł swe pismo do Prokuratury. Powściągliwy urzędnik przyrzekł mu, że poinformuje o wszystkim prokuratora *maître* Leverville'a, gdy tylko ów powróci z polowania na słonie, na które wybrał się z kierownikiem miejskiego Biura Rejestrów Handlowych *monsieur* Clothardem.

Roger Casement pojechał koleją do Matadi, gdzie spędził tylko jedną noc. Stamtąd popłynął do Bomy małym parowcem towarowym. W swym biurze konsula zastał stos korespondencji oraz depeszę od przełożonych ze zgodą na wyjazd do Luandy w celu zredagowania raportu. Powinien napisać go jak najszybciej i zawrzeć tyle szczegółów, ile tylko jest możliwe. W Anglii kampania doniesień przeciwko Wolnemu Państwu Kongo trwała w najlepsze, brały w niej udział największe dzienniki, potwierdzając „potworności" lub im zaprzeczając. Do oskarżeń wnoszonych przez Kościół Baptystów dochodziły od jakiegoś czasu informacje przytaczane przez brytyjskiego dziennikarza francuskiego pochodzenia Edmunda D. Morela, sekretnego przyjaciela i wspólnika Rogera Casementa. Jego publikacje wywoływały dużo szumu w Izbie Gmin oraz wśród opinii publicznej. Odbyła się nawet na ten temat debata w parlamencie. Foreign Office i sekretarz lord Lansdowne we własnej osobie oczekiwali z niecierpliwością świadectwa Rogera Casementa.

W Bomie, podobnie jak w Léopoldville-Kinszasa, Roger robił wszystko, by uniknąć spotkania z ludźmi związanymi z rządem, nawet za cenę naruszenia protokołu, co nie zdarzyło mu się nigdy wcześniej w ciągu wielu lat służby konsularnej. Nie odwiedził gubernatora generalnego, wysłał mu tylko list, przepraszając, że nie złoży mu osobiście wyrazów uszanowania, i tłumacząc się problemami zdrowotnymi. Ani razu nie zagrał w tenisa ani w bilard, ani w karty, nie wydał żadnego obiadu czy kolacji ani nie przyjął żadnego zaproszenia. Nie poszedł nawet popływać rankiem w spokojnej zatoczce rzeki, co zwykł był czynić prawie codziennie, nawet w brzydką pogodę. Nie chciał nikogo widywać, nie chciał prowadzić życia towarzyskiego. A przede wszystkim nie chciał, by pytano go o podróż, co zmusiłoby go do kłamstwa. Był przekonany, że nigdy nie będzie w stanie szczerze wyjaśnić swym przyjaciołom i znajomym z Bomy tego, co myśli o wszystkim, co zobaczył, usłyszał i przeżył w Środkowym i Górnym Kongu w ciągu ostatnich czternastu miesięcy.

Cały swój czas poświęcił na załatwienie najpilniejszych spraw konsularnych i przygotowanie podróży do Kabindy i Luandy. Miał nadzieję, że wyjeżdżając z Konga, nawet do innej kolonii, poczuje się mniej przytłoczony, odzyska jasność umysłu. Wielokrotnie zasiadał do redakcji brulionu, lecz za każdym razem bezskutecznie. Na przeszkodzie stawało mu nie tylko przygnębienie; prawą rękę paraliżował skurcz, gdy zaczynał wodzić piórem po papierze. Znów zaczęły dokuczać mu hemoroidy. Prawie nic nie jadł, a obaj służący, Charlie i Mawuku, namawiali go, zatroskani jego stanem, by wezwał lekarza. Jednakże choć jego samego niepokoiła bezsenność, brak apetytu i dolegliwości fizyczne, nie zasięgnął porady, ponieważ spotkanie z doktorem Salabertem oznaczałoby konieczność mówienia, przypominania, opowiadania tego, o czym w tym momencie chciał tylko zapomnieć.

Dwudziestego ósmego września wypłynął wraz z Charliem do Banany, a stamtąd, następnego dnia, innym małym parowcem, do Kabindy. Buldog John został z Mawuku. Jednakże nawet podczas czterech dni spędzonych w Kabindzie, gdzie miał znajomych, z którymi spotkał się na kolacji i którzy, nie wiedząc nic o jego podróży do Górnego Konga, nie zmuszali go do rozmowy na niechciane tematy, nie odzyskał ani spokoju, ani pewności siebie. Dopiero w Luandzie, dokąd dotarł trzeciego października, zaczął czuć się lepiej. Konsul angielski Mr Briskley, człowiek dyskretny i usłużny, oddał mu do dyspozycji malutki gabinet w swoim biurze. Zabrał się tam wreszcie do pracy, ślęcząc przez całe ranki i popołudnia nad zarysem swego *report*.

Naprawdę dobrze poczuł się jednak trzy lub cztery dni po przyjeździe do Luandy, w południe, siedząc przy stoliku w zabytkowej Café Paris, dokąd chadzał na obiad po wytężonej pracy od samego rana. Przeglądał stary dziennik lizboński, gdy jego uwagę zwróciła grupka półnagich krajowców rozładowująca na ulicy wielki wóz pełen pakunków z jakimś produktem rolniczym, być może bawełną. Jeden z nich, najmłodszy, był bardzo przystojny. Miał ciało smukłe i atletyczne, muskuły na jego plecach, łydkach i ramionach naprężały się podczas wysiłku. Ciemna skóra o niebieskawym odcieniu lśniła od potu. Podczas ruchów towarzyszących przejściu z ładunkiem na ramieniu od wozu do wnętrza składu cienki kawałek płótna opasujący jego lędźwie rozchylał się, ukazując organ płciowy, czerwonawy, zwisający, ponadprzeciętnych rozmiarów. Roger poczuł, że zalewa go fala gorąca i nieodparte pragnienie sfotografowania zgrabnego tragarza. Coś podobnego nie zdarzyło mu się od miesięcy. Przebiegła mu przez głowę myśl: „Wracam do siebie". W notesie, który zawsze nosił przy sobie, zapisał: „Bardzo piękny i ogromny. Poszedłem za nim i namówiłem go. Całowaliśmy się skryci za wielkimi paprociami na pustym polu. Był mój, byłem jego. Wyłem". Odetchnął głęboko, drżąc jak w gorączce.

Tego samego popołudnia Mr Briskley wręczył mu depeszę z Foreign Office. Sekretarz we własnej osobie lord Lansdowne nakazywał mu natychmiastowy powrót do Anglii, by zredagować raport na temat Konga na miejscu, w Londynie. Roger odzyskał apetyt i tej nocy spożył kolację ze smakiem.

Przed wyruszeniem z Luandy do Anglii, *via* Lizbona, na pokładzie „Zaire", szóstego listopada, napisał długi list do Edmunda D. Morela. Korespondowali ze sobą potajemnie od sześciu miesięcy. Nie znał go osobiście. O jego istnieniu dowiedział się z listu Herberta Warda, podziwiającego tego dziennikarza, a następnie usłyszał o nim w Bomie od funkcjonariuszy belgijskich oraz ludzi, którzy bawili tam przejazdem, komentujących artykuły bardzo ostro krytykujące Wolne Państwo Kongo. Mieszkający w Liverpoolu Morel obnażał w nich nadużycia, których ofiarą padali krajowcy z tej kolonii afrykańskiej. Dyskretnie, za pośrednictwem swej kuzynki Gertrude, sprowadził kilka broszurek wydanych przez Morela. Pod wrażeniem powagi jego oskarżeń Roger zdobył się na śmiały gest: napisał do niego, przesyłając list za pośrednictwem Gee. Oznajmił, że mieszka w Afryce od wielu lat i chętnie dostarczy mu informacji z pierwszej ręki przydatnych w jego kampanii, z którą się solidaryzuje. Nie może zrobić tego otwarcie przez wzgląd na swój status dyplomaty brytyjskiego, w związku z czym muszą podjąć pewne środki ostrożności, by nie został zidentyfikowany jako informator z Bomy. W liście napisanym do Morela w Luandzie Roger streszczał swe najnowsze doświadczenia i obiecywał, że skontaktuje się z nim natychmiast po powrocie do Europy. Nic nie cieszyło go bardziej niż perspektywa poznania jedynego Europejczyka, który najwyraźniej zdał sobie sprawę z odpowiedzialności, jaką Stary Świat ponosi za to, że Kongo stało się piekłem.

Podczas podróży do Londynu Roger odzyskał energię, entuzjazm, nadzieję. Ponownie nabrał pewności, że jego raport okaże się bardzo pożyteczny i przyczyni się do położenia kresu tym okropnościom. Niecierpliwość, z jaką Foreign Office nań oczekiwało, była tego dobitnym dowodem. Fakty były takiego kalibru, że rząd brytyjski będzie musiał podjąć działania, zażądać radykalnych zmian, przekonać sojuszników i odwołać tę niedorzeczną osobistą koncesję przyznającą Leopoldowi II krainę wielką jak kontynent. Mimo sztormów nękających „Zaire" między São Tomé a Lizboną, podczas których choroba morska złożyła połowę załogi, Roger Casement kontynuował redakcję raportu. Zdyscyplinowany jak niegdyś i oddany swemu zadaniu z apostolską żarliwością, starał się pisać z jak największą precyzją i zwięzłością, nie popadając w sentymentalizm i nie wdając się w osobiste rozważania, opisując obiektywnie tylko to, co udało mu się ustalić. Precyzja i zwięzłość – dzięki nim jego raport będzie przekonujący i skuteczny.

Dotarł do Londynu pierwszego grudnia. Dzień był lodowaty. Ledwie miał czas rzucić okiem na miasto, deszczowe, zimne i widmowe, bo gdy tylko umieścił swój bagaż w mieszkaniu przy Philbeach Gardens, w Earl's Court, i zerknął na stosik listów, już musiał biec do Foreign Office. Trzy następne dni stanowiły długi ciąg posiedzeń i rozmów. Wywarło to na nim wielkie wrażenie. Nie ulegało wątpliwości, że Kongo znajdowało się w centrum zainteresowania od czasu owej debaty w parlamencie. Oskarżenia Kościoła Baptystów oraz kampania Edmunda D. Morela narobiły szumu. Wszyscy domagali się, by rząd zajął stanowisko, ów zaś liczył na jego *report*. Roger Casement odkrył, że bez jego wiedzy i zgody okoliczności uczyniły zeń ważną osobistość. Podczas dwóch godzinnych *exposé*, które wygłosił przed urzędnikami ministerstwa – jednego z nich wysłuchali dyrektor do spraw Afryki oraz wiceminister – zauważył skutek, jaki jego słowa wywierają na słuchaczach. Niedowierzające z początku spojrzenia zmieniały się, w miarę jak odpowiadał na pytania, podając nowe szczegóły; gdy kończył, w oczach obecnych malowały się przerażenie i odraza.

Oddano do jego dyspozycji spokojne pomieszczenie w Kensington, z dala od Foreign Office, oraz młodego i sprawnego maszynistę Mr Joego Pardo. Zaczął dyktować mu swój raport w piątek czwartego grudnia. Rozeszła się wieść, że do Londynu przybył konsul brytyjski w Kongu z wyczerpującym dokumentem na temat kolonii, i o wywiad starały się: Agencja Reuters, „The Spectator", „The Times", a także wielu korespondentów dzienników ze Stanów Zjednoczonych. On jednak, za zgodą przełożonych, oświadczył, że będzie rozmawiał z prasą dopiero po tym, jak rząd wypowie się na ten temat.

Przez następne dni ślęczał nad raportem od rana do wieczora, dopisując, skracając, przeredagowując tekst, przeglądając po raz setny zeszyty z notatkami z podróży, które znał już na pamięć. W południe przegryzał kanapkę, a wczesnym wieczorem jadł kolację w swym klubie w Wellington. Niekiedy dołączał do niego Herbert Ward. Pogawędki ze starym przyjacielem miały na niego dobry wpływ. Pewnego dnia ów zaciągnął go do swej pracowni przy Chester Square 53 i pokazał najnowsze rzeźby zainspirowane Afryką. Kiedy indziej, by oderwać Rogera na chwilę od morderczej pracy, Herbert zmusił go do wyjścia do sklepu i zakupu modnej marynarki w drobną kratkę, kaszkietu *à la française* i butów z grubą podeszwą w białym kolorze. Następnie zabrał go na obiad do ulubionego lokalu londyńskich intelektualistów i artystów, Eiffel Tower Restaurant. Były to jego jedyne rozrywki w tamtym okresie.

Zaraz po przyjeździe poprosił Foreign Office o zgodę na spotkanie z Morelem pod pretekstem chęci porównania pewnych informacji. Otrzymał ją dziewiątego grudnia. Następnego dnia Roger Casement i Edmund D. Morel zobaczyli się po raz pierwszy. Zamiast uścisnąć dłoń, padli sobie w objęcia. Rozmawiali, zjedli razem kolację w Comedy, po czym poszli do mieszkania Rogera przy Philbeach Gardens, gdzie spędzili resztę nocy, popijając koniak, gawędząc, paląc i dyskutując, aż za kotarami zaświtał nowy dzień. Rozmawiali przez dwanaście godzin bez przerwy. Obaj później powiedzą, że spotkanie to było najważniejsze w życiu każdego z nich.

Trudno było o większą różnicę. Roger był bardzo wysoki i bardzo szczupły, a Morel raczej niski, krępy, z tendencją do nadwagi. Za każdym razem, gdy się widzieli, Casement odnosił wrażenie, że ubranie Morela jest na niego za ciasne. On sam skończył trzydzieści dziewięć lat, lecz mimo śladów pozostawionych przez afrykański klimat i malarię wyglądał, być może ze względu na zadbany strój i twarz, na młodszego niż Morel, który lat liczył sobie zaledwie trzydzieści dwa i był za młodu przystojny, lecz teraz postarzał się, miał posiwiałą czuprynę i wąsy gęste jak u foki, a także płonące i nieco wyłupiaste oczy. Od pierwszego wejrzenia poczuli, że łączy ich nić porozumienia i – żaden z nich nie uznałby tego słowa za przesadne – pokochali się.

O czym rozmawiali przez te dwanaście godzin z rzędu? Dużo o Afryce, rzecz jasna, lecz także o swych rodzinach, dzieciństwie, młodzieńczych marzeniach, ideałach i pragnieniach, o tym, jak bez ich wiedzy i woli Kongo znalazło się w centrum ich egzystencji i całkowicie ich odmieniło. Rogera zdumiało, że ktoś, kto nigdy nie postawił tam stopy, mógł tak doskonale znać ten kraj. Jego geografię, historię, ludzi, problemy. Słuchał zafascynowany opowieści o tym, jak wiele lat temu niepozorny pracownik Elder Dempler Line (tej samej firmy, w której Roger pracował za młodu w Liverpoolu), zajmujący się w antwerpskim porcie rejestrowaniem statków oraz inspekcją ładunków, powziął pewne podejrzenia, zauważając, że wolny handel, który jakoby wprowadził Jego Wysokość Leopold II między Europą a Wolnym Państwem Kongo, jest nie tylko asymetryczny, lecz wręcz zakrawający na farsę. Cóż to mógł być za wolny handel, w którym statki wracające z Konga wyładowywały w wielkim flamandzkim porcie tony kauczuku, stosy kości słoniowej, ogromne ilości oleju palmowego, minerałów i skór, a w drogę powrotną zabierały jedynie karabiny, pejcze i skrzynie kolorowych paciorków?

Tak oto zaczął Morel interesować się Kongiem, dociekać, wypytywać ludzi wyjeżdżających tam lub wracających do Europy, handlarzy, urzędników, podróżników, pastorów, kapłanów, poszukiwaczy przygód, żołnierzy, policjantów i czytać wszystko, co mu wpadło w ręce na temat tego bezkresnego kraju, którego nieszczęścia poznał na wyrywki, jakby odbył dziesiątki inspekcji podobnych do podróży Rogera Casementa po Środkowym i Górnym Kongu. A wówczas, nie wymawiając jeszcze swej posady w kompanii, zaczął pisać listy i artykuły do czasopism i periodyków w Belgii i w Anglii, początkowo pod pseudonimem, a następnie pod własnym nazwiskiem, ujawniając to, co odkrył, i zadając kłam, faktami i relacjami świadków, idyllicznemu wizerunkowi Konga, który pismacy w służbie Leopolda II przedstawiali światu. Od wielu już lat kontynuował to przedsięwzięcie, publikując artykuły, broszury i książki, przemawiając w kościołach, ośrodkach kulturalnych, siedzibach organizacji politycznych. Jego kampania odniosła pewien skutek. Popierało go obecnie wiele osób. „To też jest Europa – pomyślał raz i drugi owego dziesiątego dnia grudnia Roger Casement. – Nie tylko kolonizatorzy, policjanci i kryminaliści, których wysyłamy do Afryki. Europa to także ten duch krystaliczny i przykładny: Edmund D. Morel".

Począwszy od tamtego dnia, widywali się często i kontynuowali owe dialogi, które wprowadzały ich obu w stan podniecenia. Zaczęli nazywać się pieszczotliwymi przydomkami: Tiger (Roger) i Bulldog (Edmund). Podczas jednej z tych rozmów zrodził się pomysł powołania fundacji Congo Reform Association. Obu zaskoczył potężny odzew, z jakim spotkali się, poszukując sponsorów i członków. W rzeczy samej bardzo niewielu polityków, dziennikarzy, pisarzy, duchownych i znanych osobistości, do których zwrócili się z prośbą o wsparcie, odmówiło im. W takich okolicznościach Roger Casement poznał Alice Stopford Green. Przedstawił mu ją Herbert Ward. Alice była jedną z pierwszych osób, które ofiarowały stowarzyszeniu pieniądze, nazwisko i czas. Podobnie uczynił Joseph Conrad, a wielu intelektualistów i artystów poszło w jego ślady. Zebrali fundusze i patronów, po czym natychmiast rozpoczęli działalność publiczną, w kościołach, ośrodkach kulturalnych i humanitarnych, przedstawiając świadectwa, zachęcając do debat i publikacji, by otworzyć oczy szerokiej publiczności na prawdziwą sytuację Konga. Wprawdzie Roger Casement, ze względu na swój status dyplomaty, nie mógł figurować oficjalnie we władzach stowarzyszenia, lecz poświęcał mu cały czas wolny po złożeniu w Foreign Office swego raportu. Przekazał stowarzyszeniu część oszczędności i pensji, pisał listy, spotykał się z wieloma ludźmi i dopiął tego, że spora liczba dyplomatów i polityków poparła sprawę, której bronili Morel i on.

Po wielu latach, wspominając tamte gorączkowe tygodnie przełomu tysiąc dziewięćset trzeciego i tysiąc dziewięćset czwartego roku, Roger Casement powie sobie, że najważniejsza dla niego nie była popularność, jaką zdobył, zanim jeszcze rząd Jego Królewskiej Mości opublikował jego raport, nie mówiąc już o późniejszym rozgłosie, gdy agenci w służbie Leopolda II zaczęli atakować go w prasie jako wroga Belgii i oszczercy, lecz to, że dzięki Morelowi, dzięki stowarzyszeniu i dzięki Herbertowi poznał Alice Stopford Green, której wkrótce stał się serdecznym przyjacielem, a także, jak się chwalił, uczniem. Od pierwszego momentu nawiązały się między nimi porozumienie i sympatia, które czas miał tylko pogłębić.

Podczas drugiego lub trzeciego spotkania w cztery oczy Roger otworzył serce przed swą nową przyjaciółką, jak osoba wierząca przed spowiednikiem. Tej Irlandce z protestanckiej rodziny, podobnej pod tym względem do niego, odważył się wyznać coś, czego nie powiedział wcześniej nikomu: tam, w Kongu, codziennie mając kontakt z niesprawiedliwością i przemocą, odkrył wielkie łgarstwo, jakim był kolonializm, i zaczął czuć się „Irlandczykiem", to znaczy obywatelem kraju okupowanego i eksploatowanego przez Imperium, które Irlandię wykrwawiło i pozbawiło duszy. Wstydził się teraz wielu rzeczy, które głosił i w które wierzył, powtarzając ojcowskie nauki. I zgłaszał zamiar poprawy. Teraz, gdy dzięki lekcjom pobranym w Kongu odkrył Irlandię, chciał zostać prawdziwym Irlandczykiem, poznać swój kraj, przyswoić sobie jego tradycję, jego historię, jego kulturę.

Serdeczna, nieco macierzyńska – Alice była o siedemnaście lat starsza od niego – ganiła go niekiedy za dziecinne napady entuzjazmu, które nadal miewał jako czterdziestolatek, lecz wspierała radą, książkami, pogawędkami, które były dla niego niby seminarium magisterskie przy herbatce i herbatnikach lub scones z kremem i marmoladą.

W pierwszych miesiącach tysiąc dziewięćset czwartego roku Alice Stopford Green była jego przyjaciółką, nauczycielką, przewodniczką po najdawniejszej przeszłości, w której historia, mit i legenda – rzeczywistość, religia i fikcja – splatały się, tworząc tradycję ludu, który niezłomnie zachowywał, mimo wysiłków Imperium, by go wynarodowić, swój język, sposób bycia, obyczaje, coś takiego, z czego każdy Irlandczyk, protestant czy katolik, wierzący czy niedowiarek, liberał czy konserwatysta, winien był czuć się dumny i czego miał obowiązek bronić. Nic tak bardzo nie pomogło Rogerowi w odzyskaniu pogody ducha, w wyleczeniu ran moralnych zadanych przez podróż do Górnego Konga jak zawarcie przyjaźni z Morelem i z Alice. Pewnego dnia, żegnając się z Rogerem, który poprosiwszy w Foreign Office o trzymiesięczne zwolnienie, wyjeżdżał właśnie do Dublina, historyczka powiedziała:

– Zdajesz sobie sprawę z tego, że stałeś się sławny, Rogerze? Cały Londyn mówi o tobie!

Nie było to coś, co wbiłoby go w pychę, gdyż nigdy nie był próżny. Lecz Alice mówiła prawdę. Opublikowanie przez rząd brytyjski jego raportu odbiło się szerokim echem w prasie, w parlamencie, wśród klasy politycznej i szerokiej publiczności. Ataki na niego w oficjalnych publikacjach belgijskich i w angielskich brukowcach uprawiających propagandę na rzecz Leopolda II posłużyły raczej do utrwalenia jego wizerunku wielkiego bojownika przepojonego humanitaryzmem, wymierzającego sprawiedliwość. Prosiły go o wywiad najróżniejsze gazety i czasopisma, zwracano się do niego, by przemówił na publicznych uroczystościach i w prywatnych klubach, posypały się zaproszenia z salonów liberalnych i antykolonialnych, w niezliczonych broszurkach oraz artykułach wynoszono pod niebiosa jego raport oraz oddanie idei wolności i sprawiedliwości. Kampania na rzecz Konga przybrała na sile. Prasa, kościoły i najbardziej postępowe sektory społeczeństwa angielskiego, zdjęte zgrozą po lekturze raportu, żądały, by Wielka Brytania wymogła na swych sojusznikach odwołanie decyzji krajów zachodnich przyznającej Kongo królowi Belgów.

Oszołomiony tą nagłą sławą – ludzie rozpoznawali go w teatrach i restauracjach, pokazywali go sobie na ulicy z sympatią – Roger Casement wyjechał do Irlandii. Spędził kilka dni w Dublinie, lecz nie zabawił tam długo, zaraz pojechał dalej, do Ulsteru, do North Antrim, do Magherintemple House, rodzinnego domu, gdzie spędził dzieciństwo i wczesną młodość. Odziedziczył go jego wuj i imiennik Roger, syn stryjecznego dziadka Johna zmarłego w tysiąc dziewięćset drugim roku. Ciotka Charlotte jeszcze żyła. Przyjęła go bardzo serdecznie, podobnie jak pozostali krewni, kuzyni, bratankowie, siostrzeńcy. On jednak czuł, że niewidzialny mur wyrósł między nim a rodziną ze strony ojca, zdecydowanie anglofilską. Mimo to pejzaż Magherintemple – gmaszysko z szarego kamienia otoczone sykomorami odpornymi na sól i wiatr, oplecionymi bluszczem, topole, wiązy i drzewa morelowe górujące nad łąkami, gdzie leniuchowały owce, rysująca się w oddali, od strony morza, wyspa Rathlin i miasteczko Ballycastle ze śnieżnobiałymi domkami – wzruszył go do szpiku kości. Spacery po stajniach, sadzie położonym na tyłach domu, wielkich pokojach z porożami jeleni na ścianach, prastarych wioseczkach Cushendun i Cushendall, gdzie pochowano całe pokolenia jego przodków, przywoływały wspomnienia z dzieciństwa i napełniały go tęsknotą. Nowe idee i uczucia, jakie żywił do swego kraju, sprawiły, że pobyt ten, który miał potrwać kilka miesięcy, przerodził się dla niego w wielką przygodę. Przygodę, w odróżnieniu od podróży po Górnym Kongu, przyjemną, stymulującą, która da mu poczucie zmiany skóry.

Przywiózł ze sobą stos książek, podręczników do gramatyki i esejów, poleconych przez Alice, i wiele godzin poświęcił na czytanie o tradycjach i legendach irlandzkich. Spróbował nauczyć się gaelickiego, najpierw samodzielnie, lecz widząc, że to mu się nigdy nie uda, zaczął pobierać lekcje kilka razy w tygodniu.

Przede wszystkim jednak poznał nowych mieszkańców County Antrim, którzy, choć z Ulsteru i protestanci jak on, nie byli unionistami. Wręcz przeciwnie, dążyli do zachowania ducha dawnej Irlandii, walczyli przeciwko anglicyzacji kraju, propagowali powrót do staroirlandzkiego i zainteresowanie tradycyjnymi pieśniami i zwyczajami, sprzeciwiali się poborowi Irlandczyków do brytyjskiej armii i marzyli o Irlandii wyspie, do której nie miałaby dostępu niszczycielska industrializacja i która zapewniałaby bukoliczną, spokojną egzystencję, w oderwaniu od Imperium Brytyjskiego. Tym sposobem Roger Casement związał się z Gaelic League, działającą na rzecz upowszechnienia języka i kultury irlandzkiej. Ich motto brzmiało: *Sinn Féin* (My sami). Na spotkaniu założycielskim w Dublinie, w tysiąc osiemset dziewięćdziesiątym trzecim roku, jej przewodniczący Douglas Hyde przypomniał audytorium w swej przemowie, że dotychczas „opublikowano zaledwie sześć książek w języku gaelickim". Roger Casement poznał następcę Hyde'a Eoina MacNeilla, wykładającego starożytną i średniowieczną historię Irlandii w University College, i zaprzyjaźnił się z nim. Zaczął brać udział w wykładach, konferencjach, recitalach, marszach, konkursach szkolnych, we wznoszeniu pomników bohaterom nacjonalistycznym oraz w innych akcjach, którym patronowała Sinn Féin. Do wydawanych przez nią periodyków zaczął pisywać artykuły polityczne w obronie kultury irlandzkiej, pod pseudonimem *Shan Van Vocht* (Biedna Staruszka), zaczerpniętym z pewnej irlandzkiej ballady, którą często nucił. Jednocześnie bardzo zbliżył się do grupy dam, do której należały, między innymi, kasztelanka Galgorm Rose Maud Young, Ada MacNeill i Margaret Dobbs, przemierzających wioski Antrim w poszukiwaniu dawnych legend i podań ludowych. Dzięki nim wysłuchał pewnego dnia, na wiejskim festynie, *seanchai*, czyli wędrownego bajarza, chociaż z całej opowieści zrozumiał zaledwie co któreś słowo.

Pewnej nocy, podczas dyskusji z wujem Rogerem w Magherintemple House, Casement oświadczył z egzaltacją: „Jako Irlandczyk, którym jestem, nienawidzę Imperium Brytyjskiego!".

Następnego dnia otrzymał list od księcia Argyll z informacją, że rząd Jej Królewskiej Mości postanowił odznaczyć go Orderem Companion of St. Michael and St. George za wzorowe wypełnienie obowiązków w Kongu. Roger wymówił się od uczestnictwa w ceremonii pod pretekstem, że dolegliwość kolana nie pozwoliłaby mu uklęknąć przed królem.

VII

– Pan nienawidzi mnie i nie potrafi tego ukryć – stwierdził Roger Casement.

Szeryf, ochłonąwszy z zaskoczenia, przytaknął z grymasem, który zniekształcił na moment jego obrzękłą twarz.

– Nie mam powodu, by to ukrywać – szepnął. – Ale myli się pan. Nie czuję do pana nienawiści. Gardzę panem. Zdrajcy zasługują tylko na to.

Szli więziennym korytarzem z poczerniałych cegieł do rozmównicy, gdzie czekał na więźnia katolicki kapelan ojciec Carey. Przez zakratowane okna Casement widział plamy nabrzmiałych ciemnych chmur. Czy padało też na Caledonian Road, na ową *Roman Way*, którą wieki temu kroczyli pierwsi legioniści rzymscy, przez lasy pełne niedźwiedzi? Wyobraził sobie stragany pobliskiego targu, pośrodku wielkiego parku Islington, zlane ulewnym deszczem i chłostane wiatrem. Poczuł ukłucie zazdrości, myśląc o sprzedających i kupujących pod osłoną płaszczy nieprzemakalnych i parasoli.

– Pan miał wszystko – mruknął szeryf za jego plecami. – Urząd dyplomatyczny. Odznaczenia. Król nadał panu szlachectwo. A pan sprzedał się Niemcom. Cóż za podłość. Cóż za niewdzięczność. – Zamilkł, a Rogerowi wydało się, że wzdycha. – Za każdym razem, gdy myślę o moim biednym synu, który zginął tam, w okopach, mówię sobie, że jest pan jednym z jego morderców, panie Casement.

– Bardzo mi przykro, że stracił pan syna – odrzekł Roger, nie odwracając się. – Wiem, że nie uwierzy mi pan, ale ja jeszcze nigdy nikogo nie zabiłem.

– I nie będzie pan miał czasu, by to zrobić – orzekł szeryf. – Bogu dzięki.

Dotarli do drzwi rozmównicy. Szeryf został na zewnątrz, obok dyżurnego dozorcy. Odwiedziny kapelana jako jedyne dawały prawo do prywatności, podczas wszelkich innych widzeń w rozmównicy stale przebywał szeryf lub strażnik albo obaj. Roger ucieszył się na widok wysmukłej sylwetki duchownego. *Father* Carey wyszedł mu naprzeciw i uścisnął rękę.

– Poszperałem w archiwach i mam już odpowiedź – oznajmił z uśmiechem. – Pana wspomnienie było prawdziwe. W rzeczy samej, został pan ochrzczony jako dziecko w parafii Rhyl, w Walii. Figuruje pan w księdze parafialnej. Odbyło się to w obecności pańskiej matki oraz dwóch ciotek. Nie musi pan ubiegać się o przyjęcie do Kościoła katolickiego. Zawsze pan w nim był.

Roger Casement pokiwał głową. To odległe wspomnienie, towarzyszące mu w ciągu całego życia, było zatem prawdziwe. Matka ochrzciła go w tajemnicy przed ojcem, podczas jednej z podróży do Walii. Ucieszył się na myśl o tym, że sekret ów połączy go z Anne Jephson. I że poczuje się bardziej w zgodzie z samym sobą, ze swoją matką, z Irlandią. Jak gdyby jego zbliżenie do katolicyzmu było naturalnym następstwem tego wszystkiego, co uczynił i próbował czynić w ciągu ostatnich lat, włącznie z pomyłkami i niepowodzeniami.

– Czytam Tomasza à Kempis, ojcze Carey – powiedział. – Przedtem z trudem skupiałem się na lekturze. Ale ostatnio udaje mi się. Przez kilka godzin dziennie. *O naśladowaniu Chrystusa* to bardzo piękna książka.

– Kiedy byłem w seminarium, często czytaliśmy Tomasza à Kempis – wspomniał kapłan. – Przede wszystkim *O naśladowaniu Chrystusa*.

- Czuję się pogodniejszy, gdy wczytuję się w te stronice - powiedział Roger. - Jakbym odrywał się od tego świata i wchodził w inny, pozbawiony trosk, w rzeczywistość całkowicie duchową. Ojciec Crotty miał rację, polecając mi go tyle razy, onegdaj w Niemczech. Nigdy by nie przypuszczał, w jakich okolicznościach będę czytał jego ukochanego Tomasza à Kempis.

Krótki czas temu wstawiono do rozmównicy ławeczkę. Usiedli. Ich kolana stykały się. *Father* Carey od ponad dwudziestu lat pracował jako kapelan w londyńskich więzieniach i towarzyszył do końca wielu skazanym na śmierć. Jego charakter nie stwardniał od codziennego obcowania z więzienną społecznością. Był uważający i uprzejmy; Roger Casement poczuł do niego sympatię od pierwszego spotkania. Nie przypominał sobie, by kapłan kiedykolwiek powiedział coś, co mogłoby go zranić, wręcz przeciwnie, rozmawiał z nim lub zadawał pytania z najwyższą delikatnością. Przy nim Roger zawsze czuł się dobrze. Ojciec Carey był wysoki, kościsty, chudy jak kościotrup, miał bardzo białą skórę i spiczastą, siwiejącą bródkę zakrywającą część podbródka. Jego oczy zawsze były wilgotne, jakby załzawione, nawet gdy się śmiał.

- Jaki był ojciec Crotty? - zagadnął. - Jak widzę, zawarliście serdeczną przyjaźń tam, w Niemczech.

- Gdyby nie *father* Crotty, oszalałbym wtedy, w obozie w Limburgu - oświadczył Roger. - Bardzo różnił się od ojca, fizycznie. Był niższy, tęższy, nie tak blady, miał rumianą twarz, która stawała się jeszcze bardziej czerwona po pierwszym kuflu piwa. Aczkolwiek z drugiej strony, owszem, był podobny do ojca. Mam na myśli wielkoduszność.

Ojciec Crotty był irlandzkim dominikaninem, którego Watykan wysłał z Rzymu do niemieckiego obozu jenieckiego w Limburgu. Jego przyjaźń okazała się zbawienna dla Rogera w ciągu tamtych miesięcy tysiąc dziewięćset piętnastego i tysiąc dziewięćset szesnastego roku, gdy próbował zwerbować wśród więźniów ochotników do Brygady Irlandzkiej.

– Nie znał słowa „zniechęcenie" – dodał Roger. – Towarzyszyłem mu, gdy odwiedzał chorych, udzielał sakramentów, odmawiał Różaniec z więźniami w Limburgu. Też był nacjonalistą. Chociaż mniej zagorzałym niż ja, ojcze Carey.

Ów uśmiechnął się.

– Proszę nie sądzić, że *father* Crotty próbował zbliżyć mnie do katolicyzmu – ciągnął Roger. – Był bardzo ostrożny w naszych rozmowach, bym nie odniósł wrażenia, że chce mnie nawrócić. To wydarzyło się samo, tu, w środku. – Dotknął piersi. – Nigdy nie byłem zbyt religijny, mówiłem ojcu. Od kiedy zmarła moja matka, religia była dla mnie czymś mechanicznym i drugorzędnym. Dopiero po tysiąc dziewięćset trzecim, po tej podróży w głąb Konga, o której ojcu opowiadałem, trzy miesiące i dziesięć dni, zacząłem się znowu modlić. Gdy sądziłem, że oszaleję w obliczu takiej masy cierpienia. Wtedy właśnie odkryłem, że istota ludzka nie może żyć, nie wierząc.

Poczuł, że głos mu się zaraz załamie, i zamilkł.

– To on opowiedział panu o Tomaszu á Kempis?

– Miał do niego wielkie nabożeństwo – powiedział Roger. – Podarował mi swój egzemplarz *O naśladowaniu Chrystusa*. Ale wtedy nie byłem w stanie czytać. Nie miałem głowy, byłem zaprzątnięty innymi sprawami. Zostawiłem go w Niemczech, w walizce z ubraniem. Nie pozwolono nam zabrać bagażu do okrętu podwodnego. Dobrze, że ojciec zdobył dla mnie tę książkę. Obawiam się, że nie zdążę jej skończyć.

– Rząd angielski jeszcze nie podjął żadnej decyzji – upomniał go łagodnie duchowny. – Nie powinien pan tracić nadziei. Wiele osób pana kocha i dokonuje ogromnych wysiłków, by wniosek o ułaskawienie został przyjęty.

– Wiem o tym, ojcze Carey. Tak czy owak, chciałbym, by przygotował mnie ojciec. Chciałbym zostać formalnie przyjęty na łono Kościoła. Przyjąć sakramenty. Wyspowiadać się. Przyjąć komunię.

– Po to tu jestem, Rogerze. Zapewniam pana, że jest już pan gotowy do przyjęcia tego wszystkiego.

– Bardzo dręczy mnie pewna wątpliwość – powiedział Roger, zniżając głos, jakby ktoś jeszcze mógł ich usłyszeć. – Czy moja konwersja nie wyda się Chrystusowi wywołana przez strach? Bo prawdę mówiąc, ojcze Carey, boję się. Bardzo się boję.

– On jest mądrzejszy niż pan i niż ja – oświadczył duchowny. – Nie sądzę, by Chrystus widział coś złego w tym, że człowiek się boi. On sam się bał, jestem pewien, w drodze na Kalwarię. To najbardziej ludzka rzecz, czyż nie? Wszyscy się boimy, to jest wpisane w naszą kondycję. Wystarczy odrobina wrażliwości, byśmy czuli się niekiedy bezsilni i przerażeni. Pańskie zbliżenie się do Kościoła jest czyste, Rogerze. Ja to wiem.

– Nigdy, do tej pory, nie bałem się śmierci. Widziałem ją z bliska wiele razy. W Kongu, podczas wypraw w nieznane rejony pełne dzikich zwierząt. W Amazonii, w rzekach pełnych wirów, otoczony zbójami. Całkiem niedawno, gdy opuściliśmy okręt podwodny, w Tralee, w Banna Strand, gdy szalupa przewróciła się i wyglądało na to, że utoniemy. Wiele razy czułem śmierć bliziutko. I nie bałem się. A teraz się boję.

Głos mu się urwał i zamknął oczy. Od kilku dni te napady lęku mroziły mu krew w żyłach, wstrzymywały bicie serca. Cały dygotał. Próbował się uspokoić, na próżno. Czuł, jak szczękają mu zęby, a do panicznego lęku dołączył wstyd. Gdy otworzył oczy, zobaczył, że ojciec Carey ma złączone dłonie i opuszczone powieki. Modlił się bezgłośnie, poruszając lekko wargami.

– Już przeszło – szepnął zakłopotany. – Proszę ojca o wybaczenie.

– Nie powinien pan krępować się w mojej obecności. Bać się, płakać to ludzkie.

Odzyskał spokój. Głucha cisza panowała w Pentonville Prison, jakby więźniowie i dozorcy w trzech wielkich pawilonach, sześcianach pokrytych dwuspadowym dachem, umarli lub zasnęli.

– Dziękuję, że nie zapytał mnie pan o żadne z tych ohydztw, które ponoć opowiadają o mnie, ojcze Carey.

– Nie czytałem ich, Rogerze. Gdy ktoś próbuje poruszać przy mnie ten temat, uciszam go. Nie wiem i nie chcę wiedzieć, o co chodzi.

– Ja też nie wiem – Roger uśmiechnął się. – Tu nie można czytać gazet. Asystent mojego adwokata powiedział mi, że nowiny są tak skandaliczne, iż zagrażają mojemu wnioskowi o ułaskawienie. Przedstawiają mnie jako zboczeńca, jako najgorszego łajdaka.

Ojciec Carey słuchał go spokojnie jak zwykle. Gdy rozmawiali po raz pierwszy w Pentonville Prison, opowiedział Rogerowi, że jego dziadkowie od strony ojca mówili między sobą po gaelicku, lecz przechodzili na angielski, gdy tylko widzieli, że podchodzą do nich dzieci. Także i on nie nauczył się staroirlandzkiego.

– Myślę, że lepiej nie wiedzieć, o co mnie oskarżają. Alice Stopford Green uważa, że to operacja przygotowana przez rząd dla przeciwdziałania poparciu, jakie wiele kręgów okazuje mojemu wnioskowi o łaskę.

– Niczego nie można wykluczyć w świecie polityki – stwierdził duchowny. – To nie jest najczystsza sfera działalności ludzkiej.

Dyskretnie zapukano w drzwi, które uchyliły się, a w szparze ukazała się nabrzmiała twarz szeryfa:

– Zostało pięć minut, ojcze Carey.

– Dyrektor więzienia przyznał mi pół godziny. Nie powiedział panu?

Szeryf zrobił zdziwioną minę.

– Skoro ojciec tak mówi, to wierzę. W takim razie przepraszam, że przerwałem. Ma ojciec jeszcze dwadzieścia minut.

Zniknął, a drzwi zamknęły się za nim.

– Są jakieś wieści z Irlandii? – zapytał Roger nieco gwałtownie, jakby nagle zapragnął zmienić temat.

– Zdaje się, że przestano rozstrzeliwać więźniów. Opinia publiczna, nie tylko tam, lecz także tu, w Anglii, bardzo krytycznie oceniła sądy doraźne. Rząd oświadczył, że wszyscy zatrzymani podczas powstania wielkanocnego zostaną postawieni przed sądem.

Roger Casement zamyślił się wpatrzony w okienko w murze, zakratowane tak jak wszystkie inne. Widać w nim było zaledwie malutki kwadracik szarzejącego nieba. Myślał o paradoksie swojej sytuacji:

został osądzony i skazany za przemyt broni na rzecz próby zbrojnej secesji, a tak naprawdę przedsięwziął tę ryzykowną, być może absurdalną wyprawę z Niemiec na wybrzeże Tralee, pragnąc powstrzymać wybuch powstania, którego upadku był pewien od momentu, gdy po raz pierwszy usłyszał o przygotowaniach. Czy tak wygląda cała historia? Ta, której uczymy się w szkole? Ta, którą piszą historycy? Czy historia jest rekonstrukcją, mniej lub bardziej idylliczną, racjonalną i spójną tego, co w rzeczywistości burej i ponurej jest chaotyczną i arbitralną mieszaniną planów, przypadków, intryg, nieprzewidzianych wydarzeń, zbiegów okoliczności, splotu różnych interesów, które spowodowały zmiany, zwroty, przyśpieszenie i zwłokę, zawsze niespodziewane i zaskakujące w porównaniu z tym, co było projektowane i przeżyte przez bohaterów zdarzeń?

– Jest prawdopodobne, że przejdę do historii jako jedna z osób odpowiedzialnych za wybuch powstania wielkanocnego – zauważył ironicznie. – Tylko pan i ja wiemy, że przybyłem do Anglii, ryzykując życie, by spróbować powstrzymać ten bunt.

– No cóż, pan i ja, i jeszcze ktoś – zaśmiał się *father* Carey, podnosząc palec ku niebu.

– Teraz wreszcie czuję się lepiej – zawtórował mu Roger. – Atak paniki minął. W Afryce wielokrotnie widziałem i czarnych, i białych, którzy wpadali nagle w popłoch. W środku dżungli, gdy gubiliśmy drogę. Gdy wkraczaliśmy na tereny plemion wrogich naszym afrykańskim tragarzom. Pośrodku rzeki, gdy przewracało się czółno. Albo niekiedy w wioskach podczas obrzędów ze śpiewami i tańcami, którym przewodzili czarownicy. Teraz już wiem, czym są halucynacje wywołane lękiem. Czy tak samo wygląda trans mistyków? Ten stan zawieszenia siebie samego i wszystkich reakcji cielesnych, spowodowany spotkaniem z Bogiem?

– Niewykluczone – powiedział ojciec Carey. – Być może tę samą drogę przebywają mistycy i wszyscy ci, którzy popadają w trans. Poeci, muzycy, czarodzieje.

Milczeli przez długą chwilę. Kątem oka Roger obserwował duchownego i widział, że siedzi nieruchomo, z zamkniętymi oczami. „Modli się za mnie – pomyślał. – To współczujący człowiek. Straszne musi być życie spędzane na niesieniu pociechy ludziom, którzy mają umrzeć na szubienicy". Choć nigdy nie postawił stopy ani w Kongu, ani w Amazonii, ojciec Carey wiedział zapewne równie dobrze jak on, jakich granic może sięgnąć okrucieństwo i rozpacz istot ludzkich.

– Przez wiele lat religia była mi obojętna... – powiedział bardzo powoli Roger, jakby rozmawiając sam z sobą. – ... ale nigdy nie przestałem wierzyć w Boga. Uważałem go za pierwszą zasadę życia. I wiele razy, ojcze Carey, zapytywałem się z przerażeniem: Jak może Bóg pozwalać na coś takiego? Co to za Bóg, który toleruje, by tyle tysięcy mężczyzn, kobiet, dzieci cierpiało podobne katusze? Trudno to zrozumieć, prawda? Czy ojciec, który widział w więzieniach tyle różnych rzeczy, zadaje sobie czasem te pytania?

Ojciec Carey otworzył oczy i słuchał go z uszanowaniem takim jak zwykle, nie potakując ani nie zaprzeczając.

– Ci biedni ludzie, batożeni, kaleczeni, te dzieci z obciętymi rękami i stopami, umierające z głodu i wskutek chorób – recytował Roger. – Te istoty wyciśnięte do granic możliwości, a potem mordowane. Tysiące, dziesiątki, setki tysięcy. Przez ludzi, którzy otrzymali chrześcijańskie wychowanie. Widziałem, jak szli na mszę, modlili się, przystępowali do komunii, przed popełnieniem tych zbrodni i po ich popełnieniu. Długo myślałem, że oszaleję, ojcze Carey. Być może wtedy, w Afryce, w Putumayo, straciłem rozum. I wszystko to, co przydarzyło mi się później, było dziełem kogoś, kto, choć nie zdawał sobie z tego sprawy, był szalony.

I tym razem kapelan się nie odezwał. Słuchał go z tym samym uprzejmym wyrazem twarzy i z cierpliwością, za którą Roger był mu stale wdzięczny.

– Co ciekawe, sądzę, że to właśnie wtedy w Kongu, gdy nachodziły mnie te fale przygnębienia i gdy zapytywałem się, jak Bóg może pozwolić na tyle zbrodni, zacząłem się znowu interesować religią – ciągnął. – Ponieważ jedynymi istotami, które zdawały się zachowywać zdrowie moralne, byli niektórzy pastorzy baptystów i misjonarze chrześcijańscy. Nie wszyscy, rzecz jasna. Wielu nie chciało spoglądać dalej niż na czubek własnego nosa. Ale niektórzy robili, co tylko było w ich mocy, by położyć kres niesprawiedliwościom. Byli bohaterami, to pewne.

Zamilkł. Wspominanie Konga lub Putumayo nie służyło mu: poruszało bagno ducha, wydobywało obrazy, które pogrążały go w udręce.

– Niesprawiedliwości, męki, zbrodnie – szepnął ojciec Carey. – Czyż nie zaznał ich Chrystus na własnym ciele? On potrafi zrozumieć pański stan lepiej niż ktokolwiek inny, Rogerze. Oczywiście, że nachodzą mnie czasem te same myśli co pana. Jak wszystkich wierzących, jestem pewien. Trudno nam zrozumieć pewne rzeczy, to nie ulega wątpliwości. Nasza zdolność pojmowania jest ograniczona. Jesteśmy ułomni, niedoskonali. Mogę panu powiedzieć jedno. W wielu rzeczach pobłądził pan, jak wszystkie istoty ludzkie. Ale w kwestii Konga i Amazonii nie ma pan sobie nic do zarzucenia. Pańska praca była wielkoduszna i odważna. Sprawił pan, że wielu ludzi przejrzało na oczy, pomógł pan naprawić wielkie niesprawiedliwości.

„Całe dobro, jakie uczyniłem, niweczy ta kampania rozpętana po to, by zniszczyć moją reputację" – pomyślał. Wolał nie poruszać tego tematu, odsuwał go od siebie za każdym razem, gdy powracał. Wielką zaletą widzeń z ojcem Careyem było to, że z kapelanem rozmawiał tylko o tym, na co miał ochotę. Dyskrecja duchownego była całkowita, zdawał się odgadywać, co mogłoby Rogera przygnębić, i unikał takich tematów. Niekiedy pozostawali długo w całkowitym milczeniu. Nawet wówczas obecność kapłana przynosiła ulgę. Gdy odchodził, Roger przez wiele godzin czuł się spokojny i pogodzony z losem.

– Jeśli moja prośba zostanie odrzucona, czy zostanie ojciec u mego boku do samego końca? – zapytał, nie patrząc na niego.

– Oczywiście, że tak – zapewnił *father* Carey. – Ale nie powinien pan o tym myśleć. Nic nie jest jeszcze przesądzone.

– Wiem, ojcze. Nie straciłem nadziei. Ale napawa mnie otuchą myśl, że ojciec będzie ze mną. Obecność ojca doda mi odwagi. Nie zrobię żadnej żałosnej sceny, obiecuję.

– Chce pan, byśmy pomodlili się wspólnie?

– Porozmawiajmy jeszcze przez chwilkę, jeśli nie ma ojciec nic przeciw temu. Zadam ojcu ostatnie pytanie. Czy jeśli wyrok zostanie wykonany, moje ciało będzie można zabrać do Irlandii i tam pochować?

Poczuł, że kapelan waha się, i spojrzał na niego. *Father* Carey nieco pobladł. Zobaczył, że kręci głową z widocznym zakłopotaniem.

– Nie, Rogerze. Jeśli do tego dojdzie, zostanie pan pochowany na więziennym cmentarzu.

– Na wrogiej ziemi – szepnął Casement, próbując obrócić to w żart; bezskutecznie. – W kraju, którego nienawidzę teraz tak bardzo, jak bardzo kochałem go i podziwiałem za młodu.

– Nienawiść nie służy niczemu – westchnął ojciec Carey. – Polityka Anglii może być zła. Jest jednak wielu Anglików przyzwoitych i godnych szacunku.

– Wiem o tym doskonale, ojcze. Powtarzam to sobie zawsze, gdy przcpełnia mnie nienawiść do tego kraju. Ale jest silniejsza ode mnie. Być może dzieje się tak, ponieważ jako chłopiec ślepo wierzyłem w Imperium, w to, że Anglia cywilizuje świat. Śmiałby się ojciec ze mnie, gdyby znał mnie wówczas.

Kapłan pokiwał głową, a Roger zachichotał.

– Mówi się, że ci nawróceni są najgorsi – dodał. – Moi przyjaciele zawsze mi to wyrzucali. Że mam w sobie zbyt wiele pasji.

– Niepoprawny Irlandczyk, taki jak w legendach – orzekł ojciec Carey z uśmiechem. – Tak nazywała mnie matka, gdy byłem chłopcem i coś przeskrobałem. „Znów wyszedł z ciebie ten niepoprawny Irlandczyk".

– Jeśli ojciec zechce, możemy się teraz pomodlić.

Father Carey skinął głową. Zamknął oczy, złożył dłonie i zaczął szeptać bardzo cicho „Ojcze nasz", a potem „Zdrowaś Mario". Roger także zamknął oczy i dołączył do niego, bezgłośnie. Przez długą chwilę robił to mechanicznie, nie potrafiąc się skupić, przez głowę przebiegały mu najróżniejsze obrazy. Później powoli dał się pochłonąć modlitwie. Gdy szeryf zastukał do drzwi i uprzedził, że zostało im pięć minut, Roger był pogrążony w modłach.

Za każdym razem gdy się modlił, przypominał sobie matkę, jej gibką postać odzianą na biało, w słomkowym kapeluszu z szerokim rondem i niebieską wstążką tańczącą na wietrze, spacerującą pod drzewami, na wsi. Byli w Walii, w Irlandii, w Antrim, w Jersey? Nie wiedział gdzie, lecz pejzaż był tak piękny jak uśmiech rozświetlający twarz Anne Jephson. Jakże dumny czuł się mały Roger, trzymając w swej małej rączce delikatną i czułą dłoń, dającą mu poczucie bezpieczeństwa i tyle radości! Taka modlitwa była jak cudowny balsam, przenosiła go w krainę dzieciństwa, w której dzięki obecności matki wszystko w życiu było piękne i napawało go szczęściem.

Ojciec Carey zapytał, czy chciałby przekazać komuś jakąś wiadomość albo czy mógłby przynieść mu coś na następne widzenie, za kilka dni.

– Jedyne, czego pragnę, to zobaczyć ojca ponownie. Nawet nie wie ojciec, jak dobrze mi robi rozmowa i słuchanie ojca.

Rozstali się z uściskiem ręki. W długim i wilgotnym korytarzu, pod wpływem impulsu, Roger Casement zwrócił się do szeryfa:

– Bardzo mi przykro z powodu śmierci pańskiego syna. Ja nie mam dzieci. Wyobrażam sobie, że nie ma w życiu większego bólu.

Szeryf wydał gardłowy pomruk, lecz nie odpowiedział. W celi Roger wyciągnął się na pryczy i wziął do ręki *O naśladowaniu Chrystusa*. Ale nie był w stanie skoncentrować się na lekturze. Litery tańczyły mu przed oczami, a przez głowę w szaleńczym rytmie przebiegały obrazy. Stale powracała sylwetka Anne Jephson.

Jak potoczyłyby się jego losy, gdyby matka nie umarła w tak młodym wieku, lecz dożyła okresu jego młodości i wieku męskiego? Prawdopodobnie nie wyruszyłby na poszukiwanie przygód do Afryki. Zostałby w Irlandii albo w Liverpoolu, zrobił karierę za biurkiem, wiódłby życie przyzwoite, anonimowe, wygodne, miałby żonę i dzieci. Uśmiechnął się: nie, taki styl życia nie pasował do niego. To, które przeżył, mimo wszystkich niewygód i przeciwności, było lepsze. Zobaczył świat, jego horyzonty ogromnie się poszerzyły, lepiej zrozumiał życie, rzeczywistość ludzką, poznał kolonializm od środka, tragedię tylu ludów spowodowaną przez ową aberrację.

Gdyby zwiewna Anne Jephson żyła dłużej, nie odkryłby smutnej i pięknej historii Irlandii, historii, której nigdy nie uczono go w Ballymena High School, historii, którą nadal ukrywano przed dziećmi i młodymi ludźmi w North Antrim. Wciąż im wmawiano, że Irlandia jest barbarzyńskim miejscem bez przeszłości godnej zapamiętania, podniesionym do rangi cywilizowanego kraju przez okupanta, wykształconym i zmodernizowanym przez Imperium, które odarło go z tradycji, języka, suwerenności. Tego wszystkiego nauczył się tam, w Afryce; nigdzie indziej nie przeżyłby lepszych lat młodości i początku wieku dojrzałego; nigdy nie odczułby takiej dumy z kraju, w którym się urodził, i takiego gniewu za to, co zrobiła z nim Wielka Brytania, gdyby jego matka żyła dłużej.

A czy było usprawiedliwione poświęcenie tych dwudziestu lat afrykańskich, siedmiu w Brazylii, roku z okładem w sercu amazońskiej dżungli, półtora roku samotności, choroby i frustracji w Niemczech? Nigdy nie zależało mu na pieniądzach, lecz czyż nie zakrawało na kpinę, że po tylu latach ciężkiej pracy był teraz biedny jak mysz kościelna? Saldo na jego ostatnim wyciągu z rachunku bankowego wynosiło dziesięć funtów szterlingów. Nigdy nie umiał oszczędzać. Wszystkie zarobione pieniądze wydał na innych – na trójkę rodzeństwa, na stowarzyszenia humanitarne takie jak Congo Reform Association, na irlandzkie instytucje nacjonalistyczne takie jak St. Enda's School i Gaelic League, którym przez długi czas oddawał w całości swoją pensję. By móc sobie na to pozwolić, żył nad wyraz skromnie; na przykład przez długie okresy mieszkał w najtańszych pensjonatach, grubo poniżej swej rangi (napomykali mu o tym nieraz koledzy z Foreign Office). Teraz już nikt nie będzie pamiętał o tych darowiznach, darach, pomocy. Zapamiętana zostanie tylko jego ostateczna klęska.

Ale nie to jeszcze było najgorsze. Najgorszy był ten perfidny pomysł służb Imperium. Zboczenie, perwersje, wyuzdanie, plugastwo. Taki obraz, w zamyśle angielskiego rządu, miał po nim pozostać. Nie choroby, których nabawił się w niezdrowym klimacie Afryki, żółtaczka, malaria, która bardzo zniszczyła jego organizm, artretyzm, hemoroidy, problemy z odbytem, które przysporzyły mu tyle cierpienia i wstydu, począwszy od pierwszej operacji fistuły w odbytnicy, w tysiąc osiemset dziewięćdziesiątym trzecim roku. „Powinien był pan przyjść wcześniej, trzy albo cztery miesiące temu operacja ta byłaby prosta. Teraz jest skomplikowana". „Mieszkam w Afryce, panie doktorze, w Bomie, mój tamtejszy lekarz jest notorycznym alkoholikiem o rękach trzęsących się z powodu *delirium tremens*". Miał powierzyć swe ciało doktorowi Salabertowi, którego wiedza medyczna nie dorównywała wiedzy czarownika Bakongo? Cierpiał z tego powodu niemal przez całe życie. Kilka miesięcy wcześniej, w niemieckim obozie w Limburgu, dostał krwotoku, który zatamował lekarz wojskowy, opryskliwy i nieokrzesany. Gdy postanowił podjąć się zbadania okrucieństw popełnionych przez *caucheros* w Amazonii, był już bardzo chory. Wiedział, że wykonanie zadania potrwa wiele miesięcy i przysporzy mu samych problemów, lecz podjął się go, uważając, że oddaje przysługę sprawiedliwości. To też zostanie zapomniane, jeśli wykonają karę śmierci.

Czy naprawdę *father* Carey odmówił przeczytania skandalicznych informacji, które wypisywała o nim prasa? Dobry i solidarny człowiek z tego kapelana. Jeśli miał umrzeć, jego obecność pomoże mu w zachowaniu godności do ostatniego momentu.

Przygnębienie opanowało jego ciało i umysł. Przekształciło go w istotę tak bezwolną jak owi Kongijczycy pogryzieni przez muchę tse-tse, którym śpiączka nie pozwalała poruszyć ręką, nogą, wargami, nawet podnieść powieki. Czy paraliżowała im też myślenie? Jemu, niestety, owe fale przygnębienia wyostrzały świadomość, przekształcały jego mózg w buzujące ognisko. Owe przekazane prasie przez rzecznika Admiralicji stronice dziennika, które taką odrazą napełniły jasnowłosego aplikanta mecenasa Gavana Duffy'ego, były prawdziwe czy sfałszowane? Pomyślał o głupocie stanowiącej sedno ludzkiej natury, także i jego, Rogera Casementa. Był bardzo skrupulatny, słynął, także jako dyplomata, z tego, że nie podejmuje nigdy żadnej inicjatywy ani nie wykonuje najdrobniejszego kroku bez uprzedniego rozważenia wszelkich możliwych konsekwencji. A oto leży tutaj schwytany w idiotyczną pułapkę budowaną przez całe swoje życie przez siebie samego, by dać swym wrogom broń, która pogrąży go w niesławie.

Zorientował się nagle przestraszony, że śmieje się na całe gardło.

Amazonia

VIII

Gdy ostatniego dnia sierpnia tysiąc dziewięćset dziesiątego roku Roger Casement dotarł do Iquitos po ponad sześciu tygodniach morderczej podróży, którą on i członkowie komisji odbyli z Anglii do serca peruwiańskiej Amazonii, zadawnione zapalenie oczu zaostrzyło się, podobnie jak ataki artretyzmu, a jego ogólny stan zdrowia bardzo się pogorszył. Jednakże wierny swemu stoickiemu charakterowi („uczeń Seneki" – mawiał o nim Herbert Ward), podczas całej podróży ani na moment nie zdradził się z tym, że niedomaga, wręcz przeciwnie, starał się podtrzymywać na duchu towarzyszy i pomagać im w znoszeniu dolegliwości, które ich dręczyły. Pułkownik R.H. Bertre padł ofiarą dyzenterii i musiał wrócić do Anglii z postoju na Maderze. Najlepiej znosił podróż Louis Barnes, znawca rolnictwa afrykańskiego, który mieszkał wcześniej w Mozambiku. Botanika Waltera Folka, eksperta w zakresie kauczuku, męczyły upał i wywołane przezeń newralgie. Seymour Bell panicznie bał się odwodnienia i nie wypuszczał z ręki butelki z wodą, którą stale popijał małymi łyczkami. Henry Fielgald podróżował po Amazonii rok wcześniej, jako wysłannik kompanii Julia C. Arany, i udzielał im rad, jak bronić się przed moskitami i „pokusami" Iquitos.

Tych ostatnich nie brakowało, to fakt. Wydawało się niewiarygodne, że w mieścinie tak małej i tak nieciekawej – ogromna, tonąca w błocie dzielnica prymitywnych budowli z drewna i wypalanej na słońcu cegły *adobe*, pokrytych strzechą z liści palmowych, garstka budynków ze szlachetnego materiału, z dachami z kalaminu, obszerne domostwa o fasadach ozdobionych *azulejos*, kafelkami sprowadzonymi z Portugalii – będzie aż tak roiło się od barów, tawern, lupanarów i domów gry, że prostytutki wszystkich ras i kolorów będą z takim bezwstydem prezentować swe wdzięki na wysokich chodnikach od pierwszych godzin dnia. Krajobraz zapierał dech w piersiach. Iquitos leżało na brzegu rzeki Nanay, dopływu Amazonki, pośród bujnej roślinności, strzelistych drzew, nieustającego zgiełku ptactwa, rzecznych wód zmieniających kolor, w miarę jak słońce przesuwało się po niebie. Jednak niewiele ulic miało chodnik lub asfaltową nawierzchnię, ciągnęły się wzdłuż nich rynsztoki, którymi płynęły odchody i śmieci, powietrze przenikał fetor, który o zmierzchu nasilał się tak bardzo, że zbierało się na wymioty, a muzyka w barach, burdelach i ośrodkach rozrywki nie milkła ani na moment przez dwadzieścia cztery godziny. Mr Stirs, konsul brytyjski, który powitał ich w porcie, oznajmił, że Roger zamieszka w jego domu. Dla członków komisji kompania przygotowała okazałą kwaterę. Już tego wieczoru prefekt Iquitos *señor* Rey Lama wydawał kolację na ich cześć.

Było wczesne popołudnie i Roger dał do zrozumienia, że od obiadu woli odpoczynek, po czym udał się do swego pokoju. Przygotowano dla niego skromnie umeblowane pomieszczenie z indiańskimi tkaninami w geometryczne wzory na ścianach i niewielkim tarasem, z którego można było dostrzec skrawek rzeki. Uliczny hałas docierał tu przytłumiony. Położył się, nie zdejmując nawet marynarki i butów, i natychmiast zasnął. Ogarnęło go uczucie spokoju, którego nie zaznał przez sześć tygodni podróży.

A śniły mu się nie cztery lata służby konsularnej, którą właśnie odbył w Brazylii – w Santos, Pará i Rio de Janeiro – lecz półtora roku spędzone w Irlandii, w tysiąc dziewięćset czwartym i tysiąc dziewięćset piątym, po owych miesiącach obłędnej pracy i napięcia, gdy rząd brytyjski przygotowywał do druku jego *Raport na temat Konga*, który miał wywołać skandal czyniący z niego bohatera i łajdaka, przedmiot peanów prasy liberalnej i organizacji humanitarnych oraz diatryb pismaków Leopolda II. Aby uciec od owego rozgłosu na czas, gdy Foreign Office podejmowało decyzję, dokąd go wysłać – po publikacji raportu nie wchodziło w grę, by „człowiek najbardziej znienawidzony przez imperium belgijskie" kiedykolwiek jeszcze postawił stopę w Kongu – Roger Casement wyjechał do Irlandii, marząc o anonimowości. Nie pozostał niezauważony, lecz uwolnił się od nachalnej ciekawości, która w Londynie pozbawiła go życia prywatnego. Tamte miesiące oznaczały dlań ponowne odkrycie własnego kraju, zanurzenie w Irlandii, którą znał jedynie z opowiadań, wyobrażeń i lektur, bardzo różnej od tej, w której mieszkał jako dziecko z rodzicami czy jako nastolatek ze stryjecznymi dziadkami i innymi krewnymi ze strony ojca; w Irlandii, która nie była tylko ogonem i cieniem Imperium Brytyjskiego, która walczyła o odzyskanie języka, tradycji, obyczajów. „Kochany Rogerze, stałeś się irlandzkim patriotą" – zażartowała z niego w jednym z listów kuzynka Gee. „Nadrabiam zaległości" – odpisał.

Podczas owych miesięcy odbył długą wędrówkę przez Donegal i Galway, badając puls geografii swej zniewolonej ojczyzny, przyglądając się oczami zakochanego surowym, pustym polom, dzikiemu wybrzeżu, gawędząc z rybakami, istotami ponadczasowymi, fatalistycznymi, nieposkromionymi, oraz z wieśniakami, skromnymi i lakonicznymi. Poznał wielu Irlandczyków „z drugiej strony", katolików, a niekiedy protestantów, którzy tak jak Douglas Hyde, założyciel National Literary Society, działali na rzecz odrodzenia kultury irlandzkiej, chcieli przywrócić pierwotne nazwy miejscom i wioskom, odgrzebać dawne pieśni Éire, tańce, tradycyjne przędzalnictwo oraz haft na tweedzie i lnie. Gdy został mianowany konsulem w Lizbonie, odwlekał wyjazd w nieskończoność, podając problemy zdrowotne jako pretekst, by móc wziąć udział w pierwszym Feis na nGleann (Festiwalu Dolin) w Antrim, na który zjechało się ponad trzy tysiące osób. Wielokrotnie czuł wtedy, że oczy mu wilgotnieją na dźwięk wesołych melodii wygrywanych przez kobziarzy i chóralnych śpiewów albo gdy przysłuchiwał się – choć nie rozumiał słów – bajarzom opowiadającym po gaelicku romance i legendy sięgające korzeniami zamierzchłych czasów średniowiecza. Nawet mecz hurlingu, tego stuletniego sportu, został rozegrany podczas owego festiwalu, na którym Roger poznał nacjonalistycznych polityków i pisarzy takich jak *sir* Horace Plunkett, Bulmer Hobson, Stephen Gwynn, i spotkał się z przyjaciółkami, które – tak jak Alice Stopford Green – stały się bojowniczkami o odrodzenie kultury irlandzkiej: Adą MacNeill, Margret Dobbs, Alice Milligan, Agnes O'Farrelly i Rose Maud Young.

Od tego czasu przekazywał część swych oszczędności i zarobków stowarzyszeniom i szkołom braci Pearse'ów, gdzie uczono gaelickiego, oraz nacjonalistycznym czasopismom, do których pisywał pod pseudonimem. Gdy w tysiąc dziewięćset czwartym roku Arthur Griffith założył Sinn Féin, Roger Casement nawiązał z nim kontakt, zaoferował współpracę i zamówił subskrypcję wszystkich publikacji. Poglądy tego dziennikarza pokrywały się z poglądami Bulmera Hobsona, z którym Roger się zaprzyjaźnił. Uważali, że należy tworzyć równoległą do instytucji kolonialnych infrastrukturę irlandzką (szkoły, przedsiębiorstwa, banki, fabryki), która krok po kroku zastąpi instytucje narzucone przez Anglię. Tym sposobem Irlandczycy odzyskają świadomość własnej odrębności i wezmą swój los we własne ręce. Należało bojkotować produkty brytyjskie, wymigiwać się od płacenia podatków, zastąpić sporty angielskie, takie jak krykiet i futbol, sportami narodowymi, podobnie jak literaturę i teatr. Z czasem, w sposób pokojowy, Irlandia uniezależni się od metropolii i odzyska autonomię.

Oprócz tego, że pod kierownictwem Alice dużo czytał o przeszłości Irlandii, Roger ponownie wziął się do nauki gaelickiego i najął nauczycielkę, lecz postępy czynił marne. W tysiąc dziewięćset szóstym roku nowy minister spraw zagranicznych *sir* Edward Grey, z Partii Liberalnej, zaoferował mu stanowisko konsula w Santos, w Brazylii. Roger, choć bez wielkiego entuzjazmu, przyjął propozycję: uprawiany przezeń mecenat proirlandzki wyczerpał jego niewielki majątek, żył z pożyczek i musiał znaleźć sobie jakieś źródło utrzymania.

Być może właśnie ów nikły entuzjazm, z jakim podjął służbę dyplomatyczną, sprawił, że cztery lata w Brazylii – od tysiąc dziewięćset szóstego do tysiąc dziewięćset dziesiątego – przyniosły mu głównie frustrację. Nigdy nie przywiązał się do tego ogromnego kraju, mimo piękna jego przyrody i serdecznych przyjaciół, jakich zyskał w Santos, Pará i Rio de Janeiro. Być może najbardziej przybiło go to, że w odróżnieniu od Konga, gdzie mimo licznych trudności zawsze miał wrażenie, że pracuje dla jakiegoś transcendentnego celu, wykraczającego poza zwykłe czynności konsularne, w Santos zajmował się przede wszystkim obsługą pijanych brytyjskich marynarzy, którzy wszczynali burdy i których musiał wyciągać z więzienia, płacić grzywny i odsyłać do Anglii. W Pará po raz pierwszy usłyszał o przemocy stosowanej w regionach pozyskiwania kauczuku, lecz ministerstwo nakazało mu skupić się na nadzorze spraw portowych i handlowych. Jego praca polegała na rejestrowaniu ruchu statków i udzielaniu pomocy Anglikom, którzy przybywali do Santos z zamiarem kupna lub sprzedaży różnych towarów. Najgorzej zniósł pobyt w Rio de Janeiro w roku tysiąc dziewięćset dziewiątym. Klimat zaostrzył wszystkie jego dolegliwości i dodał do nich alergie powodujące bezsenność. Musiał zamieszkać w odległości osiemdziesięciu kilometrów od stolicy, w Petrópolis, usytuowanej na wysokości, gdzie upał i wilgoć nie były tak dokuczliwe, a rześkie noce umożliwiały sen. Wkrótce jednak codzienne dojazdy do biura pociągiem zamieniły jego życie w koszmar.

We śnie przypomniał sobie wyraźnie, że we wrześniu tysiąc dziewięćset szóstego roku, przed wyjazdem do Santos, napisał długi poemat epicki *Marzenie Celta* na temat mitycznej przeszłości Irlandii oraz – wspólnie z Alice Stopford Green i Bulmerem Hobsonem – pamflet polityczny *Irlandczycy a brytyjska armia*, protest przeciwko poborowi Irlandczyków do angielskiego wojska.

Ukłucia moskitów obudziły go z tej przyjemnej sjesty i przeniosły z powrotem nad Amazonkę, gdzie zapadał zmierzch. Niebo nabrało kolorów tęczy. Czuł się lepiej: oko nie piekło go tak mocno, bóle artretyczne zelżały. Wzięcie prysznica w domu Mr Stirsa okazało się skomplikowaną operacją: rura wychodziła z naczynia, do którego służący wlewał kolejne kubły wody, podczas gdy Roger mydlił się i spłukiwał. Woda była letnia, co przywiodło mu na myśl Kongo. Gdy zszedł na parter, konsul czekał w drzwiach gotów do zaprowadzania go do domu prefekta Reya Lamy.

Musieli przejść kilkadziesiąt metrów, wzbijając chmurę kurzu zmuszającą Rogera do mrużenia oczu. W półmroku wpadali w dziury, potykali się o kamienie i śmieci. Hałas wzmógł się. Za każdym razem gdy mijali wejście do baru, dobiegała ich głośna muzyka, toasty, odgłosy bójki i pijackie krzyki. Mr Stirs, w podeszłym wieku, wdowiec, bezdzietny, mieszkał w Iquitos od sześciu lat i sprawiał wrażenie człowieka pozbawionego złudzeń i zmęczonego.

– Jaki jest w mieście stosunek do naszej komisji? – zagadnął Roger.
– Jawnie wrogi – odrzekł konsul bez wahania. – Z pewnością wie pan, że połowa Iquitos żyje z *señora* Arany. Ściśle rzecz biorąc, z firm *señora* Julia C. Arany. Ludzie podejrzewają, że komisja ma złe intencje wobec człowieka, który daje im zatrudnienie i wyżywienie.
– Możemy liczyć na jakąś pomoc władz?
– Raczej na kłody pod nogi, panie Casement. Władze Iquitos także są zależne od *señora* Arany. Prefekt, sędziowie, wojskowi od wielu miesięcy nie otrzymują pensji od rządu. Bez *señora* Arany umarliby z głodu. Proszę pamiętać, że z Iquitos jest dalej do Limy niż do Nowego Jorku i Londynu, ze względu na brak transportu wodnego. To w najlepszym razie dwa miesiące drogi.
– Rzecz będzie bardziej skomplikowana, niż sobie wyobrażałem – stwierdził Roger.
– Zarówno pan, jak i członkowie komisji powinniście zachować najdalej posuniętą ostrożność – dodał konsul, tym razem z lekkim wa-

haniem i zniżając głos. – Nie tu, w Iquitos. W Putumayo. Na tamtych odludziach mogą się panom przydarzyć najróżniejsze rzeczy. To barbarzyński świat, gdzie nikt nie szanuje prawa. Zapewne tak jak w Kongu.

Prefektura Iquitos mieściła się przy Plaza de Armas, wielkim klepisku pozbawionym drzew i kwiatów, przy którym, jak napomknął konsul, wskazując na dziwaczną żelazną budowlę wyglądającą na przerwaną w połowie konstrukcję z metalowych klocków, wznoszono właśnie dom zaprojektowany przez Eiffela („Tak, tego od wieży w Paryżu"). Pewien zamożny *cauchero* kupił go w Europie, przywiózł w częściach do Iquitos, a obecnie składano go z zamiarem urządzenia tu najlepszego klubu w mieście.

Gmach prefektury zajmował niemal pół pierzei placu. Był wyblakły, parterowy, bezkształtny i brzydki, mieścił wielkie pomieszczenia o zakratowanych oknach, dzielił się na dwa skrzydła: część biurową oraz rezydencję prefekta. *Señor* Rey Lama, wysoki, szpakowaty mężczyzna z wielkimi wąsami o wypomadowanych koniuszkach, miał na sobie buty z cholewami, spodnie do jazdy konnej, koszulę zapiętą pod szyję i dziwaczną kamizelkę w haftowany wzór. Znał nieco angielski i powitał Rogera Casementa z przesadną serdecznością i wylewną retoryką. Wszyscy członkowie komisji byli już w środku wbici w wizytowe stroje, zlani potem. Prefekt przedstawił Rogerowi pozostałych gości: sędziów Sądu Najwyższego, pułkownika Arnáeza, dowódcę garnizonu, ojca Urrutię, przeora augustianów, *señora* Pabla Zumaetę, dyrektora generalnego Peruvian Amazon Company, oraz czterech czy pięciu innych, handlarzy, dyrektora Urzędu Celnego, właściciela „El Oriental". Nie było ani jednej kobiety. Usłyszał dźwięk odkorkowanego szampana. Wręczono im szklaneczki z musującym białym winem, które choć letnie, wydało mu się niepośledniej jakości, bez wątpienia francuskie.

Kolację podano na wielkim dziedzińcu oświetlonym lampami olejnymi. Dziesiątki indiańskich służących, bosych, w kelnerskich fartuchach, serwowało kanapeczki i półmiski z potrawami. Noc była ciepła, na niebie migotało kilka gwiazd.

Rogera zdumiała łatwość, z jaką rozumiał mowę mieszkańców departamentu Loreto, hiszpańszczyznę lekko synkopowaną i melodyjną, w której rozpoznał zwroty brazylijskie. Poczuł ulgę: będzie mógł zrozumieć wiele z tego, co usłyszy w trakcie podróży, a to, mimo że miał tłumacza, ułatwi dochodzenie. Wokół niego, przy stole, gdzie właśnie podano tłustą zupę z żółwia, której kilka łyżek przełknął z trudnością, toczyło się wiele rozmów jednocześnie, po angielsku, po hiszpańsku, po portugalsku, za pośrednictwem tłumaczy, którzy je przerywali, otwierając nawiasy milczenia. Nagle prefekt, zasiadający naprzeciwko Rogera, z oczami rozognionymi od wychylonych szklaneczek wina i piwa, zaklaskał w ręce. Wszyscy zamilkli. Prefekt wzniósł toast za nowo przybyłych. Życzył im szczęśliwego pobytu, powodzenia w wypełnieniu misji i by nacieszyli się amazońską gościnnością. „Loretańską, a w szczególności iquitańską" – dodał.

Usiadłszy, zwrócił się do Rogera głosem dostatecznie donośnym, by umilkły indywidualne wymiany zdań i rozpoczęła się rozmowa ogólna, z udziałem całej dwudziestki biesiadników.

– Czy szanowny pan konsul pozwoli, że zadam panu pytanie? Jaki jest dokładnie cel podróży pana oraz obecnej tu komisji? Co panowie zamierzają badać? Proszę nie traktować tego jako impertynencji. Wręcz przeciwnie. Moim pragnieniem, a także pragnieniem wszystkich władz, jest udzielenie panom wszelkiej pomocy. Musimy jednak wiedzieć, w jakim celu przysyła panów Korona brytyjska. To wielki honor dla Amazonii, rzecz oczywista, którego chcielibyśmy okazać się godni.

Roger Casement zrozumiał niemal wszystko, co powiedział Rey Lama, odczekał jednak cierpliwie, aż tłumacz przełoży jego słowa na angielski.

– Jak panu zapewne wiadomo, do Anglii, do Europy, dotarły doniesienia o okrucieństwach popełnianych wobec tubylczej ludności – wyjaśnił spokojnie. – Tortury, morderstwa; bardzo poważne oskarżenia. Największa kompania kauczukowa w regionie, należąca do *señora* Julia C. Arany, Peruvian Amazon Company, jest, jak z pewnością pan wie, firmą angielską, notowaną na giełdzie londyńskiej. Ani rząd, ani opinia publiczna Wielkiej Brytanii nie mogłyby tolerować tego, że angielska kompania gwałci prawa ludzkie i boskie. Celem naszej podróży jest zbadanie, ile prawdy kryje się w tych oskarżeniach. Komisję przysyła zarząd kompanii *señora* Julia C. Arany. Mnie – rząd Jego Królewskiej Mości.

Lodowata cisza zapadła na dziedzińcu w chwili, gdy Roger Casement otworzył usta. Gwar dochodzący z ulicy wydał się nagle cichszy. Zapanował bezruch, jakby ci wszyscy mężczyźni, którzy chwilę wcześniej pili, jedli, konwersowali, poruszali się i gestykulowali, zostali tknięci nagłym paraliżem. Wszyscy utkwili spojrzenia w Rogerze. Serdeczną atmosferę zastąpił powiew nieufności i dezaprobaty.

– Kompania Julia C. Arany jest gotowa współpracować z komisją w obronie swego dobrego imienia – oznajmił, prawie krzycząc, *señor* Pablo Zumaeta. – Nie mamy nic do ukrycia. Statek, którym popłyną panowie do Putumayo, to najlepsza jednostka naszego przedsiębiorstwa. Zrobimy wszystko, co w naszej mocy, by na własne oczy zobaczyli panowie bezpodstawność tych kalumnii.

– Bardzo panu dziękujemy – odparł Roger Casement. I w tym samym momencie, pod wpływem niezwykłego dla siebie impulsu, postanowił poddać swych gospodarzy sprawdzianowi, który, był o tym przekonany, wywoła reakcje pouczające dla niego i dla członków komisji. Naturalnym tonem, jakby mówił o meczu tenisa czy nadchodzącym deszczu, zagadnął: – *À propos*, panowie. Czy wiecie może, czy redaktor Benjamin Saldaña Roca, mam nadzieję, że poprawnie wymawiam jego nazwisko, przebywa obecnie w Iquitos? Czy mógłbym z nim pomówić?

Jego pytanie wywarło piorunujący skutek. Biesiadnicy osłupieli ze zdziwienia i z niechęci. Zapadła długa cisza, jakby nikt nie śmiał poruszyć tak drażliwego tematu.

– Ależ jak to! – wykrzyknął w końcu prefekt, machając teatralnie rękami. – Aż do Londynu dotarło nazwisko tego szantażysty?
– Tak, proszę pana – potwierdził Roger Casement. – Oskarżenia redaktora Saldañi Roki i inżyniera Waltera Hardenburga dotyczące kompanii kauczukowych w Putumayo wywołały w Londynie skandal. Ale nikt nie odpowiedział na moje pytanie: czy redaktor jest w Iquitos? Czy będę mógł się z nim spotkać?

Nastała kolejna długa cisza. Zakłopotanie biesiadników było wręcz namacalne. Nareszcie przemówił przeor augustianów.

– Nikt nie wie, gdzie on jest, panie Casement – powiedział ojciec Urrutia kastylijskim hiszpańskim, który wyróżniał go spośród Loretańczyków. Rogerowi było trudniej go zrozumieć. – Zniknął z Iquitos jakiś czas temu. Ponoć wyjechał do Limy.

– Gdyby nie był uciekł, my wszyscy, mieszkańcy Iquitos, zlinczowalibyśmy go – oznajmił jakiś staruszek, wymachując gniewnie pięścią.

– Iquitos to ziemia patriotów – zawtórował mu Pablo Zumaeta.

– Nikt nie wybaczy tej kanalii, że wymyślił te wszystkie oszczerstwa, by zdeprecjonować Peru i pogrążyć firmę, która przyniosła postęp do Amazonii.

– Zrobił to, ponieważ nie udało mu się łajdactwo, które zaplanował – dorzucił prefekt. – Czy zostali panowie poinformowani o tym, że Saldaña Roca, przed opublikowaniem owych kalumnii, próbował wyłudzić pieniądze od kompanii *señora* Arany?

– A ponieważ odmówiliśmy, opublikował te wyssane z palca opowieści o Putumayo – potwierdził Pablo Zumaeta. – Wytoczono mu proces o publikację paszkwili, oszczerstwo i wymuszenie i czeka go więzienie. Dlatego uciekł.

– Nie ma to jak być na miejscu, żeby poznać prawdziwy stan rzeczy – skomentował Roger Casement.

Rozmowy indywidualne zastąpiły rozmowę ogólną. Wniesiono kolejne danie, półmisek ryb amazońskich; jedna z nich, *gamitana*, wydała się Casementowi szczególnie delikatna i wyśmienita. Ostre przyprawy pozostawiły mu jednak w ustach uczucie silnego pieczenia.

Po kolacji, pożegnawszy się z prefektem, porozmawiał krótko z przyjaciółmi z komisji. Seymour Bell uznał za nieostrożne nagłe poruszenie tematu redaktora Saldañi Roki, który tak zirytował notabli Iquitos. Natomiast Louis Barnes pogratulował mu, gdyż jak stwierdził, pozwoliło im to dojrzeć wrogą postawę tych ludzi wobec dziennikarza.

– Szkoda, że nie możemy z nim pomówić – zauważył Casement.

– Chętnie bym go poznał.

Pożegnali się, po czym Roger i konsul wrócili piechotą do domu tego ostatniego, tą samą drogą, którą przyszli. Gwar, pijatyka, śpiewy, tańce, toasty i burdy nasiliły się, a Rogera zaskoczyła mnogość dzieciaków – obdartych, półnagich, bosych – uwieszonych drzwi barów i lupanarów, śledzących z szelmowskim wyrazem twarzy to, co się działo w środku. Było też dużo psów grzebiących w śmieciach.

– Niech pan nie traci czasu na szukanie go, bo go pan nie znajdzie – oznajmił Mr Stirs. – Najbardziej prawdopodobne jest to, że Saldaña Roca nie żyje.

Roger Casement nie zdziwił się. On także podejrzewał, obserwując gniewną reakcję na samo wspomnienie nazwiska dziennikarza, że jego zniknięcie ma charakter ostateczny.

– Pan go znał?

Konsul miał na czubku głowy łysinkę i jego czaszka lśniła jakby pokryta kropelkami wody. Stąpał powoli, badając błotnisty grunt przed sobą kijem, być może w obawie, by nie nastąpić na węża lub szczura.

– Rozmawialiśmy ze dwa, trzy razy – powiedział. – To był mężczyzna niziutki i nieco pokraczny. *Cholo*, jak mówią tutejsi, *cholito*. Czyli Metys. *Cholos* są zwykle łagodni i ceremonialni. Ale Saldaña Roca nie. Był szorstki, bardzo pewny siebie. Miał taki stanowczy, świdrujący wzrok, typowy dla wierzących i dla fanatyków, który prawdę mówiąc, zawsze bardzo mnie denerwuje. Kłóci się z moim temperamentem. Nie odczuwam zbyt wielkiego podziwu dla męczenników, panie Casement, ani dla bohaterów. Ludzie, którzy idą na rzeź dla prawdy czy sprawiedliwości, nieraz czynią większą szkodę niż ta, której chcieli zaradzić. Roger Casement nie odpowiedział. Próbował wyobrazić sobie tego niskiego człowieczka, nieco ułomnego, sercem i wolą podobnego do Edmunda D. Morela. Męczennik i bohater, tak. Wyobrażał go sobie nakładającego własnymi rękoma farbę na matrycę wydawanych przez siebie tygodników, „La Felpa" i „La Sanción". Pewnie drukował je na powielaczu ustanowionym w kąciku, w domu. W tym samym skromnym pomieszczeniu mieściły się zapewne redakcja i biuro jego dwóch gazetek.

– Mam nadzieję, że nie weźmie mi pan za złe tych słów – zmitygował się konsul brytyjski. – Pan Saldaña Roca był bardzo odważny, przedstawiając swe oskarżenia. Złożenie w sądzie pozwu przeciwko Casa Arana o tortury, porwania, okrutne chłosty i zbrodnie na plantacjach kauczuku w Putumayo było bardzo śmiałym posunięciem, wręcz samobójczym. Nie był naiwny. Doskonale wiedział, co go czeka.

– Co go czekało?

– To, co było do przewidzenia – odrzekł Mr Stirs beznamiętnie. – Spalili mu drukarnię przy calle Morona. Może pan jeszcze obejrzeć osmalony budynek. Ostrzelali jego dom. Przy calle Próspero widać jeszcze ślady kul. Musiał zabrać syna ze szkoły ojców augustianów, bo inne dzieci dokuczały mu i dręczyły go. Wysłał rodzinę w jakieś nieznane miejsce, bo jej życiu groziło niebezpieczeństwo. Był zmuszony zamknąć obie gazetki, bo nikt nie zamówił u niego reklamy, a żadna drukarnia w Iquitos nie zgodziła się ich drukować. Dwa razy strzelano do niego na ulicy, dla ostrzeżenia. Dwa razy cudem wymknął się śmierci. Za drugim razem okulał, pocisk trafił go w łydkę. Ostatni raz widziano go w lutym tysiąc dziewięćset dziewiątego roku, na bulwarze nad rzeką. Jacyś ludzie popychali go w stronę rzeki. Miał twarz spuchniętą, ze śladami pobicia. Wrzucili go na łódź, która popłynęła w stronę Yurimaguas. Nigdy więcej o nim nie słyszano. Być może udało mu się uciec do Limy. Oby. Być może wrzucono go do wody, ze związanymi rękami i nogami, z otwartymi ranami, na żer piraniom. Jeśli tak się stało, jego kości – jedyne, co mogło pozostać niepożarte – dopłynęły już pewnie do Atlantyku. Podejrzewam, że nie mówię niczego, czego by się pan nie domyślał. W Kongu zapewne widział pan podobne albo gorsze rzeczy.

Doszli do domu konsula. Ów zapalił lampkę w saloniku za progiem i zaoferował Casementowi kieliszek porto. Usiedli w drzwiach i zapalili papierosy. Księżyc zniknął za chmurami, lecz świeciły gwiazdy. Z przytłumioną wrzawą dobiegającą z miasta mieszał się synchroniczny szmer owadów i chlupot wody uderzającej o przybrzeżne gałęzie i pnie.

– I na co zdała się ta cała odwaga biednemu Benjaminowi Saldañi Roce? – zapytał retorycznie konsul, wzruszając ramionami. – Na nic. Unieszczęśliwił swą rodzinę i być może stracił życie. A my straciliśmy te dwie gazetki, „La Felpa" i „La Sanción", które czytało się z przyjemnością, bo były pełne plotek.

– Nie sądzę, żeby jego poświęcenie było całkowicie bezowocne – poprawił go cicho Roger Casement. – Gdyby nie Saldaña Roca, nie byłoby nas tutaj. Chyba że uważa pan, że nasz przyjazd także nie zda się na nic.

– Boże uchowaj! – wykrzyknął konsul. – Ma pan rację. Ten cały skandal w Stanach Zjednoczonych, w Europie. Tak, Saldaña Roca zapoczątkował to wszystko swymi oskarżeniami. A potem dołączył Walter Hardenburg. Powiedziałem głupstwo. Mam nadzieję, że pański przyjazd przyda się na coś, że dojdzie do zmian. Proszę mi wybaczyć, panie Casement. Mieszkam w Amazonii od tylu lat, że stałem się sceptyczny w kwestii postępu. W Iquitos człowiek traci wiarę w takie rzeczy. Przede wszystkim w to, że pewnego dnia sprawiedliwość zatriumfuje nad niesprawiedliwością. Być może pora wracać do Anglii, by zaczerpnąć łyk optymizmu. Widzę, że pana te wszystkie lata służby Koronie w Brazylii nie uczyniły pesymistą. Brawo. Zazdroszczę.

Kiedy z życzeniami dobrej nocy rozeszli się do swych pokojów, Roger długo nie mógł zasnąć. Czy dobrze zrobił, przyjmując to zlecenie? Gdy kilka miesięcy wcześniej *sir* Edward Grey, minister spraw zagranicznych, wezwał go do swego gabinetu i powiedział: „Skandal dotyczący zbrodni w Putumayo osiągnął rozmiary, których nie możemy dłużej tolerować. Opinia publiczna wymaga, by rząd zareagował. Nikt nie nadaje się lepiej od pana do tej misji. Uda się tam również komisja śledcza złożona z osób niezależnych, którą postanowiła wysłać sama Peruvian Amazon Company. Ale ja chciałbym, by pan, podróżując z nimi, sporządził własny raport dla rządu. Swą działalnością w Kongu zdobył pan ogromny prestiż. Jest pan specjalistą od zbrodni tego typu. Nie może pan odmówić", w pierwszym odruchu zamierzał poszukać jakiegoś usprawiedliwienia, by nie przyjąć tej propozycji. Później, po namyśle, powiedział sobie, że właśnie z powodu tego, czego dokonał w Kongu, ma moralny obowiązek podjęcia się tej misji. Czy postąpił słusznie? Sceptycyzm Mr Stirsa wydał mu się złą wróżbą. Od czasu do czasu wyrażenie użyte przez *sir* Edwarda Greya, „specjalista od zbrodni tego typu", dźwięczało mu w głowie.

W odróżnieniu od konsula uważał, że Benjamin Saldaña Roca ogromnie przysłużył się Amazonii, swemu krajowi, ludzkości. Oskarżenia wysunięte przez dziennikarza w „La Sanción. Bisemanario Comercial, Político y Literario" były pierwszymi tekstami na temat firm kauczukowych w Putumayo, jakie przeczytał po rozmowie z *sir* Edwardem, który dał mu cztery dni na podjęcie decyzji o przyłączeniu się do komisji śledczej. Od Foreign Office natychmiast otrzymał pełne *dossier*, w którym wyróżniały się dwa bezpośrednie świadectwa osób znających z autopsji ten region: artykuły inżyniera ze Stanów Zjednoczonych Waltera Hardenburga, opublikowane w londyńskim tygodniku „Truth", oraz artykuły Benjamina Sadañi Roki, z których część została przetłumaczona na angielski przez organizację humanitarną The Anti-Slavery and Aborigines' Protection Society.

Jego pierwszą reakcją było niedowierzanie: ów dziennikarz, wychodząc od faktów, do tego stopnia wyolbrzymił nadużycia, że jego artykuły sprawiały wrażenie nierzeczywistych, emanowała z nich wręcz jakaś sadystyczna wyobraźnia. Natychmiast jednak przypomniał sobie, że taka sama była reakcja wielu Anglików, Europejczyków, obywateli Stanów Zjednoczonych, gdy opublikowali, on i Morel, informacje o zbrodniach w Wolnym Państwie Kongo. Niedowierzanie. Tak broniła się istota ludzka przed raportami o nieopisanych okrucieństwach, do których jej podobnych mogły popchnąć zachłanność i złe instynkty w świecie pozbawionym prawa. Jeśli do takich okropności doszło w Kongu, dlaczegóż by nie miało do nich dojść w Amazonii?

Strapiony wstał z łóżka i wyszedł na taras. Niebo było ciemne, znikły także gwiazdy. Mniej świateł paliło się po stronie miasta, lecz gwar nie ustawał. Jeśli oskarżenia Saldañi Roki były prawdziwe, niewykluczone, że – tak jak sądził konsul – redaktor został wrzucony do rzeki, ze związanymi rękami i nogami, z krwawiącymi ranami, które miałyby wzbudzić apetyt piranii. Fatalistyczna i cyniczna postawa Mr Stirsa irytowała go. Jakby za to, co się wydarzyło, nie byli odpowiedzialni okrutni ludzie, lecz fatum, los, który sprawia, że gwiazdy przesuwają się po niebie i po odpływie następuje przypływ. Nazwał go „fanatykiem". Fanatyk sprawiedliwości? Tak, bez wątpienia. Człowiek o śmiałym sercu. Skromny, bez pieniędzy, bez wpływów. Amazoński Morel. Wierzył w Boga? Zrobił to, ponieważ uważał, że świat, społeczeństwo, życie nie powinny tak urągać przyzwoitości. Roger pomyślał o własnej młodości, kiedy to afrykańskie doświadczenie zła i cierpienia wywołało w nim owo wojownicze pragnienie, ową stanowczą wolę uczynienia czegoś, by świat stał się lepszy. Czuł jakąś braterską więź z Saldañą Rocą. Chętnie uścisnąłby jego dłoń, zostałby jego przyjacielem, powiedział mu: „Uczynił pan ze swego życia coś pięknego i szlachetnego, *señor*".

Czy odwiedził kiedyś Putumayo, ten ogromny region, na którym działała firma Julia C. Arany? Odważył się zajrzeć w paszczę lwa? Nie mówił o tym w swym artykułach, lecz precyzja z jaką podawał nazwiska, nazwy miejscowości, dat, wskazywała na to, że Saldaña Roca był naocznym świadkiem opowiadanych przez siebie historii. Roger tyle razy czytał publikacje jego i Waltera Hardenburga, że odnosił chwilami wrażenie, że zna te miejsca z autopsji.

Zamknął oczy i zobaczył wielki obszar podzielony na stacje, z których główne zwały się La Chorrera i El Encanto. Na czele każdej stał szef, „a ściśle rzecz biorąc, potwór". Tylko na takie miano zasługiwali osobnicy tacy jak Víctor Macedo i Miguel Loaysa, którzy dokonali najsłynniejszego wyczynu z połowy tysiąc dziewięćset trzeciego roku. Około ośmiuset Indian z plemienia Ocaima przybyło wówczas do La Chorrery z koszami pełnymi kul kauczuku zebranego w selwie. Po ich zważeniu i umieszczeniu w magazynie zastępca kierownika La Chorrery Fidel Velarde wskazał szefowi Víctorowi Macedzie, który przebywał tam w towarzystwie Miguela Loaysy z El Encanto, dwudziestu pięciu Ocaimów oddzielonych od swych ziomków, ponieważ nie dostarczyli wymaganej ilości *jebe* – lateksu czy kauczuku. Macedo i Loaysa postanowili dać porządną nauczkę dzikusom. Polecili nadzorcom – Murzynom z Barbadosu – wziąć na muszkę pozostałych Indian, rozkazali *muchachos*, „chłopcom", by owinęli wszystkich winnych w worki nasączone ropą, po czym podpalili ich. Wydając przeraźliwe krzyki, przemienieni w żywe pochodnie, niektórzy zdołali ugasić płomienie, tarzając się po ziemi, lecz odnieśli straszliwe oparzenia. Ci, którzy jak ogniste kule rzucili się do rzeki, utonęli. Macedo, Loaysa i Velarde dobili rannych strzałami z rewolwerów. Za każdym razem gdy przypominał sobie tę scenę, Roger czuł, że kręci mu się w głowie.

Zdaniem Saldañi Roki zarządcy postępowali w ten sposób, by dać Indianom nauczkę, lecz także dla rozrywki. Lubili to. Zadawanie cierpienia, prześciganie się w okrucieństwie było nałogiem, w który wpadli po długim praktykowaniu chłosty, innych kar cielesnych, tortur. Często, po pijanemu, szukali pretekstu do tych krwawych zabaw.

Saldaña Roca cytował list do Miguela Floresa, szefa stacji, od zarządcy firmy udzielającego mu nagany za „zabijanie Indian dla sportu", w sytuacji gdy brakowało rąk do pracy, i przypominającego, że do takich działań można było uciekać się wyłącznie „w razie potrzeby". Odpowiedź Miguela Floresa była straszniejsza niż oskarżenie: „Protestuję, ponieważ w ciągu ostatnich dwóch miesięcy w mojej stacji zginęło najwyżej czterdziestu Indian".

Saldaña Roca wymieniał różne rodzaje kar stosowanych wobec tubylców: baty, zakucie w dyby, pal tortur, obcięcie uszu, nosa, rąk, stóp, wreszcie zabójstwo. Przez powieszenie, zastrzelenie, podpalenie, utopienie w rzece. W Matanzas, twierdził, znajdowało się więcej szczątków tubylców niż w jakiejkolwiek innej stacji. Niemożliwe było porachowanie ofiar, lecz sądząc po liczbie kości, w grę wchodziły setki, może tysiące osób. Szefem Matanzas był Armando Normand, młody Metys, pół Boliwijczyk, pół Anglik, zaledwie dwudziestodwu-, może dwudziestotrzyletni. Twierdził, że studiował w Londynie. Jego okrucieństwo przeszło do mitu, „piekielnego mitu", wśród Indian z plemienia Huitoto, których zdziesiątkował. W stacji Abisinia firma ukarała grzywną zarządcę Abelarda Agüera i jego zastępcę Augusta Jiméneza za strzelanie do Indian jak do żywych tarcz, postępek nieodpowiedzialny, gdyż uszczuplający zasoby siły roboczej.

Choć tak odległe od siebie – pomyślał po raz kolejny Roger Casement – Kongo i Amazonię łączyła pępowina. Horror powtarzał się z nieznacznymi wariacjami, wywołany żądzą zysku, grzechem pierworodnym towarzyszącym gatunkowi ludzkiemu od jego zarania, tajnym inspiratorem niezliczonych bezeceństw. A może chodziło o coś jeszcze? Czyżby diabeł wygrał odwieczną walkę?

Nazajutrz oczekiwał go bardzo intensywny dzień. Konsul zlokalizował w Iquitos trzech Murzynów z Barbadosu mających obywatelstwo brytyjskie. Pracowali przez wiele lat na plantacjach Arany i zgodzili się odpowiedzieć na pytania komisji, pod warunkiem że zostaną później odesłani do ojczyzny.

Choć spał krótko, obudził się o brzasku. Nie czuł się źle. Umył się, ubrał, włożył na głowę kapelusz panama, wziął aparat fotograficzny i wyszedł z domu konsula, nie widząc się ani z nim, ani ze służącymi. Słońce wspinało się na bezchmurne niebo, robiło się gorąco. W południe Iquitos będzie jak rozpalony piekarnik. Ulicami przechodzili ludzie, jeździł już mały głośny tramwaj, pomalowany na czerwono i niebiesko. Od czasu do czasu wędrowni sprzedawcy, Indianie o azjatyckich rysach, żółtawej cerze, twarzach i rękach pomalowanych w geometryczne wzory, proponowali mu owoce, napoje, żywe zwierzęta – małpki, papugi, iguany – albo strzały, maczugi i dmuchawki. Sporo barów i restauracji było jeszcze czynnych, choć zostało w nich niewielu klientów. Pod daszkami ze słomy palmowej leżeli rozkraczeni pijacy, w śmieciach grzebały psy. „Co za podła i cuchnąca dziura" – pomyślał. Odbył długi spacer ulicami bez nawierzchni, przeszedł przez Plaza de Armas, obok gmachu prefektury, po czym wyszedł na bulwar z kamienną balustradą, ładną aleję z widokiem na ogromną rzekę i jej pływające wysepki, z rzędem wysokich drzew na horyzoncie na drugim brzegu. Na końcu bulwaru, gdzie ów urywał się w gąszczu roślin, na skarpie obrośniętej drzewami, u której stóp rozciągał się port, zobaczył kilku bosych chłopców ubranych zaledwie w krótkie porteczki, wbijających w ziemię paliki ogrodzenia. Na głowach mieli papierowe czapki dla ochrony przed słońcem.

Nie wyglądali na Indian, raczej na *cholos*. Jeden z nich, najwyżej dwudziestoletni, miał zgrabny tors, z muskułami, które uwidaczniały się przy każdym uderzeniu młotka. Po krótkiej chwili wahania Roger podszedł do niego, pokazując mu aparat fotograficzny.

– Czy zgodzi się pan, żebym zrobił panu zdjęcie? – zapytał go po portugalsku. – Mogę zapłacić.

Chłopak popatrzył na niego, nie rozumiejąc.

Powtórzył dwukrotnie pytanie w swym koślawym hiszpańskim, aż wreszcie chłopak uśmiechnął się. Zagadał do kolegów coś, czego Roger nie zrozumiał, po czym odwrócił się do niego i zapytał, strzelając palcami: „Ile?". Roger poszperał w kieszeni i wyciągnął garść miedziaków. Oczy chłopca przebiegły po monetach, zliczając je. Zrobił kilkanaście ujęć, przy wtórze śmiechów i żartów jego przyjaciół, prosząc o zdjęcie papierowej czapki, podniesienie ramion, naprężenie muskułów, przyjęcie postawy dyskobola. Do tego ostatniego ujęcia musiał na moment dotknąć ramienia chłopca. Poczuł, że ma dłonie wilgotne z nerwów i z upału. Przestał robić zdjęcia, gdy zorientował się, że jest otoczony gromadką małych obdartusów gapiących się na niego jak na dziwoląga. Wręczył chłopcu monety i wrócił szybkim krokiem do konsulatu.

Jego przyjaciele z komisji siedzieli za stołem, jedząc śniadanie z konsulem. Dołączył do nich, wyjaśniając, że tradycyjnie zaczął dzień od długiego spaceru. Gdy popijali lurowatą i przesłodzoną kawę i pogryzali kawałki smażonego manioku, Mr Stirs wyjaśnił im, kim są Murzyni z Barbadosu. Na wstępie uprzedził ich, że wszyscy trzej pracowali w Putumayo, lecz posprzeczali się z firmą i opuścili ją. Czuli się omamieni i oszukani przez Peruvian Amazon Company, a zatem ich świadectwa będą nacechowane resentymentem. Zasugerował, by nie wzywano ich przed komisję w pełnym składzie, ponieważ poczują się onieśmieleni i nie otworzą ust. Postanowili podzielić się na grupki dwu- i trzyosobowe.

Roger Casement miał przeprowadzić przesłuchanie wspólnie z Seymourem Bellem, który jak przewidywał, już po chwili od rozpoczęcia pierwszej rozmowy oświadczył, że nie czuje się dobrze z powodu odwodnienia, i odszedł, pozostawiając go sam na sam z dawnym nadzorcą Casa Arana.

Ten nazywał się Eponim Thomas Campbell i nie był pewien swego wieku, choć sądził, że nie ma więcej niż trzydzieści pięć lat. Był Murzynem o długich, kręconych włosach, w których prześwitywała siwizna. Miał na sobie wypłowiałą bluzę, rozpiętą aż do pępka, i spodnie z surowego płótna sięgające zaledwie do kostki, przewiązane w pasie kawałkiem sznurka. Chodził boso, a jego wielkie stopy, o długich paznokciach, pokryte strupami, zdawały się wyciosane z kamienia. W jego angielszczyźnie roiło się od wyrażeń kolokwialnych, które Roger ledwie rozumiał. Zawierała też liczne wtrącenia portugalskie i hiszpańskie.

Prostym językiem Roger zapewnił go, że jego zeznania będą całkowicie poufne i że w żadnym razie nie poniesie odpowiedzialności za to, co powie. On sam nawet nie będzie ich notował, ograniczy się do wysłuchania go. Prosił tylko o prawdziwe informacje na temat tego, co się działo w Putumayo.

Siedzieli na małym tarasie przed sypialnią Casementa, na ławce, naprzeciw której stał stolik, a na nim dzbanek z sokiem z papai i dwie szklanki. Eponim Thomas Campbell został przyjęty do pracy siedem lat temu, w Brigdetown, stolicy Barbadosu, wraz z osiemnastoma rodakami, przez pana Lizarda Aranę, brata don Julia Césara, jako nadzorca na jednej ze stacji w Putumayo. I już wtedy zaczęło się oszukaństwo, ponieważ gdy go przyjmowano do pracy, nie było mowy o tym, że sporą część czasu będzie musiał poświęcać na rajdy.

– Proszę mi wyjaśnić, o jakie rajdy chodzi – poprosił Casement.

Rajdy, czyli łowy na Indian, wyprawianie się do ich wiosek i porywanie ludzi do zbierania kauczuku na terenach należących do kompanii. Obojętnie jakich Indian: Huitoto, Ocaima, Muinane, Nonuya, Andoque, Rezígaro czy Bora. Wszystkich, jacy mieszkali w okolicy. Bo żadni, bez wyjątku, nie chcieli zbierać *jebe*. Trzeba było zmuszać ich siłą. Rajdy oznaczały długie wyprawy, niekiedy bezskuteczne. Przybywali na miejsce, a wioski były opustoszałe. Mieszkańcy uciekli. Na szczęście nie zawsze tak było. Wpadali do wioski, strzelając na postrach, żeby Indianie zaprzestali obrony, ale ci bronili się za pomocą dmuchawek i dzid. Dochodziło do walki. Potem trzeba było pędzić ich na stację, związanych za szyję, tych, co byli w stanie iść, mężczyzn i kobiety. Najstarszych i noworodki porzucano, żeby nie opóźniali marszu. Eponim nigdy nie popełniał takich bezsensownych okrucieństw jak Armando Normand, mimo że pracował przez dwa lata w Matanzas, gdzie ów był zarządcą.

– Bezsensownych okrucieństw? – przerwał mu Roger. – Proszę podać mi jakiś przykład.

Eponim zakręcił się na ławeczce zakłopotany. Wywrócił oczy i błysnął wielkimi białkami.

– Pan Normand miał swoje dziwactwa – wymamrotał, odwracając wzrok. – Kiedy ktoś źle się sprawował. No, kiedy zachowywał się inaczej, niż oczekiwał. Topił dzieci w rzece, na przykład. Osobiście. Własnymi rękami, znaczy się.

Zamilkł na chwilę, po czym wyjaśnił, że jemu samemu dziwactwa pana Normanda działały na nerwy. Po takim dziwaku można się było spodziewać wszystkiego, nawet że któregoś dnia będzie miał kaprys, żeby wpakować cały magazynek w osobę, która znajdzie się akurat pod ręką. Dlatego poprosił, żeby go przeniesiono. Gdy przeszedł do Último Retiro, gdzie zarządcą był pan Alfredo Montt, zaczął sypiać spokojniej.

– Czy kiedyś musiał pan zabić Indianina podczas pełnienia swoich obowiązków?

Roger zauważył, że Murzyn świdruje go wzrokiem, umyka, po czym znów mu się przygląda.

– To wchodziło w zakres mojej pracy – przyznał, wzruszając ramionami. – Nas wszystkich, nadzorców i *muchachos*, czyli *racionales*, „rozumnych". W Putumayo płynie dużo krwi. Człowiek się w końcu przyzwyczaja. Życie tam to zabijanie i umieranie.

– Czy byłby pan w stanie powiedzieć mi, ilu ludzi musiał pan zabić, *señor* Thomas?

– Nigdy nie liczyłem – odrzekł szybko Eponim. – Wykonywałem robotę, którą miałem wykonać, i starałem się nie wracać do tego. Spełniałem obowiązki. Dlatego twierdzę, że kompania zachowała się wobec mnie bardzo źle.

Wdał się w długi i zawikłany wywód przeciwko swym byłym pracodawcom. Oskarżali go o udział w sprzedaży pięćdziesiątki Huitotów firmie kauczukowej Kolumbijczyków, señores Iriarte, z którymi kompania señora Arany stale walczyła o robotników. Kłamali. Eponim zarzekał się, że nie miał nic wspólnego ze zniknięciem z Último Retiro tych Huitotów, którzy jak się później okazało, odnaleźli się na terenie Kolumbijczyków. Sprzedał ich sam zarządca stacji Alfredo Montt. Chciwy i skąpy. Żeby ukryć winę, oskarżył jego, Daytona Crantona i Simbada Douglasa. Czyste oszczerstwo. Kompania uwierzyła mu i trzej nadzorcy musieli uciekać. Z największym trudem dotarli do Iquitos. Szefowie kompanii w Putumayo wydali swoim *racionales* rozkaz zabicia wszystkich trzech, gdziekolwiek by ich znaleźli. Eponim i jego dwóch kompanów żyli teraz z żebraniny i dorywczych prac. Kompania odmówiła opłacenia im powrotnej podróży na Barbados. Oskarżyła ich o porzucenie miejsca pracy, a sędzia w Iquitos oczywiście przyznał jej rację.

Roger obiecał mu, że rząd brytyjski zorganizuje repatriację dla niego i kolegów, przez wzgląd na ich brytyjskie obywatelstwo.

Wyczerpany pożegnał Eponima Thomasa Campbella i położył się. Był zlany potem, bolało go całe ciało, czuł odrętwienie, które przesuwało się od narządu do narządu, od stóp do głów. Kongo. Amazonia. Czyż ludzkie cierpienie nie ma granic? W świecie pleniły się enklawy bestialstwa. Ile ich było? Setki, tysiące, miliony? Czy istniała szansa, by pokonać tę hydrę? Odcinało się jej łeb w jednym miejscu, a odrastał w innym, jeszcze bardziej krwiożerczy i przerażający. Zmorzył go sen.

Śniła mu się matka, nad brzegiem jeziora w Walii. Pomiędzy liśćmi wysokich dębów prześwitywało blade słońce; podniecony, z bijącym sercem, zobaczył nagle muskularnego chłopca, którego sfotografował tego poranka na deptaku w Iquitos. Co robił nad walijskim jeziorem? A może nad irlandzkim, w Ulsterze? Wysmukła sylwetka Anne Jephson znikła. Jego niepokój nie wynikał ze smutku i litości, jaką odczuwał dla tej nieszczęsnej, zniewolonej ludności Putumayo, lecz z wrażenia, że choć jej nie widzi, Anne Jephson krąży po okolicy, obserwując go zza kręgu drzew. Obawa nie umniejszała jednak rosnącego podniecenia, jakie odczuwał na widok podchodzącego doń chłopca z Iquitos. Na jego torsie błyszczały krople wody, z której wyłonił się niby rzeczny bóg. Przy każdym kroku jego muskuły napinały się, a twarz rozjaśniał arogancki uśmiech, od którego Roger zadrżał i zajęczał przez sen. Gdy się obudził, zauważył z niesmakiem, że miał wytrysk. Umył się, przebrał w inne spodnie i slipy. Czuł się zawstydzony i niepewny.

Członkowie komisji byli wstrząśnięci opowieściami, które usłyszeli z ust Daytona Crantona i Simbada Douglasa. Obaj nadzorcy okazali się równie brutalnie szczerzy w swych zeznaniach jak Eponim wobec Rogera Casementa. Najbardziej przeraziło ich to, że zarówno Dayton, jak i Simbad wydawali się najgoręcej protestować przeciwko oskarżeniu o „sprzedaż" tych pięćdziesięciu Huitotów kolumbijskiej firmie.

– W ogóle ich nie ruszyły ani chłosty, ani okaleczenia, ani morderstwa – powtarzał botanik Walter Falk, który wyglądał, jakby nigdy wcześniej nie podejrzewał, jakie złe instynkty może obudzić w człowieku zachłanność. – Te straszne rzeczy wydają im się czymś najbardziej naturalnym pod słońcem.

– Ja nie wytrzymałem całego zeznania Simbada – wyznał Henry Fielgald. – Wyszedłem, bo musiałem zwymiotować.

– Panowie czytali dokumentację zebraną przez Foreign Office – przypomniał im Roger Casement. – Czy sądziliście, że oskarżenia Saldañi Roki i Hardenburga były wyssane z palca?

– Wyssane nie – odrzekł Walter Folk. – Ale przesadzone, owszem.

– Po tym aperitifie zastanawiam się, co nas czeka w Putumayo – zauważył Louis Barnes.

– Na pewno się zabezpieczyli – zasugerował botanik. – Pokażą nam rzeczywistość bardzo wygładzoną.

Przerwał im konsul, oznajmiając, że podano obiad. Tylko on zjadł z apetytem *sábalo* z sałatką z kapusty palmowej w liściach kukurydzy.

Członkowie komisji ledwie skosztowali tej ryby. Siedzieli w milczeniu, pogrążeni we wspomnieniach z rozmów odbytych przed południem.

– Ta podróż będzie jak zejście do piekieł – powiedział proroczym tonem Seymour Bell, który dołączył do grupy. Odwrócił się do Rogera Casementa. – Pan już przez to przeszedł. Czyli da się przeżyć.

– Rany długo się goją – ostrzegł Roger.

– Nie jest tak źle, proszę panów – próbował podnieść ich na duchu Mr Stirs, pałaszujący amazońskie dania w świetnym humorze. – Dobra loretańska sjesta i wszyscy poczują się lepiej. Z władzami i szefami Peruvian Amazon Company pójdzie panom sprawniej niż z Murzynami, zapewniam.

Zamiast uciąć sobie poobiednią drzemkę Roger zasiadł przy stoliku w sypialni, na którym stała lampka nocna, i zapisał w notesie wszystko to, co zapamiętał z rozmowy z Eponimem Thomasem Campbellem, a także streścił zeznania złożone przed członkami komisji przez pozostałych nadzorców. Następnie, na osobnej kartce, wynotował pytania, które chciał zadać tego popołudnia prefektowi Reyowi Lamie oraz dyrektorowi kompanii Pablowi Zumaecie, który – jak poinformował go Mr Stirs – był zięciem Julia C. Arany.

Prefekt przyjął komisję w swym gabinecie, częstując jej członków piwem, sokami owocowymi i kawą. Kazał przynieść krzesła dla wszystkich oraz rozdał im wachlarze z liści palmowych. Nadal miał na sobie bryczesy i wysokie buty, te same co poprzedniego wieczoru, lecz haftowaną kamizelkę zastąpiły biała lniana marynarka i koszula ze stójką, podobna do rosyjskich. Oprószone siwizną skronie i wytworne maniery dodawały mu elegancji. Napomknął o tym, że niegdyś był dyplomatą. Przez wiele lat służył w Europie, a stanowisko prefekta objął na polecenie samego prezydenta Republiki – wskazał na fotografię na ścianie przedstawiającą drobnego i eleganckiego człowieczka we fraku i w meloniku, ze wstęgą na piersi – Augusta B. Leguíi.

– Który za moim pośrednictwem przesyła panom najserdeczniejsze pozdrowienia – dodał.

– Jak to dobrze, panie prefekcie, że mówi pan po angielsku i że możemy obyć się bez tłumacza – stwierdził Roger Casement.

– Mój angielski jest nader kiepski – krygował się Rey Lama. – Będą panowie musieli okazać wyrozumiałość.

– Rząd brytyjski ubolewa nad tym, że jego prośby, by rząd pana prezydenta Leguíi rozpoczął śledztwo w sprawie doniesień z Putumayo, okazały się bezskuteczne.

– Zostało wszczęte postępowanie sądowe, panie Casement – przerwał prefekt. – Mój rząd nie potrzebował interwencji Jego Królewskiej Mości, by podjąć stosowne kroki. Został już mianowany specjalny sędzia, który jest w drodze do Iquitos. Znamienity prawnik sędzia Carlos A. Valcárcel. Wie pan, że odległość między Limą a Iquitos jest ogromna.

– W takim razie po co wysyłać sędziego aż z Limy? – wtrącił się Louis Barnes. – Czy w Iquitos brakuje sędziów? Wczoraj podczas kolacji przedstawił nam pan kilku prawników.

Roger Casement zauważył, że Rey Lama obrzucił Barnesa litościwym spojrzeniem, jak dziecko, które nie osiągnęło jeszcze wieku rozumu, albo dorosłego imbecyla.

– Nasza rozmowa jest poufna, nieprawdaż, proszę panów? – zagadnął prefekt.

Wszyscy potaknęli. Prefekt wahał się jeszcze przez moment, zanim odpowiedział.

– To, że mój rząd przysyła z Limy sędziego śledczego, jest dowodem jego dobrej woli – wyjaśnił. – Najłatwiej byłoby zwrócić się do lokalnego sędziego. Ale wówczas... – zawiesił głos. – Mądrej głowie dość dwie słowie – uzupełnił po chwili.

– Chce pan powiedzieć, że żaden sędzia z Iquitos nie ośmieliłby się stawić czoła kompanii *señora* Arany? – zapytał cicho Roger Casement.

– Nie jesteśmy w wykształconej i dostatniej Anglii, proszę panów – mruknął strapiony prefekt. Wypił łyk wody z trzymanej w ręku szklanki. – Skoro człowiek potrzebuje kilku miesięcy, by przybyć tutaj z Limy, co dopiero mówić o wynagrodzeniu sędziów, władz, wojskowych, funkcjonariuszy. Pieniądze idą jeszcze dłużej. Albo nie dochodzą wcale. A z czego mają przeżyć ci ludzie, oczekując na swoją pensję?

– Z hojności Peruvian Amazon Company? – zasugerował Walter Folk.

– Proszę nie przypisywać mi słów, których nie wypowiedziałem – zastrzegł się Rey Lama, podnosząc dłoń. – Kompania *señora* Arany wypłaca urzędnikom pensje w postaci pożyczki. Kwoty te muszą zostać zwrócone, w zasadzie, z niewielkim procentem. To nie prezent. I nie łapówka. To honorowa umowa z państwem. Ale i tak jest naturalne, że prawnicy, którzy żyją dzięki owym pożyczkom, mogą nie okazać się całkowicie bezstronni w kwestiach dotyczących kompanii *señora* Arany. Rozumieją to panowie, nieprawdaż? Rząd wysłał sędziego z Limy po to, by ów przeprowadził absolutnie niezależne śledztwo. Czyż to nie najlepszy dowód na to, że zależy mu na ujawnieniu prawdy?

Członkowie komisji zaczęli popijać ze swych szklaneczek wodę lub piwo zakłopotani i zniechęceni. „Ilu z nich szuka już pretekstu, by wrócić do Europy?" – pomyślał Roger. Bez wątpienia nie spodziewali się niczego takiego. Nikt, być może z wyjątkiem Louisa Barnesa, który mieszkał w Afryce, nie wyobrażał sobie zapewne, że w pozostałej części świata nie wszystko działa w ten sam sposób jak w Imperium Brytyjskim.

– Czy w regionie, do którego się udajemy, są jacyś przedstawiciele władzy? – zapytał.

– Nie licząc urzędników kościelnych, którzy jadą tam, gdy umiera jakiś biskup, nie ma nikogo – odrzekł Rey Lama. – To region bardzo odległy. Jeszcze do niedawna była to po prostu dziewicza puszcza zamieszkana przez dzikie plemiona. Jakich przedstawicieli mógł tam wysyłać rząd? I po co? Żeby pożarli ich kanibale? Jeśli dziś toczy się tam jakieś życie handlowe, jeśli istnieją jakiekolwiek zalążki nowoczesności, to tylko dzięki Juliowi C. Aranie i jego braciom. Także i to powinni panowie wziąć pod uwagę. Byli pierwszymi, którzy zdobyli te ziemie dla Peru. Gdyby nie ich kompania, całe Putumayo zostałoby zajęte przez Kolumbię, która od dawna ma chrapkę na ten region. Nie mogą panowie pominąć tego aspektu sprawy. Putumayo to nie Anglia. To świat odcięty od cywilizacji, zabity deskami, zaludniony poganami, którzy gdy rodzą im się bliźniaki albo dziecko z jakąś ułomnością fizyczną, topią je w rzece. Julio C. Arana był pionierem, wprowadził tam statki, lekarstwa, religię katolicką, ubrania, język hiszpański. Nadużycia powinny zostać ukarane, rzecz oczywista. Ale proszę nie zapominać, że chodzi o tereny, na które wiele osób spogląda z pożądliwością. Czy nie wydaje się panom dziwne, że w oskarżeniach pana Hardenburga wszyscy pracownicy peruwiańskich firm kauczukowych to monstra, a kolumbijskich – archanioły pełne współczucia dla tubylców? Ja czytałem artykuły w czasopiśmie „Truth". Czy to nie wydało się panom podejrzane? Cóż za dziwny zbieg okoliczności, że Kolumbijczycy, od dawna dążący do zajęcia tych terenów, znaleźli obrońcę praw człowieka takiego jak pan Hardenburg, który widzi gwałty i nadużycia tylko wśród Peruwiańczyków i ani jednego takiego przypadku wśród Kolumbijczyków! Przed przyjazdem do Peru ten człowiek pracował przy budowie linii kolejowej w Cauca. Czy to nie jest przypadkiem agent?

Sapnął zmęczony długą przemową i sięgnął po szklankę z piwem. Obrzucił rozmówców spojrzeniem, które zdawało się mówić: „Punkt dla mnie, czyż nie?".

– Chłosty, okaleczenia, gwałty, morderstwa – szepnął Henry Fielgald. – To nazywa pan modernizacją Putumayo, panie prefekcie? Nie tylko Hardenburg o tym pisał. Także Saldaña Roca, pański rodak. Trzech nadzorców z Barbadosu, których przesłuchaliśmy dzisiejszego ranka, potwierdziło te okropności. Sami przyznają, że je popełniali.

– Zatem powinni zostać ukarani – stwierdził prefekt. – I tak by się stało, gdyby w Putumayo działały sądy, policja, władze. Ale na razie nie ma tam nic oprócz dziczy. Nie bronię nikogo. Nie tłumaczę nikogo. Niech panowie tam jadą. Niech panowie zobaczą wszystko na własne oczy. Ocenią osobiście. Mój rząd mógł był zabronić panom wjazdu do Peru, ponieważ jesteśmy suwerennym państwem i Wielka Brytania nie powinna mieszać się w nasze sprawy. Ale nie uczynił tego. Wręcz przeciwnie, otrzymałem instrukcje, by udzielić panom wszelkiej pomocy. Prezydent Leguía jest admiratorem Anglii, proszę panów. Chciałby, żeby Peru stało się kiedyś krajem tak wielkim jak wasz. Dlatego jesteście tutaj, możecie udać się, dokądkolwiek zechcecie, i zbadać wszystko, co uznacie za stosowne.

Za oknem lunął deszcz. Światło przygasło, a uderzenia wody o kalamin były tak silne, że zdawało się, iż dach runie, a masa wody zwali się na nich. Rey Lama przybrał melancholijny wyraz twarzy.

– Mam żonę i czwórkę dzieci, które uwielbiam – powiedział ze smutnym uśmiechem. – Nie widziałem ich od roku i Bóg raczy wiedzieć, czy je jeszcze zobaczę. Ale gdy prezydent Leguía poprosił mnie, bym udał się służyć krajowi w ten kąt zabity deskami, nie zawahałem się. Nie jestem tu po to, by bronić przestępców, proszę panów. Wręcz przeciwnie. Proszę was tylko, byście zrozumieli, że nie jest tym samym pracować, handlować, zakładać przedsiębiorstwo w sercu Amazonii, co robić to samo w Anglii. Jeśli pewnego dnia ta selwa osiągnie poziom życia Europy Zachodniej, stanie się to dzięki ludziom takim jak Julio C. Arana.

Pozostali jeszcze długo w biurze prefekta. Zadali mu mnóstwo pytań, a on odpowiedział na wszystkie, niekiedy wymijająco, niekiedy z brutalną szczerością. Roger Casement nie potrafił wyrobić sobie jasnego zdania o prefekcie. Chwilami Rey Lama wydawał mu się cynikiem grającym pewną rolę, a kiedy indziej przyzwoitym człowiekiem przytłoczonym brzemieniem odpowiedzialności, z której starał się wywiązać najzgrabniej, jak umiał. Jedna rzecz była pewna: Rey Lama był świadomy istnienia tych strasznych rzeczy i nie podobały mu się, lecz jego praca wymagała, by je bagatelizował.

Gdy pożegnali się z prefektem, przestało padać. Na ulicy woda kapała jeszcze z dachów, wszędzie było pełno kałuż, gdzie pluskały się żaby, a powietrze wypełniły chmary muszek i moskitów, które zaatakowały ich żądłami. Ze spuszczonymi głowami przeszli w milczeniu do siedziby Peruvian Amazon Company, obszernego gmachu z dachem krytym dachówką i fasadą zdobioną *azulejos*, gdzie oczekiwał ich dyrektor generalny Pablo Zumaeta, z którym mieli odbyć ostatnią dziś rozmowę. Jako że zostało im kilka minut do umówionej godziny, obeszli wielkie klepisko zwane Plaza de Armas. Z ciekawością obejrzeli metalowy dom inżyniera Gustave'a Eiffela, którego żelazne kręgi, wystawione na słotę i żar słoneczny, przypominały szkielet wielkiego przedpotopowego zwierza. Okoliczne bary i restauracje otworzyły już swe podwoje, a muzyka i gwar witały nadejście zmierzchu w Iquitos.

Siedziba Peruvian Amazon Company przy calle Perú, o kilka metrów od Plaza de Armas, była największą i najsolidniejszą budowlą w Iquitos. Dwupiętrowa, zbudowana z cementu i metalowych płyt miała ściany pomalowane na jasnozielono, a w salce przyległej do biura, gdzie przyjął ich Pablo Zumaeta, wisiał pod sufitem wentylator o wielkich metalowych ramionach, nieruchomy, oczekujący na elektryczność. Pomimo silnego upału *señor* Zumaeta, który zapewne dobiegał pięćdziesiątki, miał na sobie ciemny garnitur z wzorzystą kamizelką, krawat z tasiemki i błyszczące półbuty. Ceremonialnie podał rękę każdemu z gości i każdego zapytał, hiszpańszczyzną o charakterystycznym dla Amazonii śpiewnym akcencie, który Roger nauczył się już odróżniać, czy wygodnie im się mieszka, czy czują się odpowiednio ugoszczeni w Iquitos, czy czegoś nie potrzebują. Wszystkim powtórzył, że otrzymał z Londynu telegraficzne rozkazy od pana Julia C. Arany we własnej osobie, by zapewnić im wszelkie udogodnienia mogące przyczynić się do powodzenia ich misji. Wymawiając nazwisko Arana, dyrektor Peruvian Amazon Company ukłonił się wielkiemu portretowi zajmującemu jedną ze ścian.

Podczas gdy indiańscy służący, bosi, w białych tunikach, roznosili tace z napojami, Casement przyglądał się poważnej, kwadratowej, smagłej twarzy o bacznym spojrzeniu właściciela Peruvian Amazon Company. Arana miał na głowie francuski *béret*, a jego garnitur sprawiał wrażenie skrojonego przez jakiegoś dobrego paryskiego krawca albo być może kogoś z Savile Row w Londynie. Czy to możliwe, że ten wszechwładny król kauczuku, właściciel pałacyków w Biarritz, Genewie i londyńskich Kensington Gardens rozpoczynał karierę jako uliczny sprzedawca słomkowych kapeluszy w zapadłej wiosce Rioja w sercu amazońskiej selwy, gdzie przyszedł na świat? Jego wzrok wyrażał czyste sumienie i całkowitą satysfakcję z własnej osoby.

Za pośrednictwem tłumacza Pablo Zumaeta oznajmił im, że „Liberal", najlepszy statek kompanii, jest gotów do przyjęcia ich na pokład. Przydzielił im kapitana o największym doświadczeniu w dorzeczu Amazonki i najlepszą załogę. Jednakże nawet w takich warunkach rejs do Putumayo będzie wymagał pewnych wyrzeczeń. Podróż potrwa od ośmiu do dziesięciu dni, w zależności od warunków pogodowych. I zanim ktokolwiek z członków komisji miał czas zadać mu jakieś pytanie, śpiesznie podał Rogerowi Casementowi grubą teczkę wypchaną papierami.

– Przygotowałem dla panów tę dokumentację, wyprzedzając niektóre z pytań – wyjaśnił. – To rozporządzenia kompanii dla zarządców, kierowników, zastępców kierowników i nadzorców w naszych placówkach, dotyczące traktowania personelu.

Zumaeta maskował zdenerwowanie podniesionym głosem i przesadną gestykulacją. Prezentując papiery pokryte tekstem, pieczęciami i podpisami, wymieniał ich zawartość tonem ulicznego mówcy:

– Ścisły zakaz wymierzania kar cielesnych tubylcom, ich małżonkom, dzieciom i krewnym oraz znieważania ich słowem lub czynem. W razie udowodnienia winy należy pracowników upomnieć i udzielić im surowej nagany. W zależności od rodzaju przewinienia można wymierzyć im grzywnę, a w wypadku wykroczenia zwolnić. Jeśli czyn nosi znamiona przestępstwa, należy przekazać ich najbliższej kompetentnej władzy.

Przez długą chwilę rozwodził się nad zaleceniami mającymi na celu – powtarzał to bez przerwy – niedopuszczenie do „nadużyć wobec autochtonów". Otwierał nawiasy, wyjaśniając, że „ponieważ ludzie są tylko ludźmi", pracownicy postępują niekiedy wbrew owym rozporządzeniom. W takich sytuacjach kompania nakłada sankcje na osobę odpowiedzialną.

– Najważniejsze jest to, że poruszamy niebo i ziemię, by nie dopuścić do nadużyć na plantacjach kauczuku. Jeśli do nich dochodzi, to rzecz wyjątkowa, dzieło jakiegoś bezwstydnika, który nie uszanował naszej polityki wobec krajowców.

Usiadł w końcu. Mówił tyle i z taką energią, że sprawiał wrażenie wyczerpanego. Wytarł pot z twarzy mokrą chusteczką.

– Czy spotkamy w Putumayo kierowników stacji oskarżonych przez Saldañę Rocę i przez inżyniera Hardenburga, czy uciekli?

– Żaden z naszych pracowników nie uciekł! – obruszył się dyrektor Peruvian Amazon Company. – Dlaczegóż by mieli to robić? Z powodu oszczerstw dwóch szantażystów, którzy gdy nie udało im się wyłudzić od nas pieniędzy, wymyślili te wszystkie kalumnie?

– Okaleczenia, morderstwa, chłosty – wyrecytował Roger Casement. – Dziesiątki, być może setki osób padły ich ofiarą. To oskarżenia, które poruszyły cały cywilizowany świat.

– Mnie także by poruszyły, gdyby do nich doszło – zaprotestował wzburzony Pablo Zumaeta. – Teraz zaś porusza mnie to, że ludzie wykształceni i inteligentni tacy jak panowie dają wiarę podobnym bzdurom bez uprzedniego dochodzenia.

– Przeprowadzimy je na miejscu – przypomniał mu Roger Casement. – Bardzo poważnie, może pan być pewien.

– Sądzi pan, że Arana, że ja, że zarządcy Peruvian Amazon Company, że wszyscy jesteśmy samobójcami i mordujemy tubylców? Nie wie pan, że głównym problemem firm kauczukowych jest brak zbieraczy?

Każdy pracownik jest dla nas niezwykle cenny. Gdyby bajki o tych rzeziach były prawdziwe, nie pozostałby w Putumayo ani jeden Indianin. Wszyscy by uciekli, czyż nie? Nikt nie chce żyć tam, gdzie go biją, kaleczą i zabijają. To oskarżenie to piramidalna bzdura, panie Casement. Jeśli tubylcy uciekną, jesteśmy zrujnowani, a przemysł kauczukowy się załamie. Nasi pracownicy doskonale o tym wiedzą. Dlatego starają się, jak mogą, by te dzikusy były zadowolone.

Popatrzył kolejno na wszystkich członków komisji. Nadal był wzburzony, lecz teraz do gniewu dołączył się smutek. Robił strapione miny, jakby miał się zaraz rozpłakać.

– Nie jest łatwo dobrze ich traktować, zadowolić ich – wyznał, zniżając głos. – Są bardzo prymitywni. Wiedzą panowie, co to znaczy? Niektóre plemiona to ludożercy. Nie możemy pozwolić im na to, prawda? To nie po chrześcijańsku, nie po ludzku. Zakazujemy tego, a oni czasem wpadają w gniew i reagują we właściwy sobie sposób: jak dzikusy. Czy możemy pozwolić, by topili dzieci, które rodzą się z jakimś kalectwem? Na przykład z zajęczą wargą. Nie, przecież dzieciobójstwo także nie jest chrześcijańskie, nieprawdaż? No cóż. Zobaczą to panowie na własne oczy. I zrozumieją wówczas, jak niesprawiedliwie obchodzi się Anglia z panem Juliem C. Araną i z firmą, która kosztem ogromnych poświęceń rozwija ten kraj.

Roger Casement odnosił przez moment wrażenie, że Pablo Zumaeta uroni kilka łez. Ale pomylił się. Dyrektor obdarzył ich przyjaznym uśmiechem.

– Za bardzo się rozgadałem – przeprosił. – Oddaję panom głos. Proszę pytać mnie, o co tylko panowie zechcą, a odpowiem z całkowitą szczerością. Nie mamy niczego do ukrycia.

Przez jakąś godzinę członkowie komisji zadawali pytania dyrektorowi generalnemu Peruvian Amazon Company. Odpowiadał długimi tyradami, które niekiedy sprawiały, że tłumacz tracił wątek i prosił o powtórzenie słów i zdań. Roger nie brał udziału w przesłuchaniu i kilkakrotnie odbiegł myślami od rozmowy. Było oczywiste, że Zumaeta nigdy nie powie im prawdy, będzie zaprzeczał wszystkiemu, powtarzał argumenty, którymi kompania Arany odpowiedziała w Londynie na krytyki czasopism. Owszem, zdarzały się być może sporadyczne nadużycia popełniane przez zapalczywych osobników, lecz polityka Peruvian Amazon Company nie obejmuje torturowania, zniewalania, a tym bardziej zabijania tubylców. Zabrania tego prawo, a ponadto byłoby szaleństwem terroryzowanie zbieraczy, których tak brakuje w Putumayo. Roger odniósł wrażenie, że przeniósł się w czasie i w przestrzeni, do Konga. Te same okropności, ta sama pogarda dla prawdy. Różnica polegała na tym, że Zumaeta mówił po hiszpańsku, a funkcjonariusze belgijscy po francusku. Zaprzeczali rzeczom oczywistym z takim samym tupetem, ponieważ jedni i drudzy święcie wierzyli, że pozyskiwanie kauczuku i zarabianie pieniędzy jest ideałem chrześcijan, usprawiedliwiającym najpodlejsze postępki wobec tych pogan, którzy, a jakże, zawsze byli ludożercami i mordercami własnych dzieci.

Gdy wyszli z siedziby Peruvian Amazon Company, Roger odprowadził towarzyszy do domku, gdzie ich ulokowano. Następnie, zamiast wracać prosto do domu brytyjskiego konsula, przeszedł się po Iquitos bez wytyczonego celu. Zawsze lubił piesze wędrówki, samotnie lub z przyjacielem, na początek i na zakończenie dnia. Mógł iść tak przed siebie godzinami, lecz na gruntowych drogach Iquitos stale wpadał w dziury i kałuże, w których skrzeczały żaby. Hałas był ogłuszający. Bary, restauracje, burdele, tancbudy i szulernie pękały w szwach pełne klientów pijących, jedzących, tańczących, dyskutujących. A we wszystkich drzwiach gromady półnagich chłopaczków chłonących to, co działo się w środku. Zobaczył, jak znikają za horyzontem ostatnie zorze zachodu, i odbył resztę spaceru po ciemku, ulicami oświetlonymi tylko w nieregularnych odstępach przez latarnie barów. Po chwili zorientował się, że dotarł na ten błotnisty czworobok noszący dumną nazwę Plaza de Armas, plac Broni. Obszedł go dookoła i nagle usłyszał, że ktoś siedzący na ławce pozdrawia go po portugalsku: *„Boa noite, senhor Casement"*. Był to ojciec Ricardo Urrutia, przeor augustianów w Iquitos, którego poznał na wczorajszej kolacji u prefekta. Usiadł obok niego na drewnianej ławce.

– Kiedy nie pada, przyjemnie jest wyjść, popatrzeć na gwiazdy, odetchnąć świeżym powietrzem – powiedział augustianin po portugalsku. – Oczywiście pod warunkiem że człowiek zatka sobie uszy, by nie słyszeć tego piekielnego hałasu. Już z pewnością opowiedziano panu o tym żelaznym domu, który kupił w Europie jakiś *cauchero* niespełna rozumu i który składają na tym rogu. Ponoć był pokazywany w Paryżu, na Wystawie Światowej w tysiąc osiemset osiemdziesiątym dziewiątym roku. Mówią, że będzie tu klub. Wyobraża pan sobie większy piekarnik, dom z metalu w klimacie Iquitos? Na razie to jaskinia nietoperzy. Śpią tam całymi dziesiątkami i trzymając się jedną łapą, zwisają głową w dół.

Roger Casement powiedział mu, żeby mówił po hiszpańsku, że zrozumie. Ale ojciec Urrutia, który spędził ponad dziesięć lat życia między augustianami w Ceará w Brazylii, wolał rozmawiać po portugalsku. W peruwiańskiej Amazonii bawił od niespełna roku.

– Wiem, że ojciec nigdy nie był na plantacjach kauczuku pana Arany. Ale z pewnością dobrze ojciec wie, co się tam wyprawia. Czy mogę zapytać o opinię ojca? Czy te oskarżenia Saldañi Roki i Waltera Hardenburga mogą być prawdziwe?

Kapłan westchnął.

– Niestety mogą, panie Casement – szepnął. – Znajdujemy się bardzo daleko od Putumayo. Co najmniej tysiąc, tysiąc dwieście kilometrów. Jeśli tu, mimo że jest to miasto z władzami, prefektem, sędziami, wojskiem, policją, dzieją się rzeczy, o których wiemy, to co dopiero tam, gdzie rządzą tylko pracownicy kompanii? – Westchnął raz jeszcze, ze smutkiem. – Tutaj wielkim problemem jest kupno i sprzedaż indiańskich dziewczynek – powiedział złamanym głosem. – Choć łamiemy sobie głowę, jak rozwiązać ten problem, nie znajdujemy żadnego rozwiązania.

„Kongo, znowu Kongo. Wszędzie Kongo".

- Słyszał pan zapewne o słynnych rajdach - dorzucił augustianin. - O tych napadach na wioski tubylcze, by schwytać zbieraczy kauczuku. Łowcy porywają nie tylko dorosłych mężczyzn. Także dzieci, chłopców i dziewczynki. Żeby sprzedać je tutaj. Niekiedy wiozą je aż do Manaos, gdzie najwyraźniej otrzymują lepszą cenę. W Iquitos rodzina kupuje młodziutką służącą za dwadzieścia albo trzydzieści soli, nie więcej. Wszystkie mają jedną, dwie, pięć takich posługaczek. Niewolnic, tak naprawdę. Które harują dniem i nocą, śpią ze zwierzętami, dostają lanie z byle powodu, nie mówiąc o, a jakże, służeniu do inicjacji seksualnej paniczów.

Westchnął ponownie i zaczął sapać.

- Nie można nic z tym zrobić przy pomocy władz?
- Można by, teoretycznie - powiedział ojciec Urrutia. - Niewolnictwo zostało zniesione w Peru ponad pół wieku temu. Można by zwrócić się do policji i do sądu. Ale wszyscy oni mają swoje małe służące. A poza tym, cóż zrobiłyby władze z uratowanymi dziewczynkami? Zostawiły sobie albo odsprzedały, cóż innego. I to nie zawsze rodzinom. Czasem sprzedaje się je lupanarom, domyśla się pan, w jakim celu.
- Nie dałoby się oddać ich plemionom?
- Tutejsze plemiona w zasadzie przestały istnieć. Rodzice zostali porwani na plantacje kauczuku. Nie ma komu ich oddać. Po cóż zatem ratować te nieszczęsne stworzenia? W tych warunkach być może mniejszym złem jest pozostawienie ich u rodzin. Niektóre traktują je nieźle, przywiązują się do nich. Czy to wydaje się panu potworne?
- Potworne - przyznał Roger Casement.
- Mnie, nam, także - stwierdził ojciec Urrutia. - Całymi godzinami medytujemy na misji, co z tym zrobić. Jak rozwiązać ten problem. I nie wiemy. Zwróciliśmy się do Rzymu z prośbą, żeby przysłano nam zakonnice, które otworzyłyby szkółkę dla dziewczynek. Żeby przynajmniej pobrały jakieś nauki. Ale czy rodziny zgodzą się posłać je do szkoły? Na pewno tylko garstka. Uważają je za małe zwierzątka.

Westchnął po raz kolejny. Mówił z taką goryczą, że Roger, zarażony jego przygnębieniem, poczuł ochotę, by wrócić do domu konsula brytyjskiego. Powstał.

– Pan może coś z tym zrobić, panie Casement – powiedział ojciec Urrutia na pożegnanie, ściskając mu dłoń. – To, co się zdarzyło, zakrawa na cud. Mam na myśli te doniesienia, skandal, jaki wybuchł w Europie. Przybycie waszej komisji do Loreto. Jeśli ktokolwiek może pomóc tym nieszczęśnikom, to właśnie panowie. Będę się modlił, byście wrócili cali i zdrowi z Putumayo.

Roger udał się do siebie wolnym krokiem, nie patrząc na to, co dzieje się wewnątrz barów i domów publicznych, skąd dobiegały głosy, śpiewy, brzęk gitar. Myślał o tych wydartych plemionom dzieciach, oddzielonych od rodzin, stłoczonych w ładowni łodzi, przywiezionych do Iquitos, sprzedanych za dwadzieścia, trzydzieści soli rodzinom, w których spędzą resztę życia, zamiatając, szorując gary, gotując, sprzątając wychodki, piorąc brudną bieliznę, lżone, bite, niekiedy gwałcone przez ojców rodzin lub ich synów. Historia ta sama co zawsze. Historia, która nie ma końca.

IX

Gdy otworzyły się drzwi celi i zobaczył w progu korpulentną sylwetkę szeryfa, Roger Casement pomyślał, że chodzi o widzenie – Gee albo może Alice – lecz ten zamiast pokazać, by wstał i poszedł za nim do rozmównicy, patrzył na niego dziwnym wzrokiem, bez słowa. „Odrzucili petycję" – pomyślał. Pozostał w pozycji leżącej, pewien, że gdyby stanął na nogi, drżałyby tak, że osunąłby się na podłogę.

– Dalej chce pan wziąć prysznic? – zapytał szeryf zimno i powoli.

„Pyta o moją ostatnią wolę – pomyślał – Kąpiel, a potem stryczek".

– To wbrew regulaminowi – szepnął szeryf z pewnym wzruszeniem. – Ale dziś mija pierwsza rocznica śmierci mojego syna w Belgii. Chcę uczcić jego pamięć jakimś aktem współczucia.

– Dziękuję panu – powiedział Roger, powstając.

Co za giez ukąsił szeryfa? Od kiedy to jest dla niego taki uprzejmy?

Miał wrażenie, że krew w jego żyłach, zmrożona na widok dozorcy stającego w progu celi, zaczęła znowu krążyć mu po ciele. Wyszedł na długi sczerniały korytarz i ruszył za tłustym dozorcą do łaźni, mrocznego pomieszczenia z sedesami ustawionymi w szeregu pod ścianą, z rzędem pryszniców przy ścianie naprzeciwko i kilkoma ocynkowanymi naczyniami bez połysku, z zardzewiałymi kranami, z których lała się woda. Szeryf przystanął przy wejściu, podczas gdy Roger rozebrał się, powiesił swój niebieski drelich i więzienną czapkę na gwoździu na ścianie i wszedł pod prysznic. Strumień wody sprawił, że przeszył go dreszcz od stóp do głów, a zarazem doznał uczucia radości i wdzięczności. Zamknął oczy i zanim zaczął się namydlać krążkiem wyjętym z gumowej skrzynki zawieszonej na ścianie, roztarł ramiona i łydki, czując, jak zimna woda spływa po jego ciele. Był zadowolony i podniecony. Strumień wody zmywał nie tylko brud nagromadzony na jego ciele przez te wszystkie dni, lecz także smutki, niepokoje i wyrzuty sumienia. Namydlił się cały i stał pod prysznicem przez długą chwilę, aż szeryf ponaglił go klaśnięciem. Roger wytarł się ubraniem, które potem włożył. Nie miał grzebienia, przygładził włosy ręką.

– Nawet pan nie wie, jak bardzo jestem panu wdzięczny za tę kąpiel – powiedział, gdy wracali do celi. – Przywrócił mi pan życie, zdrowie.

Dozorca odpowiedział niezrozumiałym pomrukiem.

Gdy Roger ponownie wyciągnął się na pryczy, spróbował podjąć lekturę *O naśladowaniu Chrystusa* Tomasza à Kempis, lecz nie był w stanie się skupić i odłożył książkę na podłogę.

Pomyślał o kapitanie Robercie Monteith, swym asystencie i przyjacielu w ciągu ostatnich sześciu miesięcy spędzonych w Niemczech. Wspaniały człowiek! Lojalny, kompetentny, bohaterski. Był jego towarzyszem podróży i kłopotów na pokładzie niemieckiego okrętu podwodnego U-19, który przetransportował ich oraz sierżanta Daniela Juliana Baileya *alias* Juliana Beverly'ego na wybrzeże Tralee, w Irlandii, gdzie wszyscy trzej o mało nie utonęli, bo nie umieli wiosłować. Bo nie umieli wiosłować! Tak było: drobne głupstwa mogły wymieszać się z wielkimi sprawami i zniweczyć plan. Przypomniał sobie szary świt, mżawkę, wzburzone morze i gęstą mgłę Wielkiego Piątku, dwudziestego pierwszego kwietnia tysiąc dziewięćset szesnastego roku, ich trzech w chybotliwej szalupie z trzema wiosłami, w której zostawił ich okręt podwodny, zanim zniknął we mgle. „Powodzenia!" – krzyknął im kapitan Raimund Weissbach na pożegnanie. Ponownie doznał strasznego uczucia bezradności, gdy próbowali zapanować nad łódką podrzucaną i obracaną przez fale i wiry niezdolni jako marni wioślarze do skierowania jej w stronę wybrzeża, o którym nikt z nich nie wiedział, gdzie się znajduje. Szalupa kręciła się, wznosiła, opadała, skakała, zataczała koła o zmiennym promieniu, a jako że nikt z nich nie był w stanie nad nią zapanować, fale walące w jej burtę rozkołysały łódź tak, że w każdej chwili groziło jej wywrócenie. I w końcu wywróciła się. Przez kilka minut mieli wrażenie, że toną. Zanurzali się z głową, łykali słoną wodę, aż udało im się odwrócić łódź i pomagając sobie wzajemnie, wciągnąć się do niej. Roger przypomniał sobie odważnego Monteitha z zainfekowaną raną ręki po wypadku, któremu uległ w Niemczech, w porcie Heligoland, gdy próbował nauczyć się prowadzić motorówkę. Wpłynęli tam, by przesiąść się na inny okręt podwodny, bo U-2, którym wyruszyli z Wilhelmshaven, się popsuł. Rana ta dokuczała mu przez cały tydzień rejsu z Heligolandu do Tralee Bay. Roger, który spędził ten czas nękany okropnymi zawrotami głowy i mdłościami, prawie nic nie jedząc i nie wstając z wąskiej koi, wspominał stoicką cierpliwość Monteitha, którego ręka zaczęła puchnąć. Środki przeciwzapalne, zastosowane przez marynarzy, nie zdały się na nic. Rana zaropiała, a kapitan Weissbach, dowódca U-19, prognozował, że jeśli natychmiast po wylądowaniu nie trafi do szpitala, wda się gangrena.

    Ostatni raz widział kapitana Roberta Monteitha w ruinach McKenna's Fort, tego samego poranka dwudziestego pierwszego kwietnia, gdy dwaj jego towarzysze postanowili, że Roger pozostanie tam w ukryciu, a oni udadzą się po pomoc do Ochotników z Tralee. Podjęli taką decyzję, ponieważ to przede wszystkim jemu groziło, że zostanie rozpoznany przez żołnierzy i gwardzistów – był zwierzyną najbardziej poszukiwaną przez psy Imperium – i ponieważ nie miał już sił. Chory i osłabiony, dwukrotnie upadł na ziemię całkowicie wyczerpany, a za drugim razem pozostał nieprzytomny przez kilka minut. Przyjaciele uścisnęli mu dłoń i zostawili w ruinach fortu z rewolwerem i zmianą odzieży. Roger przypomniał sobie, że widząc skowronki krążące nad swoją głową i słysząc ich śpiew, odkrywając, że otaczają go dzikie fiołki typowe dla piaszczystej gleby Tralee Bay, pomyślał, że nareszcie wrócił do Irlandii. Oczy zaszły mu łzami. Kapitan Monteith, odchodząc, zasalutował mu. Drobny, barczysty, zwinny, niezmordowany, patriota irlandzki do szpiku kości. Przez całe sześć miesięcy spędzonych u jego boku w Niemczech Roger ani razu nie usłyszał skargi z jego ust i nie zauważył żadnej oznaki słabości, mimo wielu niepowodzeń, jakie odnosili w obozie w Limburgu, w obliczu oporu – jeśli nie jawnej wrogości – jeńców zachęcanych do przystąpienia do Brygady Irlandzkiej formowanej przez Rogera do walki u boku Rzeszy („ale nie pod jej rozkazami") o niepodległość Irlandii.

Monteith, przemoczony od stóp do głów, z opuchniętą ręką owiniętą w szmatę, która się rozwiązała, z wyrazem wielkiego zmęczenia na twarzy, i kulejący sierżant Daniel Bailey oddalili się szybkim krokiem w kierunku Tralee i wkrótce zniknęli we mgle. Czy Robert Monteith dotarł tam, czy został schwytany przez policjantów z Royal Irish Constabulary? Jeśli dotarł, czy udało mu się skontaktować z ludźmi z Irish Republican Brotherhood albo z Ochotnikami? Nigdy nie dowiedział się, kiedy i gdzie został schwytany sierżant Daniel Bailey. Jego nazwisko nigdy nie padło podczas długich przesłuchań, którym Robert został poddany najpierw w Admiralicji, przez szefów brytyjskiej Intelligence Service, a następnie przez Scotland Yard. Nagłe pojawienie się Daniela Baileya na rozprawie sądowej jako głównego świadka oskarżenia całkowicie Rogera zaskoczyło. W jego zeznaniu, pełnym kłamstw, Monteith nie został wspomniany ani razu. Czy zatem przebywał na wolności, czy został zabity? Roger poprosił w myślach Boga, by kapitan ukrywał się teraz, cały i zdrowy, w jakimś zakątku Irlandii. A może wziął udział w powstaniu wielkanocnym i zginął w walce, podobnie jak tylu anonimowych Irlandczyków, którzy chwycili za broń w tej akcji równie bohaterskiej co niedorzecznej? To było najbardziej prawdopodobne. Że w gmachu Poczty Dublińskiej, u boku swego idola Toma Clarke'a, strzelał do momentu, aż kula wroga położyła kres jego bohaterskiemu żywotowi.

Jego historia była równie niedorzeczna. Czyż przekonanie, że przybywając do Irlandii z Niemiec, ma szansę powstrzymać, on sam, pragmatycznymi i racjonalnymi argumentami powstanie wielkanocne przygotowywane w najściślejszym sekrecie przez Military Council of Irish Volunteers – Toma Clarke'a, Seána MacDermotta, Patricka Pearse'a, Josepha Plunketta i kogoś jeszcze – o którym nie poinformowano nawet przewodniczącego Ochotników Irlandzkich profesora Eoina MacNeilla, nie było urojeniem chorego umysłu? „Rozsądek nie przekona mistyków ani męczenników" – pomyślał Roger. Był członkiem i świadkiem długich burzliwych dyskusji w łonie Irish Volunteers nad tezą, że jedyną szansą powodzenia akcji zbrojnej irlandzkich nacjonalistów przeciwko Imperium Brytyjskiemu jest zgranie jej z wojskową ofensywą Niemiec, która zwiąże większość angielskiej potęgi wojskowej. Dyskutowali nad tym przez wiele godzin w Berlinie, on i młody Plunkett, nie mogąc dojść do porozumienia. Czy to dlatego, że Rada Wojskowa nigdy nie podzielała jego przekonań, IRB i Ochotnicy szykujący się do powstania zataili przed nim swe plany i ujawnili je dopiero w ostatnim momencie? Gdy wreszcie dotarła doń, do Berlina, informacja o powstaniu, Roger wiedział już, że Admiralicja niemiecka odrzuciła plan morskiej inwazji na Anglię. Gdy Niemcy zgodzili się przynajmniej na wysłanie broni powstańcom, uparł się, by osobiście przekazać ją towarzyszom z sekretną nadzieją, że uda mu się przekonać dowódców, iż bez jednoczesnego ataku niemieckiego powstanie okaże się niepotrzebnym poświęceniem. Co do tego się nie pomylił. Wedle wszelkich wieści, jakie doń dotarły, zanim go pojmano, i po jego uwięzieniu, powstanie było heroicznym aktem, lecz zakończyło się rzezią najśmielszych dowódców IRB i Ochotników, a także aresztowaniem setek bojowników. Represjom nie będzie teraz końca. Niepodległość Irlandii po raz kolejny się oddaliła. Smutna, smutna historia!

Miał w ustach gorzki smak. Kolejny poważny błąd: zbyt wielkie nadzieje pokładał w Rzeszy. Przypomniał sobie dyskusję z Herbertem Wardem w Paryżu, gdy widzieli się po raz ostatni. Jego najlepszy przyjaciel z czasów afrykańskich, od pierwszego momentu gdy się poznali obaj młodzi i łaknący przygód, czuł głęboką nieufność do wszelkich nacjonalizmów. Był to jeden z niewielu wykształconych i wrażliwych Europejczyków na Czarnym Lądzie i Roger sporo się od niego nauczył. Wymieniali książki, wspólnie czytali i komentowali swoje lektury, rozmawiali i dyskutowali o muzyce, malarstwie, poezji i polityce. Herbert już wtedy marzył o tym, by poświęcić się tylko sztuce, i cały czas wolny od pracy przeznaczał na rzeźbienie afrykańskich typów ludzkich w drewnie i w glinie. Obaj byli surowymi krytykami nadużyć i zbrodni kolonializmu, a gdy Roger stał się osobistością publiczną i celem ataków po opublikowaniu *Raportu na temat Konga*, Herbert i jego żona Sarita, którzy tymczasem zamieszkali w Paryżu (Herbert jako uznany rzeźbiarz, słynący przede wszystkim z dzieł odlewanych z brązu, zawsze inspirowanych Afryką), okazali się jego najbardziej entuzjastycznymi obrońcami. Byli nimi także wówczas, gdy jego *Raport na temat Amazonii*, ujawniający zbrodnie popełnione przez firmy kauczukowe z Putumayo na tubylcach, wywołał kolejny skandal wokół postaci Casementa. Herbert okazał nawet początkowo sympatię do nacjonalistycznej konwersji Rogera, choć w listach często żartował z niebezpieczeństw „patriotycznego fanatyzmu" i przypominał mu wyrażenie doktora Johnsona, którego zdaniem „patriotyzm jest ostatnim schronieniem kanalii". Sympatia ta urywała się, gdy dochodziło do kwestii Niemiec. Herbert zawsze stanowczo odrzucał pozytywną, upiększoną wizję kanclerza Bismarcka, zjednoczyciela państewek niemieckich i odnowiciela „pruskiego ducha", który wydawał mu się sztywny, autorytarny, nieokrzesany, pozbawiony wyobraźni i wrażliwości, bliższy koszarom i hierarchii wojskowej niż demokracji i sztukom. Gdy w czasie wojny dowiedział się z angielskich dzienników, że Roger Casement udał się do Berlina, by konspirować z wrogiem, przekazał mu za pośrednictwem jego siostry Niny list, w którym kładł kres wieloletniej przyjaźni. W tym samym liście donosił mu o śmierci ich najstarszego syna, dziewiętnastolatka, który właśnie zginął na froncie.

Ilu jeszcze utracił przyjaciół, ludzi, którzy podobnie jak Herbert i Sarita Wardowie cenili go niegdyś i podziwiali, a teraz uważali za zdrajcę? Nawet Alice Stopford Green, jego mistrzyni i przyjaciółka, negatywnie oceniła jego podróż do Berlina, choć od czasu jego uwięzienia nie napomknęła ani słówkiem o tej różnicy zdań. Ile jeszcze osób czuje do niego odrazę za przypisywane mu przez angielską prasę nikczemności? Skurcz żołądka zmusił go do zwinięcia się w kłębek na pryczy. Pozostał w tej pozycji przez długą chwilę, aż minęło uczucie, że w brzuchu ma kamień, który miażdży mu wnętrzności.

W ciągu owych osiemnastu miesięcy spędzonych w Niemczech wielokrotnie zadawał sobie pytanie, czy się aby nie pomylił. Nie, wręcz przeciwnie, wydarzenia potwierdziły słuszność wszystkich jego tez, gdy rząd niemiecki opublikował ową deklarację – zredagowaną w dużej części przez niego samego – ogłaszając solidarność ze sprawą suwerenności irlandzkiej i wolę pomocy Irlandczykom w odzyskaniu niepodległości odebranej przez Imperium Brytyjskie. Jednakże później, podczas długich oczekiwań przy Unter der Linden na przyjęcie przez władze berlińskie, po niespełnieniu się obietnic, chorobach, niepowodzeniach w formowaniu Brygady Irlandzkiej, zaczął wątpić.

Poczuł, że serce bije mu ze zdwojoną siłą, jak za każdym razem gdy przypominał sobie owe lodowate dni, burze i zamiecie śnieżne, gdy po tylu zabiegach zdołał wreszcie zwrócić się do dwóch tysięcy dwustu jeńców irlandzkich w obozie w Limburgu. Wyjaśnił im starannie, w przemowie, którą wielokrotnie powtarzał sobie w myśli podczas owych miesięcy, że nie chodzi o „przejście na stronę wroga" ani nic podobnego. Brygada Irlandzka nie wejdzie w skład niemieckiego wojska. Będzie niezależnym ciałem wojskowym, z własnymi oficerami, i będzie walczyć o niezależność Irlandii z kolonizatorem i ciemięzcą,

„u boku, lecz nie w składzie" niemieckich sił zbrojnych. Co najbardziej go zabolało i co teraz paliło go bezustannie niby żrący kwas, to nie to, że z dwóch tysięcy dwustu jeńców zaledwie pięćdziesięciu kilku zapisało się do brygady, lecz wrogość, z jaką przyjęli jego propozycję, krzyki i pomruki, w których wyraźnie usłyszał słowa: „zdrajca", „żółty", „sprzedawczyk", „karaluch", wyrażające pogardę wielu jeńców, a wreszcie opluwanie i oznaki agresji, których padł ofiarą, gdy po raz trzeci spróbował do nich przemówić. Spróbował, bo udało mu się wypowiedzieć tylko kilka zdań, które zaraz utonęły wśród gwizdów i krzyków. I jeszcze to upokorzenie, gdy przed atakiem, być może przed linczem, uratowała go eskorta niemieckich żołnierzy, którzy wyprowadzili go biegiem sprzed tłumu.

Był głupi i naiwny, sądząc, że jeńcy irlandzcy zaciągną się do tej brygady z niemieckimi doradcami, wyekwipowanej, umundurowanej – choć mundur zaprojektował sam Roger Casement – i żywionej przez armię, z którą dopiero co walczyli, która usiłowała ich zagazować w belgijskich okopach, która zabiła, okaleczyła, zraniła tylu ich towarzyszy, która teraz trzymała ich za drutem kolczastym. Należało zrozumieć te okoliczności, wykazać elastyczność, przypomnieć sobie, co wycierpieli i utracili owi jeńcy, i nie żywić do nich urazy. Jednak to brutalne zderzenie z rzeczywistością, której się nie spodziewał, okazało się dla Rogera Casementa bardzo ciężkie. Odbiło się na jego ciele podobnie jak i na duchu; zaraz potem powalił go atak gorączki i zatrzymał przez długi czas w łóżku prawie wyzutego z nadziei.

Podczas owych miesięcy lojalność i serdeczność kapitana Roberta Monteitha były jak balsam, bez którego prawdopodobnie by nie przeżył. Nie zdradzając w żaden sposób, by trudności i frustracje zachwiały jego przekonaniem, że wymarzona przez Rogera Casementa Brygada Irlandzka urzeczywistni się pewnego dnia i że w jej szeregi wejdzie większość irlandzkich jeńców, kapitan Monteith oddał się z entuzjazmem dowodzeniu szkoleniem pięćdziesiątki ochotników, którym rząd niemiecki odstąpił mały obóz w Zossen, nieopodal

Berlina. Udało mu się nawet ściągnąć jeszcze kilku rekrutów. Wszyscy nosili mundury brygady zaprojektowane przez Rogera, także sam Monteith. Mieszkali w namiotach, odbywali marsze, manewry, doskonalili strzelanie z karabinu i pistoletu, choć amunicją ćwiczebną. Dyscyplina była surowa, a oprócz ćwiczeń wojskowych i sportowych przewidziano także prowadzone za namową Monteitha codzienne pogadanki Rogera Casementa na temat historii Irlandii, jej kultury, ducha narodowego i perspektyw, jakie otworzą się przed Éire po odzyskaniu niepodległości.

Co powiedziałby kapitan Robert Monteith, gdyby zobaczył, że jako świadkowie oskarżenia defiluje przed sądem ta garstka byłych jeńców z obozu w Limburgu – zwolnionych podczas wymiany więźniów – a wśród nich sierżant Daniel Bailey we własnej osobie? Wszyscy, odpowiadając na pytania prokuratora, przysięgli, że Roger Casement, otoczony oficerami armii niemieckiej, namawiał ich do przejścia w szeregi wroga, mamiąc ich perspektywą wolności, pensji i przyszłych gratyfikacji. I wszyscy potwierdzili to wierutne łgarstwo: że irlandzcy jeńcy, którzy ulegli jego namowom i zaciągnęli się do brygady, natychmiast otrzymali większe racje żywnościowe, więcej koców i że obowiązywał ich bardziej elastyczny system przepustek. Kapitan Robert Monteith zapewne nie wściekałby się na nich. Powtórzyłby raz jeszcze, że jego rodacy są ślepi, a raczej zaślepieni z powodu złego wykształcenia, ignorancji i zamętu, w którym Imperium utrzymuje Éire, zakładając im opaskę na oczy, by nie dostrzegli swej prawdziwej kondycji jako ludność kraju okupowanego i uciśnionego od trzech wieków. Nie powinno się tracić nadziei, to wszystko było w trakcie zmiany. I być może, tak jak tyle razy w Limburgu i w Berlinie, opowiedziałby Rogerowi Casementowi, by podnieść go na duchu, z jakim entuzjazmem wstępowali młodzi Irlandczycy – wieśniacy, robotnicy, rybacy, rzemieślnicy, studenci – w szeregi Irish Volunteers od czasu, gdy organizacja została założona, na wielkim wiecu w dublińskiej Rotundzie dwudziestego piątego listopada tysiąc dziewięćset trzynastego roku, w odpowiedzi na militaryzację unionistów z Ulsteru, którym przewodził *sir* Edward Carson, otwarcie grożących nierespektowaniem prawa, jeśli brytyjski parlament zatwierdzi *Home Rule*, autonomię dla Irlandii. Kapitan Robert Monteith, dawny oficer armii brytyjskiej, dla której walczył w wojnie burskiej w Afryce Południowej, gdzie został ranny w dwóch bitwach, był jednym z pierwszych, którzy zaciągnęli się w szeregi Ochotników. Powierzono mu przeszkolenie wojskowe rekrutów. Roger, świadek owego wzruszającego mityngu, został jednym ze skarbników funduszu na zakup broni mianowanym na to stanowisko wymagające najwyższego zaufania przez przywódców Irish Volunteers, nie przypominał sobie, by spotkał wówczas Monteitha. Jednakże ów zapewniał go, że uścisnął mu wtedy dłoń i powiedział, że jest dumny z tego, iż to Irlandczyk ujawnił światu zbrodnie popełniane na krajowcach w Kongu i w Amazonii.

Przypomniał sobie długie spacery, które odbywali z Monteithem w okolicach obozu w Limburgu i po ulicach Berlina, niekiedy o poranku bladym i chłodnym, niekiedy o zmierzchu, gdy zapadała noc, rozmawiając obsesyjnie o Irlandii. Mimo przyjaźni, jaka narodziła się między nimi, nigdy nie uzyskał od Monteitha zapewnienia, by ów traktował go nieformalnie, jak przyjaciela. Kapitan zawsze zwracał się do niego jak do przełożonego politycznego i wojskowego, ustawiał się po jego lewej stronie na ulicy, otwierał przed nim drzwi, podsuwał krzesło i salutował mu, przed uściśnięciem dłoni lub po, trzaskając obcasami i podnosząc po wojskowemu dłoń do kepi.

Kapitan Monteith po raz pierwszy usłyszał o Brygadzie Irlandzkiej, którą Roger Casement próbował sformować w Niemczech, od Toma Clarke'a, powściągliwego lidera IRB i Irish Volunteers, i natychmiast zaoferował współpracę. Monteith przebywał wówczas na wygnaniu w Limerick ukarany przez armię brytyjską po odkryciu, że potajemnie szkoli ochotników. Tom Clarke skonsultował jego ofertę z innymi przywódcami i przyjęli ją. Jego podróż, o której opowiedział Rogerowi ze wszystkimi szczegółami zaraz po spotkaniu w Niemczech, obfitowała w perypetie niby powieść przygodowa. W towarzystwie małżonki, co miało ukryć polityczny charakter wyprawy, udał się z Liverpoolu do Nowego Jorku we wrześniu tysiąc dziewięćset piętnastego roku. W Ameryce nacjonaliści irlandzcy skontaktowali go z Norwegiem Eivindem Adlerem Christensenem (Roger poczuł, że na jego wspomnienie wywraca mu się żołądek), który w porcie Hoboken, przemycił go na pokład statku wypływającego do Christianii, stolicy Norwegii. Żona Monteitha została w Nowym Jorku. Christensen uczynił zeń pasażera na gapę, kazał stale zmieniać kabinę i ukrywać się całymi godzinami w zęzie, dokąd przynosił mu wodę i jedzenie. Na pełnym morzu statek został zatrzymany przez Royal Navy. Oddział komandosów angielskich wkroczył na pokład i w poszukiwaniu szpiegów sprawdził dokumenty członków załogi i podróżnych. Przez całe pięć dni, w ciągu których komandosi przeszukiwali statek, Monteith zmieniał kryjówkę za kryjówką – cierpiąc nieraz niewygody takie jak kulenie się przez wiele godzin w szafie pod stertami ubrań lub nurkowanie w beczce ze smołą – i nie pozwolił się znaleźć. Dotarł wreszcie do Christianii. Przekroczenie granicy szwedzkiej i duńskiej w drodze do Niemiec było równie powieściowe. Przebierał się wielokrotnie, raz nawet za kobietę. Gdy dotarł wreszcie do Berlina, odkrył, że jego przyszły dowódca Roger Casement złożony chorobą przebywa w Bawarii. Bezzwłocznie wsiadł w pociąg, a wchodząc do pokoju hotelowego, strzelił przed chorym obcasami i dotykając dwoma palcami głowy, przedstawił się, dodając następujące zdanie: „To najszczęśliwszy moment mego życia, *sir* Roger".

Jeden jedyny raz Roger Casement nie zgodził się z kapitanem Robertem Monteithem pewnego popołudnia, w obozie wojskowym w Zossen, po pogadance Casementa dla członków Brygady Irlandzkiej. Pili herbatę w kantynie, gdy Roger, z jakiegoś powodu, którego dobrze nie pamiętał, wspomniał Eivinda Adlera Christensena. Twarz kapitana wykrzywiła się w grymasie niechęci.

– Widzę, że nie wspomina pan Christensena zbyt dobrze – zażartował. – Czuje pan do niego żal za to, że kazał panu płynąć jako pasażer na gapę z Nowego Jorku do Norwegii?

Monteith nie uśmiechnął się. Jego wzrok był bardzo poważny.

– Nie, proszę pana – powiedział przez zaciśnięte zęby. – Nie dlatego.

– Dlaczego więc?

Monteith zawahał się, zanim odpowiedział.

– Bo zawsze uważałem, że jest szpiegiem Intelligence Service.

Roger pamiętał, że poczuł się, jakby ktoś walnął go w żołądek.

– Ma pan na to jakieś dowody?

– Żadnych, proszę pana. Czysta intuicja.

Casement zbeształ go i zakazał rzucania takich podejrzeń bez dowodów. Kapitan wymamrotał przeprosiny. Teraz Roger oddałby wszystko, by zobaczyć Monteitha choćby na chwilę i poprosić go o wybaczenie za tamtą burę: „Miał pan całkowitą rację, przyjacielu. Pańska intuicja była słuszna. Eivind to coś gorszego niż szpieg: to prawdziwy demon. A ja jestem imbecylem i naiwniakiem, bo mu wierzyłem".

Eivind, kolejna z wielkich pomyłek ostatniego etapu jego życia. Każdy, kto nie był takim „dużym dzieckiem", jak nazywali go nieraz Alice Stopford Green i Herbert Ward, zauważyłby coś podejrzanego w sposobie, w jaki to wcielenie Lucyfera pojawiło się w jego życiu. Jednak nie Roger. On uwierzył w przypadkowość spotkania, w zbieg okoliczności.

Wydarzyło się to w lipcu tysiąc dziewięćset czternastego roku, w dniu, gdy przybył do Nowego Jorku, by promować Irish Volunteers wśród irlandzkiej społeczności w Stanach Zjednoczonych, uzyskać poparcie i broń oraz spotkać się z nacjonalistycznymi przywódcami północnoamerykańskiej filii IRB zwanej Clan na Gael, weteranami walk o niepodległość: Johnem Devoyem i Josephem McGarritym. Wyszedł przejść się po Manhattanie, uciekając z wilgotnej i rozpalonej nowojorskim latem klitki hotelowej. Na ulicy zaczepił go młody chłopak, jasnowłosy i zgrabny jak nordycki bóg, którego wesołość, urok i swoboda oczarowały go natychmiast. Eivind był wysoki, atletycznie zbudowany, miał miękki koci krok, niebieskie oczy o głębokim spojrzeniu i uśmiech na wpół anielski, na wpół łotrzykowski. Nie miał ani centa i pokazał to z komicznym grymasem, wywracając podszewkę pustych kieszeni. Roger zaprosił go na piwo i coś do jedzenia. I uwierzył we wszystko, co Norweg mu powiedział: że ma dwadzieścia cztery lata i że uciekł z domu rodzinnego w wieku lat dwunastu. Że jako pasażer na gapę przypłynął do Glasgow. Że od tej pory pracował jako palacz na skandynawskich i angielskich statkach i pływał po wszystkich morzach świata. I że teraz ugrzązł w Nowym Jorku i biedował.

A Roger mu uwierzył! Skulił się na wąskiej pryczy obolały od kolejnego skurczu żołądka, tak ostrego, że przestał oddychać. Te skurcze łapały go w momentach silnego napięcia nerwowego. Powstrzymał chęć płaczu. Zawsze, gdy zdarzało mu się litować nad sobą aż do łez, czuł potem przygnębienie i niesmak. Nigdy nie był człowiekiem sentymentalnym, skłonnym do okazywania emocji, umiał ukrywać gwałtowne uczucia pod maską doskonałej pogody ducha. Ale jego charakter zmienił się od czasu, gdy przybył do Berlina w towarzystwie Eivinda Adlera Christensena ostatniego dnia października tysiąc dziewięćset czternastego roku. Czy przyczyniło się do tego to, że był już chory, złamany, miał stargane nerwy? Zwłaszcza w ostatnich miesiącach swego pobytu w Niemczech, kiedy mimo entuzjazmu, który chciał mu zaszczepić kapitan Robert Monteith, zrozumiał, że jego projekt Brygady Irlandzkiej upadł, poczuł, że rząd niemiecki mu nie ufa (podejrzewając być może, że jest brytyjskim szpiegiem), i dowiedział się, że ujawnienie domniemanego planu zamachu na jego osobę, uknutego przez konsula brytyjskiego w Norwegii Findlaya, nie spotkało się z międzynarodowym oddźwiękiem, jakiego się spodziewał. Najsilniejszym zaś ciosem było odkrycie, że jego towarzysze z IRB i Irish Volunteers w Irlandii ukryli przed nim aż do ostatniego momentu plan powstania wielkanocnego („Musieli podjąć środki ostrożności ze względów bezpieczeństwa" – uspokajał go Robert Monteith). Poza tym uparli się, by pozostał w Niemczech, i zakazali mu dołączenia do nich. ("Troszczą się o pańskie zdrowie" – tłumaczył ich Monteith). Nie, nie troszczyli się o jego zdrowie. Oni też mu nie ufali, bo wiedzieli, że jest przeciwny każdej akcji zbrojnej, która nie byłaby sprzężona z ofensywą niemiecką. On i Monteith wsiedli na pokład niemieckiego okrętu podwodnego, łamiąc rozkazy przywódców.

Jednak ze wszystkich porażek najbardziej dojmujące było owo ślepe i kretyńskie zaufanie, jakim obdarzył Eivinda/Lucyfera. Ów pojechał z nim do Filadelfii, w odwiedziny do Josepha McGarrity'ego. Stał też u jego boku w Nowym Jorku na zorganizowanym przez Johna Quinna wiecu, na którym Roger przemawiał przed salą wypełnioną członkami Ancient Order of Hibernians, oraz w Filadelfii drugiego sierpnia podczas defilady ponad tysiąca Irish Volunteers, którzy przyjęli słowa Rogera owacjami.

Od pierwszego momentu zauważał nieufność, jaką Christensen budził w nacjonalistycznych przywódcach w Stanach Zjednoczonych. Jednakże on, Roger, tak energicznie zapewniał ich, że mogą liczyć na dyskrecję i lojalność Eivinda równie pewnie jak na jego własną, że szefowie IRB/Clan na Gael zaakceptowali w końcu obecność Norwega na wszystkich publicznych wystąpieniach Rogera (chociaż nie na prywatnych zebraniach) w Stanach Zjednoczonych. I zgodzili się, by pojechał z nim jako asystent do Berlina.

Co najdziwniejsze, podejrzeń Rogera nie wzbudził nawet zagadkowy epizod z Christianii. Przyjechali właśnie do norweskiej stolicy w drodze do Niemiec. W dniu przyjazdu Eivind, który wyszedł na samotny spacer, został – jak mu później powiedział – zaczepiony przez nieznane osoby, porwany i zawieziony do konsulatu brytyjskiego przy 79 Drammensveien, a następnie przesłuchany przez samego konsula pana Mansfeldta de Cardonnel Findlaya. Ów zaoferował mu pieniądze w zamian za ujawnienie tożsamości oraz intencji, z jakimi przybywał do Norwegii jego towarzysz. Eivind przysiągł Rogerowi, że niczego nie zdradził i że wypuszczono go po tym, jak obiecał konsulowi, że dowie się wszystkiego, co chcieli wiedzieć o tym panu, o którym nie wiedział nic i któremu towarzyszył wyłącznie jako przewodnik po mieście – po kraju – którego ów nie znał.

A Roger kupił to piramidalne kłamstwo, nie podejrzewając ani przez sekundę, że to pułapka! Dał się złapać jak niedorozwinięte dziecko! Czy już wtedy Eivind Adler Christensen pracował dla służb brytyjskich? Kapitan marynarki Reginald Hall, dowódca brytyjskiej Navy Intelligence, i Basil Thomson, szef Wydziału Kryminalnego Scotland Yardu, którzy przesłuchiwali Rogera po tym, jak został przewieziony do Londynu – odbył z nimi wiele długich rozmów w serdecznej atmosferze – udzielili mu sprzecznych informacji na temat Norwega. Ale Roger nie robił sobie złudzeń. Teraz już był pewien, że historyjka o porwaniu na ulicach Christianii przez ludzi konsula o pompatycznym nazwisku Mansfeldt de Cardonnel Findlay była wyssana z palca. Śledczy pokazali mu, z pewnością po to, by go złamać – szybko przekonał się, że obaj byli wytrawnymi psychologami – raport konsula brytyjskiego w stolicy Norwegii do swego przełożonego w Foreign Office na temat dobrowolnego przybycia do konsulatu przy 79 Drammensveien Eivinda Adlera Christensena, który zażądał rozmowy z samym konsulem. I który poinformował dyplomatę, gdy ów zgodził się go przyjąć, że towarzyszy irlandzkiemu przywódcy nacjonalistycznemu podróżującemu do Niemiec z fałszywym paszportem na nazwisko James Landy. Zażądał pieniędzy za tę informację, a konsul wręczył mu dwadzieścia pięć koron. Eivind zaproponował, że będzie nadal dostarczał im materiałów na temat owej tajemniczej postaci, jeśli tylko otrzyma od angielskiego rządu hojną zapłatę.

Tymczasem Reginald Hall i Basil Thomson donieśli Rogerowi, że wszystkie jego ruchy w Niemczech – rozmowy z wysokimi urzędnikami, wojskowymi i ministrami w Ministerstwie Spraw Zagranicznych przy Wilhelmstrasse, podobnie jak spotkania z jeńcami irlandzkimi w Limburgu – były znane brytyjskim służbom specjalnym w najdrobniejszych szczegółach. Czyli Eivind, udając, że spiskuje u boku

Rogera przeciwko konsulowi Mansfeldtowi de Cardonnel Findlayowi, donosił rządowi angielskiemu o wszystkim, co ów mówił, robił, pisał, o wszystkich, których przyjmował lub odwiedzał podczas pobytu w Niemczech. "Byłem imbecylem i zasługuję na to, co mnie spotkało" – powtórzył sobie po raz enty.

W tym momencie otworzyły się drzwi celi. Przyniesiono obiad. Już południe? Pogrążony we wspomnieniach w ogóle nie poczuł upływu czasu. Jak by to było cudownie, gdyby godziny codziennie przelatywały tak szybko. Zjadł tylko kilka łyżek mdłego bulionu i duszonej kapusty z kawałkami ryby. Gdy strażnik przyszedł po naczynia, Roger poprosił go o pozwolenie na opróżnienie kubła na odchody. Raz dziennie pozwalano mu wychodzić do latryny, by opróżnić i umyć kubeł. Po powrocie do celi ponownie wyciągnął się na pryczy. Uśmiechnięta, śliczna twarz Eivinda/Lucyfera znów pojawiła mu się przed oczami, a wraz z nią przygnębienie i piekący, gorzki żal. Usłyszał jego szept: "Kocham cię", i odniósł wrażenie, że Eivind oplata go i dusi.

W swym życiu wiele podróżował, miał za sobą intensywne doświadczenia, poznał najprzeróżniejszych ludzi, badał straszliwe zbrodnie przeciw prymitywnym plemionom i autochtonicznym społecznościom dwóch kontynentów. Jak to się zatem działo, że zdumiewała go osobowość tego skandynawskiego Lucyfera tak dwulicowego, tak pozbawionego skrupułów, tak podłego? Systematycznie okłamywał go i oszukiwał, zachowując przy tym uśmiechniętą twarz, usłużny i serdeczny towarzyszył mu jak wierny pies, służył mu, interesował się jego zdrowiem, chodził po lekarstwa, wzywał lekarza, mierzył temperaturę. A przy okazji wyłudzał od niego masę pieniędzy. No i wymyślał te podróże do Norwegii pod pretekstem odwiedzin matki i siostry, podczas gdy tak naprawdę biegł do konsulatu złożyć raport o aktywności konspiratorskiej, politycznej i wojskowej swego szefa i kochanka. I w dodatku stamtąd także wyciągał pieniądze. A Roger wierzył, że to on pociąga za sznurki! Poinstruował Eivinda, że skoro Brytyjczycy chcą go zabić – Norweg twierdził, że konsul Mansfeldt de Cardonnel Findlay oznajmił mu to w sposób niepozostawiający wątpliwości – powinien udawać zainteresowanego takim obrotem sprawy i ciągnąć go za język, aż do zdobycia dowodów na przestępcze zamiary urzędników brytyjskich wobec jego osoby. To też przekazał Eivind konsulowi? I za ile koron czy funtów szterlingów? Dlatego właśnie to, co w zamyśle Rogera miało być operacją propagandową ostatecznie kompromitującą rząd brytyjski – publiczne oskarżenie o próbę zabójstwa przeciwnika z jednoczesnym pogwałceniem suwerenności państw trzecich – nie uzyskało żadnego oddźwięku. Na swój list otwarty do *sir* Edwarda Greya, którego kopię rozesłał wszystkim rządom reprezentowanym w Berlinie, nie otrzymał odpowiedzi od żadnej ambasady, nawet potwierdzenia doręczenia.

Lecz najgorsze – Roger poczuł, że ból znowu skręca mu żołądek – przyszło później, pod koniec długich przesłuchań w Scotland Yardzie, kiedy jeszcze miał nadzieję, że Eivind/Lucyfer nie pojawi się więcej w tej historii. Ostateczne uderzenie! Nazwisko Rogera Casementa było we wszystkich gazetach w Europie i na innych kontynentach – brytyjski dyplomata, obdarowany tytułem szlacheckim i odznaczony przez Koronę, będzie sądzony za zdradę ojczyzny – i wiadomość o jego rychłym procesie obiegła cały świat. A wówczas w konsulacie brytyjskim w Filadelfii pojawił się Eivind Adler Christensen, proponując, za pośrednictwem konsula, że uda się do Anglii i będzie zeznawał przeciw Casementowi, pod warunkiem, rzecz jasna, że rząd brytyjski pokryje wszystkie koszty podróży i pobytu oraz wypłaci „stosowne wynagrodzenie". Roger ani przez chwilę nie miał wątpliwości, że ów raport brytyjskiego konsula w Filadelfii, który pokazali mu Reginald Hall i Basil Thomson, jest autentyczny. Na szczęście rumiana twarz skandynawskiego Luzbela nie pojawiła się na ławie świadków przez cztery dni procesu w Old Bailey. Na jego widok Roger nie potrafiłby chyba powstrzymać ataku wściekłości i chęci, by skręcić mu kark.

Czy to było oblicze, umysł, jaszczurcza pokrętność grzechu pierworodnego? W jednej z rozmów z Edmundem D. Morelem, gdy zastanawiali się, jak to możliwe, by ludzie, którzy otrzymali chrześcijańskie wychowanie, wykształceni, cywilizowani, dokonywali tych przerażających zbrodni, jakie obaj dokumentowali w Kongu bądź w nich współuczestniczyli, Roger powiedział: „Kiedy wyczerpują się wyjaśnienia historyczne, socjologiczne, psychologiczne, kulturowe, pozostaje jeszcze w mroku ogromny obszar prowadzący do korzeni zła istot ludzkich, Bulldog. Jeśli chcesz go pojąć, jest tylko jedna droga: porzucić myśl racjonalną i odwołać się do religii. To grzech pierworodny". „To tłumaczenie niczego nie wyjaśnia, Tiger". Dyskutowali długo, nie dochodząc do żadnego wniosku. Morel twierdził: „Jeśli ostateczną przyczyną zła jest grzech pierworodny, w takim razie nie ma wyjścia. Jeśli my, ludzie, zostaliśmy stworzeni dla zła i nosimy je w duszy, po cóż walczyć o zaradzenie temu, czemu nie da się zaradzić?".

Bulldog miał rację, nie należało popadać w pesymizm. Nie wszystkie istoty ludzkie były Eivindami Adlerami Christensenami. Byli też inni ludzie, szlachetni, idealiści, dobrzy, wielkoduszni, tacy jak kapitan Robert Monteith i sam Morel. Roger posmutniał. Bulldog nie podpisał żadnej petycji w jego sprawie. Z pewnością nie podobało mu się, że jego przyjaciel (eks-przyjaciel, według Herberta Warda?) wziął stronę Niemiec. Choć był przeciwny wojnie, brał udział w kampanii pacyfistycznej i stanął nawet za to przed sądem, Morel bez wątpienia nie wybaczył mu przejścia na stronę kajzera. Być może on też uważał go za zdrajcę. Jak Conrad.

Roger westchnął. Stracił wielu przyjaciół podziwianych i kochanych jak ci dwaj. Ilu jeszcze odwróciło się do niego plecami!? Lecz mimo to nie zmienił sposobu myślenia. Nie, nie mylił się. Wciąż uważał, że gdyby w tym konflikcie zwyciężyły Niemcy, Irlandia znalazłaby się bliżej niepodległości. A dalej, gdyby zwycięstwo przypadło Anglii. Uczynił to, co uczynił, nie dla Niemiec, lecz dla Irlandii. Czy nie potrafili tego pojąć ludzie patrzący na świat tak trzeźwo i tak inteligentni jak Ward, Conrad i Morel?

Patriotyzm mącił jasność spojrzenia. Alice wygłosiła takie stwierdzenie podczas zaciekłej debaty jednego z owych wieczorów w jej domu przy Grosvenor Road, który Roger wspominał zawsze z taką tęsknotą. Jak dokładnie brzmiały słowa historyczki? „Nie powinniśmy pozwolić, żeby patriotyzm odebrał nam jasność widzenia, rozsądek, inteligencję". Coś w tym stylu. Na co, przypomniał sobie, George Bernard Shaw wbił szpileczkę wszystkim obecnym nacjonalistom irlandzkim: „To rzeczy nie do pogodzenia, Alice. Niech się pani nie łudzi: patriotyzm to religia, coś całkowicie sprzecznego z jasnością widzenia. To czysty obskurantyzm, to *auto da fé*, akt wiary". Powiedział to owym kpiącym, ironicznym tonem, który powodował zwykle dyskomfort rozmówców, ponieważ wszyscy wyczuwali, że pod dobrodusznymi żartami dramaturga kryje się zawsze miażdżąca krytyka. „*Auto da fé*", w ustach tego sceptyka i niedowiarka, oznaczało „zabobon, oszustwo" albo coś jeszcze gorszego. Przy tym wszystkim ów człowiek, który nie wierzył w nic i nie oszczędzał nikogo i niczego, był wielkim pisarzem i rozsławił literaturę irlandzką bardziej niż ktokolwiek z jego pokolenia. Jak można było tworzyć wielkie dzieła, nie będąc patriotą, nie czując owego głębokiego związku krwi z ojcowizną, nie czując miłości ani nawet wzruszenia w obliczu tego długiego szeregu przodków, który stał za każdym człowiekiem? Dlatego, gdyby miał wybierać między dwoma wielkimi twórcami, Roger wolałby Yeatsa od Shawa. Ten pierwszy to dopiero był patriotą, karmił swą poezję i teatr dawnymi legendami irlandzkimi i celtyckimi, przetapiając je, odmładzając, pokazując, że są wciąż żywe i mogą zapładniać współczesną literaturę. Po chwili zawstydził się tego porównania. Jak mógł być niewdzięczny wobec George'a Bernarda Shawa! Mimo swego sceptycyzmu i wypowiedzi antynacjonalistycznych nikt spośród wielkich intelektualistów londyńskich nie stanął wyraźniej i odważniej w obronie Rogera Casementa niż ten dramaturg. To on doradził linię obrony jego adwokatowi, której niestety Serjeant A.M. Sullivan, ta miernota, to zachłanne zero, nie przyjął, a po ogłoszeniu wyroku George Bernard Shaw napisał wiele artykułów i podpisał liczne manifesty na rzecz ułaskawienia Rogera. Wielkoduszność i odwaga niekoniecznie szły w parze z patriotyzmem i nacjonalizmem.

Wspomnienie, nawet tak krótkie, Serjeanta A.M. Sullivana przygnębiło go, przeniosło myślą do czasu sprawy o zdradę stanu w Old Bailey, do czterech ponurych dni pod koniec czerwca tysiąc dziewięćset szesnastego roku. Nie było bynajmniej łatwe znalezienie reprezentacji procesowej, adwokata, który zgodziłby się reprezentować go przed Sądem Najwyższym. Wszyscy ci, z którymi mecenas George Gavan Duffy, rodzina Rogera i jego przyjaciele skontaktowali się w Dublinie i w Londynie, odmówili pod różnymi pretekstami. Nikt nie chciał bronić zdrajcy ojczyzny w okresie wojny. Wreszcie zgodę wyraził Irlandczyk Serjeant A.M. Sullivan, który nigdy jeszcze nie stawał przed żadnym sądem londyńskim. Żądając, i owszem, wysokiego honorarium, które siostra Rogera Nina i Alice Stopford Green zebrały wyłącznie dzięki datkom sympatyków sprawy irlandzkiej. Wbrew woli Rogera, który pragnął wziąć na siebie całą odpowiedzialność i otwarcie przedstawić się jako buntownik i bojownik o niepodległość, by wykorzystać sąd jako platformę do proklamowania prawa Irlandii do suwerenności, mecenas Sullivan narzucił linię obrony legalistyczną i formalną, unikając polityki, utrzymując, że statut Edwarda III, na którego podstawie sądzono Casementa, dotyczy wyłącznie czynności noszących znamiona zdrady popełnionych na terytorium Korony, nie za granicą. Działalność sobie przypisywaną oskarżony prowadził w Niemczech, a tym samym nie mógł być uznany za zdrajcę Imperium. Roger ani przez moment nie wierzył, że taka strategia obrony zakończy się powodzeniem. Na domiar złego w dniu wygłoszenia mowy obrończej Serjeant Sullivan wygłupił się jak ostatni błazen. W chwilę po zabraniu głosu zaczął trząść się i konwulsyjnie dygotać, po czym zbladł jak trup, wykrzyknął: „Wysoki Sądzie, nie wytrzymam!", i osunął się nieprzytomny na podłogę sali rozpraw. Mowę musiał dokończyć jeden z jego pomocników. Na szczęście Roger mógł wystąpić we własnej obronie w ostatnim słowie, a wówczas ogłosił się buntownikiem, poparł powstanie wielkanocne, zażądał niepodległości dla swej ojczyzny i oświadczył, że jest dumny z tego, iż mógł jej służyć. Tekst tego wystąpienia napawał go dumą i w jego mniemaniu miał usprawiedliwić go w oczach przyszłych pokoleń. Która godzina? Nie potrafił przywyknąć do tej niewiedzy. Jakież grube mury w tym Pentonville Prison! Choćby nie wiadomo jak nadstawiał ucha, nigdy nie usłyszał żadnego dźwięku dochodzącego z ulicy: dzwonów, motorów, krzyków, głosów, gwizdów. Echo gwaru targu w Islington docierało do niego naprawdę czy było wytworem jego wyobraźni? Nie wiedział. Nic. Cisza niezwykła, grobowa, tak jak w tym momencie, gdy czas zdawał się zawieszony, podobnie jak życie. Jedyne dźwięki, które przenikały do jego celi, pochodziły z wnętrza więzienia: stłumione kroki w przyległym korytarzu, otwieranie i zamykanie metalowych drzwi, nosowy głos szeryfa wydającego rozkazy jakiemuś strażnikowi. A teraz nawet z wnętrza Pentonville Prison dobiegała tylko cisza. Trwożyła go, przeszkadzała mu w myśleniu. Spróbował podjąć lekturę *O naśladowaniu Chrystusa* Tomasza à Kempis, lecz nie udało mu się skoncentrować i odłożył książkę na podłogę. Zaczął się modlić, lecz słowa modlitwy przepływały przez jego umysł tak mechanicznie, że przestał. Przez długą chwilę leżał bez ruchu, napięty, niespokojny, z pustką w głowie i spojrzeniem utkwionym w pewien punkt na stropie, który wydawał mu się wilgotny, jakby przeciekała tam woda, aż wreszcie zasnął.

Spał spokojnie. Sen przeniósł go do dżungli amazońskiej, w rozświetlony słoneczny poranek. Powiew bryzy na mostku łagodził żar. Nie było moskitów, czuł się dobrze, ustało pieczenie oczu, które tak dokuczało mu ostatnimi czasy, zapalenie oporne, jak się wydawało, na wszelkie krople i płukanki znane okulistom, ustały bóle mięśni związane z artretyzmem, ogień hemoroidów palący niekiedy jak rozżarzone żelazo w jego wnętrznościach, zniknęła opuchlizna nóg. Nie odczuwał żadnego z problemów, chorób i dolegliwości stanowiących dziedzictwo dwudziestu lat spędzonych w Afryce. Był znowu młody i miał ogromną ochotę popełnić tutaj, w tej szerokiej jak morze Amazonce, której brzegów nawet nie dostrzegał, jedno z tych szaleństw tak częstych w czasach afrykańskiej młodości: rozebrać się i skoczyć z burty statku w zielonkawe wody z wodorostami i plamami piany. Poczułby uderzenie, dotyk letniej, gęstej wody na całym ciele, dobroczynny, wygładzający, skierowałby się ku powierzchni, wynurzył i zaczął poruszać rękami, sunąc z lekkością i gracją delfina wzdłuż burty. Kapitan i pasażerowie machaliby do niego z góry, wzywali rozpaczliwymi gestami, by wrócił na statek, by nie ryzykował śmierci przez utonięcie czy pożarcie przez *yacumama*, jednego z tych wodnych węży, które osiągały dziesięć metrów długości i były w stanie połknąć całego człowieka. Znajdowali się nieopodal Manaos? Tabatingi? Putumayo? Iquitos? Płynął w górę czy w dół rzeki? Nieważne. Ważne było to, że czuł się tak dobrze, jak nie zdarzyło mu się od dawna, a gdy statek sunął powoli po zielonkawej powierzchni z pomrukiem motoru kołyszącym jego myśli, Roger zastanawiał się po raz kolejny, jak będzie wyglądała jego przyszłość teraz, gdy wycofał się z dyplomacji i odzyskał całkowitą wolność. Zwróci swe londyńskie mieszkanie przy Ebury Street i wyjedzie do Irlandii. Będzie dzielił czas między Dublin i Ulster. Nie poświęci polityce całego życia. Zarezerwuje sobie jedną godzinę w ciągu dnia, jeden dzień w tygodniu, jeden tydzień w miesiącu na studiowanie. Powróci do nauki irlandzkiego, a pewnego dnia zaskoczy Alice, przemawiając do niej płynnie po gaelicku. A godziny, dni, tygodnie przeznaczone na politykę skupi na wielkiej polityce, tej dotyczącej głównego, priorytetowego celu: odzyskania niepodległości Irlandii i walki z kolonializmem. Będzie unikał trwonienia czasu na intrygi, rywalizacje, przepychanki z politykierami żądnymi choćby skrawka władzy, w partii, w komórce, w brygadzie, nawet za cenę zapomnienia o głównym celu lub wręcz jego sabotowania. Będzie dużo podróżował po Irlandii, odbędzie długie wycieczki po *glens* w Antrim, Donegal, po Ulsterze, po Galway, dotrze do najdalszych zakątków takich jak Connemara i Tory Island, gdzie rybacy nie znają angielskiego i mówią tylko po gaelicku, zaprzyjaźni się z tymi chłopami, rzemieślnikami, rybakami, którzy dzięki swemu stoicyzmowi, pracowitości, cierpliwości oparli się miażdżącej obecności kolonizatora, zachowując swój język, swe zwyczaje, swe wierzenia. Będzie ich słuchał, uczył się od nich, pisał eseje i wiersze o niemych i heroicznych czynach dokonywanych przez wieki przez tych skromnych ludzi, dzięki którym Irlandia nie zginęła, nadal była krajem, nadal istniał jej naród.

Metaliczny dźwięk wyrwał go z przyjemnego snu. Otworzył oczy. Do celi wszedł dozorca i podał mu miskę z zupą z krupami i pajdę chleba, codzienną kolację. Już miał zapytać o godzinę, lecz ugryzł się w język, ponieważ wiedział, że nie otrzyma odpowiedzi. Pokruszył chleb, wrzucił go do zupy i powoli zjadł łyżką gęstą zawiesinę. Minął kolejny dzień; być może jutrzejszy okaże się decydujący.

X

W przeddzień wypłynięcia na pokładzie „Liberal" w kierunku Putumayo Roger Casement postanowił porozmawiać szczerze z Mr Stirsem. W ciągu dziesięciu dni spędzonych w Iquitos odbył wiele rozmów z angielskim konsulem, lecz nie odważył się poruszyć tego drażliwego tematu. Wiedział, że jego misja przysporzyła mu wielu wrogów, nie tylko w Iquitos, lecz w całym regionie, nie miało sensu usposabiać nieprzychylnie kolegi, który mógł okazać się bardzo pożyteczny przez najbliższe dni i tygodnie, gdyby znalazł się w poważnych opałach. Lepiej było zatem zostawić śliski temat w spokoju.

Jednakże owego wieczoru, gdy popijali jak zwykle porto w saloniku Mr Stirsa, słuchając stukotu ulewy w dach z kalaminu, patrząc na strugi wody bijące w szyby i w balustradę tarasu, Roger porzucił ostrożność.

– Jakie jest pańskie zdanie na temat ojca Ricarda Urrutii, Mr Stirs?
– Przeora augustianów? Niewiele miałem z nim do czynienia. Raczej dobre. Pan często się z nim ostatnio widywał, nieprawdaż?

Czy konsul przeczuwał, że zapuszczają się na grząski teren? W jego ruchliwych oczkach błysnął niepokój. Łysina zaśniła w migotliwym świetle lampy olejnej stojącej na stoliku pośrodku pomieszczenia. Wachlarz w prawej dłoni przestał się poruszać.

– No cóż, ojciec Urrutia mieszka tu zaledwie od roku i nie opuszcza Iquitos – powiedział Casement. – O tym, co się dzieje na plantacjach kauczuku w Putumayo, nie ma zatem wielkiego pojęcia. Natomiast dużo mi opowiadał o innym dramacie ludzkim w tym mieście. Konsul wypił łyczek porto. Ponownie zaczął się wachlować, a Roger odniósł wrażenie, że jego okrągła twarz nieco poczerwieniała. Na zewnątrz burza przemawiała długimi, głuchymi grzmotami, od czasu do czasu błyskawica rozświetlała na sekundę ciemność lasu.

– O dramacie dzieci porwanych plemionom – ciągnął Roger. – Przywiezionych tutaj i sprzedawanych za dwadzieścia, trzydzieści soli rodzinom.

Mr Stirs obserwował go bez słowa. Wachlował się teraz szybko i z furią.

– Zdaniem ojca Urrutii prawie wszyscy służący w Iquitos zostali porwani i sprzedani – dokończył Casement. Patrząc uważnie w oczy konsulowi, zapytał: – Czy tak jest?

Mr Stirs wydał przeciągłe westchnienie i zakręcił się na krześle, nawet nie próbując maskować niechęci. Na jego obliczu wyraźnie malowała się myśl: „Nie wie pan, jak bardzo się cieszę, że jutro rano wypływa pan do Putumayo. Mam nadzieję, że nie zobaczę już pana nigdy więcej, panie Casement".

– Czy to samo nie zdarzało się w Kongu? – zapytał wymijająco.

– Owszem, ale nie tak powszechnie jak tutaj. Proszę mi wybaczyć impertynenckie pytanie: swoich czterech służących pan kupił czy najął?

– Odziedziczyłem ich – powiedział sucho konsul brytyjski. – Pozostawił ich mój poprzednik konsul Cazes, gdy wyjechał do Anglii. Należeli do tego domu. Nie można powiedzieć, że zostali najęci, ponieważ tu, w Iquitos, nie ma takiego zwyczaju. Wszyscy czterej to analfabeci, nie potrafią czytać ani podpisać umowy. W moim domu śpią, jedzą, ubieram ich, a ponadto daję im napiwki, rzecz, zapewniam pana, nieczęsta na tych ziemiach. Wszyscy czterej mogą odejść, gdy tylko im się spodoba. Proszę porozmawiać z nimi i zapytać, czy mają ochotę szukać pracy gdzie indziej. Zobaczy pan ich reakcję, panie Casement.

Roger pokiwał głową i pociągnął łyk porto ze swego kieliszka.

– Nie chciałem pana urazić – powiedział przepraszająco. – Próbuję zrozumieć, w jakim kraju się znajduję, wartości i obyczaje Iquitos. W żadnym razie nie chciałbym, by postrzegał mnie pan jako inkwizytora.

Wyraz twarzy konsula był teraz jawnie wrogi. Wachlował się powoli, a w jego wzroku podejrzliwość mieszała się z nienawiścią.

– Nie jako inkwizytora, lecz jako zaprowadzającego sprawiedliwość – poprawił, krzywiąc się z niesmakiem. – Lub też, jeśli pan woli, bohatera. Mówiłem już panu, że nie lubię bohaterów. Proszę nie wziąć mi za złe mojej szczerości. Poza tym proszę się nie łudzić. Nie zmieni pan stanu rzeczy, panie Casement. Ojciec Urrutia też nie. W pewnym sensie te dzieci mają szczęście. Mam na myśli posadę służących. Byłoby dla nich tysiąc razy gorzej, gdyby zostali w swym plemieniu, jedli wszy, umierali na trzeciaczkę i inne choroby przed ukończeniem dziesięciu lat, harowali jak zwierzęta na plantacjach kauczuku. Tu żyje im się lepiej. Wiem, że mój pragmatyzm pana szokuje.

Roger Casement nie odpowiedział. Wiedział już to, co chciał wiedzieć. I że począwszy od tego momentu, konsul brytyjski w Iquitos będzie prawdopodobnie jego zaprzysięgłym wrogiem, kolejną osobą, której należy się strzec.

– Przyjechałem tutaj, by służyć mojemu krajowi w obowiązkach konsularnych – dorzucił Mr Stirs, wpatrując się w matę z włókien palmowych wyściełającą podłogę. – Wywiązuję się z nich co do joty, zapewniam pana. Wszystkich obywateli brytyjskich, których nie ma tu dużo, znam, bronię ich i służę im pomocą w każdej potrzebie. Robię, co mogę, by stymulować handel między Amazonią a Imperium Brytyjskim. Przekazuję mojemu rządowi informacje na temat aktywności handlowej, statków, które przypływają i odpływają, incydentów granicznych. Do moich obowiązków nie należy zwalczanie niewolnic-

twa czy nadużyć popełnianych przez Metysów i białych w Peru wobec Indian amazońskich.
— Przepraszam, że pana obraziłem, Mr Stirs. Nie mówmy więcej o tym.

Roger wstał, powiedział „dobranoc" panu domu i odszedł do swego pokoju. Burza osłabła, lecz nie przestało padać. Taras przylegający do sypialni był mokry. Powietrze wypełniał intensywny zapach roślin i wilgotnej ziemi. Noc była ciemna, szum owadów — głośny, jakby znajdowały się nie w lesie, lecz wewnątrz pokoju. Burza przyniosła też drugą ulewę: czarniawych pluskwiaków nazywanych tu *vinchucas*. Jutro ich truchła pokryją dywanem taras, a po nadepnięciu będą pękać z trzaskiem jak orzechy i plamić posadzkę ciemną krwią. Rozebrał się, włożył piżamę i położył się pod moskitierą.

Wykazał się brakiem ostrożności, to jasne. Po cóż było obrażać konsula, Bogu ducha winnego, być może przyzwoitego człowieka, który pragnął tylko doczekać emerytury, nie pakując się w tarapaty, wrócić do Anglii i zająć się uprawianiem ogródka w swoim *cottage* w Surrey, spłacanym stopniowo z oszczędności, daleko od świata. To właśnie powinien był uczynić on sam, jego ciało dręczyłoby teraz mniej choróbsk, a duszę — mniej trosk.

Przypomniał sobie burzliwą dyskusję na pokładzie „Huayna", statku, na którym płynął z Tabatingi na granicy Peru i Brazylii do Iquitos, z *cauchero* Víctorem Israelem, Żydem maltańskim, osiadłym przed laty w Amazonii, z którym odbył wiele długich i niezwykle zajmujących rozmów na tarasie statku. Víctor Israel ubierał się ekstrawagancko, stale sprawiał wrażenie przebierańca, mówił nienaganną angielszczyzną i w czarujący sposób opowiadał o swym pełnym przygód życiu, jakby wyjętym z powieści łotrzykowskiej, podczas partyjek pokera, popijając małymi łyczkami koniak, który uwielbiał. Miał okropny zwyczaj strzelania do różowych czapli przelatujących nad statkiem ze swojego archaicznego pistoletu, lecz na szczęście zazwyczaj chybiał. Pewnego dnia, Roger nie pamiętał już przy jakiej okazji, Víctor Israel wygłosił apologię Julia C. Arany. Ów dobroczyńca Amazonii wydobywał ją ze stanu dzikości i włączał do nowoczesnego świata. Israel bronił rajdów, dzięki którym, twierdził, *caucheros* dysponowali siłą roboczą do zbierania kauczuku. Bo wielkim problemem w selwie był brak robotników do zbierania tej drogocennej substancji, którą Stwórca zechciał obdarzyć ten region i pobłogosławić Peruwiańczyków. Owa „manna niebieska" była marnotrawiona z powodu lenistwa i głupoty dzikusów odmawiających pracy przy zbiorze lateksu, co zmuszało *caucheros* do organizowania wypraw do wiosek tubylców i sprowadzania ich siłą. Oznaczało to ogromną stratę czasu i pieniędzy dla przedsiębiorstw kauczukowych.

– No cóż, to jeden z możliwych punktów widzenia – przerwał mu spokojnie Roger Casement. – Jest jeszcze inny.

Víctor Israel był wysokim, smukłym mężczyzną, z białymi kosmykami w grzywie prostych włosów, sięgającej ramion. Na jego dużej, kościstej twarzy widniał wielodniowy zarost. Zbity z tropu utkwił w rozmówcy swe trójkątne, ciemne oczka, nieco mefistofeliczne. Tego dnia miał na sobie kolorową kamizelkę, szelki i fantazyjny szal.

– Co ma pan na myśli?

– Punkt widzenia ludzi, których nazywa pan dzikusami – wyjaśnił Casement lekkim tonem, jakby mówił o pogodzie albo moskitach. – Proszę przez moment postawić się w ich położeniu. Siedzą sobie w wioskach, w których mieszkają od lat albo od wieków. Pewnego pięknego dnia pojawiają się biali albo lekko brązowi panowie z karabinami i rewolwerami i żądają, by porzucili swe rodziny, uprawy, domy i wyruszyli zbierać kauczuk o dziesiątki lub setki kilometrów stąd, na rzecz obcych, których jedynym argumentem jest siła. Poszedłby pan chętnie zbierać ów słynny lateks, don Víctor?

– Ja nie jestem dzikusem, który chodzi nago, oddaje cześć anakondzie i topi w rzece własne dzieci, jeśli urodzą się z zajęczą wargą – odrzekł *cauchero* z sardonicznym chichotem, podkreślającym obrzydzenie. – Stawia pan na tym samym poziomie amazońskich kanibali i nas, pionierów, przedsiębiorców i handlarzy pracujących w warunkach wymagających heroizmu, ryzykujących życie, by uczynić z tych lasów cywilizowaną krainę?

– Być może pan i ja mamy różne poglądy na cywilizację, przyjacielu – zauważył Roger tym samym dobrodusznym tonem, który zdawał się tak bardzo irytować Víctora Israela.

Przy tym samym stoliku do pokera zasiadali botanik Walter Folk i Henry Fielgald; pozostali członkowie komisji leżeli już w hamakach. Noc była pogodna, letnia, księżyc w pełni rzucał na wody Amazonki srebrzysty blask.

– Chętnie bym usłyszał, jaka jest pańska idea cywilizacji – oznajmił Víctor Israel. Jego oczy ciskały iskry. Był tak zirytowany, że Roger zadał sobie pytanie, czy *cauchero* nie wyciągnie nagle z kabury swego przedpotopowego pistoletu i nie strzeli doń.

– Można by ją streścić następująco: cywilizowanym nazywam społeczeństwo, które szanuje własność prywatną oraz wolność jednostki – wyjaśnił bardzo spokojnie, lecz mając napięte wszystkie zmysły, gotów do reakcji, gdyby Víctor Israel chciał go zaatakować. – Na przykład prawo brytyjskie zabrania kolonistom zajmowania ziem autochtonów w koloniach. Zabrania także, pod karą więzienia, stosowania siły wobec krajowców, którzy odmawiają pracy w kopalniach lub na polach. Pana zdaniem nie na tym polega cywilizacja. Czy się mylę?

Chudy tors Víctora Israela podnosił się i opadał, poruszając dziwaczną koszulę z bufiastymi rękawami, zapiętą pod samą szyję, i pstrokatą kamizelkę. *Cauchero* założył kciuki za szelki, trójkątne oczka były przekrwione, jakby został ranny. Otwarte usta ukazywały rząd nierównych zębów poplamionych nikotyną.

– Według tego kryterium – stwierdził drwiącym i obraźliwym tonem – my, Peruwiańczycy, powinniśmy pozostawić Amazonię swemu losowi, by tkwiła w epoce kamiennej na wieki wieków. By nie obrazić tych pogan, by nie zajmować ziem, z którymi nie potrafią nic zrobić, bo są leniwi i nie chce im się pracować. Powinniśmy zapomnieć o bogactwach naturalnych, które mogłyby podnieść poziom życia Peruwiańczyków i zmodernizować nasz kraj. Czy to właśnie proponuje Korona brytyjska naszej ojczyźnie, panie Casement?

— Amazonia kryje w sobie wiele bogactw, to nie ulega wątpliwości — przyznał Casement, nie zdradzając oznak zakłopotania. — Jest całkowicie słuszne, by Peru z nich korzystało. Lecz bez nadużyć wobec krajowców, bez polowania na nich jak na zwierzęta, bez niewolniczej pracy. Raczej włączając ich do cywilizacji poprzez szkoły, szpitale, kościoły.

Víctor Israel wybuchnął śmiechem, trzęsąc się jak lalka na sprężynie.

— Na jakim świecie pan żyje, panie konsulu! — wykrzyknął, podnosząc teatralnym gestem dłonie o palcach długich jak u kościotrupa. — To jasne, że w życiu nie widział pan kanibala. Wie pan, ilu chrześcijan zostało pożartych przez krajowców? Ilu białych i *cholos* zginęło od zatrutych włóczni i strzał? Ilu ofiarom zmniejszono głowy, jak to robią Shaprowie? Porozmawiamy, jak dowie się pan lepiej, czym jest dzicz.

— Mieszkałem prawie dwadzieścia lat w Afryce i wiem coś niecoś na ten temat, panie Israel — zapewnił go Casement. — Zresztą spotkałem tam wielu białych, którzy myśleli podobnie jak pan.

By zapobiec dalszemu zaognieniu rozmowy, Walter Folk i Henry Fielgald skierowali ją na mniej drażliwe tematy. Tej nocy, nie mogąc zasnąć, po dziesięciu dniach w Iquitos spędzonych na wywiadach z ludźmi różnego stanu, po zanotowaniu dziesiątek opinii zebranych wśród przedstawicieli władzy, sędziów, wojskowych, właścicieli restauracji, rybaków, sutenerów, włóczęgów, prostytutek, kelnerów w burdelach i w barach, Roger Casement powiedział sobie, że przeważająca większość tutejszych białych i Metysów, Peruwiańczyków i cudzoziemców, myśli podobnie jak Víctor Israel. Dla nich amazońscy Indianie nie stanowili istot ludzkich w pełnym tego słowa znaczeniu, lecz jakąś formę życia niższą i godną pogardy, bliższą zwierzętom niż ludziom cywilizowanym. Dlatego było prawomocne wyzyskiwanie ich, batożenie, porywanie, zmuszanie do pracy przy zbiorze kauczuku, a gdy się bronili, zabijanie ich tak, jak się zabija psa, który dostał wścieklizny. Była to tak powszechna wizja autochtonów, że jak mówił ojciec Ricardo Urrutia, nikogo nie dziwiło, że w domach służą dzieci porwane i sprzedane rodzinom z Loreto za równowartość jednego czy dwóch funtów szterlingów. Smutek zmusił go do otwarcia ust i nabrania głębokiego oddechu, tak by powietrze doszło do płuc. Skoro nie wyjeżdżając z tego miasta, tyle zobaczył i usłyszał, co dopiero będzie w Putumayo?

Członkowie komisji wyruszyli z Iquitos późnym rankiem czternastego września tysiąc dziewięćset dziesiątego roku. Roger zatrudnił jako tłumacza Fredericka Bishopa, jednego z barbadoskich nadzorców, z którymi spotkała się komisja. Bishop mówił po hiszpańsku i zapewniał, że zna dwa autochtoniczne języki najbardziej rozpowszechnione w okolicy: bora i huitoto, i potrafi się w nich porozumiewać. „Liberal", największy z liczącej piętnaście statków floty Peruvian Amazon Company, był w dobrym stanie. Miał małe, dwuosobowe kajutki oraz hamaki rozwieszone na dziobie i w części rufowej dla tych, którzy woleli spać na świeżym powietrzu. Bishop bał się wracać do Putumayo i poprosił Rogera Casementa o potwierdzenie na piśmie, że komisja będzie go chronić podczas podróży, a następnie rząd brytyjski zapewni mu repatriację na Barbados.

Rejs z Iquitos do La Chorrery, stolicy ogromnego terytorium między rzekami Napo i Caquetá, gdzie operowała Peruvian Amazon Company Julia C. Arany, zabrał osiem dni, upalnych, przepełnionych chmarami moskitów, nudą i monotonią pejzażu i dźwięków. Statek płynął w dół Amazonki, której szerokość po opuszczeniu Iquitos stale rosła, aż brzegi stały się niewidoczne, przekroczył granicę z Brazylią w Tabatindze, popłynął w dół Yavarí, po czym powrócił do Peru rzeką Igaraparaná. Na tym odcinku rzeka zwężała się, a liany i gałęzie strzelistych drzew przesuwały się niekiedy nad pokładem. Stada papug śmigały zygzakiem pomiędzy drzewami z głośnym skrzekiem, powściągliwe różowe czaple wygrzewały się w słońcu na wysepkach, stojąc nieruchomo na jednej nodze, bure skorupy wielkich żółwi wystawały z nieco jaśniejszej wody, a gdzieniegdzie pasażerowie dostrzegali łuskowaty grzbiet kajmana drzemiącego w przybrzeżnym błocie i strzelali do niego z karabinu lub z rewolweru.

Roger Casement spędził większą część rejsu na porządkowaniu notatek i kajetów z Iquitos oraz szkicowaniu planu pracy na najbliższe miesiące, które zamierzał spędzić we włościach Julia C. Arany. Zgodnie z instrukcjami Foreign Office miał rozmawiać wyłącznie z pracownikami pochodzącymi z Barbadosu, czyli obywatelami brytyjskimi, zostawiając w spokoju pracowników peruwiańskich oraz innych narodowości, by nie urazić rządu Peru. On jednak nie zamierzał respektować tych zaleceń. Jego śledztwo będzie ślepe, chrome i bez ręki, jeśli nie zbierze także informacji od szefów placówek, *racionales* – zhiszpańszczonych Indian nadzorujących pracę i wymierzanie kar – oraz samych tubylców. Tylko w ten sposób uzyska pełny obraz systemu gwałcenia prawa i etyki przez kompanię Julia C. Arany w jej relacjach z autochtonami.

W Iquitos Pablo Zumaeta uprzedził członków komisji, że zgodnie z instrukcjami Arany kompania wysłała do Putumayo jednego z głównych dyrektorów *señora* Juana Tizóna, który miał ich przyjąć i ułatwić poruszanie się pomiędzy placówkami oraz zbieranie informacji. Członkowie komisji podejrzewali, że prawdziwym celem podróży Tizóna do Putumayo było zatarcie śladów nadużyć i przygotowanie upiększonego obrazu rzeczywistości.

Przybyli do La Chorrery w południe dwudziestego drugiego września tysiąc dziewięćset dziesiątego roku. Nazwa placówki, „struga", pochodziła od prądów i wodospadów występujących w miejscu nagłego zwężenia koryta rzeki i tworzących głośny i wspaniały spektakl: piana, hałas, mokre skały, wiry przerywające monotonny bieg Igaraparaná, dopływu Amazonki, na którego brzegu mieścił się sztab Peruvian Amazon Company. By dotrzeć z portu do biur i domów w La Chorrerze, trzeba było wspiąć się na stromą skarpę, śliską, porośniętą gąszczem. Buty podróżników grzęzły w błocie, a oni sami, by nie upaść, musieli wspierać się od czasu do czasu o ramiona indiańskich tragarzy niosących bagaże. Witając się z ludźmi, którzy wyszli im na spotkanie, Roger z drżeniem serca zauważył, że co trzeci lub co czwarty spośród półnagich tubylców uginających się pod ciężarem lub przyglądających się im z wysokiego brzegu i uderzających otwartą dłonią w ramiona, by odpędzić moskity, ma na plecach, pośladkach i udach blizny, które mogły pochodzić tylko od smagnięcia batem. Kongo, tak, Kongo wszędzie.

Juan Tizón był wysokim mężczyzną odzianym na biało, o arystokratycznych manierach, niezwykle grzecznym, znał angielski wystarczająco, by się z nim porozumieć. Dobiegał zapewne pięćdziesiątki i z daleka rzucało się w oczy, że – biorąc pod uwagę gładko wygoloną twarz, starannie przycięty wąsik, delikatne dłonie i strój – selwa nie jest jego żywiołem, że jest człowiekiem biur, salonów i miasta. Powitał ich po angielsku i po hiszpańsku, po czym przedstawił swego towarzysza, którego samo nazwisko spowodowało, że Roger poczuł odrazę: Víctor Macedo, szef La Chorrery. Ten przynajmniej nie uciekł. Saldaña Roca i Hardenburg wskazywali go w artykułach w londyńskim czasopiśmie „Truth" jako jednego z najbardziej krwiożerczych najemników Arany w Putumayo.

Gdy wspinali się na wzgórze, przyjrzał mu się. Macedo był mężczyzną w nieokreślonym wieku, barczystym, raczej niskim, *cholo* o dość jasnej cerze, lecz rysach Indianina, ze spłaszczonym nosem, o grubych, stale rozchylonych wargach ukazujących dwa lub trzy złote zęby i twardych rysach człowieka zahartowanego, przywykłego do ciężkich warunków. W odróżnieniu od nowo przybyłych piął się po stromym zboczu z łatwością. Miał nieco umykające spojrzenie, jakby starał się uniknąć oślepiającego blasku słońca lub jakby obawiał się patrzeć rozmówcy prosto w twarz. Tizón nie był uzbrojony, natomiast za pasem Víctora Macedy tkwił rewolwer.

Na rozległej polanie stały drewniane konstrukcje na palach – grubych pniach drzew lub betonowych kolumnach – z tarasem otoczonym balustradą na piętrze. Największe były kryte dachem z kalaminu, najmniejsze – plecionką z liści palmowych. Tizón udzielał wyjaśnień, wskazując na poszczególne budowle – „Tam są biura", „To składy kauczuku", „W tym domu będą panowie zakwaterowani" – lecz Roger słuchał go jednym uchem. Obserwował grupki tubylców, pół- lub całkowicie nagich, przesuwających po nich obojętnym spojrzeniem lub unikających ich wzroku: mężczyźni, kobiety, cherlawe dzieci, niektórzy ze wzorami wymalowanymi na twarzach i piersiach, z nogami chudymi jak patyki, o bladej żółtawej cerze, niekiedy z nacięciami na policzkach i z ozdobami w wargach i uszach, co przywiodło mu na myśl rdzennych mieszkańców Afryki. Jednak nie było tu czarnych. Nieliczni Mulaci i ludzie o brązowej cerze, jakich zauważył, mieli na sobie spodnie i buty z cholewami i z pewnością należeli do kontyngentu z Barbadosu. Doliczył się czterech. *Muchachos*, czyli *racionales*, rozpoznał od razu, gdyż mieli wprawdzie indiańskie rysy twarzy i bose stopy, lecz obcięli sobie włosy, czesali się po „chrześcijańsku", nosili spodnie i bluzy, a u pasa zwisały im kije i baty.

Choć pozostali członkowie komisji zostali zakwaterowani po dwóch, Roger Casement otrzymał pokój tylko dla siebie. Była to kanciapka z hamakiem zamiast łóżka i meblem, który mógł służyć zarazem jako kufer i jako biurko. Na małym stoliku stały miednica, dzbanek z wodą i lustro. Wyjaśniono mu, że na parterze, obok wejścia, znajduje się wychodek i prysznic. Po rozlokowaniu się jeszcze przed obiadem Roger powiedział Juanowi Tizónowi, że chciałby już tego samego popołudnia porozmawiać ze wszystkimi pracownikami z Barbadosu, jacy przebywali w La Chorrerze.

Już wtedy osiadł mu w nozdrzach ten zapach, stęchły i przenikliwy, oleisty, podobny do zapachu zbutwiałych roślin i liści. Przenikał wszystkie zakątki La Chorrery i miał mu towarzyszyć rankiem, po południu i w nocy przez trzy miesiące podróży po Putumayo, zapach, do którego nigdy nie przywykł, który powodował u niego mdłości i zawroty głowy, fetor zdawał się emanować z powietrza, z ziemi, z przedmiotów i z ludzi, i od tamtego czasu miał się stać dla Rogera Casementa symbolem zła i cierpienia, jakie powodował ów *jebe* spływający niby pot z pni drzew amazońskich. „To ciekawe – skomentował w rozmowie z Juanem Tizónem w dniu przybycia do placówki. – W Kongu odwiedziłem wielką liczbę plantacji i magazynów kauczuku, ale nie przypominam sobie, żeby kongijski lateks wydawał tak silny i nieprzyjemny zapach". „To dwie różne odmiany – wyjaśnił mu Tizón. – Tutejszy bardziej cuchnie, a przy tym jest trwalszy od afrykańskiego. Paki wysyłane do Europy przesypuje się talkiem, żeby tak nie śmierdział".

Choć barbadoskich nadzorców było w całym regionie Putumayo aż stu dziewięćdziesięciu sześciu, w La Chorrerze pracowało tylko sześciu. Dwóch już na wstępie odmówiło rozmowy z Rogerem, mimo że ów za pośrednictwem Bishopa zapewnił, że będzie całkowicie prywatna, że w żadnym razie nie zostaną pociągnięci do odpowiedzialności za to, o czym mu opowiedzą, i że osobiście zajmie się ich repatriacją na Barbados, jeśli nie będą chcieli pracować dłużej dla kompanii Arany.

Czterej, którzy zgodzili się zeznawać, przebywali w Putumayo około siedmiu lat i pracowali dla Peruvian Amazon Company w różnych placówkach jako nadzorcy, pełniąc funkcję pośrednią między szefami a *racionales*. Pierwszy, z którym rozmawiał, Donal Francis, Murzyn wysoki i krzepki, chromy, z bielmem na oku, był tak zdenerwowany i okazywał taką nieufność, że Roger od razu zorientował się, że niewiele z niego wyciągnie. Odpowiadał monosylabami i zaprzeczał wszystkim oskarżeniom. Jego zdaniem w La Chorrerze szefowie, pracownicy, „a nawet dzikusy" współżyli zgodnie. Nigdy nie było żadnych problemów, a tym bardziej przemocy. Rzucało się w oczy, że został starannie poinstruowany, co ma mówić i jak się zachowywać przed komisją.

Roger pocił się obficie. Popijał wodę małymi łyczkami. Czy rozmowy z pozostałymi emigrantami z Barbadosu okażą się również bezużyteczne jak ta? Nie. Philip Bertie Lawrence, Seaford Greenwich i Stanley Sealy, zwłaszcza ten ostatni, po przezwyciężeniu początkowego uprzedzenia i otrzymaniu od Rogera obietnicy, w imieniu rządu brytyjskiego, że zostaną odesłani na Barbados, zaczęli mówić, wyrzucać z siebie wszystko, obwiniać siebie samych z gwałtownością niekiedy frenetyczną, jakby nie mogli się doczekać, kiedy ulżą swoim sumieniom.

Stanley Sealy zilustrował swoje zeznania takimi szczegółami i przykładami, że mimo długiego doświadczenia w dziedzinie zbrodni popełnianych na ludziach Casement dostawał chwilami mdłości, a udręka dławiła mu pierś i nie pozwalała oddychać. Gdy Mulat skończył mówić, zapadł już zmrok. Bzyczenie nocnych owadów było tak ogłuszające, jakby krążyły wokół nich tysiące tych stworzeń. Siedzieli na drewnianej ławce, na tarasie przyległym do sypialni Rogera. We dwóch wypalili paczkę papierosów. W gęstniejącej ciemności Roger nie widział już rysów twarzy niskiego Mulata, tylko zarys głowy i muskularne ramiona. Przybył do La Chorrery niedawno. Przez dwa lata pracował w stacji Abisinia, jako prawa ręka kierowników Abelarda Agüera i Augusta Jiméneza, a wcześniej w Matanzas, pod Armandem Normandem. Teraz milczeli obaj. Roger czuł ukłucia moskitów na twarzy, karku i rękach, lecz nie miał sił, by je odgonić.

Nagle zdał sobie sprawę, że Sealy płacze. Podniósł ręce do twarzy i łkał cicho, jego pierś nadymała się i opadała. Roger widział łzy błyszczące w jego oczach.

– Wierzysz w Boga? – zapytał go. – Jesteś człowiekiem religijnym?

– Byłem jako dziecko, tak myślę – jęknął Mulat rozdartym głosem.

– Moja matka chrzestna zabierała mnie do kościoła w każdą niedzielę, w St. Patrick, miasteczku, gdzie się urodziłem. Teraz sam nie wiem.

– Pytam o to, bo a nuż pomoże ci rozmowa z Bogiem. Nie mówię „modlitwa", tylko „rozmowa". Spróbuj z Nim porozmawiać. Równie szczerze jak ze mną. Opowiedz Mu, co czujesz, dlaczego płaczesz. Tak czy owak, On może pomóc ci bardziej niż ja. Ja nie wiem, jak to zrobić. Czuję się tak samo załamany jak ty, Stanley.

Podobnie jak Philip Bertie Lawrence i Seaford Greenwich, Stanley Sealy był gotów powtórzyć swoje zeznania przed członkami komisji, a nawet przed *señorem* Juanem Tizónem, pod warunkiem że pozostanie u boku Casementa i wróci z nim do Iquitos, a potem na Barbados.

Roger wszedł do swego pokoju, podpalił knot lampy, zdjął koszulę i obmył tors, pachy i twarz wodą z miednicy. Chętnie wziąłby prysznic, lecz w tym celu musiałby zejść na parter i wyjść na świeże powietrze, a tam zostałby pożarty przez moskity, które nocą stawały się sto razy liczniejsze i bardziej zajadłe.

Zszedł na kolację, do jadalni także oświetlonej lampami olejnymi. Juan Tizón i jego towarzysze podróży popijali ciepłą, rozwodnioną whisky. Gawędzili na stojąco, podczas gdy trzech lub czterech indiańskich służących, półnagich, wnosiło rybę smażoną i pieczoną, gotowany maniok, bataty i mączkę kukurydzianą, którą posypywało się potrawy podobnie jak mączką *farinha* w Brazylii. Inni odpędzali muchy wachlarzami ze słomy palmowej.

— Jak panu poszło z tymi z Barbadosu? — zagadnął Juan Tizón, podając mu szklaneczkę z whisky.

— Lepiej, niż oczekiwałem, *señor* Tizón. Obawiałem się, że nie będą chcieli mówić. Tymczasem było wręcz przeciwnie. Trzech rozmawiało ze mną z całkowitą szczerością.

— Mam nadzieję, że podzielą się ze mną panowie skargami, które dojdą do waszych uszu — powiedział Tizón, pół żartem, pół serio. — Kompania chce naprawić to, co trzeba, i ulepszyć metody działania. Taka była zawsze polityka pana Arany. No cóż, wyobrażam sobie, że są panowie głodni. Do stołu, *señores*!

Usiedli i zaczęli nakładać sobie z różnych półmisków. Członkowie komisji spędzili popołudnie na wizytacji biur i magazynów w La Chorrerze, gawędząc za pośrednictwem Bishopa z pracownikami administracyjnymi i magazynierami. Wszyscy sprawiali wrażenie zmęczonych i nieskorych do rozmowy. Czy ich doświadczenia z tego pierwszego dnia były równie przygnębiające jak jego? Juan Tizón zaproponował wino, lecz ponieważ uprzedził ich, że ze względu na długi transport i tropikalny klimat francuskie wino dociera zmącone, a niekiedy skwaśniałe, wszyscy woleli pozostać przy whisky. W połowie posiłku Roger zagadnął, rzucając okiem na Indian podających do stołu:

— Widziałem, że wielu Indian i wiele Indianek w La Chorrerze ma blizny na plecach, pośladkach i udach. Na przykład ta dziewczyna. Ile batów wynosi typowa chłosta?

Zapadła cisza, w której cichy trzask lamp olejnych i szum owadów wydał się bardzo głośny. Wszyscy wpatrywali się w Juana Tizóna, bardzo poważni.

— Te blizny robią sobie w większości przypadków sami — oświadczył ów, niezbyt pewnym tonem. — Tutejsze plemiona mają te swoje barbarzyńskie rytuały inicjacyjne, jak panowie wiedzą, na przykład przekłuwanie twarzy, warg, uszu, nozdrzy, i wkładanie do otworów obrączek, zębów i przeróżnych zawieszek. Nie neguję, że niektóre blizny mogą być dziełem nadzorców, którzy nie respektowali zarządzeń kompanii. Nasz regulamin kategorycznie zabrania stosowania kar cielesnych.

— Nie to miałem na myśli, panie Tizón — powiedział Casement. — Chciałem raczej zapytać, dlaczego, mimo że widać tyle blizn, nie widziałem jeszcze ani jednego Indianina ze znakiem kompanii na ciele.

— Nie rozumiem, co chce pan przez to powiedzieć — odrzekł Tizón, opuszczając widelec.

— Nadzorcy z Barbadosu wyjaśnili mi, że wielu autochtonów zostało oznakowanych inicjałami kompanii: „CA", czyli „Casa Arana". Jak krowy, konie i świnie. Żeby nie uciekli i nie zostali porwani przez firmy kolumbijskie. Oni sami oznakowali wielu Indian. Czasem ogniem, kiedy indziej nożem. Ale tu nie widziałem żadnego z takim znakiem. Co się z nimi stało, proszę pana?

Juan Tizón stracił nagle spokój i eleganckie maniery. Poczerwieniał i trząsł się z gniewu.

– Nie pozwalam panu mówić do mnie takim tonem! – wykrzyknął, mieszając angielski i hiszpański. – Jestem tu po to, by ułatwić panom pracę, nie po to, by wysłuchiwać ironicznych uwag!

Roger Casement pokiwał głową, nie zmieniając wyrazu twarzy.

– Proszę o wybaczenie, nie chciałem pana urazić – powiedział spokojnie. – Chodzi o to, że choć byłem w Kongu świadkiem niewypowiedzianych okrucieństw, znakowania ludzi ogniem albo nożem jeszcze nie widziałem. Jestem pewien, że nie ponosi pan odpowiedzialności za te straszne czyny.

– Oczywiście, że nie ponoszę odpowiedzialności za żaden z tych strasznych czynów! – Tizón podniósł głos raz jeszcze, gestykulując. Wywracał oczami najwyraźniej całkowicie wytrącony z równowagi. – Jeśli dochodzi do nich, to nie z winy kompanii! Nie widzi pan, co to za miejsce, panie Casement? Nie ma tu żadnej władzy ani policji, ani sądu, nikogo. Ludzie, którzy tu pracują, kierownicy, nadzorcy, pomocnicy, nie mają żadnego wykształcenia, to przeważnie analfabeci, łowcy przygód, ludzie nieokrzesani, stwardnieli od życia w lesie. Niekiedy popełniają nadużycia, które przerażają człowieka cywilizowanego. Wiem o tym doskonale. Robimy, co możemy, proszę mi wierzyć. Pan Arana całkowicie zgadza się z panami. Wszyscy, którzy dopuścili się wykroczeń, zostaną zwolnieni. Ja nie jestem współwinny żadnej niesprawiedliwości, panie Casement. Mam szanowane nazwisko, moja rodzina wiele znaczy w tym kraju, jestem katolikiem, który przestrzega zasad swej religii.

Roger pomyślał, że Juan Tizón prawdopodobnie wierzy w to, co mówi. Przyzwoity człowiek, który przebywając w Iquitos, Manaos, Limie czy Londynie, nie wiedział i nie chciał wiedzieć, co wyprawia się tutaj. Musiał teraz przeklinać godzinę, w której Julio C. Arana wpadł na pomysł, by wysłać go do tej dziury zabitej dechami, z niewdzięczną misją związaną z tysiącem niewygód i niemiłych chwil.

– Powinniśmy działać razem, współpracować – powtarzał Tizón, ochłonąwszy nieco ze wzburzenia, wymachując rękami. – Wszelkie wypaczenia zostaną naprawione. Pracownicy, którzy popełnili przestępstwa, zostaną ukarani. Daję słowo honoru! Jedyne, o co panów proszę, to żebyście widzieli we mnie przyjaciela, człowieka, który stoi po waszej stronie.

Chwilę później Juan Tizón oznajmił, że niezbyt dobrze się czuje i woli się położyć. Powiedział wszystkim „dobranoc" i wyszedł. Wokół stołu zostali jedynie członkowie komisji.

– Znakowani jak zwierzęta? – szepnął botanik Walter Folk ze sceptycznym wyrazem twarzy. – Czy to możliwe?

– Trzech z czterech nadzorców, z którymi dziś rozmawiałem, zapewniło mnie, że to prawda – powiedział Casement. – Stanley Sealy mówi, że robił to własnymi rękami, w stacji Abisinia, na rozkaz swojego szefa Abelarda Agüera. Ale nawet nie to wydaje mi się najgorsze. Słyszałem jeszcze straszniejsze rzeczy tego wieczoru.

Rozmawiali, nie biorąc już do ust ani kęsa, aż opróżnili dwie butelki whisky, które zostały na stole. Członkowie komisji byli pod wrażeniem blizn na plecach krajowców oraz dybów czy też pala tortur, który odkryli w jednym z magazynów w La Chorrerze, gdzie składowano kauczuk. W obecności pana Tizóna, który przeżył bardzo niemiłą chwilę, Bishop wyjaśnił im, jak działa owa „zbroja" z desek i sznurów, do której wciskano skulonego krajowca. Nie mógł poruszać rękami ani nogami. Tortura polegała na tym, że zaciskano deski lub zawieszano go w powietrzu. Bishop zapewnił, że dyby znajdowały się zawsze na samym środku głównego placu w każdej stacji. Zapytali jednego z *muchachos* z magazynu, kiedy przyniesiono tutaj owo urządzenie. Wyjaśnił, że w przeddzień ich przyjazdu.

Postanowili, że komisja przesłucha nazajutrz Philipa Bertiego Lawrence'a, Seaforda Greenwicha i Stanleya Sealy'ego. Seymour Bell zaproponował, by Juan Tizón był przy tym obecny. Zebrani mieli różne zdania na ten temat, zwłaszcza Walter Folk, który obawiał się, że w obecności dyrektora nadzorcy odwołają wcześniejsze zeznania. Owej nocy Roger Casement nie zmrużył oka. Robił notatki z rozmów z nadzorcami, aż lampa zgasła, gdyż skończył się zapas oleju. Położył się w hamaku i pozostał do rana w stanie pół snu, pół jawy, zapadając niekiedy w drzemkę i budząc się po krótkiej chwili z obolałymi kośćmi i mięśniami, nie mogąc otrząsnąć się z przygnębienia i zniechęcenia.

I Peruvian Amazon Company była firmą brytyjską! W jej zarządzie znajdowały się osobistości tak poważane w świecie przedsiębiorczym i w City, jak *sir* John Lister-Kaye, baron Souza-Deiro, John Russell Gubbins i Henry M. Read. Co powiedzą owi wspólnicy Julia C. Arany, gdy przeczytają w raporcie, który przedstawi rządowi, że firma legitymizowana ich nazwiskami i pieniędzmi praktykowała niewolnictwo, pozyskiwała zbieraczy kauczuku i służących poprzez rajdy prowadzone przez uzbrojonych łotrów, którzy porywali indiańskich mężczyzn, kobiety i dzieci, zawozili ich na plantacje kauczuku, gdzie wyzyskiwali ich w okrutny sposób, zakuwali w dyby, znakowali ogniem i nożem, batożyli na śmierć, jeśli nie przynieśli minimalnej ilości kauczuku: trzydzieści kilo co trzy miesiące. Roger był kiedyś w biurach Peruvian Amazon Company w Salisbury House, EC, w centrum finansowym Londynu. Okazały lokal z pejzażem Gainsborougha na ścianie, sekretarki w uniformach, podłogi wysłane puszystymi dywanami, skórzane kanapy dla gości, rój *clerks* w spodniach w paski, czarnych surdutach, śnieżnobiałych koszulach z wykrochmalonym kołnierzykiem, w krawatach z błyszczącą szpilą, prowadzących księgi, wysyłających i odbierających telegramy, sprzedających i przyjmujących przekazy pieniężne z wszystkich przemysłowych miast Europy za posypany talkiem i cuchnący kauczuk. A na drugim krańcu świata, w Putumayo, Indianie Huitoto, Ocaina, Muinane, Nonuya, Andoque, Rezígaro i Bora wymierający powoli i w milczeniu, gdyż nikt nie kiwnie palcem, by zmienić ten stan rzeczy.

"Dlaczego ci krajowcy nie spróbowali się zbuntować? – zapytał podczas kolacji botanik Walter Folk. I dodał: – To prawda, że nie mają broni palnej. Ale jest ich dużo, mogliby wzniecić powstanie i choćby niektórzy z nich zginęli, pozostali pokonaliby swych oprawców samą liczbą". Roger odpowiedział mu, że to nie takie proste. Nie buntowali się z tych samych powodów co Kongijczycy w Afryce. Bunty zdarzały się niezwykle rzadko, były to lokalne i sporadyczne akty samobójstwa jednostki lub małej grupki. Ponieważ system eksploatacji posunięty do ostateczności niszczy ducha, zanim jeszcze zniszczy ciało. Przemoc, której stawali się ofiarami, niweczyła wolę oporu, instynkt samozachowawczy, przekształcała autochtonów w automaty sparaliżowane konfuzją i lękiem. Wielu nie postrzegało tego, co się z nimi dzieje, jako następstwa zła czynionego przez konkretnych ludzi, lecz jako mityczny kataklizm, przekleństwo bogów, boską karę, przed którą nie ma ucieczki.

Chociaż tu, w Putumayo, Roger odkrył w dokumentach dotyczących Amazonii, że kilka lat wcześniej dokonano próby buntu, w stacji Abisinia, gdzie pracowali Bora. Tego tematu nikt nie chciał poruszać. Wszyscy nadzorcy unikali go. Pewnej nocy młody lokalny kacyk o imieniu Katenere, wraz z grupką współbratymców, ukradł karabiny szefów i *muchachos*, zamordował Bartolomé Zumaetę (krewniaka Pabla Zumaety), który podczas libacji zgwałcił jego żonę, i zniknął w selwie. Kompania wyznaczyła nagrodę za jego głowę. Wiele wypraw wyruszyło na poszukiwania. Przez jakieś dwa lata nie udało się im go złapać. Wreszcie grupa łowców, prowadzona przez zdradzieckiego Indianina, otoczyła chatę, gdzie ukrywali się Katenere z żoną. Kacykowi udało się uciec, lecz kobieta została schwytana. Szef grupy Vásquez zgwałcił ją osobiście, na oczach wszystkich, i zakuł w dyby. Trzymał ją bez wody i pożywienia przez kilka dni. Od czasu do czasu kazał ją batożyć. Którejś nocy kacyk się pojawił. Z pewnością śledził tortury, jakim poddawano jego żonę, od momentu jej ujęcia. Wszedł na plac, cisnął karabin na ziemię i ukląkł obok dybów, gdzie dogorywała jego żona lub gdzie spoczywało jej ciało. Vásquez głośnym krzykiem nakazał "chłopcom", by nie strzelali. Własnoręcznie, drutem wyłupił młodzieńcowi oczy. Potem kazał spalić go żywcem, wraz z żoną, przed lokalnymi Indianami ustawionymi w krąg. Czy rzeczywiście tak potoczyły się wydarzenia? Historia miała romantyczny finał, który jak sądził Roger, został zmodyfikowany, by zaspokoić krwiożercze apetyty, upodobanie do okrucieństwa tak rozpowszechnione w tych tropikalnych regionach. W każdym razie stanowiła symbol i przykład: autochton zbuntował się, ukarał oprawcę i zginął jak bohater.

Zaledwie zaświtało, wyszedł z domu i zszedł po skarpie nad rzekę. Znalazł małą zatoczkę, gdzie prąd nie był silny, i wykąpał się nago. Zimna woda podziałała jak masaż. Gdy się ubrał, poczuł się świeżo i w lepszym humorze. Wracając do La Chorrery, zboczył z drogi, by obejrzeć miejsce, gdzie mieszkali Huitoci. Ich chaty rozrzucone między poletkami manioku, kukurydzy i bananowców były okrągłe, ze ściankami z desek z palmy *chonta* powiązanych lianami, przykryte strzechą z liści palmy *yarina* sięgających gruntu. Zobaczył wychudzone kobiety z dziećmi na rękach – żadna nie odpowiedziała na jego pozdrowienie – lecz ani jednego mężczyzny. Gdy wrócił do swej kwatery, zastał w sypialni Indiankę, która przyniosła mu odzież oddaną poprzedniego dnia do prania. Zapytał, ile jest jej winien, lecz kobieta – młoda, z zielonymi i niebieskimi kreskami na twarzy – popatrzyła na niego, nie rozumiejąc. Poprosił o tłumaczenie Fredericka Bishopa. Ów przemówił do kobiety w huitoto, lecz ta nadal nie rozumiała.

– Nic nie jest pan jej winien – powiedział Bishop. – Tu się nie płaci pieniędzmi. Poza tym to jedna z żon szefa La Chorrery Víctora Macedy.

– Ile ich ma?

– Teraz pięć – odpowiedział były nadzorca. – Kiedy pracowałem tu, miał co najmniej siedem. Zmienił je. Wszyscy tak robią. – Roześmiał się i wygłosił sentencję, która miała być żartobliwa, lecz Rogera nie rozbawiła: – W tym klimacie kobiety szybko się zużywają. Trzeba je ciągle zmieniać jak ubrania.

Dwa tygodnie spędzone w La Chorrerze przed wyjazdem do Occidente Roger Casement miał wspominać jako najbardziej pracowite i intensywne z całej podróży. Jego jedynymi rozrywkami były kąpiele w rzece, u brodu lub pod wodospadem, gdzie prąd nie był zbyt silny, długie przechadzki po selwie, robienie zdjęć, a niekiedy, późną nocą, partyjka brydża z towarzyszami. Przeważającą część dnia i wieczoru spędzał na prowadzeniu dochodzenia, robieniu notatek, wypytywaniu miejscowych, wymienianiu wrażeń z członkami komisji.

Wbrew obawom tych ostatnich, Philip Bertie Lawrence, Seaford Greenwich i Stanley Sealy nie poczuli się onieśmieleni, występując przed komisją w pełnym składzie, w obecności Juana Tizóna. Potwierdzili wszystko to, co opowiedzieli Rogerowi Casementowi, a nawet więcej, dorzucając nowe przykłady krwawych praktyk i nadużyć. Od czasu do czasu Roger widział, jak któryś z członków komisji blednie, jakby miał zaraz zemdleć.

Juan Tizón siedział za nimi w milczeniu, nie otwierając ust. Robił notatki w małych kajetach. W ciągu pierwszych dni, podczas przesłuchań, próbował lekceważyć i kwestionować świadectwa dotyczące tortur, morderstw i okaleczeń. Jednakże po trzecim czy czwartym dniu dokonała się w nim przemiana. Podczas posiłków nie odzywał się, prawie nic nie jadł, odpowiadał monosylabami i pomrukami. Piątego dnia, gdy popijali whisky przed kolacją, wybuchnął. Z oczami nabrzmiałymi krwią zwrócił się do obecnych: „To przechodzi ludzkie pojęcie, przekracza wszystko, czego się mogłem spodziewać. Przysięgam panom na duszę mojej świętej matki, mojej małżonki i mych dzieci, tego, co kocham najbardziej na świecie, że jest to dla mnie absolutnym zaskoczeniem. Czuję taką samą zgrozę i wstręt jak panowie. Jestem chory od tego, co usłyszeliśmy. Być może ci ludzie przesadzają w swoich zeznaniach, pragnąc zaskarbić sobie waszą przychylność. Lecz nawet w takim przypadku nie ulega wątpliwości, że popełniono tu potworne zbrodnie, których nie sposób tolerować, które powinny zostać ujawnione i ukarane. Przysięgam panom, że...".

Głos uwiązł mu w gardle i musiał przysunąć sobie krzesło. Przez długą chwilę siedział ze spuszczoną głową, ze szklanką w ręce. Wymamrotał, że Julio C. Arana z pewnością nie podejrzewał, co tu się wyprawia, ani też jego główni współpracownicy w Iquitos, Manaos czy Londynie. Będzie pierwszym, który zażąda, by zaprzestano tych praktyk. Roger, pod wrażeniem pierwszej części przemowy Tizóna, pomyślał, że druga część nie jest tak spontaniczna. Że Juan Tizón, człowiek jak każdy inny, miał na uwadze swoją sytuację, rodzinę, przyszłość. Tak czy owak, począwszy od tego dnia, przestał zachowywać się jak wysoki urzędnik Peruvian Amazon Company i przekształcił się w kolejnego członka komisji. Współpracował z nimi z zapałem i sumiennością, dostarczając im niekiedy nowych informacji. I przez cały czas żądał, by zachowywali ostrożność. Był pełen obaw, podejrzliwie obserwował wszystko i wszystkich wokół. Jako że poznali prawdę o tych zbrodniach, życiu każdego z nich groziło niebezpieczeństwo. Dręczył go ciągły strach. Obawiał się, że nadzorcy wyznają Víctorowi Macedzie, iż ujawnili straszne fakty. Gdyby tak postąpili, nie można było wykluczyć, że osobnik ów, by nie zostać aresztowanym i nie stanąć przed sądem, zastawi na nich śmiertelną pułapkę, a potem powie, że zginęli z rąk dzikich plemion.

Sprawy przybrały inny obrót pewnego dnia, przed świtem, gdy Roger Casement usłyszał cichutkie stukanie w drzwi sypialni. Za oknem panował jeszcze mrok. Poszedł otworzyć. Sylwetka, którą ujrzał w drzwiach, nie należała do Fredericka Bishopa. Był to Donal Francis, nadzorca, który podczas pierwszej rozmowy utrzymywał, że stosunki międzyludzkie w stacji są zupełnie normalne. Przemówił głosem zniżonym i przestraszonym. Przemyślał sprawę i chce powiedzieć prawdę. Roger wpuścił go. Rozmawiali, siedząc na podłodze, ponieważ Donal obawiał się, że jeśli wyjdą na taras, ktoś może ich podsłuchać.

Oznajmił, że skłamał ze strachu przed Víctorem Macedą. Ów zagroził mu: jeśli wyjawi Anglikom, co tu się dzieje, nigdy w życiu nie wróci na Barbados, a on sam, po wyjeździe komisji, osobiście odetnie mu jądra i nagiego przywiąże do drzewa, żeby go zjadły czerwone mrówki. Roger uspokoił go. Zostanie repatriowany podobnie jak jego krajanie. Jednakże nie chce słuchać nowego zeznania prywatnie. Francis powinien przemówić przed członkami komisji i Tizónem. Nadzorca zeznawał tego samego dnia, w jadalni, gdzie odbywały się posiedzenia komisji. Jego panika była widoczna. Miał rozbiegane oczy, gryzł grube wargi, chwilami brakowało mu słów. Mówił przez prawie trzy godziny. Najbardziej dramatycznym wyznaniem była opowieść o dwóch Indianach Huitoto, którzy kilka miesięcy wcześniej usprawiedliwiali chorobą żałośnie niską dostawę kauczuku; Víctor Macedo rozkazał jemu i jednemu z „chłopców", Joaquínowi Piedrze, związać im ręce i nogi, zanurzyć w rzece i przytrzymać pod wodą, aż się utopią. Potem kazał „chłopcom" zawlec trupy w las, na pożarcie dzikim zwierzętom. Donal zaoferował, że zaprowadzi ich do miejsca, gdzie były jeszcze widoczne szczątki i kości Indian.

Dwudziestego ósmego września Casement i członkowie komisji opuścili La Chorrerę i łodzią „Veloz" należącą do Peruvian Amazon Company wypłynęli do Occidente. Przez wiele godzin sunęli w górę rzeki Igaraparaná, zatrzymali się w punktach załadunku kauczuku Victoria i Naimenes, by coś przegryźć, spędzili noc na łodzi, a następnego dnia, po trzygodzinnym rejsie, dobili do brzegu w Occidente. Przyjęli ich szef stacji Fidel Velarde oraz jego pomocnicy: Manuel Torrico, Rodríguez i Acosta. „Wszyscy wyglądają i zachowują się jak zbiry i oprychy" – pomyślał Roger Casement. Byli uzbrojeni w pistolety oraz winchestery. W stosunku do nowo przybyłych okazali uprzejmość, z pewnością zgodnie z otrzymanymi instrukcjami. Juan Tizón po raz kolejny zalecił im ostrożność. Pod żadnym pozorem nie powinni wyjawić Velardemu i jego „chłopcom", czego się dowiedzieli w La Chorrerze.

Occidente było placówką mniejszą niż La Chorrera, otaczał je częstokół z pali o końcach zaostrzonych jak groty włóczni. *Racionales* z karabinami w ręku strzegli wejść.

– Dlaczego stacja jest tak silnie strzeżona? – zapytał Roger Juana Tizóna. – Spodziewają się ataku Indian?

– Indian nie. Chociaż nigdy nie wiadomo, a nuż pewnego dnia objawi się kolejny Katenere. Obawiają się raczej Kolumbijczyków, którzy mają chrapkę na to terytorium.

Fidel Velarde miał w Occidente pięciuset trzydziestu autochtonów, z których większość przebywała aktualnie w selwie, zbierając kauczuk. Przynosili zbiór co dwa tygodnie, po czym wracali do lasu na kolejne dwa. Ich żony i dzieci mieszkały w osadzie rozciągniętej na brzegach rzeki, poza palisadą. Velarde dodał, że Indianie zapraszają wieczorem „przyjaciół i gości" na fiestę przygotowaną na ich cześć.

Zaprowadził ich do domu, gdzie mieli zostać zakwaterowani, czworokątnej budowli na palach, o dwóch kondygnacjach, z drzwiami i oknami zabezpieczonymi siatką przeciwko moskitom. Odór kauczuku, dochodzący ze składów i przenikający powietrze, był tak silny jak w La Chorrerze. Roger ucieszył się, widząc, że tym razem będzie spał w łóżku, nie w hamaku. Czy też raczej na pryczy, na materacu z nasion, gdzie przynajmniej mógł wyprostować kręgosłup. Hamak zaostrzył jego bóle mięśniowe i bezsenność.

Fiesta rozpoczęła się wczesnym wieczorem na polanie przyległej do wioski Huitotów. Grupa Indian rozstawiła stoły, krzesła i garnki z jedzeniem oraz napitkiem dla cudzoziemców. Oczekiwali ich ustawieni w krąg, bardzo poważni. Niebo było bezchmurne, nie zanosiło się na deszcz. Jednakże Rogera Casementa nie rozchmurzyła ani ładna pogoda, ani widok rzeki Igaraparaná rozcinającej gęstwinę selwy i wijącej się przed jego oczyma. Wiedział, że spektakl, który zobaczą, będzie smutny i przygnębiający. Kilkudziesięcioro mężczyzn i kobiet – ci pierwsi bardzo starzy lub dzieci, te drugie przeważnie dość młode – niektórzy nadzy, inni odziani w *cushma*, tuniki, jakie Roger pamiętał z Iquitos, gdzie nosiło je wielu tubylców, tańczyli w kilku rzędach w kole, w rytm *manguaré*, bębnów wykonanych z wydrążonych pni drzew, z których Huitoto, uderzając pałeczkami o główce zalanej kauczukiem, wydobywali dźwięki głuche i przeciągłe, zawierające ponoć różne informacje i pozwalające porozumiewać się na duże odległości. Tancerze mieli grzechotki z nasion przywiązane do kostek i do ramion, potrząsali nimi, podskakując nierówno. Podśpiewywali zarazem monotonnie i z nutą goryczy współgrającą z wyrazem ich twarzy, poważnym, wrogim, przelęknionym lub obojętnym.

Nieco później Casement zagadnął towarzyszy, czy zauważyli dużą liczbę Indian z bliznami na plecach, pośladkach i nogach. Dyskutowali przez chwilę, jaki procent tańczących nosił ślady bicza. Roger twierdził, że osiemdziesiąt, Fielgald i Folk, że nie więcej niż sześćdziesiąt. Wszyscy byli zgodni co do tego, że najbardziej wstrząsający widok przedstawiał chłopczyk, którego całe wychudzone ciałko – skóra i kości – a także część twarzy pokrywały ślady oparzeń. Poprosili Fredericka Bishopa, by ustalił, czy spowodował je wypadek czy kary i tortury.

Na tej stacji zamierzali ustalić w najdrobniejszych szczegółach, jak działa system eksploatacji. Zaczęli pracę nazajutrz, wczesnym rankiem, zaraz po śniadaniu. Zaledwie rozpoczęli wizytację składów kauczuku oprowadzani przez samego Fidela Velardego, gdy przypadkiem odkryli, że wagi, na których ważono kauczuk, są zafałszowane. Seymour Bell wpadł na pomysł, by wejść na jedną z nich, ponieważ jako typowy hipochondryk stale obawiał się spadku masy ciała. Spojrzał na wskazówkę i o mało nie przewrócił się ze strachu. Jak to! Schudł o jakieś dziesięć kilo! Jednakże nie odczuwał tego, przecież spadałyby mu spodnie, a koszule byłyby zbyt luźne! Casement także się zważył i zachęcił do tego samego wszystkich kolegów, również Juana Tizóna. Wszyscy stwierdzili, że ważą o kilka kilo mniej niż zazwyczaj. Podczas obiadu Roger zapytał Tizóna, czy wydaje mu się, że wszystkie wagi Peruvian Amazon Company w Putumayo są zafałszowane tak jak te w Occidente, by wmówić Indianom, że zebrali mniej kauczuku. Tizón, który nie udawał już niczego, ograniczył się do wzruszenia ramionami: „Nie wiem, proszę panów. Wiem tylko, że tutaj wszystko jest możliwe".

W odróżnieniu od La Chorrery, gdzie ukryto je w magazynie, w Occidente dyby leżały na samym środku placu, wokół którego wznosiły się domy i składy. Roger poprosił pomocników Fidela Velardego, żeby zakuli go w to narzędzie tortur. Chciał wiedzieć, co się czuje wewnątrz tej ciasnej klatki. Rodríguez i Acosta zawahali się, lecz jako że Juan Tizón wyraził zgodę, kazali Casementowi skulić się i wepchnęli go wewnątrz dybów. Nie dało się zatrzasnąć kłód przytrzymujących nogi i ręce, ponieważ miał zbyt grube kończyny, więc docisnęli je tylko do siebie. Zapięli mu za to na szyi obręcze, które nie udusiły go wprawdzie, lecz ledwie pozwalały oddychać. Czuł szarpiący ból w całym ciele i wydało mu się niemożliwe, by istota ludzka wytrzymała kilka godzin w tej pozycji, odczuwając taki uścisk na plecach, brzuchu, piersiach, nogach, karku, rękach. Gdy wypełzł, musiał wesprzeć się na ramieniu Louisa Barnesa na długą chwilę, zanim odzyskał władzę w rękach i nogach.

– Za jakie przewinienia zakuwa się Indian w dyby? – zapytał wieczorem kierownika Occidente.

Fidel Velarde był korpulentnym Metysem o wąsisku jak u foki i dużych, wytrzeszczonych oczach. Miał na sobie kapelusz z szerokim, miękkim rondem, buty z cholewami i pas z nabojami.

– Kiedy popełniają poważne przestępstwa – wyjaśnił, cedząc każde zdanie. – Kiedy zabijają własne dzieci, kaleczą swoje żony po pijanemu albo kradną i nie chcą przyznać się, gdzie ukryli łup. Nieczęsto korzystamy z dybów. Bardzo rzadko. Tutejsi Indianie na ogół dobrze się sprawują.

Przemawiał tonem na wpół żartobliwym, na wpół kpiącym, przesuwając po wszystkich członkach komisji spojrzeniem uważnym i pełnym wzgardy, jakby mówił: „Kazano mi przekazać to panom, ale proszę, nie wierzcie w ani jedno słowo". Jego postawa wyrażała taką pewność siebie i pogardę dla reszty rodzaju ludzkiego, że Roger Casement spróbował wyobrazić sobie paraliżujący strach, jaki musiał wzbudzać w tubylcach ten oprych z pistoletem u pasa, karabinem na ramieniu i pasem pełnym nabojów. Kilka godzin później jeden z pięciu barbadoskich nadzorców z Occidente zeznał przed komisją, że widział, jak pewnej nocy, po pijanemu, Fidel Velarde i Alfredo Montt, wówczas szef stacji Último Retiro, założyli się o to, kto szybciej i sprawniej odetnie ucho Indianinowi zakutemu w dyby. Velarde zrobił to jednym ciosem maczety, natomiast pijany jak bela Montt, trzęsącymi rękoma, zamiast obciąć więźniowi drugie ucho, rozpłatał mu maczetą czaszkę. Po tym przesłuchaniu Seymour Bell dostał ataku nerwowego. Wyznał towarzyszom, że nie wytrzyma dłużej. Głos mu się łamał, oczy miał załzawione i przekrwione. Zobaczyli już i usłyszeli wystarczająco, by zrozumieć, że panuje tu najokrutniejsze bestialstwo. Nie ma sensu prowadzić dalszego dochodzenia w tej krainie łotrów i okrutnych psychopatów. Zaproponował, by na tym zakończyli podróż i bezzwłocznie wrócili do Anglii.

Roger odrzekł, że nie wyrazi sprzeciwu, jeśli członkowie komisji zechcą wrócić. On jednak pozostanie w Putumayo, zgodnie z pierwotnym planem, i odwiedzi jeszcze kilka stacji. Chciał, by jego raport był szczegółowy i dobrze udokumentowany, co zwiększy jego skuteczność. Przypomniał im, że te wszystkie zbrodnie popełniała firma **brytyjska**, w której zarządzie zasiadały szanowane osobistości, i że akcjonariusze Peruvian Amazon Company bogacili się na tych nieludzkich praktykach. Należało położyć kres temu skandalowi i ukarać winnych. By to osiągnąć, raport musi być wyczerpujący i nie do podważenia. Jego argumenty przekonały pozostałych, nawet upadłego na duchu Seymoura Bella.

By otrząsnąć się z szoku, jaki wywołała u nich opowieść o zakładzie Fidela Velradego i Alfreda Montta, postanowili zrobić sobie dzień odpoczynku. Następnego ranka, zamiast prowadzić kolejne przesłuchania i wizytacje, poszli wykąpać się w rzece. Spędzili wiele godzin, łowiąc siatką motyle, a botanik Walter Folk przebiegał selwę w poszukiwaniu orchidei. Motyli i orchidei było w tym rejonie mnóstwo, co najmniej tyle, ile moskitów i nietoperzy nadlatujących bezgłośnie nocą i gryzących psy, kury i konie na stacji, zarażając je niekiedy wścieklizną, co zmuszało ludzi do zabijania ich i palenia, by uniknąć epidemii.

Casement i jego towarzysze byli oczarowani różnorodnością, rozmiarami i pięknem motyli krążących w pobliżu rzeki. Miały przeróżne kształty i barwy. Wdzięczny trzepot skrzydeł i plamy światła, jakie tworzyły, przysiadając na jakimś liściu czy pniu, wnosiły w atmosferę delikatną nutę, niosły ulgę od tej moralnej szpetoty, którą odkrywali co krok, jakby nie było dna na tej nieszczęsnej ziemi dla zła, zachłanności i bólu.

Waltera Folka zdumiała mnogość orchidei zwisających z wielkich drzew, ich eleganckie, wysmakowane kolory, rozświetlające otoczenie. Nie zrywał ich i nie pozwolił robić tego kolegom. Spędził wiele czasu, przyglądając się im przez szkło powiększające, robiąc notatki i pstrykając zdjęcia.

W Occidente Roger Casement uzyskał w zasadzie pełen obraz systemu, według którego funkcjonowała Peruvian Amazon Company. Być może u jego początków leżało jakieś porozumienie między *caucheros* a plemionami. Należało to jednak do przeszłości, bo obecnie autochtoni nie chcieli wyprawiać się w selwę po kauczuk. Z tego powodu wszystko zaczynało się od „rajdów" prowadzonych przez szefów i ich „chłopców". Nie wypłacano wynagrodzeń, tubylcy nie zobaczyli nigdy ani centavo. W sklepie kupowali narzędzia – noże do nacinania pnia, puszki na lateks, kosze na bele lub kule kauczuku – oraz przedmioty użytku codziennego, takie jak nasiona, ubranie, lampy, nieco żywności. Ceny ustalała kompania, tak że krajowiec zawsze był zadłużony i zmuszony do harówki do końca życia, by odpracować to, co był winien. Jako że szefowie nie otrzymywali stałej pensji, lecz prowizję od kauczuku zebranego na każdej stacji, ich wymagania dotyczące maksymalnej wydajności zbieraczy były niebotyczne i nieubłagane. Każdy zbieracz wyruszał do lasu na piętnaście dni, zostawiając żonę i dzieci jako zakładników. Szefowie i „chłopcy" wykorzystywali ich do woli, do służby domowej i do zaspokajania żądz cielesnych. Wszyscy mieli prawdziwe haremy – wiele dziewcząt nie osiągnęło jeszcze dojrzałości płciowej – którymi wymieniali się, gdy tylko przyszła im ochota, choć niekiedy budziła się w nich zazdrość i dochodziło do porachunków na rewolwery lub noże. Co piętnaście dni zbieracze wracali na stację z ładunkiem kauczuku. Ważono go na sfałszowanych wagach. Jeśli w ciągu trzech miesięcy nie dostarczyli trzydziestu kilogramów, wymierzano im kary od chłosty po zakucie w dyby, obcięcie uszu i nosa, a w ekstremalnych przypadkach tortury i zamordowanie żony, dzieci, a wreszcie samego zbieracza. Trupów nie chowano, lecz wywlekano w las, gdzie pożerały je zwierzęta. Co trzy miesiące łodzie i stateczki parowe kompanii przypływały po kauczuk, który tymczasem był wędzony, myty i posypywany talkiem. Statki z Putumayo płynęły niekiedy ze swym ładunkiem do Iquitos, a niekiedy bezpośrednio do Manaos, skąd kauczuk był eksportowany do Europy i do Stanów Zjednoczonych.

Roger Casement ustalił, że duża liczba "chłopców" nie wykonywała żadnej pracy produkcyjnej. Byli wyłącznie dozorcami, oprawcami i wyzyskiwaczami tubylców. Spędzali cały dzień w hamaku, paląc i pijąc, zabawiając się na różne sposoby, kopiąc piłkę, opowiadając dowcipy i wydając rozkazy. Na autochtonów spadała cała praca: budowa domów, łatanie lub wymiana dachów uszkodzonych przez ulewy, naprawa ścieżki prowadzącej do portu, pranie, sprzątanie, dźwiganie, gotowanie, przynoszenie i odnoszenie rzeczy, a w nielicznych wolnych chwilach uprawa płodów rolnych, bez czego nie mieliby co jeść.

Roger rozumiał stan ducha swych towarzyszy. Jeśli on, który po spędzeniu dwudziestu lat w Afryce sądził, że widział już wszystko, był wzburzony zebranymi świadectwami, miał stargane nerwy, a niekiedy popadał w kompletne przygnębienie, czym mogło być owo doświadczenie dla ludzi, którzy spędzili większą część życia w cywilizowanym świecie, wierząc, że tak samo wygląda reszta planety, że wszystkie społeczeństwa mają prawa, kościoły, policję, obyczaje i moralność, która powstrzymuje istotę ludzką od zachowywania się jak bestia.

Roger chciał pozostać w Putumayo, by zgromadzić jak najwięcej danych do swego raportu, lecz nie był to jedyny powód. Odczuwał także chęć poznania osobiście owej postaci, która wedle wszystkich rozmówców była paradygmatem okrucieństwa na tym świecie: Armanda Normanda, szefa Matanzas.

Już od Iquitos słyszeli anegdoty, komentarze i aluzje, w których przypisywano mu tak podłe i okrutne czyny, że zaczął myśleć o nim obsesyjnie do tego stopnia, że widywał go w koszmarach, z których budził się zlany potem, z łomoczącym sercem. Był pewien, że wiele rzeczy, jakie usłyszał na temat Normanda od barbadoskich nadzorców, zostało wyolbrzymionych przez rozgorączkowaną wyobraźnię tak częstą u mieszkańców tych ziem. Jednakże sam fakt, że osobnik ów mógł wytworzyć taką mitologię, wskazywał na to, że chodziło o kogoś, kto, choć rzecz wydawała się niemożliwa, przewyższał bestialstwem łotrów takich jak Abelardo Agüero, Alfredo Montt, Fidel Valverde, Elías Martinengui i innych tego pokroju.

Nikt nie znał na pewno jego narodowości – mówiono, że jest Peruwiańczykiem, Boliwijczykiem lub Anglikiem – lecz wszyscy zgadzali się co do tego, że nie ma jeszcze trzydziestki i że studiował w Anglii. Juan Tizón słyszał, że posiada dyplom księgowego uzyskany w jakiejś szkole w Londynie.

Ponoć był niziutki, szczupły i bardzo szpetny. Według barbadoskiego nadzorcy Joshuy Dyalla emanowała z tego karzełka „zła moc", która wprawiała w drżenie każdego, kto się doń zbliżał, a jego wzrok, świdrujący i lodowaty, wydawał się należeć do żmii. Dyall zapewniał, że nie tylko Indianie, lecz także „chłopcy", a nawet sami nadzorcy czuli się niepewnie u jego boku. Bo w każdym momencie Armando Normand mógł nakazać popełnienie jakiegoś mrożącego krew w żyłach czynu lub osobiście się go dopuścić, nie zmieniając obojętnego wyrazu twarzy, zabarwionego pogardą dla wszystkiego, co go otaczało. Dyall wyznał Rogerowi i komisji, że w stacji Matanzas Normand rozkazał mu pewnego dnia zamordować pięciu Indian Andoque za niedostarczenie odpowiedniej ilości kauczuku. Dyall zastrzelił dwóch pierwszych z pistoletu, lecz szef zażądał, by dwóm następnym zmiażdżył genitalia kamieniem do tłuczenia manioku, a potem dobił ich kijem. Co do ostatniego, zażyczył sobie, by nadzorca udusił go własnymi rękami. Podczas całej operacji siedział na pniu drzewa, paląc i przyglądając się, przy czym ani jeden muskuł nie drgnął na jego pucułowatym obliczu.

Drugi nadzorca z Barbadosu, Seaford Greenwich, który pracował kilka miesięcy z Normandem w Matanzas, opowiedział, że ulubionym tematem rozmów między "chłopcami" ze stacji był zwyczaj szefa wkładania papryczki chili, mielonej lub w łupinie, w pochwę swych małoletnich konkubin, by usłyszeć, jak krzyczą z bólu. Zdaniem Greenwicha tylko w ten sposób był w stanie podniecić się i przelecieć je. W pewnym okresie, nadal według słów nadzorcy, nad zakuwanie Indian w dyby Normand przedkładał podnoszenie ich wysoko w górę na łańcuchu przywiązanym do drzewa i zrzucanie na ziemię, by patrzeć, jak rozbijają sobie czaszkę, łamią kości, odgryzają język zębami. Inny nadzorca, który służył pod rozkazami Normanda, zapewnił komisję, że jeszcze bardziej niż jego samego Indianie Andoque bali się jego psa, brytana wytresowanego do wbijania kłów w ciało i rozrywania na strzępy krajowca, na którego go poszczuto.

Czy mogły być prawdą te potworności? Roger Casement mówił sobie, przeszukując pamięć, że w bogatej kolekcji łotrów, jakich poznał w Kongu, istot, których władza i bezkarność uczyniły monstrami, żaden nie posuwał się do tego co owo indywiduum. Odczuwał nieco perwersyjną ciekawość, chęć poznania go, usłyszenia, przyjrzenia się temu, co robi, ustalenia, skąd pochodzi. I co powie o bezeceństwach, które mu przypisywano.

Z Occidente Roger i jego przyjaciele przepłynęli, nadal łodzią "Veloz", do stacji Último Retiro. Była jeszcze mniejsza niż poprzednia i także sprawiała wrażenie fortu: palisada i uzbrojeni strażnicy otaczali garstkę domków. Indianie wydali mu się bardziej prymitywni i dzicy niż Huitoto. Byli półnadzy, przepaska biodrowa ledwie zakrywała im organy płciowe. Tu zobaczył Roger po raz pierwszy dwóch krajowców ze znakami kompanii na pośladkach: CA. Zdawali się starsi niż większość pozostałych. Spróbował porozmawiać z nimi, lecz nie rozumieli ani po hiszpańsku, ani po portugalsku, ani gdy Frederick Bishop przemówił do nich w huitoto. Później, w dalszej części Último Retiro, zauważyli więcej oznakowanych Indian. Od jednego z pracowników stacji dowiedzieli się, że co najmniej jedna trzecia krajowców zamieszkujących stację miała na ciele znaki CA. Praktykę tę zawieszono kilka tygodni temu, gdy Peruvian Amazon Company zgodziła się na wpuszczenie komisji do Putumayo.

By dotrzeć znad rzeki do Último Retiro, trzeba było wspiąć się na zbocze tak rozmyte przez niedawne deszcze, że nogi zapadały się w błocie po kolana. Gdy wreszcie Roger mógł zdjąć buty i wyciągnąć się na pryczy, bolały go wszystkie kości. Powróciło zapalenie spojówek. Pieczenie i łzawienie chorego oka było tak silne, że po zapuszczeniu kropli osłonił je opatrunkiem. Przez kilka dni wyglądał jak pirat z plastrem na jednym oku przewiązanym wilgotną chusteczką. Jako że środek ten okazał się niewystarczający, by wyleczyć opuchliznę i łzawienie, od tego dnia do końca podróży we wszystkich wolnych chwilach – bardzo rzadkich – biegł położyć się w hamaku lub na pryczy, z okładem z letniej wody na jednym i na drugim oku. Tylko to przynosiło mu chwilową ulgę. Podczas owych okresów odpoczynku i nocą – sypiał nie więcej niż cztery lub pięć godzin – próbował ułożyć w myśli raport, który przedłoży w Foreign Office. Główne jego linie rysowały się jasno. Przede wszystkim zarys sytuacji w Putumayo w okresie gdy osiedlili się tu pionierzy, na ziemi należącej do plemion, jakieś dwadzieścia lat temu. I to, że zdesperowani brakiem rąk do pracy rozpoczęli rajdy, bez obawy, że zostaną ukarani, gdyż w tym rejonie nie istniały ani sądy, ani policja. Stanowili jedyną władzę, opartą na broni palnej, wobec której proce, włócznie i dmuchawki okazywały się nieskuteczne.

Następnie powinien przejrzyście opisać system eksploatacji drzew kauczukowych, zasadzający się na niewolniczej pracy i wyzysku tubylców, zaostrzonym zachłannością szefów, którzy wynagradzani od ilości pozyskanego kauczuku, uciekali się do kar cielesnych, okaleczeń i morderstw, by zwiększyć dostawy. Bezkarność i władza absolutna rozwinęły w tych osobnikach skłonności sadystyczne, które mogli swobodnie zaspokajać na tubylcach pozbawionych wszelkich praw.

Czy jego raport przyda się do czegokolwiek? Przynajmniej do tego, by na Peruvian Amazon Company nałożono sankcje, to oczywista. Rząd brytyjski poprosi rząd peruwiański, by postawił przed sądem odpowiedzialnych za zbrodnie. Lecz czy prezydent Augusto B. Leguía odważy się to uczynić? Juan Tizón twierdził, że tak, że podobnie jak w Londynie, także i w Limie wybuchnie skandal, gdy ujawnią, co się tu wyprawia. Opinia publiczna zażąda ukarania winnych. Jednak Roger wątpił. Co mógł zrobić rząd brytyjski w Putumayo, gdzie nie miał ani jednego przedstawiciela, a kompania Julia C. Arany chełpiła się, słusznie zresztą, że to ona, wraz z bandą opryszków, utrzymuje suwerenność Peru na tych ziemiach? Rzecz zakończy się na retorycznych pogróżkach i burach. Męczeństwo tubylczych społeczności w Amazonii będzie trwało nadal, aż wyginą. Perspektywa ta przygnębiała go. Jednakże nie paraliżowała, wręcz przeciwnie, zachęcała do tym większego wysiłku, do dalszego dochodzenia, przesłuchiwania, notowania. Miał już stosik kajetów i fiszek zapisanych wyraźnym, choć pośpiesznym pismem.

Z Último Retiro przenieśli się do Entre Ríos, najpierw rzeką, potem lądem, co oznaczało całodzienny marsz przez dżunglę. Idea ta zachwyciła Rogera Casementa: oto w owym kontakcie fizycznym z dziką przyrodą powróci do młodzieńczych lat, jeszcze raz przeżyje wspomnienie długich ekspedycji przez afrykański kontynent. Chociaż przez dwanaście godzin wędrówki przez gąszcz, gdy zapadali się niekiedy po pas w błocie, ślizgali się w zaroślach maskujących nierówności terenu, niektóre odcinki pokonywali w czółnach poruszanych przez tubylców odpychających się żerdziami od dna, w wąziutkich pasemkach wody, nad którymi zwisały gałęzie z gęstym listowiem, nieprzepuszczającym światła słonecznego, owszem, kilka razy odczuł podniecenie i radość takie jak za dawnych lat, doświadczenie to ukazało mu jednak przede wszystkim upływ czasu, zużycie ciała. Odczuwał nie tylko ból barków, pleców i nóg, lecz także obezwładniające zmęczenie, z którym walczył wszystkimi siłami, by nie zauważyli go jego towarzysze. Louis Barnes i Seymour Bell byli tak znużeni, że drugą połowę drogi musieli odbyć w hamakach, każdy niesiony przez czterech spośród dwudziestu tubylców, którzy im towarzyszyli. Roger obserwował z podziwem tych Indian o tak szczupłych nogach i wątłej posturze, którzy poruszali się zwinnie, dźwigając na barkach bagaże i zapasy białych ludzi, nic nie pijąc i nic nie jedząc całymi godzinami. Podczas jednego z postojów Juan Tizón zgodził się spełnić prośbę Casementa i nakazał, by wydano im kilkanaście puszek sardynek.

Podczas marszu widzieli stada papug i małe, skore do zabawy małpki o żywych oczkach, zwane kapucynkami, wiele gatunków ptaków oraz iguany o kaprawych ślepiach i chropowatym ciele zlewającym się z konarami i pniami drzew, na których się wylegiwały. Od czasu do czasu pojawiały się talerze *victoria regia*, ogromne zielone kręgi sunące majestatycznie po powierzchni rozlewiska niby tratwy.

Dotarli do Entre Ríos o zmierzchu. W stacji panowały podniecenie i zamęt, ponieważ tego dnia jaguar pożarł Indiankę, która oddaliła się od obozu, by rodzić, sama, jak nakazywał obyczaj, na brzegu rzeki. Grupa myśliwych wyruszyła jego tropem, z szefem na czele, lecz wrócili nocą, nie dopadłszy zwierza. Szef Entre Ríos nazywał się Andrés O'Donnell. Był młody i przystojny, twierdził, że jego ojciec jest Irlandczykiem, lecz po krótkiej rozmowie Roger zauważył, że jego wiedza na temat przodków i ojczyzny jest pełna luk i nieścisłości; to raczej dziadek lub pradziadek przybyli z Irlandii na peruwiańską ziemię. Zasmuciła go świadomość, że potomek Irlandczyków pracuje dla Arany w Putumayo, choć według wszystkich zeznań zdawał się mniej krwiożerczy niż inni szefowie: widziano, jak chłostał Indian i zabierał ich żony i córki do prywatnego haremu – mieszkał z siedmioma kobietami i chmarą dzieci – lecz w jego *curriculum* nie figurowało zamordowanie tubylca własnymi rękami czy zlecenie zabójstwa podwładnemu. Za to, owszem, w widocznym miejscu Entre Ríos wznosiły się dyby, a wszyscy „chłopcy" i nadzorcy z Barbadosu mieli za pasem bicze (niektórzy używali ich zamiast paska do spodni). A duża liczba Indian i Indianek nosiła ślady razów na plecach, nogach i pośladkach.

Mimo że oficjalnie Roger miał prawo przesłuchiwać wyłącznie obywateli brytyjskich pracujących dla kompanii Arany, to jest barbadoskich nadzorców, od Occidente zaczął rozmawiać także z „chłopcami", którzy zgodzili się odpowiedzieć na jego pytania. W Entre Ríos zaczęli tak postępować wszyscy członkowie komisji. W ciągu kilku dni stanęli przed nimi nie tylko trzej barbadoscy nadzorcy pracujący dla Andrésa O'Donnella, lecz także sam szef oraz spora liczba jego „chłopców".

Odbywało się to zwykle w ten sam sposób. Początkowo wszyscy byli oporni, odpowiadali wymijająco, bezczelnie łgali. Wystarczyło jednak drobne potknięcie, gdy wypsnęła im się jakaś prawdziwa informacja, by nagle zaczęli mówić jak najęci, odpowiadać na niezadane pytania, przytaczając czyny dokonane przez siebie jako dowód na prawdziwość swych słów. Natomiast mimo wielokrotnych wysiłków Rogerowi nie udało się uzyskać bezpośredniego świadectwa od żadnego Indianina.

Szesnastego października tysiąc dziewięćset dziesiątego roku, gdy Roger i jego towarzysze z komisji w towarzystwie Juana Tizóna, trzech barbadoskich nadzorców i dwudziestu tragarzy z plemienia Muinane, z kacykiem na czele, wędrowali wąską ścieżką przez selwę z Último Retiro do Matanzas, zapisał w swym dzienniku myśl, która krążyła mu po głowie od pierwszego dnia w Iquitos: „Doszedłem do całkowitego przekonania, że jedynym sposobem, by tubylcy z Putumayo mogli wyjść z nędznego stanu, do jakiego ich doprowadzono, jest zbrojne powstanie przeciwko właścicielom i panom. Mrzonką oderwaną od rzeczywistości jest mniemać, jak Juan Tizón, że sytuacja zmieni się, gdy dotrze tu państwo peruwiańskie i pojawią się władze, sędziowie, policjanci, którzy wymogą poszanowanie praw zabraniających obracania Indian w służących i w niewolników obowiązujących już od tysiąc osiemset pięćdziesiątego czwartego roku. Czy zapewnią poszanowanie prawa tak jak w Iquitos, gdzie rodziny kupują za dwadzieścia, za trzydzieści soli tubylcze dzieci porwane przez handlarzy? Czy zapewnią poszanowanie prawa władze, sędziowie i policjanci otrzymujący wynagrodzenie od Casa Arana, bo państwo nie ma z czego im zapłacić albo ponieważ jacyś cwaniacy i biurokraci ukradli po drodze część pieniędzy? W tym społeczeństwie państwo jest nieodłącznym elementem machiny wyzyskującej i wyniszczającej tubylców. Nie powinni oni niczego oczekiwać od jego instytucji. Jeśli chcą być wolni, muszą wywalczyć sobie wolność własnymi rękami i odwagą. Jak Katenere, kacyk z plemienia Bora. Lecz bez sentymentalnych poświęceń. Walcząc do samego końca". Podczas gdy zatopiony w myślach, które właśnie uwiecznił w swym dzienniku, szedł szybkim krokiem, wycinając sobie maczetą przejście między lianami, zaroślami, pniami i gałęziami drzew, przyszło mu do głowy pewne porównanie: „My, Irlandczycy, jesteśmy jak Indianie Huitoto, Bora, Andoque i Muinane z Putumayo. Skolonizowani, eksploatowani i skazani na pozostawanie w tym stanie przez całą wieczność, jeśli nadal będziemy ufać w prawa, instytucje i rządy brytyjskie, marząc o wolności. Nigdy jej nam nie oddadzą. Dlaczego miałoby to uczynić Imperium, które nas skolonizowało, jeśli nikt ani nic go do tego nie zmusi? A taki nacisk może wywrzeć tylko broń". Myśl ta, którą przez następne dni, tygodnie, miesiące i lata będzie szlifował i wzmacniał – że Irlandia, podobnie jak Indianie z Putumayo, jeśli chce być wolna, powinna o to zawalczyć – pochłonęła go do tego stopnia przez całe osiem godzin wędrówki, że zapomniał nawet o tym, iż wkrótce pozna osobiście szefa Matanzas: Armanda Normanda.

Stacja Matanzas leżała na brzegu rzeki Cahuinari, dopływu Caquetá. Żeby do niej dotrzeć, trzeba było wspiąć się na bardzo strome zbocze, które niedawna ulewa przekształciła w rzekę błota. Tylko Muinane byli w stanie pokonać je, nie przewracając się ani razu. Pozostali ślizgali się, padali na ziemię, zjeżdżali w dół, podnosili się pokryci błotem i siniakami. Na polanie, również otoczonej palisadą z trzciny, kilku Indian przyniosło kubły wody i opłukało podróżników z błota.

Szefa nie było. Prowadził "łowy" na pięciu zbiegłych tubylców, którym najwyraźniej udało się przekroczyć pobliską granicę kolumbijską. W Matanzas zostało pięciu nadzorców z Barbadosu. Potraktowali z wielkim uszanowaniem *señora* konsula, o którego przybyciu i misji byli poinformowani. Zaprowadzili podróżników do przyszykowanych kwater. Rogera Casementa, Louisa Barnesa i Juana Tizóna umieścili w dużej chacie z desek, o dachu z liści palmy *yarina* i zakratowanych oknach, gdzie, jak wyjaśnili, zatrzymywał się Normand i jego żony, gdy przebywali w Matanzas. Na co dzień jednak szef mieszkał w La Chinie, małym obozie o kilka kilometrów w górę rzeki, dokąd Indianie nie mogli się nawet zbliżyć. Szef urzędował tam w otoczeniu swych "chłopców" uzbrojonych po zęby, gdyż stale obawiał się zamachu ze strony Kolumbijczyków oskarżających go o nielegalne przekraczanie granicy podczas rajdów mających na celu porwanie zbieraczy kauczuku lub ściganie zbiegów. Barbadoscy nadzorcy wyjaśnili, że Armando Normand zabiera wszędzie ze sobą kobietki z haremu, gdyż jest niezwykle zazdrosny.

W Matanzas przebywali Indianie Bora, Andoque i Muinane, nie było Huitotów. Prawie wszyscy tubylcy mieli blizny po razach bata, a co najmniej kilkunastu – znak Casa Arana na pośladkach. Dyby stały pośrodku placu, pod rozłożystym drzewem zwanym *lupuna* o pniu pełnym kolców i zgrubień, porośniętym pasożytami, któremu wszystkie lokalne plemiona oddawały cześć podszytą lękiem.

W przydzielonym sobie pokoju, niewątpliwie pokoju samego Normanda, Roger zobaczył pożółkłe fotografie, na których widniała dziecinna buzia szefa, dyplom The London School of Book-keepers z roku tysiąc dziewięćset trzeciego, a obok wcześniejszy, z jakiejś Senior School. Była to zatem prawda: studiował w Anglii, posiadał dyplom księgowego.

Armando Normand wrócił do Matanzas, gdy zapadała noc. Przez zakratowane okienko Roger zobaczył go w świetle latarek, niziutkiego, drobnego, prawie tak wątłego jak krajowcy, w eskorcie „chłopców" o gębach rzezimieszków, uzbrojonych w winchestery i rewolwery, ze świtą ośmiu, może dziesięciu kobiet odzianych w *cushma*, czyli amazońską tunikę. Weszli do sąsiedniej chaty.

W ciągu nocy Roger budził się wielokrotnie zgnębiony, myśląc o Irlandii. Odczuwał tęsknotę za swym krajem. Spędził tam tak mało czasu, a jednak czuł się coraz bardziej solidarny z jego losem i cierpieniami. Od czasu gdy ujrzał z bliska kalwarię innych skolonizowanych ludów, sytuacja Irlandii bolała go jak nigdy dotąd. Chciał jak najszybciej skończyć tę misję, zredagować raport o Putumayo, wręczyć go Foreign Office i wrócić do Irlandii, do pracy, teraz już bez żadnych dodatkowych zajęć, u boku swych rodaków, idealistów oddanych sprawie niepodległości. Nadrobi utracony czas, zanurzy się w Éire, będzie studiował, działał, pisał, wszelkimi dostępnymi środkami spróbuje przekonać Irlandczyków, że jeśli chcą wolności, muszą zdobyć ją własną odwagą i poświęceniem.

Następnego ranka, gdy zszedł na śniadanie, Armando Normand już zasiadał za stołem zastawionym owocami, kawałkami manioku odgrywającymi rolę chleba, filiżankami kawy. Faktycznie był niziutki i chudziutki, z buzią przedwcześnie postarzałego dziecka i oczami niebieskimi, badawczymi i twardymi, znikającymi i ukazującymi się ponownie, gdyż bez przerwy mrugał powiekami. Miał na sobie wysokie buty, niebieskie spodnie robocze, białą koszulę, a na niej skórzaną kamizelkę; z jednej z licznych kieszeni wystawały ołówek i notesik. Przy pasie wisiała kabura z rewolwerem.

Mówił doskonałą angielszczyzną, z ledwie słyszalnym obcym akcentem, którego Rogerowi nie udało się zidentyfikować. Pozdrowił go nieznacznym skinieniem głowy, bez słowa. Był małomówny, odpowiadał krótko, nierzadko monosylabami, na pytania o życie w Londynie i o narodowość: „powiedzmy, że jestem Peruwiańczykiem". Stwierdzenie Rogera, że on sam i członkowie komisji są wstrząśnięci tym, iż na terenach zarządzanych przez brytyjską firmę dręczy się i nieludzko traktuje tubylców, przyjął z wyższością.

– Gdyby panowie zamieszkali tutaj, myśleliby inaczej – zauważył sucho, nie wyglądając na przestraszonego. Po krótkiej pauzie dodał: – Zwierząt nie da się traktować jak ludzi. Anakonda, jaguar, puma nie przyjmują argumentów. Dzikusy też nie. Cóż, dobrze wiem, że cudzoziemców, którzy bawią tu przejazdem, nie sposób przekonać.

– Mieszkałem przez dwadzieścia lat w Afryce i nie przerodziłem się w potwora – stwierdził Casement. – Pan zaś, owszem, panie Normand. Opowieści o pańskich wyczynach towarzyszyły nam przez całą drogę. Potworne historie, jakie opowiada się o panu w Putumayo, przekraczają ludzkie pojęcie. Wiedział pan o tym?

Armando Normand nie zmieszał się ani odrobinę. Patrząc na rozmówcę tym samym pustym i beznamiętnym wzrokiem, ograniczył się do wzruszenia ramionami i splunął na ziemię.

– Czy mogę zapytać, ilu mężczyzn i kobiet pan zabił? – rzucił mu w twarz Roger.

– Tylu, ilu było trzeba – odrzekł szef Matanzas, nie zmieniając tonu i powstając. – Proszę mi wybaczyć. Mam dużo pracy.

Odraza, jaką czuł Roger do tego karzełka, była tak silna, że postanowił nie przesłuchiwać go osobiście i pozostawić to zadanie komisji. Ten morderca zaserwuje im tylko stek kłamstw. Zajął się wysłuchaniem barbadoskich nadzorców i *racionales*, którzy zgodzili się zeznawać. Rozmawiał z nimi rano i po południu, przeznaczając pozostałą część dnia na staranne rozwinięcie notatek zrobionych podczas przesłuchań. Wczesnym rankiem schodził nad rzekę, kąpał się, robił kilka zdjęć, a potem pracował do zmroku. Padał na pryczę całkowicie wyczerpany. Jego sen był przerywany i niespokojny. Zauważył, że z dnia na dzień chudnie. Był zmęczony i miał dość tego wszystkiego. Tak jak niegdyś w Kongu, zaczął się obawiać, że szalony korowód zbrodni, gwałtów i okropności najróżniejszego rodzaju, z którymi stykał się każdego dnia, odbije się na stanie jego psychiki. Czy jego umysł obroni się przed tym wszechobecnym horrorem? Czy zdoła zachować zdrowie psychicznie? Gnębiła go myśl, że w cywilizowanej Anglii niewiele osób uwierzy, że biali i Metysi z Putumayo mogą posunąć się do granic takiego bestialstwa. Kolejny raz zostanie oskarżony o przesadę i uprzedzenia, o wyolbrzymianie nadużyć, by dodać dramatyzmu swemu raportowi. Upadek ducha nie był zresztą spowodowany wyłącznie strasznym traktowaniem krajowców. Dochodziła doń świadomość, że po tym, co zobaczył, usłyszał i przeżył w Putumayo, może na zawsze pożegnać się z ową optymistyczną wizją życia, jaką posiadał w młodości.

Gdy dowiedział się, że grupa tragarzy z Matanzas wyrusza z kauczukiem zebranym przez ostatnie trzy miesiące do stacji Entre Ríos, a stamtąd do Puerto Peruano, by załadować go na statki płynące za granicę, oznajmił towarzyszom, że wyprawi się z nimi. Komisja mogła zostać tutaj, dokończyć inspekcję i przesłuchania. Jego przyjaciele byli równie wyczerpani i upadli na duchu jak on. Opowiedzieli mu, że bezczelność Armanda Normanda ulotniła się nagle, gdy poinformowali go, że „*señorowi* konsulowi" misję zbadania zbrodni dokonywanych w Putumayo powierzył sam *sir* Edward Grey, lord sekretarz Ministerstwa Spraw Zagranicznych Imperium Brytyjskiego, oraz że mordercy i oprawcy, jako pracownicy firmy angielskiej, mogą zostać postawieni przed sądem w Anglii. Zwłaszcza jeśli mają obywatelstwo brytyjskie lub utrzymują, że je mają, jak w jego przypadku. Mogą także zostać przekazani rządom peruwiańskiemu lub kolumbijskiemu i być sądzeni w tych krajach. Po wysłuchaniu tej informacji Normand stał się uległy i usłużny wobec komisji. Zaprzeczał dokonaniu zbrodni i zapewniał ich, że nie popełni więcej żadnego z błędów z przeszłości: tubylcy będą dobrze żywieni, leczeni w razie choroby, wynagradzani za swoją pracę i traktowani jak istoty ludzkie. Wywiesił pośrodku placu afisz, na którym wypisał wszystkie obietnice. Było to śmieszne, ponieważ tubylcy, analfabeci, nie byli w stanie tego przeczytać, podobnie jak większość *racionales*. Tekst był przeznaczony wyłącznie dla członków komisji.

Piesza podróż przez selwę z Matanzas do Entre Ríos, u boku osiemdziesięciu Indian – Bora, Andoque i Muinane – dźwigających na plecach kauczuk zebrany przez ludzi Armanda Normanda, miała się stać jednym z najstraszniejszych wspomnień z tej pierwszej podróży Rogera Casementa do Peru. Na czele ekspedycji stał nie Normand, lecz Negretti, jeden z jego podwładnych, Metys o chińskich rysach, ze złotymi zębami, który stale dłubał w ustach wykałaczką. Jego stentorowy głos wprawiał w drżenie, zmuszał do skoku i do pośpiechu i wykrzywiał lękiem twarze armii szkieletów, owrzodzonych, pokrytych bliznami, z wypalonymi inicjałami firmy, w tym wielu kobiet i dzieci, nawet kilkuletnich. Negretti nosił na ramieniu karabin, w kaburze rewolwer, a za pasem bat. W dniu wymarszu Roger poprosił go o pozwolenie na zrobienie mu zdjęcia, na co Negretti przystał ze śmiechem. Uśmiech zniknął jednak z jego oblicza, gdy Casement ostrzegł go, wskazując na bat:

– Jeśli zobaczę, że używa go pan w stosunku do tubylców, osobiście przekażę pana policji w Iquitos.

Na twarzy Negrettiego odmalowała się konsternacja. Wybełkotał po chwili:

– Pan ma jakąś władzę w Iquitos?

– Mam władzę, którą obdarzył mnie rząd brytyjski, abym zbadał zbrodnie popełniane w Putumayo. Wie pan, że Peruvian Amazon Company, dla której pan pracuje, jest firmą brytyjską, nieprawdaż?

Mężczyzna, zbity z tropu, wycofał się. W trakcie podróży nigdy nie uderzył żadnego z tragarzy, wrzeszczał tylko na nich, by się pośpieszyli lub obrzucał ich wyzwiskami, gdy upuszczali „kiszki" kauczuku dźwigane na ramieniu lub na głowie, bo opadli z sił lub się potknęli. Roger zabrał ze sobą trzech barbadoskich nadzorców: Bishopa, Sealeya i Lane'a. Pozostałych dziewięciu zostało z komisją. Casement zalecił przyjaciołom, by nie spuszczali z nich oka, ze względu na ryzyko, że Normand i jego zbiry mogliby zmusić ich, groźbą lub łapówką, do odwołania zeznań lub zamordować.

Najtrudniejsze do zniesienia podczas tej wyprawy nie były ataki wielkich niebieskich głośno bzyczących muszysk, bezlitośnie tnących dniem i nocą, ani ulewy nadchodzące bez ostrzeżenia, niepozostawiające na nich suchej nitki i przekształcające ścieżkę w labirynt śliskich strumyczków, błota, liści i zbutwiałych drzew, ani niewygoda obozów, które rozbijali nocą, by po zjedzeniu puszeczki sardynek i wypiciu z termosu kilku łyków whisky lub herbaty zwalić się na twarde posłanie i zasnąć kamiennym snem. Najgorsze, niczym prawdziwa męczarnia powodująca bezustanne wyrzuty sumienia, było patrzenie na nagich, zgiętych wpół pod ciężarem „kiszek" kauczuku tubylców, których Negretti i jego „chłopcy" popędzali wrzaskiem, zmuszali do ciągłego pośpiechu, rzadko zezwalając na postoje i nie dając im ani kęsa. Gdy zapytał Negrettiego, dlaczego krajowcy nie otrzymują racji żywnościowych, nadzorca popatrzył na niego, jakby nie zrozumiał. Kiedy Bishop przetłumaczył pytanie, Negretti stwierdził z całkowitym bezwstydem:

– Im nie smakuje to, co jemy my, chrześcijanie. Mają własną żywność.

Ale nie mieli żadnej, bo nie można było nazwać żywnością garści mąki z manioku, którą podnosili czasem do ust, albo pędów roślin i liści, które starannie zwijali przed przeżuciem. A już zupełnie niezrozumiałe dla Rogera było to, że dzieci dziesięcio- lub dwunastoletnie były w stanie godzinami dźwigać owe „kiszki", nieważące nigdy – sam spróbował je ponieść – mniej niż dwadzieścia kilo, niekiedy trzydzieści lub więcej. Pierwszego dnia marszu chłopczyk Bora upadł nagle pod ciężarem swego ładunku, tracąc przytomność. Jęczał cicho, gdy Roger próbował ocucić go, wlewając do ust zupę z puszki. W jego oczach błyszczał paniczny, zwierzęcy strach. Dwa lub trzy razy próbował wstać, bezskutecznie. Bishop wyjaśnił mu: „Umiera ze strachu, bo wie, że gdyby pana tu nie było, Negretti zastrzeliłby go natychmiast, jako ostrzeżenie dla pozostałych, żeby żadnemu poganinowi nie przyszło do głowy zemdleć". Chłopiec nie był w stanie powstać o własnych siłach, więc porzucili go w lesie. Roger zostawił mu dwie małe puszki z jedzeniem i swój parasol. Rozumiał teraz, jakim cudem ci wątli ludzie mogli dźwigać te ciężary: ze strachu przed kulą w łeb w razie omdlenia. Paniczny strach podwajał ich siły.

Drugiego dnia stara kobieta upadła martwa, próbując wspiąć się na zbocze z trzydziestoma kilogramami kauczuku na plecach. Negretti, upewniwszy się, że nie żyje, z grymasem niesmaku rozdzielił jej dwie „kiszki" między dwóch innych tragarzy, pomstując ochryple.

W Entre Ríos, zaraz po kąpieli i krótkim odpoczynku, Roger zasiadł do opisu perypetii i refleksji z podróży. Pewna myśl krążyła w jego umyśle, myśl, która przez następne dni, tygodnie i miesiące miała obsesyjnie powracać i zaczęła wywierać wpływ na jego zachowanie: „Nie powinniśmy pozwolić, by kolonizacja wykastrowała ducha Irlandczyków, tak jak zrobiła to z duchem Indian amazońskich. Trzeba działać teraz i zaraz, zanim będzie za późno i przerodzimy się w automaty".

Oczekując na przybycie komisji, nie tracił czasu. Odbył kilka rozmów, lecz przede wszystkim przestudiował listy pracowników, księgi rachunkowe sklepu i rejestry administracji. Chciał ustalić, jaki był narzut kompanii Julia C. Arany na ceny żywności, leków, ubrań, broni i narzędzi dostarczanych autochtonom, a także nadzorcom i „chłopcom". Marża zmieniała się w zależności od produktu, lecz za każdym razem cena sprzedaży znacznie przewyższała cenę zakupu: dwukrotnie, trykrotnie, niekiedy nawet pięciokrotnie. Roger zakupił dwie koszule, spodnie, kapelusz, parę gumiaków i stwierdził, że to samo nabyłby w Londynie za jedną trzecią kwoty. Czyli nie tylko tubylcy byli wykorzystywani, także ci biedni najemnicy, próżniacy i zbiry zatrudnieni w Putumayo, by dopilnować wykonania rozkazów szefów. Nic dziwnego, że jedni i drudzy zaciągali dożywotni dług wobec Peruvian Amazon Company i tkwili w zależności od niej aż do śmierci lub do momentu, gdy firma uznawała ich za bezużytecznych.

Znacznie trudniejsze okazało się oszacowanie liczby autochtonów w Putumayo przed rokiem tysiąc osiemset dziewięćdziesiątym trzecim, gdy powstały pierwsze firmy kauczukowe i rozpoczęły się rajdy, i w chwili obecnej, w roku tysiąc dziewięćset dziesiątym. Nie istniały poważne statystyki, to, co napisano na ten temat, było niejasne, liczby różniły się znacznie w zależności od źródła. Najbardziej wiarygodny wydawał się rachunek wykonany przez nieszczęsnego podróżnika i etnologa francuskiego Eugène'a Robuchona (który zaginął z niewyjaśnionych przyczyn w Putumayo w roku tysiąc dziewięćset piątym, kartografując region pozostający pod zarządem Julia C. Arany), według którego siedem lokalnych plemion – Huitoto, Ocaina, Muinane, Nonuya, Andoque, Rezígaro i Bora – liczyło w sumie jakieś sto tysięcy głów, zanim kauczukowa gorączka sprowadziła tu „cywilizowanych". Juan Tizón uważał tę liczbę za mocno przesadzoną. On sam, na podstawie różnych analiz i szacunków, utrzymywał, że liczba czterdzieści tysięcy jest bliższa prawdy. Tak czy owak, obecnie żyło tu nie więcej niż jakieś dziesięć tysięcy Indian. Oznaczało to, że reżim wprowadzony przez firmy kauczukowe doprowadził do śmierci trzech czwartych populacji autochtonicznej. Niewątpliwie wielu z nich padło ofiarą ospy, malarii, beri-beri i innych chorób. Jednakże przeważająca większość zginęła z powodu wyzysku, głodu, okaleczeń, dybów, morderstw. W tym tempie wszystkie plemiona oczekiwał los taki, jaki spotkał Iquarasi, którzy wyginęli doszczętnie.

Dwa dni później dotarli do Entre Ríos członkowie komisji. Roger zdumiał się, widząc wśród nich Armanda Normanda ze swoim haremem indiańskich dziewczynek. Folk i Barnes poinformowali go, że chociaż szef Matanzas podał jako cel tej podróży obowiązek osobistego dopilnowania załadunku kauczuku w Puerto Peruano, w rzeczywistości przyjechał tu ze strachu przed przyszłością. Zaledwie dowiedział się o oskarżeniach barbadoskich nadzorców przeciw niemu, rozpoczął kampanię przekupstw i gróźb. I uzyskał to, że niektórzy, na przykład Levine, wysłali do komisji listy (zredagowane zapewne przez samego Normanda), oznajmiając w nich, że wycofują wszystkie dotychczasowe zeznania, które zostały od nich „w oszukańczy sposób" wydarte, i że wyraźnie, na piśmie, potwierdzają, że Peruvian Amazon Company nigdy nie dręczyła autochtonów, a pracownicy i tragarze pracowali ramię w ramię, zachowując przyjazne stosunki, dla pomyślności Peru. Folk i Barnes sądzili, że Normand będzie próbował przekupić lub zastraszyć Bishopa, Sealy'ego i Lane'a, a może nawet samego Casementa.

W rzeczy samej, następnego dnia, bardzo wczesnym rankiem, Armando Normand zastukał do drzwi Rogera i zaproponował mu „szczerą i przyjazną rozmowę". Pewność siebie i arogancja, z jaką szef Matanzas zwracał się dawniej do Rogera, ulotniły się bezpowrotnie. Jego zdenerwowanie rzucało się w oczy. Mówiąc, tarł ręce i przygryzał dolną wargę. Poszli aż do składu kauczuku, na wielki plac porośnięty niskimi zaroślami, który nocna ulewa zmieniła w królestwo kałuż i ropuch. Ze składu dobiegał odór lateksu, a Rogerowi przeszło przez myśl, że smród ten nie pochodzi od „kiszek" złożonych w ogromną stertę, lecz od pucułowatego chłopaczka, który wydawał się przy nim karzełkiem.

Normand dobrze przygotował swoją przemowę. Siedem lat spędzonych w selwie wymagało ogromnych poświęceń dla kogoś, kto wykształcił się w Londynie. Nie chciał, by z powodu nieporozumień i oszczerstw ludzi zawistnych jego życie złamał proces sądowy, niwecząc jego największe pragnienie: powrotu do Anglii. Przysiągł na honor, że nie ma krwi ani na rękach, ani na sumieniu. Był surowy, lecz sprawiedliwy, i jest gotów wprowadzić wszelkie środki, jakie komisja i „pan konsul" zasugerują, by ulepszyć działanie firmy.

— Zaprzestać rajdów i porywania Indian — zaczął wymieniać Roger powoli, odliczając na palcach. — Usunąć dyby i bicze, zacząć płacić Indianom za pracę, zabronić szefom, nadzorcom i „chłopcom" gwałcenia i porywania żon i córek krajowców, zaprzestać stosowania kar cielesnych, wypłacić odszkodowania rodzinom zamordowanych, spalonych żywcem, tym, którym obcięto uszy, nosy, ręce i nogi. Zaprzestać okradania zbieraczy poprzez fałszowane wagi i wielokrotne zawyżanie cen w składzie, co czyni z nich wiecznych dłużników kompanii. To na początek. Bo potrzeba jeszcze wielu reform, by Peruvian Amazon Company zasługiwała na status firmy brytyjskiej.

Armando Normand pobladł jak trup i patrzył na niego, nie rozumiejąc.

— Pan chce, żeby Peruvian Amazon Company zniknęła z rynku, *señor* Casement? — wybełkotał w końcu.

— Dokładnie. I żeby wszyscy zatrudnieni w niej mordercy i oprawcy, poczynając od Julia C. Arany, a kończąc na panu, zostali osądzeni za swe zbrodnie i spędzili resztę życia w więzieniu.

Przyśpieszył kroku, zostawiając szefa Matanzas ze zmienioną twarzą, osłupiałego i oniemiałego. I natychmiast pożałował, że dał upust swej pogardzie dla tego chłystka. Zyskał sobie śmiertelnego wroga, który teraz faktycznie może poczuć pokusę zlikwidowania go. Odsłonił karty, a Normand z pewnością nie będzie siedział z założonymi rękami, lecz podejmie stosowne kroki. Popełnił bardzo poważny błąd.

Kilka dni później Juan Tizón doniósł im, że szef Matanzas zażądał od kompanii wypłaty należnej pensji, w gotówce i to nie w solach peruwiańskich, a w funtach szterlingach. Zamierza wrócić do Iquitos na pokładzie „Liberala" razem z komisją. Jego plan był jasny: przy pomocy przyjaciół i wspólników złagodzić zarzuty i oskarżenia wniesione przeciw niemu oraz zorganizować ucieczkę za granicę — z pewnością do Brazylii — gdzie będą oczekiwały nań pokaźne oszczędności. Szanse, by trafił do więzienia, uległy zmniejszeniu. Juan Tizón poinformował ich, że Normand otrzymywał od pięciu lat dwadzieścia procent od wartości kauczuku zebranego w Matanzas i „premię" w wysokości dwustu funtów szterlingów rocznie, jeśli wydajność stacji wzrosła w porównaniu z rokiem poprzednim.

Następne dni i tygodnie były wypełnione ciężką, rutynową pracą. Kolejne wywiady z barbadoskimi nadzorcami i *racionales* ujawniały coraz to nowe przykłady bestialstw; ich katalog znacznie się powiększył. Roger czuł, że opuszczają go siły. Jako że powróciła wieczorna gorączka, przestraszył się, że to znowu malaria, i zwiększył dawki chininy zażywanej przed snem. Obawa, że Armando Normand lub jakiś inny szef może zniszczyć zeszyty z zapisem zeznań, które zebrał we wszystkich stacjach – w Entre Ríos, Atenas, Sur, La Chorrerze – skłoniła go do noszenia ich wszędzie ze sobą; nie pozwalał, by ktokolwiek ich dotykał. Nocą umieszczał je pod pryczą lub pod hamakiem, w którym spał, a pod ręką stale miał nabity rewolwer.

W La Chorrerze, gdy pakowali się przed powrotem do Iquitos, Roger ujrzał pewnego dnia dwudziestu Indian z wioski Naimenes, którzy przynieśli zebrany kauczuk. Byli to młodzi lub dorośli mężczyźni, z wyjątkiem dziewięcio- lub dziesięcioletniego chłopca, chudziutkiego, dźwigającego na głowie „kiszkę" większą od siebie. Roger poszedł z nimi do wagi, gdzie Víctor Macedo przyjmował dostawę. Ładunek chłopca ważył dwadzieścia cztery kilo, a on sam, Omarino, zaledwie dwadzieścia pięć. Jak udało mu się przebyć wielokilometrową trasę przez las z takim ciężarem na głowie? Mimo blizn na plecach chłopiec miał oczy żywe i wesołe i często się uśmiechał. Roger napoił go zupą i nakarmił sardynkami z puszek zakupionych w sklepiku. Od tego momentu Omarino nie odstępował go ani na krok. Towarzyszył mu wszędzie zawsze gotów do wykonania każdego zlecenia. Pewnego dnia Víctor Macedo powiedział, wskazując na dzieciaka:

– Widzę, że polubił go pan, *señor* Casement. Może zabierze go pan ze sobą? To sierota. Daruję go panu.

Roger pomyślał potem, że zdanie „Daruję go panu", którym Víctor Macedo pragnął mu się przypodobać, było bardziej wymowne niż wszelkie zeznania: ów szef mógł „darować" dowolnego Indianina ze swoich włości, ponieważ tragarze i zbieracze należeli do niego podobnie jak drzewa, domy, karabiny i „kiszki" kauczuku. Zapytał Juana Tizóna, czy mógłby zabrać Omarina do Londynu – Towarzystwo Antyniewolnicze weźmie go pod opiekę i zajmie się zapewnieniem mu wykształcenia – a ów nie miał zastrzeżeń.

Arédomi, nastolatek z plemienia Andoque, miał dołączyć do Omarina kilka dni później. Przybył do La Chorrery ze stacji Sur, a następnego dnia, nad rzeką podczas kąpieli, Roger zobaczył nagiego chłopaczka chlapiącego się w wodzie w towarzystwie współplemieńców. Był bardzo przystojny, zgrabny i zwinny, poruszał się z naturalną elegancją. Roger pomyślał, że Herbert Ward mógłby wykonać piękną rzeźbę tego nastolatka, symbol mieszkańca Amazonii ograbionego z ziemi, z ciała i z piękna przez firmy kauczukowe. Rozdał kąpiącym się Indianom puszki z żywnością. Arédomi pocałował go w rękę na znak podziękowania. Poczuł niesmak, a jednocześnie wzruszenie. Chłopak poszedł za nim do jego chaty, mówiąc coś żywo i gestykulując, lecz Roger nie rozumiał. Wezwał Fredericka Bishopa, a ów przetłumaczył mu:

– Żeby pan zabrał go ze sobą, wszystko jedno dokąd. Że będzie panu dobrze służył.

– Powiedz mu, że nie mogę, że zabieram już Omarina.

Lecz Arédomi nie dał za wygraną. W nocy tkwił nieruchomo przed jego chatą, a w dzień chodził za nim po całym obozie, z niemym błaganiem w oczach. Roger postanowił zasięgnąć opinii komisji i Juana Tizóna. Czy uważają za słuszne, by oprócz Omarina zabrał do Londynu także Arédomiego? Być może tych dwóch chłopaczków wzmocni wymowę jego raportu: obaj noszą ślady po batach. Poza tym są dostatecznie młodzi, by mogli się wykształcić i zaadaptować do formy życia innej niż niewolnictwo.

W przeddzień ich wyjazdu do La Chorrery przybył Carlos Miranda, szef stacji Sur. Przewodził stu Indianom dźwigającym kauczuk zebrany w jego regionie przez ostatnie trzy miesiące. Miał około czterdziestu lat, cechowały go pokaźna tusza i bardzo biała cera. Sposób mówienia i zachowania wskazywał na to, że otrzymał lepsze wykształcenie niż pozostali szefowie. Bez wątpienia pochodził z rodziny należącej do klasy średniej. Jego *dossier* było jednak równie krwawe jak jego kolegów. Roger Casement i członkowie komisji zebrali wiele zeznań świadków na temat epizodu ze starą Indianką Bora. Kilka miesięcy wcześniej, w Sur, kobieta ta w napadzie rozpaczy i szaleństwa zaczęła nagle nawoływać współbratymców, by stanęli do walki i nie pozwolili dłużej, by ich poniżano i traktowano jak niewolników. Jej krzyki sparaliżowały otaczających ją tubylców. Carlos Miranda wściekły skoczył ku niej z maczetą wyrwaną jednemu z „chłopców" i zdekapitował ją. Trzymając na czubku broni odciętą głowę, z której tryskała na niego krew, wyjaśnił Indianom, że to samo czeka ich wszystkich, jeśli pójdą w ślady starej i odmówią wykonywania pracy. Morderca był jowialnym, uśmiechniętym człowiekiem, rozmownym i swobodnym w obyciu, starał się zaskarbić sobie sympatię Rogera i jego kolegów, opowiadając im dowcipy i anegdoty o ekstrawaganckich i malowniczych postaciach, jakie poznał w Putumayo.

W środę szesnastego listopada tysiąc dziewięćset dziesiątego roku, wchodząc w porcie La Chorrera na pokład „Liberala" wyruszającego do Iquitos, Roger Casement otworzył usta i odetchnął głęboko. Ogarnęła go niezmierna ulga. Wydało mu się, że wyjazd ten obmywa jego ciało i ducha z dławiącego smutku i przygnębienia tak silnego, jakiego nie czuł nigdy wcześniej, nawet w najtrudniejszych momentach w Kongu. Oprócz Omarina i Arédomiego zabierał osiemnastu byłych nadzorców z Barbadosu, indiańskie żony czterech z nich oraz dzieci Johna Browna, Allana Davisa, Jamesa Mappa, J. Dyalla i Philipa Bertiego Lawrence'a.

Obecność nadzorców na pokładzie była rezultatem trudnych negocjacji, pełnych intryg, ustępstw i modyfikacji stanowisk, z Juanem Tizónem, Víctorem Macedą, pozostałymi członkami komisji oraz samymi zainteresowanymi. Przed złożeniem zeznań wszyscy nadzorcy zażądali gwarancji bezpieczeństwa, wiedząc doskonale, że narażają się na represje ze strony szefów, którzy z powodu ich zeznań mogą trafić do więzienia. Casement zobowiązał się do tego, że osobiście wywiezie ich żywych z Putumayo.

Jednakże w dniach poprzedzających pojawienie się w La Chorrerze statku „Liberal" kompania rozpoczęła zaciekłą ofensywę, by zatrzymać nadzorców, zapewniając ich, że nie spotkają ich żadne represje, i obiecując podwyżkę pensji oraz lepsze warunki, jeśli tylko zgodzą się pozostać na stanowiskach. Víctor Macedo oznajmił, że bez względu na to, jaką decyzję podejmą, Peruvian Amazon Company postanowiła umorzyć im dwadzieścia pięć procent długu zaciągniętego w sklepiku na zakup leków, odzieży, sprzętu gospodarstwa domowego i żywności. Wszyscy przyjęli ofertę. W czasie krótszym niż dwadzieścia cztery godziny wszyscy oznajmili Casementowi, że z nim nie wyjadą. Zostaną na swoich stanowiskach. Roger wiedział, co to oznacza: pod wpływem nacisków i przekupstw zaraz po jego wyjeździe odwołają zeznania i oskarżą go o to, że sam je wymyślił lub wymusił groźbami ich podpisanie. Porozmawiał z Juanem Tizónem. Ów przypomniał mu, że choć jest równie jak on, Roger, poruszony tym, co się dzieje w stacjach, i chętny do wprowadzenia zmian, pozostaje jednym z dyrektorów Peruvian Amazon Company i nie może ani nie powinien wpływać na decyzję nadzorców. Jeden z członków komisji, Henry Fielgald, poparł Tizóna tymi samymi argumentami: on także pracuje w Londynie, z panem Juliem C. Araną, i chociaż zażąda gruntownych reform metod postępowania w Amazonii, nie może przyczyniać się do likwidacji przedsiębiorstwa, które go zatrudnia. Casement poczuł, że niebo wali mu się na głowę.

Jednakże jak w owych nieoczekiwanych zwrotach akcji z francuskich powieści w odcinkach sytuacja zmieniła się diametralnie, gdy „Liberal" zawinął do portu w La Chorrerze dwunastego listopada o zachodzie słońca. Statek przywiózł listy i gazety z Iquitos i z Limy. Stołeczny dziennik „El Comercio", w długim artykule sprzed dwóch miesięcy, oznajmiał, że rząd prezydenta Augusta B. Leguíi, na prośbę Wielkiej Brytanii i Stanów Zjednoczonych, zaniepokojonych doniesieniami o domniemanych zbrodniach popełnianych przez firmy kauczukowe w Putumayo, wysłał do Amazonii pełnomocnika o nadzwyczajnych uprawnieniach, najsłynniejszego sędziego peruwiańskiego doktora Carlosa A. Valcárcela. Prawnik ów miał przeprowadzić śledztwo i podjąć natychmiastowe kroki prawne, jakie tylko uzna za stosowne, ściągając do Putumayo, jeśli zajdzie taka konieczność, siły policyjne i wojskowe, by odpowiedzialni za zbrodnie nie umknęli wymiarowi sprawiedliwości.

Informacja ta zadziałała jak bomba na pracowników Casa Arana. Juan Tizón poinformował Rogera Casementa, że Víctor Macedo, bardzo zaniepokojony, zwołał wszystkich szefów stacji, nawet tych najbardziej odległych, na zebranie do La Chorrery. Tizón sprawiał wrażenie człowieka rozdartego między dwiema wykluczającymi się postawami. Cieszył się, ze względu na honor ojczyzny oraz wrodzone poczucie sprawiedliwości, że rząd peruwiański wreszcie postanowił działać. Nie ukrywał jednak, że ów skandal może oznaczać ruinę Peruvian Amazon Company, a co za tym idzie, jego własną. Pewnej nocy, popijając kolejną szklaneczkę letniej whisky, Tizón zwierzył się Rogerowi, że cały jego majątek, z wyjątkiem domu w Limie, ulokowany jest w akcjach kompanii.

Pogłoski, plotki i obawy wywołane nowinami z Limy sprawiły, że barbadoscy nadzorcy raz jeszcze zmienili zdanie. Teraz znowu chcieli wyjechać. Obawiali się, że peruwiańscy szefowie będą próbowali uwolnić się od odpowiedzialności za tortury i morderstwa, zrzucając winę na nich, „tych obcych czarnuchów", i chcieli jak najprędzej opuścić Peru i wrócić na rodzinną wyspę. Umierali z niepewności i strachu.

Roger Casement nie mówił o tym nikomu, lecz myślał, że jeśli osiemnastu nadzorców wyląduje wraz z nim w Iquitos, mogą zdarzyć się różne rzeczy. Na przykład kompania obarczy ich odpowiedzialnością za wszystkie zbrodnie i wyśle do więzienia lub spróbuje przekupić ich, by zmienili zeznania i oskarżyli go o ich sfałszowanie. Najlepszym rozwiązaniem byłoby wysadzenie nadzorców w jakimś porcie brazylijskim, w którym mogliby poczekać, aż Roger zabierze ich na pokład „Atahualpy", statku, na którym miał popłynąć z Iquitos do Europy, z postojem na Barbadosie. Zwierzył się z tego planu Frederickowi Bishopowi. Ów przyznał mu rację, lecz uznał, że lepiej będzie poinformować nadzorców w ostatnim momencie.

Dziwna atmosfera panowała w porcie La Chorrera, gdy „Liberal" odbijał od brzegu. Żaden szef nie przyszedł ich pożegnać. Mówiono, że wielu z nich postanowiło wyjechać, do Brazylii lub do Kolumbii. Juan Tizón, który miał zostać jeszcze miesiąc w Putumayo, uściskał Rogera, życząc mu szczęścia. Członkowie komisji, którzy także mieli spędzić kilka tygodni w Putumayo, wykonując analizy techniczne i administracyjne, pożegnali go przy trapie. Umówili się, że spotkają się w Londynie i przeczytają raport Rogera, zanim ów przekaże go Foreign Office.

W pierwszą noc na rzece niebo rozświetlił czerwonawy księżyc w pełni. Odbijał się w czarnych wodach obłokiem małych gwiazdeczek iskrzących się niby małe, świetliste rybki. Wszystko było ciepłe, piękne i spokojne, nie licząc odoru kauczuku, który nadal im towarzyszył, jakby osiadł w nozdrzach na zawsze. Roger spędził długi czas oparty o burtę na pokładzie rufowym, podziwiając spektakl, i nagle zdał sobie sprawę z tego, że ma twarz mokrą od łez. Cóż za cudowny spokój, mój Boże.

W ciągu pierwszych dni rejsu zmęczenie i niepokój nie pozwalały mu pracować nad porządkowaniem fiszek i obmyślaniem zarysów raportu. Spał mało, dręczyły go koszmary. Często wstawał i wychodził na pokład, by w bezchmurną noc patrzeć na księżyc i gwiazdy. Na pokładzie „Liberala" płynął kierownik Brazylijskiego Urzędu Celnego. Roger zapytał go, czy barbadoscy nadzorcy mogliby wysiąść w jakimś porcie brazylijskim, popłynąć stamtąd do Manaos i poczekać, aż zabierze ich na Barbados. Urzędnik zapewnił go, że nie widzi najmniejszych trudności. Nawet i to nie uspokoiło Rogera. Bał się, że wydarzy się coś, co uchroni Peruvian Amazon Company przed sankcjami. Zobaczywszy na żywo los Indian amazońskich, uważał, że jest absolutnie konieczne, by cały świat dowiedział się o nim i uczynił coś, by go zmienić. Drugim powodem trosk była Irlandia. Od momentu gdy doszedł do przekonania, że tylko stanowcza akcja, rebelia, może ocalić jego ojczyznę przed „utratą duszy" wskutek kolonizacji, co przydarzyło się Indianom Huitoto, Bora i innym nieszczęsnym plemionom z Putumayo, narastała w nim chęć, by jak najszybciej oddać się ciałem i duszą przygotowaniom do owego powstania, które położy kres tylu wiekom niewoli.

W dniu, w którym „Liberal" przekroczył granicę peruwiańską – wpłynęli już na Yavarí – i znalazł się na terytorium Brazylii, jego podejrzliwość i poczucie niebezpieczeństwa ulotniły się. Wiedział jednak, że niebawem powrócą na Amazonkę i do Peru, gdzie, był tego pewien, znów pojawi się dręcząca obawa, że jakaś niespodziewana katastrofa przeszkodzi mu w wypełnieniu misji i obróci wniwecz wysiłek miesięcy spędzonych w Putumayo.

Dwudziestego pierwszego listopada tysiąc dziewięćset dziesiątego roku, w brazylijskim porcie La Esperanza na rzece Yavarí, Roger wysadził czternastu nadzorców, żony czterech z nich i czworo dzieci. Poprzedniego dnia zebrał ich i wyjaśnił, co im grozi, jeśli popłyną z nim do Iquitos. Naciski, groźby i szantaże w celu zmuszenia ich do zmiany zeznań obciążających Casa Arana, a być może wręcz pozbawienie wolności, na skutek wspólnej akcji kompanii, sędziów i policji, oraz oskarżenie o wszystkie zbrodnie.

Czternastu nadzorców zaakceptowało jego plan zejścia na brzeg w La Esperanza i popłynięcia pierwszym statkiem do Manaos, gdzie pod ochroną konsulatu brytyjskiego mieli czekać na Rogera i dołączyć doń na pokładzie „Atahualpy" należącego do Booth Line i kursującego na trasie Iquitos – Manaos – Pará. W tym trzecim porcie mieli przesiąść się na statek, na którym dotrą do domu. Roger wręczył im na pożegnanie obfity zapas żywności, którą dla nich zakupił, zaświadczenie, że ich podróż do Manaos zostanie opłacona przez konsulat brytyjski, oraz list polecający do konsula brytyjskiego w tym mieście.

Popłynąć z nim do Iquitos postanowili, nie licząc Arédomiego i Omarina, Frederick Bishop, John Brown z żoną i z synem oraz Philip Bertie Lawrence z dwójką małych dzieci. Chcieli zabrać swoje rzeczy i zrealizować czeki wystawione przez kompanię.

Cztery ostatnie dni rejsu Roger spędził na porządkowaniu dokumentów oraz przygotowywaniu memorandum dla władz peruwiańskich.

Dwudziestego piątego listopada zawinęli do Iquitos. Konsul brytyjski Mr Stirs ponownie nalegał, by Roger zamieszkał u niego w domu. Poszedł z nim także do pobliskiego pensjonatu, gdzie znaleźli zakwaterowanie dla nadzorców, Arédomiego i Omarina. Mr Stirs był zaniepokojony. W całym Iquitos panowała bardzo nerwowa atmosfera w związku z informacją o rychłym przybyciu sędziego Carlosa A. Valcárcela, który miał poprowadzić śledztwo w sprawie oskarżeń Anglii i Stanów Zjednoczonych przeciwko kompanii Julia C. Arany. Strach ogarnął nie tylko pracowników Peruvian Amazon Company, lecz wszystkich mieszkańców Iquitos świadomych tego, że życie miasta zależy od Casa Arany. Uczucie wrogości wobec Rogera Casementa było powszechne i konsul poradził mu, by nie wychodził z domu samotnie, gdyż nie można było wykluczyć próby zamachu na jego życie.

Gdy po kolacji i tradycyjnej już szklaneczce porto Roger streścił konsulowi to, co zobaczył i usłyszał w Putumayo, Mr Stirs, który

słuchał go z bardzo poważną twarzą, nie odzywając się ani słowem, wykrztusił tylko:
— Zatem tak strasznie jak w Kongu Leopolda II?
— Obawiam się, że tak, a być może gorzej — odrzekł Roger. — Chociaż wydaje mi się nieprzyzwoite ustanawianie hierarchii dla zbrodni tej skali.

Podczas jego nieobecności został mianowany nowy prefekt Iquitos, osoba przysłana z Limy, niejaki Estebán Zapata. W odróżnieniu od poprzedniego, nie był pracownikiem Julia C. Arany. Od momentu przybycia utrzymywał pewien dystans wobec Pabla Zumaety i innych dyrektorów kompanii. Wiedział, że Roger jest w drodze do miasta, i oczekiwał go z niecierpliwością.

Spotkanie z prefektem odbyło się następnego ranka i trwało ponad dwie godziny. Estebán Zapata był młody, miał bardzo śniadą cerę i dobre maniery. Mimo upału nie zdjął aksamitnego surduta. Wysłuchał Rogera z uwagą, niekiedy okazując zdziwienie, przerywając mu kilkakrotnie, by zapytać o szczegóły, z częstymi okrzykami oburzenia („To straszne!", „Cóż za okropność!"). Od czasu do czasu proponował mu szklaneczkę zimnej wody. Roger opowiedział Zapacie wszystko, ze szczegółami, podając nazwiska, liczby, nazwy miejsc, skupiając się na faktach i unikając komentarza, z wyjątkiem ostatnich słów swej relacji:

— Podsumowując, panie prefekcie, oskarżenia redaktora Saldañi Roki i pana Hardenburga nie były przesadzone. Wręcz przeciwnie, wszystko to, co opublikowało w Londynie czasopismo „Truth", nawet jeśli wydawało się kłamstwem, jest i tak mniej straszne niż rzeczywistość.

Zapata, z zakłopotaniem, które brzmiało szczerze, powiedział, że czuje wstyd za Peru. Te rzeczy wydarzyły się, ponieważ państwo nie dotarło do owych regionów pozbawionych organów prawa i administracji. Rząd był zdecydowany, by działać. Po to właśnie jest tu on sam. Po to niebawem przybędzie niezależny sędzia doktor Valcárcel.

Prezydent Leguía chce zmyć plamę na honorze Peru, kładąc kres owym haniebnym nadużyciom. Tak właśnie mu powiedział, dokładnie tymi słowy. Rząd Jego Królewskiej Mości przekona się, że winni zostaną ukarani, a krajowcy znajdą się pod ochroną państwa. Zapytał Rogera Casementa, czy jego raport dla rządu zostanie upubliczniony. Gdy ów odrzekł, że w zasadzie raport jest przeznaczony do użytku wewnętrznego rządu brytyjskiego i że bez wątpienia jego kopia zostanie przesłana rządowi peruwiańskiemu, by zadecydował o publikacji, prefekt odetchnął z ulgą.

– Na szczęście! – wykrzyknął. – Gdyby to wszystko zostało rozpowszechnione, wyrządziłoby ogromną szkodę wizerunkowi naszego kraju w świecie.

Roger Casement miał na końcu języka uwagę, że większą szkodę Peru wyrządzi nie sam raport, lecz to, że dzieją się tu rzeczy w nim wspomniane. Prefekt chciał także wiedzieć, czy barbadoscy nadzorcy, którzy przypłynęli do Iquitos – Bishop, Brown i Lawrence – zgodzą się potwierdzić przed nim swe zeznania w sprawie Putumayo. Roger zapewnił go, że następnego dnia wczesnym rankiem wyśle ich do prefektury.

Mr Stirs, który pośredniczył w tej rozmowie jako tłumacz, wyszedł z gabinetu prefekta ze spuszczoną głową. Roger zauważył, że konsul dodawał długie zdania – niekiedy prawdziwe komentarze – do jego wypowiedzi w języku angielskim i że owe wtrącenia miały zawsze na celu złagodzenie brutalności faktów związanych z wyzyskiem i cierpieniem tubylców. Wzmocniło to jego nieufność do owego konsula, który mimo że mieszkał tu od wielu lat i doskonale wiedział, co się dzieje, nigdy nie poinformował Foreign Office o żadnym problemie. Powód był prosty: Juan Tizón wyjawił mu, że Mr Stirs prowadzi w Iquitos interesy, w związku z czym także zależy od kompanii pana Julia C. Arany. Z pewnością niepokoił się teraz, że skandal mu zaszkodzi. Pan konsul miał małą duszę i hierarchię wartości uzależnioną od żądzy zysku.

W następnych dniach Roger próbował spotkać się z ojcem Urrutią, lecz w misji powiedzieli mu, że przeor augustianów przebywa w Pebas, u Indian Yagua – Roger widział ich w jednym z miejsc, do których przybił "Liberal"; spore wrażenie zrobiły na nim spódniczki i okrycia z włókien roślinnych – gdzie będzie otwierał szkołę.

Zatem kilka dni oczekiwania na "Atahualpę", który wyładowywał swój ładunek w porcie w Iquitos, Roger poświęcił na pracę nad raportem. Wieczorem wychodził na spacer, a raz czy dwa wszedł do kina Alhambra mieszczącego się przy Plaza de Armas. Kino działało od kilku miesięcy, a wyświetlano w nim filmy nieme, do których przygrywała orkiestra złożona z trzech muzyków, okropnie fałszujących. Bohaterami spektaklu, który przyciągał uwagę Rogera, nie były czarnobiałe postaci z ekranu, lecz zafascynowana publiczność: Indianie puszczańscy i żołnierze andyjscy z lokalnego garnizonu, którzy wpatrywali się w ruchomy obraz zdumieni i zdezorientowani.

Pewnego dnia odbył pieszą wycieczkę aż do Punchany dróżką, która w drodze powrotnej, gdy lunęło, przekształciła się w morze błota. Za to pejzaż był piękny. Kiedy indziej spróbował dojść piechotą do Quistococha – towarzyszyli mu Omarino i Arédomi – lecz zaskoczyła ich długa ulewa i musieli schronić się w dżungli. Gdy burza przeszła, ścieżka była pełna kałuż i błota, tak że musieli zawrócić do Iquitos.

"Atahualpa" wypłynął do Manaos i Pará szóstego grudnia tysiąc dziewięćset dziesiątego roku. Roger podróżował w pierwszej klasie, Omarino, Arédomi i nadzorcy w klasie turystycznej. Gdy w jasny i ciepły poranek statek oddalał się od Iquitos, a postaci i domy na brzegu stawały się coraz mniejsze, Roger po raz kolejny odniósł wrażenie, że oddycha swobodniej, że czuje się wolny, jakby nagle zniknęło poważne niebezpieczeństwo. Niebezpieczeństwo nie fizyczne, lecz moralne. Miał wrażenie, że gdyby został dłużej w tym strasznym miejscu, gdzie tylu ludzi cierpiało niewinnie takie katusze, on sam, przez wzgląd na to, że był białym i Europejczykiem, zostałby zakażony, upodlony. Powiedział sobie, że na szczęście jego stopa nigdy więcej nie postanie na tej ziemi. Myśl ta dodała mu animuszu i częściowo wyrwała ze stanu przybicia i otępienia, który nie pozwalał mu pracować z niegdysiejszą koncentracją i zapałem.

Gdy dziesiątego grudnia „Atahualpa" zacumował o zachodzie słońca w porcie Manaos, Roger otrząsnął się już z przygnębienia i odzyskał energię oraz zdolność do pracy. Czternastu nadzorców było już w mieście. Większość z nich postanowiła nie wracać na Barbados, lecz nająć się do pracy przy linii kolejowej Madeira – Marmoré, gdzie oferowano im przyzwoite warunki. Pozostali popłynęli z Rogerem do Pará, dokąd statek dotarł czternastego grudnia. Tutaj Roger poszukał jednostki płynącej na Barbados i umieścił na niej nadzorców, Omarina i Arédomiego. Tych dwóch ostatnich powierzył opiece Fredericka Bishopa, z instrukcją, by na Barbadosie zaprowadził ich do wielebnego Fredericka Smitha, który miał zapisać ich do szkoły jezuitów, gdzie przed wyjazdem do Londynu mogliby odebrać podstawowe wykształcenie przygotowujące ich do zmierzenia się z życiem w stolicy Imperium Brytyjskiego.

Następnie poszukał dla siebie statku płynącego do Europy. Znalazł SS „Ambrose" z Booth Line. Jako że statek odpływał dopiero siedemnastego grudnia, wykorzystał ten czas na odwiedzenie miejsc, w których bywał jako konsul brytyjski w Pará: bary, restauracje, ogród botaniczny, ogromny targ portowy, pstrokaty, z kłębiącym się tłumem. Nie odczuwał ani cienia tęsknoty za Pará, gdyż jego pobyt tutaj nie był szczęśliwy, lecz doceniał radość, którą tryskali mieszkańcy, wdzięk kobiet i próżnujących chłopców przechadzających się nadrzecznymi deptakami i odsłaniających zgrabne ciała. Po raz kolejny powiedział sobie, że Brazylijczycy mają ze swym ciałem związek zdrowy i szczęśliwy, bardzo różny od na przykład Peruwiańczyków, którzy – podobnie jak Anglicy – sprawiali zawsze wrażenie, że źle się czują w swej skórze. Tutejsi natomiast obnażali się ostentacyjnie, zwłaszcza ci, którzy czuli się młodzi i atrakcyjni.

Siedemnastego grudnia wypłynął na SS „Ambrose" do Europy. Po drodze zadecydował, że skoro statek ma dopłynąć do francuskiego portu Cherbourg w ostatnich dniach grudnia, wysiądzie tam, pojedzie pociągiem do Paryża i spędzi noc sylwestrową z Herbertem Wardem oraz Saritą, jego żoną. Wróci do Londynu pierwszego dnia roboczego w nowym roku. Bardzo mu się przyda kilka dni z ową zaprzyjaźnioną parą, w ich uroczej pracowni pełnej rzeźb i afrykańskich pamiątek, gdzie porozmawiają o rzeczach pięknych i wzniosłych, sztuce, książkach, teatrze, muzyce, najlepszych wytworach tej pełnej sprzeczności istoty ludzkiej, zdolnej zarazem do takiego zła, jakie królowało na plantacjach kauczuku Julia C. Arany w Putumayo.

XI

Gdy gruby szeryf otworzył drzwi celi, wszedł i zasiadł bez słowa w rogu pryczy, na której leżał więzień, Roger Casement nie zdziwił się. Od momentu gdy ów, łamiąc regulamin, pozwolił mu wziąć prysznic, czuł, że nawiązała się między nimi milcząca więź i że szeryf, być może nieświadomie, być może wbrew sobie, przestał go nienawidzić i obarczać odpowiedzialnością za śmierć syna w belgijskich okopach.

Zapadał zmierzch, mała cela tonęła już w mroku. Roger widział ciemną sylwetkę szeryfa, szeroką, cylindryczną, nieruchomą. Słyszał, jak głośno dyszy, jakby z wyczerpania.

– Miał płaskostopie i mógł się wykręcić z poboru – usłyszał jego głuchy i przeciągły głos nabrzmiały wzruszeniem. – W pierwszym ośrodku, w Hastings, gdy zobaczyli jego stopy, odrzucili go. Ale on nie dał za wygraną i zgłosił się do drugiego. Chciał iść na wojnę. Widział kto podobne szaleństwo?

– Kochał swój kraj, był patriotą – powiedział cichutko Roger Casement. – Powinien pan być dumny ze swojego syna, szeryfie.

– Co mi po tym, że był bohaterem, skoro nie żyje – odrzekł dozorca posępnie. – Jego jedynego miałem na świecie. Teraz ja też jakbym przestał istnieć. Czasem myślę, że już jestem duchem.

Wydawało mu się, że w mrocznej celi słyszy jęk szeryfa. Może się przesłyszał. Przypomniał sobie pięćdziesięciu trzech ochotników z Brygady Irlandzkiej, którzy zostali tam, w Niemczech, w małym obozie wojskowym w Zossen, gdzie kapitan Robert Monteith szkolił ich w posługiwaniu się karabinem, bronią maszynową, w taktykach i manewrach wojskowych, starając się utrzymać wysokie morale oddziału mimo niepewnej sytuacji. I pytania, które zadawał sobie tysiąc razy, powróciły raz jeszcze, niosąc mu udrękę. Co pomyśleli, gdy zniknął bez pożegnania, podobnie jak kapitan Monteith i sierżant Bailey? Że ich zdradzili? Że wciągnęli ich w tę ryzykowną awanturę, po czym wybrali się, a jakże, by walczyć z bronią w ręku na ziemi irlandzkiej, pozostawiając ich za drutami kolczastymi, w rękach Niemców, znienawidzonych przez resztę irlandzkich jeńców z Limburga uważających ich za zdrajców i oskarżających o nielojalność wobec kolegów, którzy zginęli we flandryjskich okopach?

Po raz kolejny powiedział sobie, że jego życie było jedną wielką sprzecznością, serią okrutnych pomyłek i splotów okoliczności, w których prawdę o jego intencjach i postępkach zaćmiewał, wypaczał, przekłamywał przypadek lub jego własna głupota. Tych pięćdziesięciu trzech patriotów, idealistów o czystych sercach, którzy mieli odwagę przeciwstawić się ponad dwóm tysiącom współtowarzyszy w obozie jenieckim w Limburgu i zapisać do Brygady Irlandzkiej, by walczyć „u boku, lecz nie w składzie" armii niemieckiej o niepodległość Irlandii, nigdy nie dowie się, jaką tytaniczną walkę stoczył Roger Casement z najwyższym dowództwem niemieckim, by nie dopuścić do wyprawienia ich do Irlandii na pokładzie transportowca „Aud" wraz z dwudziestoma tysiącami karabinów wysyłanych Ochotnikom przygotowującym powstanie wielkanocne.

– Ponoszę odpowiedzialność za tych pięćdziesięciu trzech żołnierzy – powiedział Roger Casement kapitanowi Rudolfowi Nadolnemu, odpowiadającemu za sprawy irlandzkie w Komendanturze Wojskowej w Berlinie. – To ja namówiłem ich do tego, by zdezerterowali z armii brytyjskiej. W świetle prawa brytyjskiego są zdrajcami. Jeśli Royal Navy ich pochwyci, natychmiast zostaną powieszeni. A do tego dojdzie, jeśli powstanie nie otrzyma wsparcia niemieckich sił zbrojnych. Nie mogę posłać moich rodaków na pewną śmierć i hańbę. Nie pojadą do Irlandii z dwudziestoma tysiącami karabinów. Rozmowa nie była łatwa. Kapitan Nadolny i najwyżsi oficerowie próbowali złamać go szantażem.

– Znakomicie, w takim razie natychmiast przekażemy dowódcom Irish Volunteers w Dublinie i w Stanach Zjednoczonych, że z powodu sprzeciwu pana Rogera Casementa wobec powstania rząd niemiecki zawiesza transport dwudziestu tysięcy karabinów i pięciu milionów sztuk amunicji.

Trzeba było dyskutować, negocjować, wyjaśniać, nie tracąc spokoju. Roger Casement nie sprzeciwiał się powstaniu, lecz temu, by Ochotnicy i Wojsko Ludowe popełnili samobójstwo, rzucając się do walki z Imperium Brytyjskim bez wsparcia okrętów podwodnych, sterowców i oddziałów szturmowych kajzera wiążących część sił armii brytyjskiej, uniemożliwiając jej brutalne zdławienie buntowników, które odciągnęłoby na Bóg raczy wiedzieć ile lat odzyskanie niepodległości przez Irlandię. Dwadzieścia tysięcy karabinów było potrzebne, to nie ulegało wątpliwości. On sam wyruszy z tym transportem do Irlandii i wyjaśni Tomowi Clarke'owi, Patrickowi Pearse'owi, Josephowi Plunkettowi i pozostałym przywódcom powody, dla których jego zdaniem należy przełożyć powstanie.

I w końcu dopiął swego. Statek „Aud" wypłynął z bronią w morze, a Roger, Monteith i Bailey znaleźli się na pokładzie okrętu podwodnego, który wziął kurs na Éire. Jednak pięćdziesięciu trzech żołnierzy zostało w Zossen, niczego nie rozumiejąc i głowiąc się, dlaczego ci kłamcy wyruszyli bić się do Irlandii, a ich zostawili w Niemczech, wyszkoliwszy najpierw do akcji, w której teraz odmawiali im udziału.

– Kiedy mały się urodził, jego matka zwinęła manatki i zostawiła nas samych – odezwał się nagle głos szeryfa, a Roger podskoczył na pryczy. – Nigdy więcej jej nie widziałem ani nie słyszałem o niej. Czyli musiałem stać się dla dzieciaka ojcem i matką. Nazywała się Hortensia, była na wpół szalona.

Cela pogrążyła się w całkowitym mroku. Roger nie widział już sylwetki dozorcy. Jego głos dochodził z bardzo bliska i wydawał się bardziej lamentem jakiegoś zwierza niż istoty ludzkiej.

– Przez pierwsze lata prawie całą pensję wydawałem na mamkę i niańkę – ciągnął szeryf. – Spędzałem z nim cały mój wolny czas. Zawsze był posłusznym i grzecznym dzieckiem. Nie tak jak te chłopaczyska, co to kradną, upijają się i doprowadzają rodziców do obłędu. Był w terminie u krawca, szef bardzo go cenił. Mógł był zrobić tam karierę, gdyby nie wbił sobie do głowy, żeby się zaciągnąć do wojska mimo płaskostopia.

Robert nie wiedział, co powiedzieć. Cierpienie szeryfa sprawiało mu przykrość i chętnie by go pocieszył, lecz jakie słowa mogły ukoić zwierzęcy ból tego nieszczęśnika? Miał ochotę zapytać go o jego imię i o imię jego nieżyjącego syna, dzięki temu poczułby się bliżej ich obojga, lecz nie odważył się mu przerwać.

– Dostałem od niego dwa listy – mówił szeryf. – Pierwszy z obozu, gdzie się szkolił. Pisał, że podoba mu się życie w koszarach i że jak się skończy wojna, być może zostanie w wojsku. Drugi list był zupełnie inny. Wiele fragmentów zostało wykreślonych czarnym atramentem przez cenzora. Nie skarżył się, ale w tym, co pisał, była jakaś gorycz, może nawet szczypta strachu. Nigdy więcej nie miałem o nim żadnej wieści. Aż przyszedł list kondolencyjny z armii, z informacją o jego śmierci. Że zginął jak bohater, w bitwie pod Loos. Nigdy nie słyszałem o takim miejscu. Poszedłem sprawdzić na mapie, gdzie to jest. Pewnie jakaś mieścina.

Po raz drugi Roger usłyszał ów jęk podobny do krzyku ptaka. I odniósł wrażenie, że cień dozorcy zadygotał.

Co stanie się teraz z jego pięćdziesięcioma trzema rodakami? Czy dowództwo niemieckie dotrzyma umowy i pozwoli, by maleńka brygada pozostała razem, oddzielona od innych jeńców, w obozie w Zossen? Nie było to pewne. W rozmowach z kapitanem Rudolfem Nadolnym w Berlinie Roger zauważył pogardę niemieckich wojskowych dla tej śmiesznej garstki, zaledwie pół setki ludzi. A jakże inna była ich postawa na początku, gdy porwani entuzjazmem Rogera poparli jego inicjatywę, by zebrać wszystkich jeńców irlandzkich w obozie w Limburgu, podzielając jego przekonanie, że gdy przemówi do nich, całymi setkami zaciągną się do Brygady Irlandzkiej. Cóż to była za klęska, cóż za rozczarowanie! Najbardziej bolesne w jego życiu. Klęska, która ośmieszyła go i obróciła wniwecz patriotyczne marzenia. W czym się pomylił? Kapitan Robert Monteith sądził, że błędem było przemówienie do ponad dwóch tysięcy jeńców naraz, że należało rozmawiać z małymi grupkami. Z dwudziestoma, trzydziestoma osobami można było nawiązać dialog, odpowiedzieć na obiekcje, wyjaśnić niejasności. Lecz od masy ludzi umęczonych klęską i upokorzonych niewolą czego innego mógł się spodziewać? Zrozumieli tylko, że Roger prosi ich o sprzymierzenie się z odwiecznym wrogiem, dlatego zareagowali tak wojowniczo. O tak, nie ulegało wątpliwości, że ich wrogość można było wyjaśnić na wiele sposobów. Ale żadna teoria nie była w stanie zatrzeć goryczy, jaka zalała go, gdy usłyszał obelgi. Krzyczeli, że jest zdrajcą, żółtym, karaluchem, sprzedawczykiem, oni, jego rodacy, dla których poświęcił swój czas, swój honor, swą przyszłość. Przypomniał sobie kpiny Herberta Warda, gdy żartując z jego nacjonalizmu, przywoływał go do rzeczywistości, zachęcał do porzucenia tego śnienia na jawie, tego „marzenia Celta", w którym się obwarował.

W przeddzień wyjazdu z Niemiec, jedenastego kwietnia tysiąc dziewięćset szesnastego roku, Roger napisał do kanclerza Theobalda von Bethmanna-Hollwega, przypominając mu warunki umowy zawartej między nim a rządem niemieckim w sprawie Brygady Irlandzkiej. Zgodnie z ustaleniami żołnierze mogli zostać wysłani wyłącznie do walki o Irlandię, a w żadnym razie wykorzystani jako siła pomocnicza armii niemieckiej na innych frontach. Ponadto strony umawiały się, że jeśli konflikt nie zakończy się zwycięstwem Niemiec, żołnierze z Brygady Irlandzkiej zostaną wysłani do Stanów Zjednoczonych lub do jakiegoś neutralnego państwa, w żadnym wypadku do Wielkiej Brytanii, gdzie zostaliby osądzeni i straceni w trybie doraźnym. Czy Niemcy wywiążą się z tych zobowiązań? Niepewność dręczyła go już od chwili, gdy został schwytany. A jeśli natychmiast po wyjeździe jego, Monteitha i Baileya kapitan Rudolf Nadolny rozwiązał Brygadę Irlandzką i odesłał jej członków do obozu w Limburgu? Oznaczałoby to skazanie ich na dalszą niewolę wśród obelg i dyskryminacji ze strony innych jeńców irlandzkich, a także na codzienne ryzyko linczu.

— Chciałem, żeby oddano mi jego szczątki — jeszcze raz wyrwał go z zamyślenia zbolały głos szeryfa. — Żeby zrobić mu religijny pochówek, w Hastings, tam gdzie się urodził, tak jak ja, mój ojciec, mój dziadek. Odpowiedzieli mi, że nie. Że ze względu na okoliczności wojny zwrot jego szczątków nie jest możliwy. Rozumie pan te „okoliczności wojny"?

Roger nie odpowiedział, ponieważ pojął, że dozorca nie rozmawia z nim, lecz z samym sobą, za jego pośrednictwem.

— Ja doskonale wiem, co to znaczy — ciągnął szeryf. — Że nie został ani jeden kawałek z mojego biednego syna. Że jakiś granat albo moździerz rozerwał go na strzępy. W tym przeklętym miejscu, pod Loos. Albo że wrzucili go do zbiorowego grobu, z innymi martwymi żołnierzami. Nigdy się nie dowiem, gdzie jest jego grób, żeby złożyć na nim kwiaty i pomodlić się od czasu do czasu.

— Najważniejszy jest nie grób, lecz pamięć, szeryfie — powiedział Roger. — To liczy się najbardziej. Dla pańskiego syna, w miejscu gdzie jest teraz, liczy się to, że pan wspomina go z taką miłością, i nic więcej.

Cień szeryfa poruszył się zaskoczony na dźwięk głosu Casementa. Być może strażnik zapomniał, że znajduje się w celi i u jego boku.

— Gdybym wiedział, gdzie jest jego matka, odszukałbym ją, żeby przekazać jej wieści i żebyśmy opłakali go razem — powiedział. — Nie czuję żadnej urazy do Hortensii za to, że mnie porzuciła. Nawet nie wiem, czy jeszcze żyje. Nigdy nie pofatygowała się, żeby chociaż zapytać o syna, którego zostawiła. Nie była zła, tylko na wpół szalona, mówiłem panu.

Teraz Roger łamał sobie głowę, jak każdego dnia i każdej nocy od tego świtu, gdy wylądował na plaży Banna Strand, w Tralee Bay, usłyszał śpiew skowronków i zobaczył z bliska pierwsze dzikie fiołki, dlaczego, u diabła, żadna łódź i żaden pilot irlandzki nie czekali na transportowiec „Aud", wiozący karabiny i amunicję dla Ochotników, i na okręt podwodny, na którego pokładzie przybywali on, Monteith i Bailey? Co się stało? Na własne oczy widział naglący list Johna Devoya do hrabiego Johanna Heinricha von Bernstorffa, który ów przekazał do biura kanclerza niemieckiego, informujący, że powstanie wybuchnie między Wielkim Piątkiem a Niedzielą Wielkanocną. A zatem że karabiny muszą bezwarunkowo dotrzeć dwudziestego kwietnia na Fenit Pier, w Tralee Bay. Tam będą czekali znający lokalne wody pilot oraz łodzie i statki Ochotników, którzy wyładują broń. Wspomniane instrukcje zostały przez Josepha Plunketta potwierdzone w trybie pilnym, piątego kwietnia, *attaché* handlowemu Niemiec w Bernie, który przekazał wiadomość do biura kanclerza oraz komendantury w Berlinie: broń musi dotrzeć do Tralee Bay o zmierzchu dwudziestego kwietnia, nie wcześniej i nie później. I dokładnie tego dnia „Aud" i U-19 dotarły na miejsce spotkania. Co więc, u wszystkich diabłów, wydarzyło się, dlaczego nikt na nich nie czekał? Skąd ta katastrofa, która pogrzebała go w więzieniu i przyczyniła się do upadku powstania? Gdyż wedle informacji, jakie otrzymał od przesłuchujących go Basila Thomsona i Reginalda Halla, „Aud" zaskoczono na wodach irlandzkich przez Royal Navy – czyli kapitan, narażając swoje bezpieczeństwo, oczekiwał na Ochotników jeszcze dłużej – co zmusiło dowódcę do zatopienia statku i posłania na dno morza dwudziestu tysięcy rifles, dziesięciu karabinów maszynowych i pięciu milionów sztuk amunicji, które być może nadałyby inny bieg rebelii zdławionej przez Anglików z okrucieństwem możliwym do przewidzenia.

A wydarzyło się coś, czego Roger Casement mógł się domyślić: nic wielkiego, nic transcendentnego, jeden z owych głupich drobiazgów, niedopatrzenie, odwołanie rozkazu, rozbieżność opinii między przywódcami Najwyższej Rady IRB Tomem Clarkiem, Seánem MacDermottem, Patrickiem Pearse'em, Josephem Plunkettem i kilkoma innymi. Jeden z nich, a być może wszyscy, zmienił opinię na temat najdogodniejszej daty przybycia „Aud" do Tralee Bay i wysłał poprawkę, nie myśląc o tym, że rozkaz odwoławczy mógł zaginąć po drodze do Berlina lub dotrzeć, gdy transportowiec i okręt podwodny będą już na pełnym morzu odcięte od bazy ze względu na bardzo złe warunki atmosferyczne panujące w tamtym czasie. To musiało być coś tego typu. Drobne zamieszanie, błąd w kalkulacji, głupstwo – i broń pierwszej klasy leżała teraz na dnie morza, nie trafiwszy w ręce Ochotników, którzy dali się wystrzelać w ciągu tygodnia walk na ulicach Dublina.

Nie mylił się, sądząc, że wywoływanie zbrojnego powstania bez jednoczesnej akcji zbrojnej ze strony Niemiec było błędem, lecz nie cieszył się z tego. Wolałby się mylić. I być tam, razem z tymi szaleńcami, setką Ochotników, którzy o świcie dwudziestego czwartego kwietnia opanowali Pocztę przy Sackville Street, albo z tymi, którzy usiłowali zdobyć Dublin Castle, albo z tymi, którzy chcieli wysadzić w powietrze Magazine Fort w Phoenix Park. Tysiąc razy lepiej byłoby zginąć jak oni, z bronią w ręku – śmiercią bohaterską, szlachetną, romantyczną – niż zawisnąć haniebnie na szubienicy, jak mordercy i gwałciciele. Choć niemożliwy i nierzeczywisty był cel Ochotników, Irish Republican Brotherhood i Armii Ludowej, piękne i wzruszające musiało być – z pewnością wszyscy obecni przy tym płakali, a serce mocno biło w ich piersiach – słuchanie, jak Patrick Pearse czyta manifest proklamujący Republikę. Choćby tylko przez ten króciutki interwał siedmiu dni „marzenie Celta" ziściło się: Irlandia, wyzwolona spod brytyjskiej okupacji, była niezależnym krajem.

– Jemu nie podobała się moja praca – Roger po raz kolejny wzdrygnął się, słysząc pełen smutku głos szeryfa. – Wstydził się tego, bał się, że sąsiedzi czy krawiec dowiedzą się, że jego ojciec jest strażnikiem więziennym. Ludziom wydaje się, że przez to, że dniem i nocą przebywamy blisko przestępców, zarażamy się od nich i też stajemy się jak wyjęci spod prawa. Widział kto większą niesprawiedliwość? Tak jakby człowiek nie wykonywał tej pracy dla dobra społeczeństwa. Stawiałem mu za przykład Mr Johna Ellisa, kata. W swoim miasteczku, Rochdale, jest też golarzem i nikt tam złego słowa na niego nie powie. Wręcz przeciwnie, wszyscy sąsiedzi mają go w wielkim poważaniu. Stoją w kolejce, żeby ich ogolił. Jestem pewien, że mój syn nie pozwoliłby, by ktoś przy nim mówił o mnie źle. On nie tylko bardzo mnie szanował. Wiem, że mnie kochał.

I znów Roger usłyszał ten stłumiony jęk i poczuł, że prycza trzęsie się wraz z ciałem dozorcy. Czy zwierzenia te niosły szeryfowi ulgę, czy wzmagały jego ból? Jego monolog był jak nóż rozcinający ranę. Nie wiedział, jak ma się zachować. Przemówić do niego? Spróbować pocieszyć? Słuchać bez słowa?

– Nigdy nie zapomniał podarować mi czegoś na urodziny – dorzucił szeryf. – Pierwszą wypłatę, jaką dostał u krawca, oddał mi w całości. Musiałem nalegać, żeby zostawił sobie jakieś pieniądze. Jaki chłopak ma dziś tyle poszanowania dla ojca?

Szeryf ponownie pogrążył się w milczeniu i bezruchu. Niewiele dowiedział się Roger Casement o powstaniu: zdobyto Pocztę, nie zdobyto Dublin Castle i Magazine Fort w Phoenix Park. I natychmiast zaczęło się rozstrzeliwanie, w trybie doraźnym, głównych przywódców, między nimi jego przyjaciela Seána MacDermotta, jednego z pierwszych współcześnie żyjących Irlandczyków, którzy pisali prozę i poezję po gaelicku. Ilu jeszcze rozstrzelano? Czy wyroki wykonano w kazamatach Kilmainham Gaol? Czy przewieziono ich do Richmond Barracks? Alice powiedziała mu, że Jamesa Connolly'ego, słynnego organizatora manifestacji, tak ciężko rannego, że nie był w stanie utrzymać się na nogach, posadzili przed plutonem egzekucyjnym na wózku inwalidzkim. Barbarzyńcy! Fragmentaryczne informacje, które Roger uzyskał od przesłuchujących go ludzi, szefa Scotland Yardu Basila Thomsona i kapitana marynarki Reginalda Halla z wywiadu Admiralicji, od swego adwokata George'a Gavana Duffy'ego, od siostry Niny i od Alice Stopford Green, nie dawały mu jasnego obrazu sytuacji, wyobrażał sobie raczej szereg bezładnych scen pełnych krwi, wybuchów pocisków artyleryjskich, pożarów i strzelaniny. Śledczy referowali mu wieści, jakie docierały do Londynu, gdy na ulicach Dublina trwały jeszcze walki, a armia brytyjska dławiła ostatnie ogniska rebelii. Krótkie anegdoty, luźne zdania, strzępy, które próbował usytuować w kontekście za pomocą wyobraźni i intuicji. Z pytań Thomsona i Halla zadanych podczas przesłuchań wyciągnął zdumiewający wniosek, że rząd brytyjski podejrzewa go o przybycie z Niemiec, by stanąć na czele powstania. Tak pisze się historię! On, który wrócił do kraju, by próbować powstrzymać powstanie, zostanie uznany za jego przywódcę z powodu pomyłki brytyjskich służb specjalnych! Rząd od dawna przypisywał mu bardzo daleki od rzeczywistości wpływ na zwolenników niepodległości. Być może to wyjaśniało kampanię oszczerstw, która rozpętała się w prasie angielskiej podczas jego pobytu w Berlinie z oskarżeniami o sprzedanie się kajzerowi, o to, że jest nie tylko zdrajcą, ale także najemnikiem, a ostatnio o jakieś podłe czyny. Kampanię mającą pogrążyć w hańbie najwyższego przywódcę, którym nigdy nie był i nie chciał być! To właśnie jest historia, gałąź fikcji podająca się za wiedzę.

– Kiedyś dostał takiej gorączki, że lekarz powiedział, że umrze – podjął swój monolog szeryf. – Ale Mrs Cubert, jego mamka, i ja pielęgnowaliśmy go, opatuliliśmy, miłością i cierpliwością uratowaliśmy mu życie. Spędziłem wiele nocy, nacierając mu całe ciało spirytusem kamforowym. To przynosiło mu ulgę. Aż serce się krajało na widok takiego maleństwa dygocącego z zimna. Mam nadzieję, że nie cierpiał. To znaczy tam, w okopach, w tym całym Loos. Że śmierć przyszła szybko, że nie wiedział, że umiera. Że Bóg nie był na tyle okrutny, by skazywać go na długą agonię, powolne wykrwawienie albo duszenie gazem musztardowym. On zawsze chodził na nabożeństwa niedzielne i spełniał obowiązki chrześcijanina.

– Jak się nazywał pański syn, szeryfie? – zapytał Roger Casement.

Wydało mu się, że dozorca znowu wzdrygnął się w ciemnościach ponownie zaskoczony jego obecnością.

– Nazywał się Alex Stacey – powiedział po chwili. – Jak jego ojciec. I jak ja.

– Cieszę się, że to wiem – powiedział Roger Casement. – Kiedy człowiek zna imię danej osoby, lepiej ją sobie wyobraża. Wyczuwa ją, nawet jeśli jej nigdy nie widział. Alex Stacey brzmi ładnie. Kojarzy się z kimś dobrym.

– Był grzeczny i uczynny – szepnął szeryf. – Może trochę nieśmiały. Zwłaszcza z kobietami. Obserwowałem go, od dziecka. Z mężczyznami rozumiał się dobrze, czuł się swobodnie. Ale przy kobietach ogarniała go nieśmiałość. Bał się spojrzeć im w oczy. A jak przemówiły do niego, jąkał się. Dlatego jestem pewien, że Alex zginął jako prawiczek.

Szeryf ponownie zamilkł, pogrążając się w myślach, i zastygł w bezruchu. Biedny chłopak! Jeśli to, co mówił jego ojciec, było prawdą, Alex Stacey zginął, nie zaznawszy kobiecego ciepła. Ciepła matki, ciepła małżonki, ciepła kochanki. Roger zaznał przynajmniej, choć na krótko, szczęścia u boku matki, pięknej, czułej, delikatnej. Westchnął. Już od dłuższego czasu nie myślał o niej, co nigdy wcześniej mu się nie zdarzyło. Jeśli istnieją zaświaty, jeśli dusze zmarłych obserwują z jakiegoś miejsca w wieczności przelotne życie żywych, Anne Jephson z pewnością była przy nim przez cały ten czas, szła za nim krok w krok, cierpiała i martwiła się kłopotami, jakie spotkały go w Niemczech, dzieliła jego rozczarowania, troski i owo straszne uczucie, że się pomylił, że – w swym naiwnym idealizmie, w owej skłonności do romantyzmu, z której tak kpił Herbert Ward – uszlachetnił kajzera i Niemców, uwierzył, że przyłączą się do sprawy irlandzkiej i staną się lojalnymi i pełnymi entuzjazmu sprzymierzeńcami jego marzeń o niepodległości.

Tak, było pewne, że jego matka dzieliła z nim, w te pięć dni niemożliwych do opisania, bóle, wymioty, nudności, skurcze żołądka, jakie dręczyły go na pokładzie okrętu podwodnego U-19, którym on, Monteith i Bailey płynęli z niemieckiego portu na wyspie Helgoland na irlandzkie wybrzeże Kerry. Nigdy, w całym swoim życiu, nie czuł się tak źle, fizycznie i psychicznie. Jego żołądek nie przyjmował żadnych pokarmów, z wyjątkiem łyczków ciepłej kawy i małych kawałków chleba. Dowódca okrętu Kapitänleutnant Raimund Weissbach namówił go do wypicia łyka wódki, która nie tylko nie powstrzymała nudności, lecz na dodatek sprawiła, że zwymiotował żółcią. Gdy U-19 płynął w wynurzeniu, z prędkością około dwunastu mil na godzinę, kołysał się najbardziej i mdłości były najpotężniejsze. Kiedy się zanurzał, kołysał się mniej, lecz jego prędkość malała. Ani koce, ani płaszcze nie zmniejszały zimna, które przenikało mu kości. Nie mniej dotkliwe było uczucie klaustrofobii, które okazało się preludium do tej, jakiej miał doświadczyć później, w więzieniu w Brixton, w Tower of London i w Pentonville Prison.

To niewątpliwie przez te nudności i okropne samopoczucie w trakcie rejsu na U-19 zapomniał o znajdującym się w jednej z kieszeni bilecie kolejowym z Berlina do niemieckiego portu Wilhelmshaven. Policjanci, którzy zatrzymali go w McKenna's Fort, znaleźli go podczas rewizji dokonanej w komisariacie w Tralee. Bilet został później okazany przez prokuratora podczas procesu jako jeden z dowodów na to, że Roger przybył do Irlandii z Niemiec, wrogiego kraju. Ale jeszcze gorsze było to, że w innej kieszeni policjanci z Royal Irish Constabulary znaleźli kartkę z szyfrem, wręczoną mu przez Admiralicję niemiecką, by w razie pilnej konieczności skontaktował się z dowódcami kajzera. Jak było możliwe, że nie zniszczył tak kompromitującego dokumentu przed zejściem z pokładu U-19 do szalupy, którą mieli dopłynąć do plaży? To pytanie jątrzyło się w jego świadomości niby zakażona rana. A przecież Roger dokładnie pamiętał, że zanim pożegnali się z kapitanem i załogą, na żądanie kapitana Roberta Monteitha on i sierżant

Daniel Bailey po raz ostatni przetrząsnęli kieszenie, żeby się upewnić, czy nie mają przy sobie żadnego przedmiotu ani dokumentu, które mogłyby dostarczyć informacji o ich tożsamości i pochodzeniu. Jak mógł przegapić bilet kolejowy i szyfr? Przypomniał sobie pełen satysfakcji uśmiech, z jakim prokurator zaprezentował kartkę z szyfrem sądowi. Jakie szkody mogła wyrządzić Niemcom owa informacja w rękach brytyjskiego wywiadu? Przyczyna tych karygodnych niedopatrzeń leżała bez wątpienia w jego okropnej kondycji fizycznej i psychicznej. Nudności, pogorszenie stanu zdrowia w ciągu ostatnich miesięcy w Niemczech, a przede wszystkim troski i obawy, zwłaszcza te związane z wydarzeniami politycznymi – od porażki idei Brygady Irlandzkiej po wieść, że Ochotnicy i IRB wyznaczyli termin wybuchu zbrojnego powstania na Wielki Tydzień mimo braku wsparcia wojskowego ze strony Niemiec – zaćmiły jego zdolność jasnego myślenia, równowagę umysłu, spowodowały utratę odruchów, obniżyły zdolność do koncentracji i spokojnego rozumowania. Czy były to pierwsze objawy obłędu? Zdarzały mu się już dawniej, w Kongu i w selwie amazońskiej, na widok okaleczeń i innych niezliczonych tortur i bestialstw dokonywanych na tubylcach przez *caucheros*. Trzy lub cztery razy poczuł, że opuszczają go siły, że ogarnia go przemożne poczucie niemocy wobec bezmiaru zła dostrzeganego wokół siebie, owego kręgu okrucieństwa i nikczemności tak powszechnego, tak potężnego, że wydawało się donkiszoterią przeciwstawianie mu się i próba zniszczenia go. Człowiek tak bardzo upadły na duchu może popełniać niedopatrzenia tak poważne, jak uczynił to on. Myśli te przynosiły mu chwilową ulgę; potem odrzucał je, a poczucie winy i wyrzuty sumienia powracały ze zdwojoną mocą.

— Myślałem o tym, żeby odebrać sobie życie. — Roger wzdrygnął się na dźwięk głosu szeryfa. — Alex był jego jedynym sensem. Nie mam więcej krewnych. Przyjaciół też nie. Kilku znajomych. Moim życiem był mój syn. Po co trwać dalej w tym świecie bez niego?

- Znam to uczucie, szeryfie - szepnął Roger Casement. - A jednak mimo wszystko życie ma także piękne strony. Znajdzie pan jeszcze inne rzeczy, dla których warto żyć. Jest pan jeszcze młody.
- Mam czterdzieści siedem lat, chociaż wyglądam na dużo starszego - odpowiedział dozorca. - Nie zabiłem się tylko z powodu religii. Religia zakazuje samobójstwa. Ale nie wykluczam, że to zrobię. Jeśli nie uda mi się przezwyciężyć tego smutku, tego poczucia pustki, świadomości, że teraz nic nie ma sensu, zrobię to. Człowiek powinien żyć dopóty, dopóki czuje, że życie jest coś warte. Jeśli nie, to nie.

Mówił bez dramatyzmu, ze spokojną pewnością. Potem znowu zamilkł i znieruchomiał. Roger Casement nadstawił ucha. Wydało mu się, że gdzieś z zewnątrz docierają echa piosenki, może chóru. Dźwięk ten był jednak tak stłumiony i tak odległy, że nie udało mu się rozróżnić ani słów, ani melodii.

Dlaczego przywódcy powstania starali się nie dopuścić, by wrócił do Irlandii, i poprosili władze niemieckie, by mógł pozostać w Berlinie, ze śmiechu wartym tytułem „ambasadora" irlandzkich organizacji nacjonalistycznych? Widział te listy na własne oczy, po kilka razy czytał fragment dotyczący swojej osoby. Zdaniem kapitana Monteitha przywódcy Ochotników i IRB wiedzieli, że Roger jest przeciwny buntowi bez wsparcia wojsk niemieckich, które sparaliżowałoby brytyjską armię lądową i Royal Navy. Ale dlaczego nie powiedzieli mu wprost, że ma zostać w Niemczech? Dlaczego przekazali mu tę decyzję za pośrednictwem władz niemieckich? Być może mu nie ufali. Czy sądzili, że nie jest już godny zaufania? Być może dali wiarę głupim i niedorzecznym pogłoskom rozpuszczonym przez rząd brytyjski, przedstawiającym go jako brytyjskiego szpiega. Nie przejął się ani trochę tymi kalumniami przekonany, że jego przyjaciele i towarzysze zrozumieją, że chodzi o jątrzenie brytyjskich tajnych służb pragnących rozsiać podejrzenia i podzielić nacjonalistów. Może któryś z jego kompanów, może kilku z nich dało się oszukać tym matactwom kolonizatora. Cóż, przekonali się teraz, że Roger Casement nadal jest wiernym sprawie bojownikiem o niepodległość Irlandii. Czy ci, którzy zwątpili w jego lojalność, znajdowali się wśród rozstrzelanych w Kilmainham Gaol? I cóż mu teraz po zrozumieniu martwych?

Poczuł, że dozorca wstaje i odchodzi w kierunku drzwi celi. Usłyszał jego ciche i powolne kroki, jakby ledwie powłóczył nogami. Spod drzwi dobiegły go słowa:

– To, co zrobiłem, jest niedobre. Złamałem regulamin. Nikt nie powinien rozmawiać z panem, a tym bardziej ja, szeryf. Przyszedłem, bo nie mogłem dłużej wytrzymać. Gdybym z kimś nie porozmawiał, pękłaby mi głowa albo serce.

– Cieszę się, że pan przyszedł, szeryfie – szepnął Casement. – W mojej sytuacji rozmowa z kimś przynosi wielką ulgę. Żałuję tylko, że nie mogłem pana pocieszyć po stracie syna.

Dozorca wymamrotał coś, co mogło być pożegnaniem. Otworzył drzwi celi i wyszedł. Zamknął je od zewnątrz i wyjął klucz. Znów zapanowała całkowita ciemność. Roger przewrócił się na bok, opuścił powieki i spróbował zasnąć, lecz wiedział, że sen nie przyjdzie także i tej nocy, a godziny dzielące go od świtu będą się wlokły niemiłosiernie; po raz kolejny będzie bez końca czekał na nowy dzień.

Przypomniał sobie zdanie dozorcy: „Jestem pewien, że Alex zginął jako prawiczek". Biedny chłopak. Osiągnąć dziewiętnasty, może dwudziesty rok życia, nie zaznawszy przyjemności, tego gorączkowego omdlenia, tego zawieszenia rzeczywistości, tego wrażenia dotyku wieczności, które trwa tyle tylko co ejakulacja, a przecież jest tak intensywne, tak głębokie, że porusza wszystkie włókienka ciała, osiąga i ożywia najdalsze zakamarki duszy. On też mógł umrzeć jako prawiczek, gdyby zamiast wyruszyć do Afryki wkrótce po dwudziestej rocznicy urodzin został w Liverpoolu, pracując dla Elder Dempster Line. Jego nieśmiałość wobec kobiet była taka sama – może nawet głębsza – jak młodego Alexa Staceya o płaskich stopach. Przypomniał sobie żarciki kuzynek, zwłaszcza Gertrude, kochanej Gee, kiedy chciały, by się zarumienił. Wystarczało, żeby wspomniały o dziewczętach, żeby mu powiedziały na przykład: "Widziałeś, jak na ciebie patrzy Dorothy?", "Zauważyłeś, że Malina zawsze siada obok ciebie na piknikach?", "Podobasz się jej, kuzynie", "A ona ci się podoba?". Ależ skrępowany czuł się wtedy! Tracił kontenans i zaczynał bełkotać, jąkać się, mówić głupstwa, aż Gee i jej przyjaciółki, pękając ze śmiechu, uspokajały go: "To tylko żart, nie przejmuj się".

A przecież od chłopięcych lat miał wyostrzone poczucie estetyki, umiał docenić piękno ciał i twarzy, kontemplował z przyjemnością i radością zgrabną sylwetkę, oczy żywe i szelmowskie, wąską talię, muskuły zdradzające nieświadomą siłę, jak widoczne u drapieżników na wolności. Kiedy zdał sobie sprawę, że budzi w nim największe podniecenie, zawierające szczyptę niepokoju i paniki, wrażenia transgresji, nie piękno dziewcząt, lecz chłopców? W Afryce. Zanim jego stopa postała na Czarnym Lądzie, purytańskie wychowanie oraz tradycyjne, wręcz konserwatywne obyczaje krewnych ze strony ojca i ze strony matki zdusiły w zarodku pierwsze symptomy podniecenia tego typu. W środowisku tym samo podejrzenie pociągu seksualnego do osoby tej samej płci było uważane za odrażającą aberrację, słusznie potępianą przez prawo i przez religię jako występek oraz grzech nieznajdujący usprawiedliwienia i okoliczności łagodzących. W Magherintemple, w Antrim, w domu stryjecznego dziadka Johna, w Liverpoolu, wśród wujostwa i kuzynek, fotografia stanowiła pretekst do tego, by rozkoszować się – wyłącznie za pośrednictwem oczu i duszy – owymi męskimi ciałami, smukłymi i pięknymi, które go pociągały; oszukiwał samego siebie argumentem, że pociąg ów ma charakter wyłącznie estetyczny.

Afryka – ten kontynent straszny, a zarazem przepiękny, kontynent niewyobrażalnych cierpień – była zarazem ziemią wolności, gdzie istoty ludzkie mogły być maltretowane w wyjątkowo okrutny sposób, a jednocześnie zachowywały swobodę manifestowania swych namiętności, fantazji, pragnień, instynktów i marzeń, bez wędzideł i przesądów, które hamowały rozkosz w Wielkiej Brytanii. Przypomniał sobie owo popołudnie, duszny upał i słońce w zenicie, w Bomie, gdy nie była to nawet wioska, zaledwie maleńka osada. Nie mogąc złapać tchu, czując, że jego ciało bucha żywym ogniem, poszedł wykąpać się do pobliskiego strumienia, który nieco dalej wpadał do rzeki Kongo, a tu tworzył małe jeziorka pomiędzy skałami, z szemrzącymi kaskadami, w otoczeniu niebotycznych mangowców, palm kokosowych i baobabów oraz gigantycznych paproci. W wodzie zobaczył dwóch młodych Murzynów Bakongo. Choć nie mówili po angielsku, odpowiedzieli uśmiechem na jego pozdrowienie. Wyglądali, jakby się zabawiali we dwójkę, lecz po chwili Roger zrozumiał, że łowią ryby gołymi rękami. Powodem ich podniecenia i wybuchów śmiechu były trudności ze schwytaniem śliskich i zwinnych rybek, które wymykały im się z rąk. Jeden z dwóch chłopców był bardzo przystojny. Miał ciało długie, szczupłe i harmonijne, oczy głębokie i rozświetlone, poruszał się w wodzie jak ryba. Przy każdym ruchu uwidaczniały się błyszczące od kropelek wody, które przywarły do jego skóry, muskuły ramion, nóg, pleców, ud. W ciemnej twarzy, pokrytej geometrycznym tatuażem, skrzyły się oczy i jaśniały bardzo białe zęby. Gdy wreszcie złapali rybę, robiąc wiele hałasu, ten drugi wyszedł z wody i zaczął coś robić na brzegu, zapewne kroić i czyścić rybę, rozpalać ogień. Chłopiec, który został w strumieniu, popatrzył mu w oczy i uśmiechnął się. Roger poczuł, jak ogarnia go gorączka, i popłynął do niego, również uśmiechnięty. Gdy stanął kilka metrów przed nim, nie wiedział, jak się zachować. Czuł wstyd, dyskomfort, a zarazem bezgraniczne szczęście.

— Szkoda, że mnie nie rozumiesz — usłyszał własne słowa wymawiane półgłosem. — Chciałbym zrobić ci zdjęcie. Porozmawiać. Zaprzyjaźnić się z tobą.

A wówczas zobaczył, że chłopak kładzie się na wodzie i podpływa do niego, machając rękami i nogami. Byli teraz tak blisko, że prawie się stykali. I poczuł, jak obce ręce szukają jego brzucha, dotykają go, pieszczą jego penis, który już od dłuższej chwili był sztywny. W mroku celi westchnął z pożądaniem i smutkiem. Z zamkniętymi oczami spróbował odtworzyć tamtą scenę sprzed tylu lat: zdumienie, nieopisane podniecenie, a zarazem nieufność i lęk, jego ciało obejmujące ciało chłopca, którego sztywne prącie poczuł na swych nogach i brzuchu.

Był to jego pierwszy seks, jeśli można nazwać seksem podniecenie i ejakulację do wody, na ciało chłopca, który go pieścił i który z pewnością także miał wytrysk w jego kierunku, choć Roger tego nie poczuł. Gdy wyszedł na brzeg i ubrał się, Bakongo zaprosili go na kawałek ryby, którą upiekli nad małym ogniskiem na brzegu jeziorka utworzonego przez strumień.

Jaki wstyd poczuł potem. Przez pozostałą część dnia był jak zamroczony, gryzące wyrzuty sumienia mieszały się z wybuchami szczęścia i świadomością, że dopuścił się czynu karalnego, a jednocześnie osiągnął wolność, której zawsze pożądał, potajemnie, nie odważywszy się nigdy po nią sięgnąć. Czy był skruszony i wyrażał chęć poprawy? Tak, tak. Jedno i drugie. Poprzysiągł sobie na swój honor, na pamięć matki, na religię, że nigdy więcej do tego nie dojdzie, wiedząc doskonale, że nie dotrzyma obietnicy, że gdy już raz zakosztował zakazanego owocu, poczuł, jak jego ciało staje się wirem i pochodnią, nie będzie mógł zapobiec kolejnym tego rodzaju doświadczeniom. Był to jedyny przypadek, a w każdym razie jeden z niewielu, gdy za rozkosz nie dał pieniędzy. Czy to właśnie zapłata przelotnym partnerom – na kilka minut, kilka godzin – uwolniła go tak szybko od wyrzutów sumienia, które dręczyły go na początku? Być może. Jak gdyby forma transakcji handlowej – ty mi dajesz usta i penis, ja ci daję język, tyłek i kilka funtów – owych przypadkowych spotkań w parkach, w ciemnych zaułkach, w toaletach publicznych, na dworcach, w podłych hotelikach lub na ulicy – „jak psy", pomyślał – z mężczyznami, z którymi najczęściej mógł porozumieć się tylko gestami i ruchami, ponieważ nie mówili jego językiem, wyzuła owe akty z wszelkiego znaczenia moralnego i zmieniła je w czystą wymianę, tak neutralną jak zakup lodów lub paczki papierosów. To była przyjemność, nie miłość. Nauczył się doznawać rozkoszy, lecz nie kochać ani być kochanym. Od czasu do czasu w Afryce, w Brazylii, w Iquitos, w Londynie, w Belfaście czy w Dublinie, po szczególnie intensywnym zbliżeniu, do poczucia przygody dołączała jakaś inna emocja i mówił sobie: „Jestem zakochany". Nieprawda: nigdy nie był zakochany. To uczucie nigdy nie trwało długo. Nawet z Eivindem Adlerem Christensenem, którego w końcu pokochał, lecz nie jak kochanka, raczej miłością braterską albo ojcowską. Biedak. Także i na tym polu jego życie okazało się kompletną porażką. Tylu okazjonalnych kochanków – dziesiątki, może setki – i żadnego związku miłosnego. Czysty seks, szybki i zwierzęcy.

Dlatego też, dokonując bilansu swego życia płciowego i uczuciowego, Roger mówił sobie, że było późne i wstrzemięźliwe, złożone ze sporadycznych, zawsze pośpiesznych przygód, tak przelotnych, tak pozbawionych konsekwencji jak wtedy w strumieniu z kaskadami i jeziorkami na obrzeżach tego, co było wówczas tylko nędznym obozowiskiem gdzieś w dolnym biegu Konga, zwanym Boma.

Ogarnął go ów głęboki smutek, jaki prawie zawsze następował po ukradkowych zbliżeniach, zwykle pod gołym niebem, jak to pierwsze, z mężczyznami i chłopcami obcej narodowości, których imion nigdy nie poznał lub zapomniał natychmiast po ich usłyszeniu. Efemeryczne momenty przyjemności, nic, co można by porównać do stałego związku trwającego miesiącami i latami, w którym do namiętności dołączały stopniowo: zrozumienie, poczucie wspólnoty, przyjaźń, chęć dialogu, solidarność, związku, jakiego zawsze zazdrościł Herbertowi i Saricie Wardom. Była to kolejna z wielkich pustek, z wielkich pragnień jego życia.

Zauważył, że z miejsca w drzwiach celi, gdzie powinien znajdować się zamek, dobiega promyczek światła.

XII

„Nie wrócę żywy z tej przeklętej podróży" – pomyślał Roger, kiedy lord Edward Grey poinformował go, że w obliczu sprzecznych wieści dochodzących z Peru jedynym sposobem, żeby rząd brytyjski mógł zająć stanowisko w tej sprawie, jest wysłanie go z powrotem do Iquitos, by zobaczył na miejscu, czy rząd peruwiański uczynił cokolwiek, by położyć kres nadużyciom w Putumayo, czy stosował grę na zwłokę, nie chcąc lub nie mogąc przeciwstawić się Juliowi C. Aranie.

Roger coraz bardziej podupadał na zdrowiu. Od czasu powrotu z Iquitos, a nawet już podczas owych kilku dni pod koniec roku spędzonych we Francji z Wardami, dręczyło go zapalenie spojówek i ataki febry. Znowu dokuczały mu hemoroidy, choć nie miał już krwotoków jak niegdyś. Zaraz po powrocie do Londynu, w pierwszych dniach stycznia tysiąc dziewięćset jedenastego roku, odwiedził kilku lekarzy. Dwóch specjalistów, do których się udał, uznało, że jego stan jest wynikiem niezmiernego zmęczenia i napięcia nerwowego, skutków podróży do Amazonii. Potrzebował odpoczynku, bardzo spokojnych wakacji.

Jednak nie było mu dane ich zażyć. Redakcja raportu, którego pilnie domagał się rząd brytyjski, częste spotkania w ministerstwie, na których musiał informować o tym, co zobaczył i usłyszał w Amazonii, a także wizyty w Towarzystwie Antyniewolniczym, pochłonęły mnóstwo jego czasu. Musiał ponadto spotkać się z angielskimi i peruwiańskimi członkami zarządu Peruvian Amazon Company, którzy na pierwszym spotkaniu, po wysłuchaniu dwugodzinnej relacji o jego wrażeniach z Putumayo, wprost osłupieli. Z wydłużonymi twarzami, z otwartymi ustami wpatrywali się w niego z niedowierzaniem i strachem, jakby podłoga zaczęła się im nagle usuwać spod nóg, a sufit walił się na głowę. Nie wiedzieli, co powiedzieć. Pożegnali się, nie zadawszy ani jednego pytania. Na drugim spotkaniu z zarządem Peruvian Amazon Company był obecny Julio C. Arana. Był to pierwszy i ostatni raz, gdy Roger Casement spotkał go osobiście. Tyle o nim słyszał, tylu tak różnych ludzi wychwalało go pod niebiosa i deifikowało, jak dzieje się często ze świętymi różnych religii lub z przywódcami politycznymi (nigdy jednak z przedsiębiorcami), albo wręcz przeciwnie: przypisywało mu niewypowiedziane okrucieństwo i występki – cynizm, sadyzm, zachłanność, skąpstwo, nielojalność, monumentalne oszustwa i wyłudzenia – że przez długą chwilę obserwował go niczym entomolog tajemniczego owada, którego nie sposób zaklasyfikować.

Powiadano, że rozumie angielski, lecz nigdy nie mówi w tym języku, z powodu nieśmiałości lub próżności. Miał u boku pomocnika, który tłumaczył mu wszystko do ucha, bardzo cichym głosem. Był dość niski, śniady, o metyskich rysach, azjatyckiej nucie w lekko skośnych oczach, bardzo szerokim czole, rzadkich, starannie przygładzonych włosach z przedziałkiem pośrodku. Nosił wąsik i bródkę, świeżo przystrzyżone, pachniał wodą kolońską. Legendy o jego obsesji na punkcie higieny i stroju musiały być prawdą. Ubrany był nienagannie w garnitur z delikatnego materiału, możliwe, że skrojony przy Savile Row. Nie otworzył ust, podczas gdy pozostali dyrektorzy, teraz owszem, zasypywali Rogera Casementa pytaniami, które z pewnością przygotowali adwokaci Arany. Próbowali sprawić, by popadł w sprzeczność, insynuowali pomyłki, wyolbrzymienia, wrażliwość i skrupuły Europejczyka pochodzącego z cywilizowanego kraju, z miasta, wobec prymitywnego świata. Odpowiadając im i dorzucając świadectwa i szczegóły potęgujące grozę tego, co powiedział im na pierwszym spotkaniu, Roger Casement często spoglądał na Julia C. Aranę. Nieruchomy jak bożek tkwił sztywno na swym siedzeniu, nie mrugając nawet powiekami. Wyraz jego twarzy był nieprzenikniony. W twardym i zimnym wzroku było coś nieugiętego. Rogerowi przypomniał wyzuty z człowieczeństwa wzrok szefów ze stacji kauczukowych w Putumayo, wzrok ludzi, którzy stracili (jeśli posiadali ją kiedykolwiek) zdolność odróżniania dobra od zła, dobroci od podłości, tego, co ludzkie, od nieludzkiego.

Ten schludny i elegancki człowieczek, o lekko zaokrąglonych kształtach, był zatem władcą owego imperium wielkości europejskiego kraju, panem życia i majątku dziesiątków tysięcy osób, znienawidzonym i wysławianym, który w Amazonii, tej ziemi nędzarzy, zbił majątek porównywalny z fortunami największych potentatów europejskich. Zaczynał jako biedny dzieciak w zabitej deskami dziurze o nazwie Rioja, w wysokim lesie amazońskim, chodząc od domu do domu i sprzedając słomkowe kapelusze wyplatane przez swoją rodzinę. Przez wiele lat, nadrabiając brak wykształcenia – zaledwie kilka klas szkoły podstawowej – nadludzką pracowitością, genialną intuicją w interesach i całkowitym brakiem skrupułów, wspinał się po drabinie społecznej. Z wędrownego sprzedawcy kapeluszy krążącego po rozległej Amazonii przekształcił się w dostawcę klepiących biedę zbieraczy kauczuku, którzy na własny rachunek i na własne ryzyko wyruszali w selwę. Zaopatrywał ich w maczety, karabiny, sieci do łowienia ryb, noże, puszki na *jebe*, konserwy, mąkę z manioku i sprzęty domowe, w zamian za część zebranego przez nich kauczuku, który sprzedawał w Iquitos i Manaos firmom eksportowym. Dzięki oszczędnościom został producentem i eksporterem. Na początku poszukał sobie wspólników wśród Kolumbijczyków, którzy ustępując mu inteligencją, pracowitością lub brakiem skrupułów, po jakimś czasie odsprzedali mu za bezcen swe ziemie, składy i tubylczych robotników, a nawet zaczęli dla niego pracować. Nie ufając obcym, umieścił swych braci i szwagrów na kluczowych stanowiskach firmy, która mimo ogromnych rozmiarów i rejestracji w tysiąc dziewięćset ósmym roku na Giełdzie Londyńskiej nadal funkcjonowała w praktyce jak firma rodzinna. Jak wielki był jego majątek? Legenda z pewnością wyolbrzymiała rzeczywistość. Jednak w Londynie Peruvian Amazon Company posiadała ów wart wielkie pieniądze gmach w sercu City, a dom Arany przy Kensington Road w niczym nie ustępował otaczającym go pałacom książąt i bankierów. Jego dom w Genewie i letni pałacyk w Biarritz były umeblowane przez najsłynniejszych dekoratorów, ozdobione obrazami i luksusowymi przedmiotami. O nim samym tymczasem mówiono, że prowadzi wstrzemięźliwy tryb życia, nie pije, nie gra, nie ma kochanek, a cały czas wolny poświęca małżonce. Rozkochał ją w sobie już jako dziecko – ona także pochodziła ze wsi Rioja – lecz Eleonora Zumaeta powiedziała mu „tak" dopiero po wielu latach, gdy posiadał majątek i władzę, a ona pracowała jako nauczycielka w rodzinnej wiosce.

Po zakończeniu drugiego spotkania z zarządem Peruvian Amazon Company Julio C. Arana zapewnił go za pośrednictwem tłumacza, że jego firma uczyni wszystko, co konieczne, by natychmiast naprawić wszelkie uchybienia lub niedociągnięcia w działalności podległych jej placówek w Putumayo. Naczelną zasadą jego firmy było bowiem działanie wyłącznie w ramach prawa i altruistycznej moralności Imperium Brytyjskiego. Arana pożegnał się z konsulem skinięciem głowy, nie podając mu ręki.

Zredagowanie *Raportu na temat Putumayo* zabrało mu półtora miesiąca. Zaczął go pisać w siedzibie Foreign Office, z pomocą maszynisty, lecz potem wolał pracować w swym mieszkaniu przy Philbeach Gardens, w Earl's Court, nieopodal ślicznego kościółka St. Cuthbert i St. Matthias, do którego chodził niekiedy, by posłuchać wspaniałego organisty. A jako że nawet tam zaglądali i przeszkadzali mu politycy, członkowie organizacji humanitarnych i przeciwnych niewolnictwu oraz dziennikarze, ponieważ pogłoski, że jego *Raport na temat Putumayo* będzie tak miażdżący jak poprzedni o Kongu, krążyły po całym Londynie, dając asumpt do domysłów i plotek w londyńskich brukowcach, poprosił Foreign Office o pozwolenie na wyjazd do Irlandii. I tam, w pokoju w hotelu Buswells na Molesworth Street, w Dublinie, zakończył swą pracę na początku marca tysiąc dziewięćset jedenastego roku. Natychmiast posypały się gratulacje szefów i kolegów. Sam *sir* Edward Grey wezwał go do swego gabinetu, by obsypać pochwałami jego raport, sugerując zarazem pewne drobne poprawki. Tekst został niezwłocznie wysłany rządowi Stanów Zjednoczonych, aby Londyn i Waszyngton wspólnie wywarły nacisk na rząd prezydenta Augusta B. Leguíi, żądając od niego, w imię cywilizowanej społeczności, żeby położył kres niewolnictwu, torturom, porwaniom, gwałtom i eksterminacji tubylczych plemion oraz postawił przed sądem winnych owych zbrodni.

Roger się nie mógł jeszcze udać na zalecany przez medyków odpoczynek, tak bardzo mu potrzebny. Musiał odbyć wiele spotkań z komisjami: rządową, parlamentarną oraz Towarzystwa Antyniewolniczego, które badały praktyczne możliwości działania instytucji publicznych i prywatnych na rzecz poprawy sytuacji Indian z Amazonii. Za jego sugestią jedną z pierwszych inicjatyw stało się wsparcie dla organizacji misji religijnej w Putumayo, rzecz, do której kompania Arany nigdy nie chciała dopuścić. Teraz zobowiązała się do udzielenia pomocy w założeniu misji.

W czerwcu tysiąc dziewięćset jedenastego roku mógł wreszcie wyjechać na urlop do Irlandii. Tam dotarł do niego osobisty list od *sir* Edwarda Greya. Lord minister informował go, że za jego rekomendacją Jego Wysokość Jerzy V postanowił nadać mu tytuł szlachecki w uznaniu zasług wyświadczonych Zjednoczonemu Królestwu w Kongu i w Amazonii.

Podczas gdy krewni i przyjaciele obsypywali go gratulacjami, Roger, który o mało nie wybuchnął śmiechem, słysząc po raz pierwszy, jak ktoś zwraca się doń *per* „*sir* Roger", wahał się. Jak przyjąć tytuł przyznany przez reżim, do którego w głębi serca odczuwał wrogość, ten sam reżim, który okupował jego kraj? Czyż jednak nie służył jako dyplomata owemu królowi i owemu rządowi? Nigdy nie czuł tak silnie jak wówczas owej dwulicowości, w której żył od lat, z jednej strony pracując sumiennie i skutecznie w służbie Imperium Brytyjskiego, a z drugiej, oddając się całym sercem sprawie emancypacji Irlandii i coraz silniej wiążąc się już nie z umiarkowanymi środowiskami, dążącymi pod przywództwem Johna Redmonda do uzyskania autonomii (*Home Rule*) dla Éire, lecz z najbardziej radykalnymi, takimi jak IRB kierowane potajemnie przez Toma Clarke'a, którego celem było uzyskanie niepodległości w wyniku walki zbrojnej. Trapiony wątpliwościami postanowił podziękować *sir* Edwardowi Greyowi w uprzejmym liście za przyznany honor. Wieść rozniosła się w prasie i przyczyniła do podniesienia jego prestiżu.

Kroki podjęte przez rządy brytyjski i amerykański wobec rządu peruwiańskiego, w tym prośba, by główni zbrodniarze wymienieni w raporcie – Fidel Velarde, Alfredo Montt, Augusto Jiménez, Armando Normand, José Inocente Fonseca, Abelardo Agüero, Elías Martinengui i Aurelio Rodríguez – zostali pochwyceni i osądzeni, początkowo zdawały się przynosić owoce. *Attaché* handlowy Zjednoczonego Królestwa w Limie Mr Lucien Gerome wysłał do Foreign Office depeszę z informacją, że jedenastu szefów Peruvian Amazon Company zostało zwolnionych. Sędzia Carlos A. Valcárcel, przysłany z Limy, zaraz po przyjeździe do Iquitos przygotował wyprawę śledczą do plantacji kauczuku w Putumayo. Nie mógł jednak wyruszyć osobiście, gdyż zachorował i musiał w trybie pilnym udać się do Stanów Zjednoczonych na operację. Na czele ekspedycji postawił człowieka energicznego i szanowanego: Rómula Paredesa, właściciela i redaktora naczelnego dziennika „El Oriente", który wybrał się do Putumayo z lekarzem i dwójką tłumaczy, w eskorcie dziewięciu żołnierzy. Komisja odwiedziła wszystkie stacje Peruvian Amazon Company i właśnie wróciła do Iquitos, gdzie przebywał sędzia Carlos A. Valcárcel, który powrócił ze Stanów w dobrym stanie zdrowia. Rząd peruwiański obiecał brytyjskiemu dyplomacie, że zadziała natychmiast po otrzymaniu raportu Paredesa i Valcárcela.

Jednakże jakiś czas później ten sam Gerome dał znać, że rząd Leguíi poinformował go z żalem o ucieczce do Brazylii większości przestępców, wobec których wydano nakaz aresztowania. Pozostali już to ukryli się w dżungli, już to przedostali się potajemnie na terytorium Kolumbii. Stany Zjednoczone i Wielka Brytania podjęły starania, by uzyskać od rządu brazylijskiego ekstradycję zbiegów do Peru, gdzie stanęliby przed sądem, lecz premier Brazylii baron de Río Branco odpowiedział obu rządom, że nie podpisano umowy o ekstradycji między Peru a Brazylią, w związku z czym owe osoby nie mogą zostać wydane, gdyż spowodowałoby to drażliwy problem prawa międzynarodowego.

Kilka dni później brytyjski *attaché* handlowy doniósł, że w prywatnej rozmowie z peruwiańskim ministrem spraw zagranicznych ów wyznał mu nieoficjalnie, iż prezydent Leguía jest w sytuacji bez wyjścia. Ze względu na swą obecność w Putumayo oraz straż pilnującą majątku firmy kompania Julia C. Arany stanowi jedyny hamulec powstrzymujący przed napaścią na ten teren Kolumbijczyków, którzy wzmocnili swe przygraniczne garnizony. Stany Zjednoczone i Wielka Brytania żądają rzeczy absurdalnej: zamknięcie lub prześladowanie Peruvian Amazon Company oznacza podanie Kolumbii na półmisku ogromnego terytorium, którego od dawna pragnęła. Ani Leguía, ani żaden inny szef peruwiańskiego rządu nie może uczynić podobnej rzeczy, nie popełniając samobójstwa. A Peru nie posiada środków, aby wysłać do tego odległego i niedostępnego rejonu garnizon wojskowy dostatecznie silny, by bronił suwerenności kraju. Lucien Gerome dodawał, że w związku z powyższym nie należy oczekiwać, by rząd peruwiański podjął w najbliższym czasie jakieś skuteczne kroki wykraczające poza deklaracje i puste gesty.

Z tego właśnie powodu Foreign Office postanowiło, by przed opublikowaniem *Raportu na temat Putumayo* i zażądaniem od społeczności międzynarodowej nałożenia sankcji na Peru Roger Casement wrócił do Amazonii i sprawdził na własne oczy, czy dokonano jakichkolwiek reform, czy proces jest w toku i czy informacje o postępowaniu sądowym wszczętym przez doktora Carlosa A. Valcárcela są prawdziwe. *Sir* Edward Grey nalegał, w związku z czym Roger poczuł się zobligowany do przyjęcia misji, mówiąc sobie w duchu słowa, które w ciągu następnych miesięcy miał powtórzyć nie raz i nie dwa: „Nie wrócę żywy z tej przeklętej podróży".

Szykował się do wyjazdu, gdy do Londynu ściągnęli Omarino i Arédomi. W ciągu pięciu miesięcy, które spędzili na Barbadosie pod jego opieką, ojciec Smith nauczył ich odrobiny angielskiego oraz podstaw pisania i czytania, a także przyzwyczaił do ubierania się na sposób zachodni. Jednakże Roger ujrzał dwóch chłopaczków, których cywilizacja, owszem, nakarmiła, nie biła, nie chłostała, lecz zasmuciła i przygasiła. Wydawali się stale obawiać, że ludzie wokół nich, którzy poddawali ich niekończącej się obserwacji, oglądali od stóp do głów, dotykali, przesuwali dłonią po skórze, jakby uważali ich za brudnych, zasypywali pytaniami, jakich nie rozumieli i na jakie nie wiedzieli, co odpowiedzieć, że ci ludzie prędzej czy później uczynią im jakąś krzywdę. Roger zabrał ich do ogrodu zoologicznego, na lody do Hyde Parku, w odwiedziny do Niny i do Gertrude, na wieczór z intelektualistami i artystami do Alice Stopford Green. Wszyscy traktowali ich serdecznie, lecz ciekawość, z jaką ich oglądano, zwłaszcza gdy musieli zdejmować koszulę i pokazywać blizny na plecach i pośladkach, peszyła ich. Niekiedy Roger widział, że oczy chłopców szklą się od łez. Zamierzał wysłać ich na dalszą edukację do Irlandii, na obrzeża Dublinu, do dwujęzycznej szkoły St. Enda's prowadzonej przez Patricka Pearse'a, którego dobrze znał. Napisał doń w tej sprawie, opowiadając o chłopcach. Roger wygłosił niegdyś w St. Enda's pogawędkę na temat Afryki i wspierał finansowo wysiłki Patricka Pearse'a, zarówno w Lidze

Gaelickiej i jej publikacjach, jak i w owej szkole, mające na celu propagowanie dawnego języka irlandzkiego. Pearse, poeta, pisarz, wojujący katolik, pedagog i radykalny nacjonalista, zgodził się przyjąć ich obu, oferując nawet zniżkę czesnego i internat w St. Enda's. Jednakże gdy nadeszła odpowiedź Pearse'a, Roger już postanowił spełnić prośbę Omarina i Arédomiego i uczynić to, o co błagali go każdego dnia: odesłać ich do Amazonii. Obaj byli głęboko nieszczęśliwi w owej Anglii, gdzie czuli się jakimiś monstrami, okazami wystawowymi, zaskakującymi, bawiącymi, wzruszającymi, a zarazem napawającymi lękiem ludzi, którzy nigdy nie będą traktować ich jak równych sobie, lecz zawsze jak egzotycznych cudzoziemców.

Podczas rejsu do Iquitos Roger miał głęboko przemyśleć ową lekcję, jaką dała mu rzeczywistość na temat paradoksalnej i nieuchwytnej duszy ludzkiej. Obaj chłopcy chcieli uciec z amazońskiego piekła, gdzie byli maltretowani, głodzeni i zmuszani do harowania jak zwierzęta. On poczynił wysiłki i wydał sporą część swego skromnego majątku na to, by opłacić im bilety do Europy i sześciomiesięczne utrzymanie, w przekonaniu, że ratuje ich, zapewniając dostęp do godziwego życia. A oto w Anglii, choć z innych przyczyn, byli równie dalecy od szczęścia albo przynajmniej od znośnej egzystencji jak w Putumayo. Chociaż nie bito ich, lecz raczej obsypywano pieszczotami, czuli się obcy, samotni i świadomi tego, że nigdy nie staną się częścią tego świata.

Na krótko przed wyjazdem Rogera do Amazonii i za jego radą Foreign Office mianowało nowego konsula w Iquitos: George'a Michella. Był to doskonały wybór. Roger poznał go w Kongu. Michell był wytrwały i uparty, z zapałem działał w kampanii ujawnienia zbrodni popełnionych przez reżim Leopolda II. Zajmował takie samo stanowisko wobec kolonizacji jak Casement. Gdyby zaszła taka konieczność, nie zawahałby się przeciwstawić firmie Arany. Odbyli dwie długie rozmowy i umówili się, że będą ściśle współpracować.

Szesnastego sierpnia tysiąc dziewięćset jedenastego roku Roger, Omarino i Arédomi wypłynęli z Southampton na pokładzie „Magdaleny", która wzięła kurs na Barbados. Przybili do brzegu wyspy dwanaście dni później. W chwili gdy statek wpłynął na srebrnoniebieskie wody Morza Karaibskiego, Roger poczuł, że krew krąży mu szybciej w żyłach, a pożądanie, drzemiące przez te ostatnie miesiące chorób, trosk i ogromnej pracy fizycznej i umysłowej, budzi się i wypełnia mu głowę fantazjami i pragnieniami. W dzienniku streścił swój stan ducha dwoma słowami: „Znowu płonę".

Gdy tylko zszedł na ląd, poszedł podziękować ojcu Smithowi za to, co ów zrobił dla chłopców. Wzruszył się, widząc, jak Omarino i Arédomi, w Londynie tak wstrzemięźliwi w okazywaniu uczuć, obejmują i poklepują zakonnika jak dobrego przyjaciela. Ojciec Smith zabrał ich do klasztoru Urszulanek. Na cichym dziedzińcu, obsadzonym drzewkami strączyńca i kwitnącymi na fioletowo krzewami bugenwilli, Roger odłączył się od reszty i usiadł na ławce. Wpatrywał się w rząd mrówek dźwigających liść, niczym tragarze niosący posąg Matki Boskiej na procesjach w Brazylii, gdy nagle coś przyszło mu do głowy: dziś są jego urodziny. Skończył czterdzieści siedem lat! Nie można było powiedzieć, że jest staruszkiem. Wielu mężczyzn i wiele kobiet w jego wieku było w doskonałej formie fizycznej i psychicznej, pełnych energii, marzeń i projektów. Ale on czuł się stary i miał nieprzyjemne wrażenie, że dotarł do ostatniego etapu swego żywota. Kiedyś, dawno temu w Afryce, snuli z Herbertem Wardem rozważania na temat tego, jak będą wyglądały ich ostatnie lata. Rzeźbiarz wyobrażał sobie starość gdzieś nad Morzem Śródziemnym, w Prowansji lub w Toskanii, w domu na wsi. Będzie miał wielką pracownię i mnóstwo kotów, psów, kaczek i kur i osobiście będzie co niedziela gotował gęste, mocno przyprawione dania, takie jak *la bouillabaisse*, dla licznej rodziny i przyjaciół. Roger natomiast wzdrygnął się i stwierdził: „Ja nie dożyję starości, jestem o tym przekonany". Powiedział to pod wpływem impulsu, nie zastanawiając się. Dokładnie pamiętał owo przeczucie i ponownie poczuł, że jest prawdziwe: nie dożyje starości.

Ojciec Smith zgodził się udzielić chłopcom gościny przez osiem dni postoju w Bridgetown. Nazajutrz po przyjeździe Roger udał się do łaźni publicznych, do których uczęszczał już podczas poprzedniego pobytu na wyspie. Zgodnie z oczekiwaniami ujrzał wielu młodych mężczyzn, atletycznych, posągowych, gdyż tu, podobnie jak w Brazylii, nikt nie wstydził się swego ciała. Kobiety i mężczyźni dbali o nie i prezentowali je bez skrępowania. Jego uwagę przykuł młodziutki chłopak, piętnasto-, może szesnastolatek. Cechowała go owa bladość częsta u Mulatów, miał skórę gładką i błyszczącą, zielone, wielkie i zuchwałe oczy, a spod jego obcisłych spodenek kąpielowych wyłaniały się uda, bez zarostu, giętkie, których widok wprawił Rogera w pomieszanie. Doświadczenie wyostrzyło w nim ową intuicję, która pozwalała mu bardzo szybko ocenić, dzięki sygnałom niedostrzegalnym dla kogokolwiek innego – takich jak zarys uśmiechu, błysk w oku, zachęcający ruch ręki lub ciała – czy chłopak rozumie, czego od niego oczekuje, i czy jest skłonny ofiarować mu to albo przynajmniej podjąć negocjacje. Z bólem duszy wyczuł, że ów tak piękny młodzian jest całkowicie obojętny na ukradkowe komunikaty, które wysyłał mu wzrokiem. Zaczepił go jednak. Pogawędzili przez chwilę. Był synem świeckiego duchownego z Barbadosu, pragnął zostać księgowym. Uczył się w szkole handlowej, a niebawem, korzystając z dni wolnych, miał towarzyszyć ojcu w podróży na Jamajkę. Roger zaprosił go na lody, lecz młody nie przyjął oferty.

Po powrocie do hotelu podniecony zapisał w dzienniku, stylem wulgarnym i telegraficznym, jaki stosował w odniesieniu do najintymniejszych epizodów: „Łaźnie publiczne. Syn duchownego. Fallus długi, delikatny, stwardniał mi w rękach. Wziąłem go do ust. Dwie minuty szczęścia". Onanizował się, potem wykąpał raz jeszcze, mydląc się dokładnie i próbując odpędzić smutek oraz poczucie osamotnienia, które zalewały go w takich momentach.

Następnego dnia w południe, jedząc obiad na tarasie restauracji w porcie w Bridgetown, zobaczył przechodzącego obok Andrésa

O'Donnella. Zawołał go. Dawny nadzorca Arany, szef stacji Entre Ríos, rozpoznał go od razu. Przez kilka sekund patrzył na niego nieufnie, z pewną obawą. Po chwili uścisnął mu jednak rękę i zgodził się przysiąść. Zamówił kawę i kieliszek brandy, porozmawiali. Wyznał, że przejazd Rogera przez Putumayo był dla *caucheros* jak przekleństwo szamana Huitoto. Zaraz po jego wyjeździe gruchnęła wieść, że wkrótce pojawią się policjanci i sędziowie z nakazem aresztowania i że wszyscy szefowie, nadzorcy i główni pracownicy będą mieć problemy z wymiarem sprawiedliwości. A jako że kompania Arany jest firmą brytyjską, zostaną odesłani do Anglii i tam osądzeni. Dlatego wielu z nich, tak jak O'Donnell, wybrało ucieczkę do Brazylii, Kolumbii lub Ekwadoru. On przyjechał na Barbados, bo obiecano mu posadę na plantacji trzciny cukrowej, lecz jej nie otrzymał. Próbował teraz wyjechać do Stanów Zjednoczonych, gdzie ponoć była możliwość zatrudnienia na kolei. Na tarasie restauracji, bez butów z cholewami, pistoletu i bicza, odziany w stare, drelichowe spodnie i wyświechtaną koszulę, był tylko nieborakiem zatroskanym o przyszłość.

– Nie wie pan o tym, ale zawdzięcza mi pan życie, *señor* Casement – powiedział mu na pożegnanie z gorzkim uśmiechem. – Chociaż z pewnością nie uwierzy mi pan.

– Niech pan opowie o tym – zachęcił go Roger.

– Armando Normand był przekonany, że jeśli wyjedzie pan żywy z Putumayo, wszyscy szefowie stacji pójdą do więzienia. Że byłoby lepiej, gdyby utopił się pan w rzece albo gdyby zagryzła pana puma czy kajman. Rozumie mnie pan. Tak jak stało się z tym francuskim podróżnikiem Eugène'em Robuchonem, który zaczął denerwować ludzi pytaniami, więc go zlikwidowali.

– Dlaczego zatem mnie nie zabiliście? To nie było trudne, z waszą praktyką...

– Wykazałem im, jakie mogą być konsekwencje – oznajmił Andrés O'Donnell z pewną chełpliwością w głosie. – Víctor Macedo poparł mnie. Bo jako że jest pan Anglikiem, a kompania don Julia firmą angielską, osądziliby nas w Anglii według prawa angielskiego. I by nas powiesili.

– Nie jestem Anglikiem, tylko Irlandczykiem – poprawił go Roger Casement. – Sprawy prawdopodobnie nie potoczyłyby się tak, jak pan sądzi. Mimo wszystko bardzo dziękuję. Natomiast lepiej, żeby pan wyjechał stąd jak najszybciej, nie mówiąc mi dokąd. Mam obowiązek poinformować, że pana widziałem, a rząd angielski wyda wkrótce nakaz aresztowania.

Po południu wrócił do łaźni. Miał więcej szczęścia niż poprzedniego dnia. Uśmiechnął się do niego barczysty i wesoły brunet, którego zauważył dzień wcześniej podnoszącego ciężary w siłowni. Ujął Rogera za ramię i zaprowadził do salki, gdzie sprzedawano napoje. Gdy popijali sok ananasowo-bananowy, przedstawił mu się – Stanley Weeks – i przysuwał się coraz bliżej, aż musnął jego nogę swoją. Następnie ze znaczącym uśmieszkiem, nadal trzymając go za ramię, zaprowadził do małej szatni i zamknął drzwi na zasuwę. Całowali się, gryźli delikatnie w uszy i szyję, zrzucając spodnie. Roger wpatrywał się, ogarnięty pożądaniem, w czarny jak smoła penis Stanleya i czerwonawą, wilgotną żołądź pęczniejącą na jego oczach. „Dwa funty i możesz mi go polizać – usłyszał. – Potem włożę ci do tyłka". Zgodził się, przyklękając. Wieczorem, w pokoju hotelowym, zapisał w dzienniku: „Łaźnie publiczne. Stanley Weeks: atletyczny, młody, dwadzieścia siedm lat. Ogromny, bardzo twardy, co najmniej 9 cali. Pocałunki, ugryzienia, penetracja, krzyczałem. *Two pounds*".

Roger, Omarino i Arédomi wypłynęli z Barbadosu do Pará piątego września na pokładzie „Boniface", małego, niewygodnego i zatłoczonego statku. Łajba cuchnęła, a jedzenie było podłe. Jednakże Roger miło wspominał ów rejs dzięki doktorowi Herbertowi Spencerowi Dickeyowi, lekarzowi ze Stanów Zjednoczonych. Doktor pracował dla kompanii Arany w El Encanto, a po potwierdzeniu okropności znanych już Casementowi opowiedział mu mnóstwo anegdot, jednych strasznych, innych zabawnych, o swych doświadczeniach w Putumayo. Okazał się człowiekiem o żyłce awanturniczej, który przejechał pół świata, wrażliwym, oczytanym. Przyjemnie było na pokładzie u jego boku patrzeć, jak zapada noc, paląc, popijając whisky wprost z butelki, słuchając inteligentnych opowieści. Doktor Dickey popierał kroki podjęte przez Wielką Brytanię i Stany Zjednoczone w celu ukrócenia zbrodni popełnianych w Amazonii. Był jednak fatalistą i sceptykiem: sprawy nie zmienią się ani teraz, ani w przyszłości.

– Zło nosimy w duszy, mój przyjacielu – mówił na poły żartem, na poły serio. – Nie uwolnimy się od niego tak łatwo. W krajach europejskich i w moim jest bardziej zakamuflowane, objawia się w pełnym świetle tylko podczas wojny, rewolucji, rebelii. Potrzebuje pretekstu, by stać się publiczne i zbiorowe. W Amazonii natomiast może pokazywać się z odsłoniętą twarzą i dokonywać najgorszych potworności bez usprawiedliwień patriotycznych czy religijnych. Wystarczy mu zwykła zachłanność. Zło, które nas trawi, jest wszędzie, gdzie żyją istoty ludzkie, a jego korzenie tkwią głęboko w naszych sercach.

Jednakże zaraz po owych ponurych stwierdzeniach opowiadał dowcip lub anegdotę, które wydawały się przeczyć tej mrocznej wizji. Roger lubił z nim gawędzić, choć rozmowy te nieco go przygnębiały. „Boniface" przypłynął do Pará dziesiątego września w południe. Choć ongiś przez całą swą bytność w tym mieście jako konsul Roger czuł się sfrustrowany i przyduszony, już na kilka dni przed zawinięciem do portu zalała go fala pożądania na wspomnienie Praça do Palácio. Wyprawiał się tam nocami, by poderwać któregoś z owych chłopców przechadzających się pośród drzew w poszukiwaniu klientów lub przygody, w bardzo obcisłych spodenkach uwidaczniających tyłek i genitalia.

Zatrzymał się w Hotel do Comércio, czując, że w jego ciele budzi się dawna gorączka ogarniająca go na myśl o spacerach po *praça*. Przypominał sobie – a może je wymyślał? – niektóre imiona z owych spotkań kończących się zwykle w jakimś podłym hoteliku w okolicy, a niekiedy na trawniku w ciemnym zakątku parku. Serce waliło mu na myśl o szybkim, gorączkowym zbliżeniu. Jednakże tej nocy miał pecha, ani Marco, ani Olympio, ani Bebé (czy tak się nazywali?) się nie pojawili, a on sam o mało nie został zaatakowany przez dwóch włóczęgów w łachmanach, prawie dzieci. Jeden z nich spróbował wsunąć mu rękę do kieszeni w poszukiwaniu portfela, którego nie miał, podczas gdy drugi wypytywał o jakiś adres. Uwolnił się od nich, popychając pierwszego tak mocno, że ów upadł na ziemię. Na widok jego stanowczej postawy obaj ulicznicy uciekli. Wrócił do hotelu wściekły. Uspokoił się, zapisując w dzienniku: „Praça do Palácio: jeden gruby i twardy jak kamień. Bez tchu. Krople krwi na slipach. Rozkoszny ból".

Następnego ranka odwiedził angielskiego konsula oraz kilku Europejczyków i Brazylijczyków poznanych za poprzedniej bytności w Pará. Jego dociekania przyniosły skutek. Zlokalizował przynajmniej dwóch zbiegów z Putumayo. Konsul i lokalny komendant policji potwierdzili, że José Inocente Fonseca i Alfredo Montt, po krótkim pobycie na plantacji na brzegach rzeki Yavarí, osiedlili się w Manaos, gdzie Casa Arana znalazła im pracę w porcie na stanowisku inspektora celnego. Roger zatelegrafował natychmiast do przełożonych, by poprosili władze brazylijskie o wydanie nakazu aresztowania obu kryminalistów. Trzy dni później ministerstwo odpowiedziało, że Petrópolis odniosła się przychylnie do tej prośby. Bezzwłocznie nakażą policji w Manaos, by zatrzymała Montta i Fonsecę. Nie zostaną jednak wydani, lecz osądzeni w Brazylii.

Druga i trzecia noc w Pará okazały się bardziej owocne niż pierwsza. O zmierzchu drugiego dnia bosy chłopiec sprzedający kwiaty właściwie sam się ofiarował Rogerowi, gdy ów sondował go, pytając o cenę bukietu róż, który ten trzymał w ręce. Poszli na małą łąkę, gdzie w ciemności Roger słyszał dyszenie innych par. Owe uliczne zbliżenia, w prowizorycznych warunkach, zawsze pełne ryzyka, budziły w nim sprzeczne uczucia: podniecenie i odrazę. Sprzedawca kwiatów cuchnął pod pachami, lecz jego gorący oddech, ciepło ciała i siła uścisku szybko doprowadziły go do szczytowania. Wchodząc do Hotel do Comércio, zauważył, że ma spodnie pobrudzone ziemią i poplamione, a recepcjonista patrzy na niego zmieszany. „Zostałem napadnięty" – wyjaśnił.

Następnej nocy, w Praça do Palácio, znowu spotkał chętnego, tym razem chłopca, który poprosił go o jałmużnę. Zaprosił go na spacer, w małej budce wypili kieliszek rumu. João zaprowadził go do chaty z puszek i desek w dzielnicy nędzarzy. Podczas gdy rozbierali się i kochali po ciemku na macie rzuconej na klepisko chaty, nasłuchując szczekania psów, Roger był pewien, że prędzej czy później poczuje na głowie ostrze noża lub cios kijem. Był na to przygotowany: w takich sytuacjach nigdy nie wyciągał dużych pieniędzy ani zegarka, ani srebrnego piórnika, lecz zwitek banknotów lub garść monet, by złodzieje mogli coś ukraść i odejść zaspokojeni. Lecz nic takiego się nie zdarzyło. João odprowadził go pod hotel i pożegnał, gryząc w usta z głośnym śmiechem. Następnego dnia Roger odkrył, że João lub sprzedawca kwiatów zarazili go wszawicą. Musiał wybrać się do apteki po kalomel, czynność zawsze nieprzyjemna: aptekarz – lub jeszcze gorzej, aptekarka – przypatrywał się mu zwykle wzrokiem, który go zawstydzał, a niekiedy rzucał porozumiewawczy uśmieszek, który wprowadzał go w zakłopotanie i w furię.

Najpiękniejszym, a zarazem najsmutniejszym doświadczeniem dwunastu dni, które spędził w Pará, były odwiedziny u państwa Da Mattów. Byli najlepszymi przyjaciółmi, jakich zyskał sobie podczas pobytu w mieście: Junio, inżynier drogowy, i jego żona Irene, malarka akwarel. Młodzi, piękni, weseli, jowialni, tryskali miłością życia. Mieli śliczną córeczkę Marię, o wielkich, radosnych oczach. Roger poznał ich na jakimś spotkaniu towarzyskim lub oficjalnym, gdyż Junio pracował w Departamencie Robót Publicznych w lokalnym rządzie. Widywali się często, chodzili na spacery nad rzekę, do kina i do teatru. Przyjęli starego przyjaciela z otwartymi ramionami. Zabrali go na kolację do restauracji z miejscową kuchnią, bardzo pikantną, a mała María, która miała już pięć latek, zatańczyła i zaśpiewała dla niego, strojąc miny.

Tej nocy, przewracając się w swoim łóżku w Hotel do Comércio, Roger popadł w depresję, jedną z tych, które towarzyszyły mu prawie przez całe życie, zwłaszcza po dniu lub serii ulicznych stosunków płciowych. Odczuwał ogromny smutek na myśl, że nigdy nie będzie miał ogniska domowego takiego jak Da Mattowie, że w miarę zbliżania się starości popadnie w coraz większą samotność. Drogo płacił za owe minuty kupionej przyjemności. Pożegna się z życiem, nie zaznawszy ciepłej intymności, bliskości małżonki, której mógłby opowiedzieć o wydarzeniach minionego dnia i z którą mógłby snuć plany na przyszłość – podróże, wakacje, marzenia – bez dzieci, które przedłużyłyby jego ród i pamięć o nim, gdy odejdzie z tego świata. Jego starość, jeśli w ogóle jej dożyje, będzie starością bezpańskich zwierząt. I równie nędzną, ponieważ choć jako dyplomata otrzymywał niezłe wynagrodzenie, nigdy nie był w stanie niczego zaoszczędzić, wszystko szło na darowizny i pomoc dla organizacji humanitarnych walczących z niewolnictwem i na rzecz prymitywnych ludów oraz kultur, a teraz jeszcze dla organizacji broniących gaelickiego i tradycji irlandzkich.

Jednak jeszcze bardziej gnębiła go myśl, że umrze, nie zaznawszy prawdziwej miłości, miłości odwzajemnionej jak ta łącząca Junia i Irene, owego milczącej wspólnoty i porozumienia, jakie wyczuwało się między nimi, czułości, z jaką brali się za ręce albo wymieniali uśmiechy na widok gestów małej Maríi. Jak zwykle podczas owych ataków nie mógł zasnąć przez wiele godzin, a gdy wreszcie zmorzył go sen, poczuł, że przez mroczny pokój przesuwa się smukła sylwetka jego matki.

Dwudziestego drugiego września Roger, Omarino i Arédomi wyruszyli z Pará do Iquitos na pokładzie parowca „Hilda" należącego do Booth Line, brzydkiego i wstrętnego. Sześć dni rejsu do Manaos było dla Rogera torturą ze względu na ciasną kajutę, wszechobecny brud, podłe jedzenie i chmary moskitów, które atakowały pasażerów od zmierzchu po świt.

Gdy tylko zawinęli do Manaos, Roger wyruszył na polowanie na uciekinierów z Putumayo. W towarzystwie konsula angielskiego udał się do gubernatora o nazwisku Dos Reis, który potwierdził, że owszem, przyszedł nakaz rządu centralnego z Petrópolis, by zatrzymano Montta i Fonsecę. Dlaczego zatem policja tego jeszcze nie uczyniła? Gubernator podał mu powód, który Roger uznał za przejaw głupoty lub za wykręt: czekali, aż on przybędzie do miasta. A czy mogą uczynić to natychmiast, zanim ptaszki wyfruną? Zrobią to jeszcze dzisiaj.

Z nakazem aresztowania w ręce konsul i Casement musieli odbyć dwie przechadzki tam i z powrotem pomiędzy siedzibą gubernatora a komendanturą policji. Wreszcie komendant wysłał dwóch agentów do portowego biura celnego z rozkazem aresztowania Montta i Fonseki.

Następnego ranka strapiony konsul przyszedł oznajmić Rogerowi, że próba zatrzymania przestępców miała finał groteskowy, jak w farsie. Komendant przekazał mu przed chwilą tę informację, prosząc o wybaczenie i obiecując poprawę. Dwóch policjantów wysłanych do schwytania Montta i Fonseki znało ich i przed doprowadzeniem pojmanych do komisariatu poszło z nimi na piwo. Nawalili się, a podczas pijatyki przestępcy uciekli. Jako że nie można było wykluczyć, że otrzymali pieniądze w zamian za umożliwienie tej ucieczki, wspomniani policjanci zostali zatrzymani. Jeśli potwierdzi się zarzut korupcji, zostaną surowo ukarani. „Bardzo mi przykro, *sir* Roger – powiedział mu konsul. – Ale choć panu tego nie powiedziałem, spodziewałem się czegoś w tym stylu. Pan przebywał w Brazylii na placówce dyplomatycznej i z pewnością zna pan tutejsze zwyczaje. Te rzeczy są tu na porządku dziennym".

Roger odchorował tę wiadomość. Czuł się bardzo źle i spędził w łóżku większość czasu pozostałego do wyjazdu do Iquitos, z gorączką i bólami mięśni. Pewnego popołudnia, walcząc z ogarniającym go poczuciem bezsilności, zanotował w dzienniku swe fantazje: „Trzech kochanków jednej nocy, w tym dwóch marynarzy. Zrobili mi to sześć razy! Wróciłem do hotelu, człapiąc na rozstawionych nogach jak położnica". Był przygnębiony, lecz bezwstyd tego zapisku sprawił, że wybuchnął śmiechem. Już od dawna on, tak grzeczny i elegancki w wypowiedziach publicznych, odczuwał w prywatnych zapiskach nieprzemożną potrzebę obsceniczności. Z przyczyn, których nie rozumiał, koprolalia przynosiła mu ulgę.

„Hilda" wypłynęła w dalszą podróż trzeciego października, a po rejsie pełnym emocji, w ulewnym deszczu, po zderzeniu z niewielką palisadą, dobiła do nabrzeża w Iquitos o świcie szóstego października tysiąc dziewięćset jedenastego roku. W porcie oczekiwał Rogera, z kapeluszem w ręce, Mr Stirs. Jego następca George Michell z małżonką mieli przybyć niebawem. Konsul szukał dla nich domu. Tym razem Roger nie zamieszkał w jego rezydencji, lecz w hotelu Amazonas, nieopodal Plaza de Armas, Mr Stirs miał się za to zaopiekować Omarinem i Arédomim. Obaj chłopcy postanowili zostać w mieście i zatrudnić się jako służący. Nie zamierzali wracać do Putumayo. Mr Stirs obiecał, że znajdzie im rodzinę, która będzie ich dobrze traktować.

Tak jak się obawiał pomny wydarzeń w Brazylii, tu też czekały na niego zniechęcające wieści. Mr Stirs nie wiedział, ilu z kierowników Casa Arana figurujących na liście zawierającej nazwiska dwustu trzydziestu siedmiu winnych, których sędzia doktor Carlos A. Valcárcel kazał aresztować po otrzymaniu raportu Rómula Paredesa, faktycznie zostało zatrzymanych. Nie był w stanie tego ustalić, gdyż w Iquitos panowała dziwna cisza w tej kwestii, podobnie jak w kwestii miejsca pobytu sędziego Valcárcela. Od kilku tygodni był nieuchwytny. Dyrektor generalny Peruvian Amazon Company Pablo Zumaeta, znajdujący się na tej liście, teoretycznie ukrywał się, lecz Mr Stirs zapewnił Rogera, że to zwykła farsa, albowiem szwagier Arany i jego małżonka Petronila stale pojawiali się w restauracjach i na lokalnych przyjęciach nie nagabywani przez nikogo.

W późniejszym okresie Roger miał wspominać te osiem tygodni spędzone w Iquitos jako powolne opadanie na dno, niedostrzegalny, lecz stały proces tonięcia w morzu intryg, fałszywych pogłosek, kłamstw jawnych lub zakamuflowanych, sprzeczności. Był to świat, w którym nikt nie mówił prawdy, gdyż ta przysparzała wrogów i problemów, a częściej jeszcze dlatego, że ludzie żyli wewnątrz systemu, gdzie było już niemożliwe odróżnienie prawdy od fałszu, rzeczywistości od omamu. Z czasów spędzonych w Kongu znał owo doprowadzające do rozpaczy uczucie grzęźnięcia w ruchomych piaskach, w powoli wciągającym go bagnie, gdzie wszelkie wysiłki sprawiały tylko tyle, że coraz głębiej zanurzał się w lepką maź, która prędzej czy później musiała go pochłonąć. Powinien czym prędzej opuścić to miejsce!

Drugiego dnia po przyjeździe udał się z wizytą do prefekta Iquitos. Był to ktoś nowy. Señor Adolfo Gamarra – sztywne wąsy, krągły brzuszek, dymiące cygaro, dłonie nerwowe i wilgotne – przyjął go w swym gabinecie, ściskając i obsypując gratulacjami:

– Dzięki panu – oznajmił, rozkładając ramiona w teatralnym geście i klepiąc go po plecach – została ujawniona potworna niesprawiedliwość społeczna w sercu Amazonii. Rząd i naród peruwiański są panu wdzięczne, *señor* Casement.

Zaraz potem dodał, że raport, który na zlecenie rządu peruwiańskiego pragnącego spełnić prośbę rządu brytyjskiego sporządził sędzia Carlos A. Valcárcel, był „wspaniały" i „miażdżący". Liczył około trzech tysięcy stron i potwierdzał wszystkie oskarżenia, jakie Anglia przekazała prezydentowi Augustowi B. Leguíi.

Jednakże gdy Roger zapytał go, czy mógłby otrzymać kopię tego raportu, prefekt odrzekł, że chodzi o wewnętrzny dokument państwowy i że nie jest władny udzielić obcokrajowcowi zezwolenia na jego lekturę. Pan konsul powinien skierować podanie do rządu centralnego w Limie za pośrednictwem ministerstwa, a z pewnością otrzyma zgodę. Gdy zaś Roger spytał, co mógłby zrobić, by spotkać się z sędzią Carlosem A. Valcárcelem, prefekt przybrał nagle bardzo poważną minę i wyrecytował:

– Nie mam najmniejszego pojęcia, gdzie przebywa doktor Valcárcel. Jego misja została zakończona i mniemam, że opuścił tę ziemię. Roger wyszedł z prefektury z zamętem w głowie. Co tu się tak naprawdę dzieje? Ten osobnik opowiedział mu same kłamstwa. Po południu udał się do siedziby dziennika „El Oriente", by porozmawiać z jego wydawcą doktorem Rómulem Paredesem. Zobaczył pięćdziesięciolatka o bardzo śniadej cerze, w koszuli z podwiniętymi rękawami, zlanego potem, niepewnego i bliskiego paniki. Miał włosy przetkane siwizną. Zaledwie Roger otworzył usta, uciszył go stanowczym gestem, który zdawał się oznaczać: „Ostrożnie, ściany mają uszy!". Wziął go za ramię i zaprowadził do knajpki na rogu, z szyldem z nazwą La Chipirona. Posadził go przy stoliku oddalonym od innych.

– Proszę o wybaczenie, panie konsulu – powiedział, rozglądając się bez przerwy wzrokiem pełnym popłochu. – Nie mogę i nie powinienem nic panu mówić. Jestem w bardzo kłopotliwej sytuacji. Jeśli zobaczą mnie w pana towarzystwie, będę miał problemy.

Był blady, głos mu drżał, zaczął obgryzać paznokieć. Zamówił kieliszeczek wódki i wychylił go jednym haustem. Wysłuchał w milczeniu relacji Rogera z rozmowy z prefektem Gamarrą.

– To figurant – powiedział ośmielony alkoholem, gdy Roger skończył. – Gamarra ma mój raport, który potwierdza wszystkie oskarżenia sędziego Valcárcela. Wręczyłem mu go w lipcu. Minęły ponad trzy miesiące, a on jeszcze go nie wysłał do Limy. Dlaczego pana zdaniem przetrzymuje go tak długo? Bo jak wszyscy wiedzą, prefekt Adolfo Gamarra jest także, jak połowa Iquitos, na garnuszku Arany.

Co do sędziego Valcárcela, powiedział mu, że wyjechał. Nie znał jego miejsca pobytu, lecz był pewien, że gdyby został w Iquitos, prawdopodobnie byłby już trupem. Po czym wstał gwałtownie.

– To samo może spotkać i mnie w każdej chwili, panie konsulu – mówiąc, ocierał pot z twarzy, a Roger pomyślał, że za chwilę wybuchnie płaczem. – Bo ja niestety nie mogę wyjechać. Mam żonę i dzieci, a mój jedyny majątek to ten dziennik.

Odszedł, nawet się nie pożegnawszy. Roger wrócił do prefekta rozjuszony. *Señor* Adolfo Gamarra wyznał mu, że w rzeczy samej raport sporządzony przez doktora Paredesa nie mógł zostać wysłany do Limy „ze względu na problemy logistyczne, na szczęście już rozwiązane". Zostanie przekazany jeszcze w tym tygodniu „przez umyślnego posłańca, dla większego bezpieczeństwa, jako że sam pan prezydent Leguía pilnie się go domaga".

Wszędzie tak było. Roger czuł się jak kołysany do snu, krążył w kółko, dreptał w miejscu manipulowany przez niewidzialne, lecz potężne siły. Wszystkie zabiegi, obietnice, informacje rozsypywały się, rozpływały w powietrzu, fakty nigdy nie pokrywały się ze słowami. To, co czyniono, i to, co mówiono, to były dwa odrębne światy. Słowa zaprzeczały czynom, czyny zadawały kłam słowom, a wszystko odbywało się na zasadzie powszechnego oszustwa, chronicznego rozdźwięku między mową a działaniem uprawianego przez wszystkich dokoła.

Przez cały tydzień zbierał wiadomości na temat sędziego Carlosa A. Valcárcela. Jak niegdyś Saldaña Roca, człowiek ten budził w nim szacunek, sympatię, współczucie, podziw. Wszyscy obiecywali pomóc mu, dowiedzieć się, przekazać wiadomość, odszukać go, lecz odsyłano go od drzwi do drzwi, nie udzielając żadnej wskazówki, którą można by wziąć na serio. Wreszcie po siedmiu dniach od momentu przybycia do Iquitos udało mu się wyrwać z tej lepkiej pajęczyny dzięki pewnemu Anglikowi rezydującemu w mieście. Mr F.J. Harding, dyrektor John Lilly & Company, był kawalerem, mężczyzną wysokim, sztywnym, prawie łysym i jako jeden z niewielu biznesmenów w Iquitos wydawał się nie tańczyć do melodii Peruvian Amazon Company.

– Nikt nie mówi panu i nie powie, co się stało z sędzią Valcárcelem, bo nie chcą znaleźć się w tarapatach, *sir* Roger. – Gawędzili w domku Hardinga, stojącym w pobliżu rzeki i deptaka. Na ścianach wisiały ryciny przedstawiające szkockie zamczyska. Popijali napój kokosowy. – Wpływowi znajomi Arany w Limie dopięli swego i sędzia Valcárcel został pozbawiony funkcji, oskarżony o uchybienie obowiązkom, sprzeniewierzenie środków i nie wiem, o co jeszcze. Biedaczysko, jeśli jeszcze żyje, musi bardzo żałować największego błędu w swym życiu, to znaczy przyjęcia tego zadania. Wszedł w paszczę lwa i drogo za to zapłacił. Ponoć cieszył się sporym szacunkiem w Limie. Teraz obrzucono go błotem, a być może zamordowano. Nikt nie wie, gdzie przebywa. Mam nadzieję, że wyjechał z kraju. To w Iquitos temat tabu.

W rzeczy samej, historia owego uczciwego i odważnego doktora Carlosa A. Valcárcela, który przybył do Iquitos, by prowadzić śledztwo w sprawie „okropieństw z Putumayo", była niesłychanie smutna. Roger odtwarzał ją przez następne tygodnie jak łamigłówkę. Gdy ośmielił się wydać nakaz aresztowania dwustu trzydziestu siedmiu osób oskarżonych o różne przestępstwa – prawie wszyscy byli związani z Peruvian Amazon Company – przez Amazonię przebiegł dreszcz strachu. Nie tylko peruwiańską, także kolumbijską i brazylijską. Machina imperium Julia C. Arany natychmiast odparła cios i przystąpiła do kontrataku. Policji udało się zlokalizować zaledwie dziewięciu z dwustu trzydziestu siedmiu oskarżonych. Z owych dziewięciu jedynym rzeczywiście znaczącym był Aurelio Rodríguez, jeden z szefów sektora w Putumayo, odpowiedzialny za wiele porwań, gwałtów, okaleczeń, rabunków i morderstw. Jednakże dziewięciu zatrzymanych, w tym Rodríguez, powołało się przed Sądem Najwyższym w Iquitos na *habeas corpus*, a ów zlecił ich warunkowe zwolnienie na czas rozpatrywania sprawy.

– Na nieszczęście – wyjaśnił Rogerowi prefekt, nie mrugnąwszy powieką i z zatroskanym wyrazem twarzy – owi bezecni obywatele wykorzystali warunkowe zwolnienie i uciekli. Jak z pewnością pan się domyśla, będzie niezwykle trudno odnaleźć ich w bezkresnej Amazonii, jeśli Sąd Najwyższy podtrzyma nakaz aresztowania.

Sąd zaś nie widział powodów do pośpiechu. Gdy Roger Casement udał się tam zapytać sędziów, kiedy rozpatrzą sprawę, wyjaśnili mu, że odbywa się to „ściśle według kolejności wpłynięcia wniosku". Długa lista innych spraw oczekiwała w kolejce, „poprzedzając rzeczony wniosek, o który pan zapytuje". Jeden z aplikantów pozwolił sobie na komentarz wygłoszony drwiącym tonem:

– Tutejszy wymiar sprawiedliwości jest pewny, lecz nieco powolny, a czynności sądowe w tym przypadku mogą potrwać wiele lat, panie konsulu.

Pablo Zumaeta, ze swojej pozornej kryjówki, sterował sądowym atakiem na sędziego Carlosa A. Valcárcela, składając nań, za pośrednictwem podstawionych osób, kolejne doniesienia o uchybieniach, defraudacjach, fałszywych zeznaniach i różnych innych wykroczeniach. Pewnego ranka stawiła się w komisariacie w Iquitos Indianka Bora z kilkuletnią córeczką, w towarzystwie tłumacza, by oskarżyć sędziego Carlosa A. Valcárcela o „nastawanie na cześć małoletniej". Sędzia musiał poświęcić ogromną część swego czasu na obronę przed tymi kalumniami, składając zeznania, biegając po sądach, pisząc wyjaśnienia, zamiast zajmować się śledztwem, w sprawie którego przybył do selwy. Wszystko wokół niego się waliło. Hotelik, w którym zamieszkał, wymówił mu pokój. Nie znalazł żadnego zajazdu ani pensjonatu w mieście, który odważyłby się go przygarnąć. Musiał wynająć pokoik w Nanay, dzielnicy pełnej wysypisk śmieci i bajor ze stojącą, cuchnącą wodą, gdzie nocami słyszał, jak pod hamakiem gonią się szczury, a w dzień deptał po karaluchach.

O tym wszystkim dowiadywał się Roger Casement stopniowo, zestawiając szczegóły, o których szeptano tu i ówdzie. Jego podziw dla owego prawnika stale rósł, chętnie uścisnąłby mu dłoń i pogratulował przyzwoitości i odwagi. Co się z nim stało? Ustalił z pewnością – chociaż słowo „pewność" nie było zbyt mocno zakorzenione w Iquitos – jedynie to, że gdy dotarło z Limy jego odwołanie, Carlos A. Valcárcel już zniknął. Od tego momentu nikt w mieście nie potrafił podać jego adresu. Zabili go? Powtarzała się historia redaktora Benjamina Saldañi Roki. Wrogość wobec niego osiągnęła takie rozmiary, że nie pozostało mu nic oprócz ucieczki. Podczas drugiej rozmowy z wydawcą „El Oriente", w domu Mr Stirsa, Rómulo Paredes powiedział:

– Ja sam doradziłem sędziemu Valcárcelowi, by wyniósł się stąd, zanim go zabiją, *sir* Roger. Otrzymał już wystarczająco wiele ostrzeżeń.

Jakich ostrzeżeń? Prowokacje w restauracjach i barach, dokąd wchodził na kanapkę lub na piwo. Ni stąd, ni zowąd jakiś pijak lżył go i wyzywał do walki, wyciągając nóż. Gdy sędzia szedł z doniesieniem na policję lub do prefektury, kazano mu wypełniać tasiemcowe formularze, żądano bardzo szczegółowego opisu zdarzenia i zapewniano, że „jego zażalenie zostanie rozpatrzone".

Roger Casement poczuł się nagle tak, jak musiał czuć się sędzia Valcárcel przed ucieczką z miasta lub przed śmiercią z rąk jakiegoś zbira opłaconego przez Aranę: oszukiwany przez wszystkich, obrócony w pośmiewisko marionetek pociąganych za sznurki przez Amazon Peruvian Company, której całe Iquitos było ślepo i bezwzględnie posłuszne.

Zamierzał wrócić do Putumayo, choć było oczywiste, że skoro tu, w mieście, kompania Arany kpiła sobie z sankcji i nie przeprowadziła żadnej z zapowiadanych reform, tam, na plantacjach kauczuku, wszystko pozostało tak jak dawniej albo wręcz się pogorszyło, zwłaszcza w kwestii tubylców. Rómulo Paredes, Mr Stirs i prefekt Adolfo Gamarra usilnie odwodzili go od tej podróży.

– Nie wróci pan stamtąd żywy, a pańska śmierć nie zda się na nic – zapewnił go naczelny „El Oriente". – Panie Casement, przykro mi to mówić, lecz jest pan najbardziej znienawidzonym człowiekiem w Putumayo. Ani Saldaña Roca, ani *gringo* Hardenburg, ani sędzia Valcárcel nie byli tak znienawidzeni jak pan. Ja cudem wróciłem cało z Putumayo. Ale ten cud się nie powtórzy, jeśli pojedzie pan tam, na pewną śmierć, na kalwarię. I wie pan co? Szczytem absurdu byłoby, gdyby zabili pana zatrutymi strzałami z dmuchawek ci Indianie Bora i Huitoto, których pan tak broni. Niech pan nie będzie głupcem, niech pan tam nie jedzie. Niech pan nie popełnia samobójstwa.

Prefekt Adolfo Gamarra, dowiedziawszy się o przygotowaniach Rogera do podróży do Putumayo, przyszedł do niego do hotelu Amazonas. Był nad wyraz zaniepokojony. Zabrał go na piwo do baru z brazylijską muzyką. Jeden jedyny raz Roger odniósł wrażenie, że urzędnik rozmawia z nim szczerze.

– Błagam pana, żeby porzucił pan ten szaleńczy pomysł, panie Casement – powiedział, patrząc mu w oczy. – Nie mam jak zapewnić panu ochrony. Przykro mi to mówić, ale taka jest prawda. Nie chcę mieć w moich aktach służbowych pańskiego trupa. To byłby koniec mojej kariery. Mówię to panu bez ogródek. Nie dojedzie pan do Putumayo. Dużym wysiłkiem udało mi się sprawić, że nikt nie tknął pana tutaj. Nie było łatwo, przysięgam panu. Musiałem prosić i grozić ludziom, którzy tu rządzą. Ale moja władza kończy się za granicami miasta. Niech pan nie jedzie do Putumayo. Dla swojego i dla mojego dobra. Nie pan nie rujnuje mi przyszłości, zaklinam pana na to, co panu najdroższe. Rozmawiam z panem jak przyjaciel, naprawdę.

Lecz tym, co przesądziło o decyzji Rogera, była nieoczekiwana i nagła wizyta w środku nocy. Położył się już i prawie zasypiał, gdy do drzwi zapukał pracownik recepcji hotelu Amazonas. Szuka go pewien pan, mówi, że to pilne. Ubrał się, zszedł i stanął przed Juanem Tizónem. Nie miał od niego żadnych wieści od czasu owej podróży do Putumayo, podczas której ów wysoki funkcjonariusz Peruvian Amazon Company tak lojalnie współpracował z komisją. Nie został z niego nawet cień owego pewnego siebie mężczyzny, którego zapamiętał Roger. Wyglądał na postarzałego, wyczerpanego, a przede wszystkim upadłego na duchu.

Wyszli poszukać jakiegoś spokojnego miejsca, lecz to nie było łatwe, gdyż noc w Iquitos była pełna wrzawy, pijatyk, hazardu i seksu. Zrezygnowani usiedli w Pim Pam, barze z dansingiem, gdzie musieli pozbyć się dwóch brazylijskich Mulatek, które nalegały, by z nimi zatańczyli. Zamówili po piwie.

Jak zawsze elegancki, o rycerskich manierach, które Roger tak dobrze pamiętał, Juan Tizón rozmawiał z nim w sposób, który wydał się Rogerowi absolutnie szczery.

- Nie uczyniono nic z tego, do czego zobowiązała się kompania, mimo że na życzenie prezydenta Leguíi ustaliliśmy to na posiedzeniu zarządu. Gdy przedstawiłem mój raport, wszyscy, nawet Pablo Zumaeta, a także bracia i szwagrowie Arany, zgodzili się ze mną, że na stacjach należy wprowadzić radykalne zmiany. Aby uniknąć problemów z wymiarem sprawiedliwości oraz ze względów moralnych i chrześcijańskich. Czcze obietnice. Nie zrobiono i nie zrobi się nic.

Opowiedział mu, że kompania wydawała pracownikom w Putumayo instrukcje, by przedsięwzięli środki ostrożności i zatarli ślady dokonanych przestępstw – na przykład usunęli trupy – oraz ułatwiła ucieczkę głównych obwinionych w raporcie, który Londyn przesłał rządowi peruwiańskiemu. System zbierania kauczuku za pośrednictwem tubylczej siły roboczej pozostał niezmieniony.

– Gdy tylko wylądowałem w Iquitos, zdałem sobie sprawę z tego, że nic się nie zmieniło – przytaknął Roger. – A co z panem, don Juan?

– Wyjeżdżam do Limy w przyszłym tygodniu i nie sądzę, bym kiedykolwiek tu wrócił. Moja sytuacja w Peruvian Amazon Company stała się nie do zniesienia. Wolałem podać się do dymisji, zanim mnie zwolnią. Odkupią ode mnie akcje, ale po groszowym kursie. W Limie będę musiał zająć się czymś innym. Nie żałuję tego, choć strwoniłem dziesięć lat życia, pracując dla Arany. Choćbym miał zaczynać od zera, i tak będzie mi lepiej. Po tym, co zobaczyliśmy w Putumayo, czułem się brudny i winny. Skonsultowałem tę sprawę z małżonką, popiera moją decyzję.

Gawędzili przez prawie godzinę. Także Juan Tizón nalegał, by Roger pod żadnym pretekstem nie wracał do Putumayo: nie osiągnie niczego prócz własnej śmierci, a być może będą chcieli wyżyć się na nim i zabiją go w okrutny sposób, co nieraz miał okazję oglądać w podróży po stacjach.

Roger zabrał się do redakcji nowego raportu dla Foreign Office. Wyjaśniał, że nie przeprowadzono żadnej reformy i nie nałożono żadnej sankcji na przestępców z Peruvian Amazon Company. Nie było nadziei, by w przyszłości miało się to zmienić. Wina leżała zarówno po stronie firmy Julia C. Arany, jak i administracji publicznej, a wręcz całego państwa. W Iquitos rząd peruwiański był tylko agentem Julia C. Arany. Władza jego firmy była tak wielka, że wszystkie instytucje polityczne, policyjne i sądowe aktywnie działały w celu zapewnienia mu możliwości dalszego wyzysku tubylców, całkowicie bezkarnego, gdyż wszyscy urzędnicy otrzymywali od niego pieniądze lub obawiali się represji z jego strony.

Jakby pragnąc pokazać mu, że się nie myli, Sąd Najwyższy w Iquitos wydał nagle orzeczenie dotyczące powtórnego rozpatrzenia sprawy, o które wnioskowało dziewięciu zatrzymanych. Orzeczenie było arcydziełem cynizmu: wszystkie czynności sądowe zostały zawieszone dopóty, dopóki dwieście trzydzieści siedem osób z listy sporządzonej przez sędziego Valcárcela nie zostanie zatrzymanych. Z taką garstką osób aresztowanych każde śledztwo będzie niepełne i nielegalne, orzekli sędziowie. Tym samym tych dziewięciu mogło się cieszyć całkowitą wolnością, a postępowanie wstrzymano do czasu, aż siły policyjne przekażą wymiarowi sprawiedliwości dwustu trzydziestu siedmiu podejrzanych, co, rzecz oczywista, nie mogło nigdy nastąpić.

Po kilku dniach w Iquitos doszło do innego zdarzenia, jeszcze bardziej groteskowego, za sprawą którego zdolność Rogera Casementa do dziwienia się została wystawiona na próbę. Po drodze z hotelu do domu Mr Stirsa zobaczył ludzi stłoczonych w dwóch salkach, które zdawały się lokalami rządowymi, gdyż na fasadzie widniały herb i flaga Peru. Co się działo?

– To wybory do władz miejskich – wyjaśnił mu Mr Stirs swoim bezbarwnym głosikiem wyzutym z wszelkich emocji. – Wybory dość szczególne, gdyż zgodnie z peruwiańskim prawem wyborczym, aby otrzymać prawo głosu, należy posiadać jakiś majątek i umieć czytać i pisać. To zmniejsza liczbę wyborców do kilku setek. W rzeczywistości wybory rozstrzygają się w biurach Casa Arana. Nazwiska zwycięzców i procent otrzymanych głosów.

Tak też zapewne było, ponieważ owej nocy uczczono, podczas małego mityngu na Plaza de Armas, który Roger obserwował z daleka, z udziałem orkiestr i z alkoholem, wybór na nowego alkalda Iquitos don Pabla Zumaety! Szwagier Julia C. Arany wynurzył się ze swej „kryjówki" oczyszczony przez obywateli Iquitos – tak to ujął w swych podziękowaniach dla wyborców – z oszczerstw rozsiewanych przez spisek angielsko-kolumbijski, gotowy do dalszej niezłomnej walki z wrogami Peru na rzecz rozwoju Amazonii. Po rozdaniu napojów alkoholowych odbyły się tańce z fajerwerkami, gitarami i bębnami, które potrwały do świtu. Roger postanowił nie opuszczać hotelu w obawie przed linczem.

George Michell i jego małżonka dotarli wreszcie do Iquitos trzydziestego listopada tysiąc dziewięćset jedenastego roku statkiem płynącym z Manaos. Roger pakował już walizki. Przybycie nowego konsula brytyjskiego poprzedziły frenetyczne poszukiwania domu dla państwa Michellów, które prowadzili Mr Stirs i sam Casement. „Wielka Brytania popadła tu w niełaskę z pańskiej winy, *sir* Roger – powiedział mu ustępujący konsul. – Nikt nie chce wynająć domu nowemu konsulowi, chociaż oferuję podwójną cenę. Wszyscy boją się urazić Aranę, wszyscy odmawiają". Roger poprosił o pomoc Rómula Paredesa, a naczelny „El Oriente" rozwiązał problem. Wynajął dom na swoje nazwisko i podnajął go konsulatowi brytyjskiemu. Było to domiszcze stare i brudne, które musieli pośpiesznie odnowić i umeblować byle jak przed przyjazdem lokatorów. Pani Michell była niedużą, uśmiechniętą i zdecydowaną kobietką. Roger poznał ją, dopiero gdy schodziła z trapu statku, w porcie, w dniu przyjazdu. Nie zniechęciły jej ani stan nowej siedziby, ani miejsce, w którym znalazła się po raz pierwszy. Sprawiała wrażenie osoby, do której przygnębienie nie ma dostępu. Przekroczywszy próg, jeszcze przed rozpakowaniem walizek, wzięła się do sprzątania z zapałem i w dobrym humorze.

Roger odbył długą rozmowę ze starym przyjacielem i kolegą w saloniku Mr Stirsa. Poinformował go szczegółowo o sytuacji, nie tając ani jednej trudności, jaką napotka na nowym stanowisku. Michell, korpulentny i ruchliwy czterdziestolatek tryskający taką samą energią jak jego żona we wszystkich gestach i ruchach, notował jego słowa w małym notesie, prosząc go niekiedy o dodatkowe wyjaśnienia. Następnie, nie tracąc ducha ani nie skarżąc się na perspektywy czekające nań w Iquitos, powiedział tylko z szerokim uśmiechem: „Teraz wiem, o co chodzi, i jestem gotów do walki".

W ciągu dwóch ostatnich tygodni w Iquitos Rogerem znowu zawładnął, nieprzemożnie, demon seksu. Podczas poprzedniego pobytu był bardzo ostrożny, lecz teraz, chociaż wiedział, jaką wrogością pałają do niego ludzie związani z branżą kauczukową i że mogą zastawić nań pułapkę, nie zawahał się przed nocnymi spacerami po nadrzecznym bulwarze, gdzie zawsze jakieś kobiety i jacyś mężczyźni polowali na klientów. Tam poznał Alcibíadesa Ruiza, o ile tak brzmiało jego prawdziwe nazwisko. Zabrał go do hotelu Amazonas. Nocny recepcjonista, któremu Roger podał kilka monet, nie protestował. Alcibíades zgodził się pozować dla niego, przybierając pozycje starożytnych posągów, które pokazywał mu Roger. Po krótkim targu zgodził się też rozebrać. Był Metysem, mieszańcem rasy białej i indiańskiej, *cholo*. Roger zapisał w dzienniku, że ta mieszanka ras daje typ męski bardzo piękny fizycznie, piękniejszy nawet od brazylijskich *caboclos*, o lekko egzotycznych rysach, w których łagodność i delikatność Indian mieszała się z brutalną, męską siłą potomków Hiszpanów. Całowali się i dotykali, lecz nie kochali się ani tego dnia, ani następnego, gdy Alcibíades wrócił do hotelu Amazonas. Było to rankiem i Roger mógł sfotografować go w różnych pozach. Po jego wyjściu zapisał w dzienniku: „Alcibíades Ruiz. *Cholo*. Ruchy tancerza. Mały i długi; twardniejąc, zakrzywiał się jak łuk. Wszedł we mnie jak ręka w rękawiczkę".

W tamtych dniach naczelny „El Oriente" Rómulo Paredes został napadnięty na ulicy. Gdy wychodził z drukarni swej gazety, zaatakowało go trzech osobników o wyglądzie rzezimieszków, cuchnących alkoholem. Jak powiedział Rogerowi, którego odwiedził w hotelu zaraz po tym epizodzie, zatłukliby go na śmierć, gdyby nie to, że był uzbrojony i przestraszył napastników, strzelając w powietrze. Miał ze sobą walizkę. Był tak wstrząśnięty tym wydarzeniem, że odmówił wyjścia do baru na szklaneczkę, co proponował Roger. Jego gniew i żal wobec Peruvian Amazon Company nie miały granic.

– Zawsze byłem lojalnym współpracownikiem Casa Arana i spełniałem wszystkie ich prośby – poskarżył się. Usiedli na dwóch końcach łóżka i rozmawiali niemal w ciemności, ponieważ nikły płomyk oświetlał tylko kąt pokoju. – Kiedy byłem sędzią i kiedy zacząłem wydawać „El Oriente". Nigdy nie odrzuciłem żadnego żądania, chociaż wiele razy mierziły mnie. Ale jestem realistą, panie konsulu, wiem, które bitwy są nie do wygrania. Ta cała komisja, wyjazd do Putumayo na zlecenie sędziego Valcárcela, nigdy w życiu bym się na to nie zgodził. Od samego początku wiedziałem, że pakuję się w tarapaty. To oni mnie zmusili. Pablo Zumaeta osobiście mi powiedział, że tego żąda. Wyjechałem w tę podróż wyłącznie po to, by spełnić jego polecenie. Zanim przekazałem raport prefektowi, dałem go do przeczytania panu Zumaecie. Zwrócił mi go bez żadnego komentarza. Czy to nie znaczyło, że go akceptuje? Dopiero wtedy wręczyłem go prefektowi. A teraz wydali mi wojnę i chcą mnie zabić. Ten atak to ostrzeżenie, znak, żebym się wyniósł z Iquitos. Niby dokąd? Mam żonę, pięcioro dzieci, dwie służące, panie Casement. Widział pan kiedyś tak czarną niewdzięczność? Radzę panu, żeby pan też jak najszybciej opuścił to miejsce. Pańskie życie jest w niebezpieczeństwie, *sir* Roger. Dotychczas nic się nie stało, bo myślą, że jeśli zabiją Anglika, i to dyplomatę, wybuchnie międzynarodowy skandal. Ale nie można im ufać. Te skrupuły mogą zniknąć podczas byle pijatyki. Niech pan posłucha mojej rady i wyniesie się stąd, przyjacielu.

– Nie jestem Anglikiem, tylko Irlandczykiem – poprawił go grzecznie Roger.

Rómulo Paredes wręczył mu walizkę, którą przyniósł z sobą.

- Ma tu pan wszystkie dokumenty, które zebrałem w Putumayo i na których oparłem raport. Dobrze zrobiłem, nie oddając ich prefektowi. Spotkałby je ten sam los: zjadłyby je mole w prefekturze Iquitos. Niech pan je zabierze, wiem, że uczyni z nich pan właściwy użytek. Przykro mi, że dorzucam panu dodatkowy ciężar.

Roger wyruszył cztery dni później, pożegnawszy się z Omarinem i Arédomim. Mr Stirs znalazł im posadę w stolarni w Nanay. Mieli pracować w domu właściciela, Boliwijczyka, a także uczyć się fachu w warsztacie. Stirs i Michell odprowadzili go na statek. Roger dowiedział się w porcie, że ilość kauczuku wyeksportowanego w ciągu ostatnich dwóch miesięcy przekroczyła ubiegłoroczną. Czy trzeba było lepszego dowodu na to, że nic się nie zmieniło i że Huitoto, Bora, Andoque i pozostali autochtoni z Putumayo nadal są bezlitośnie wyzyskiwani?

W ciągu pięciu dni rejsu do Manaos prawie nie wychodził z kabiny. Czuł się przygnębiony i chory, brzydził się sam sobą. Prawie nic nie jadł, a na pokład zaglądał tylko wówczas, gdy upał w małej kajucie stawał się nie do zniesienia. W miarę jak posuwali się w dół Amazonki, koryto rozszerzało się, a brzegi znikały z oczu. Myślał o tym, że nigdy więcej nie powróci do selwy. I o paradoksie, który zauważył już w Afryce, żeglując po Kongu: oto ów majestatyczny pejzaż, ze stadami różowych czapli i hałaśliwych papużek przelatujących niekiedy nad pokładem, z kilwaterem rojącym się od małych rybek podążających za statkiem, wyskakujących nad wodę i wyczyniających różne akrobacje, jakby chciały przyciągnąć uwagę podróżników, skrywał nieopisane cierpienie zadawane przez żądne zysku, krwiożercze bestie, które spotkał w Putumayo. Wspominał nieruchomą twarz Julia C. Arany podczas owego zebrania zarządu Peruvian Amazon Company, onegdaj w Londynie. Po raz kolejny poprzysiągł sobie, że będzie walczył do ostatniej kropli energii, jaka pozostanie mu w ciele, by otrzymał jakąś karę ten wymuskany karzełek, który wprawił w ruch maszynerię mielącą istoty ludzkie i czerpał z niej największe korzyści całkowicie bezkarnie, w celu zaspokojenia głodu bogactwa. Kto ośmieli się teraz powiedzieć, że Julio C. Arana nie wiedział, co dzieje się w Putumayo? Odegrał spektakl, by oszukać ich wszystkich – rząd peruwiański, a szczególnie rząd brytyjski – nie przerywając pozyskiwania kauczuku z tych lasów udręczonych podobnie jak ich rdzenni mieszkańcy.

W Manaos, dokąd dopłynął w połowie grudnia, poczuł się lepiej. Oczekując na statek wyruszający do Pará i Barbadosu, zabrał się do pracy, dodając komentarze i uściślenia do swego raportu. Spędził jeden wieczór z konsulem angielskim, który potwierdził, że mimo jego nalegań władze brazylijskie nie uczyniły żadnego skutecznego kroku, by schwytać Montta i Agüera czy innych zbiegów. Krążyła wieść, że wielu z dawnych szefów Julia C. Arany w Putumayo pracuje teraz przy budowie linii kolejowej Madeira – Mamoré.

Podczas tygodnia postoju w Manaos Roger prowadził spartański tryb życia, ani razu nie wyprawiając się na poszukiwanie przygód. Przechadzał się nad brzegiem rzeki i ulicami miasta, a w chwilach wolnych od pracy czytał książki o dawnej historii Irlandii polecone przez Alice Stopford Green. Liczył na to, że zanurzenie się w pasjonującej historii swego kraju pomoże mu uwolnić się od obrazów z Putumayo, od intryg, kłamstw i nadużyć tej powszechnej politycznej korupcji, z którą zetknął się w Iquitos. Jednakże nie było mu łatwo koncentrować się na kwestiach irlandzkich, gdyż ciągle miał w pamięci to, że nie doprowadził do końca swej misji i że będzie musiał to zrobić w Londynie.

Siedemnastego grudnia wypłynął do Pará, gdzie czekała nań nota z Foreign Office. Ministerstwo potwierdzało odbiór depesz wysłanych z Iquitos: wiedziało, że mimo obietnic rządu peruwiańskiego nie uczyniono nic w sprawie zbrodni w Putumayo, nie licząc pozwolenia na ucieczkę oskarżonych.

W wigilię Bożego Narodzenia wyruszył na Barbados na pokładzie „Denisa", wygodnego statku wiozącego zaledwie garstkę pasażerów. Rejs do Brigdetown upłynął spokojnie. Tam przesiadł się na

SS „Terence"; Foreign Office zarezerwowało mu bilet do Nowego Jorku. Władze angielskie postanowiły wszcząć energiczne kroki przeciwko brytyjskiej spółce odpowiedzialnej za wydarzenia w Putumayo i chciały, by Stany Zjednoczone przyłączyły się do tej kampanii, wysyłając wspólny protest przeciwko złej woli rządu peruwiańskiego, którą ten przejawiał wobec apeli społeczności międzynarodowej.

W stolicy Barbadosu, oczekując na wypłynięcie statku, Roger prowadził życie równie wstrzemięźliwe jak w Manaos: żadnej wizyty w łaźniach publicznych, żadnej nocnej eskapady. Ponownie zapadł w stan przedłużonej abstynencji seksualnej, trwający nieraz kilka miesięcy. W takich okresach jego głowę zaprzątały zwykle kwestie religijne. W Bridgetown codziennie odwiedzał ojca Smitha. Prowadził z nim długie rozmowy na temat Nowego Testamentu, który zabierał ze sobą w każdą podróż. Czytywał go stale, na zmianę z poetami irlandzkimi, głównie Williamem Butlerem Yeatsem, którego kilka poematów nauczył się na pamięć. Wziął udział w mszy w klasztorze Urszulanek i tak jak poprzednio poczuł pragnienie przyjęcia komunii. Powiedział o tym ojcu Smithowi, a ów przypomniał mu z uśmiechem, że nie jest katolikiem, lecz członkiem Kościoła anglikańskiego. Jeśli chce się nawrócić, on może pomóc mu w uczynieniu pierwszych kroków. Roger odczuł pokusę, lecz wycofał się, myśląc o słabościach i grzechach, które musiałby wyznać temu dobremu przyjacielowi.

Trzydziestego pierwszego grudnia wyruszył na pokładzie SS „Terence" do Nowego Jorku, a tam – nie mając nawet czasu na podziwianie drapaczy chmur – wsiadł w pociąg do Waszyngtonu. Ambasador brytyjski James Bryce zaskoczył go informacją, że prezydent Stanów Zjednoczonych William Howard Taft udzieli mu audiencji. On i jego doradcy chcieli się dowiedzieć od *sir* Rogera, który znał z autopsji sytuację w Putumayo i był zaufanym człowiekiem rządu brytyjskiego, co naprawdę dzieje się na plantacjach kauczuku i czy kampania prowadzona w Stanach i w Anglii przez różne Kościoły, organizacje humanitarne i liberalnych dziennikarzy oraz innych publicystów jest prawdziwa czy pełna demagogii i przesady, jak twierdzą firmy kauczukowe i rząd peruwiański.

Goszczony w rezydencji ambasadora Bryce'a, traktowany jak król, nazywany na każdym roku „*sir* Rogerem", Casement udał się najpierw do fryzjera, by podciąć włosy, zgolić brodę, zadbać o paznokcie. Następnie odnowił swą garderobę w eleganckich sklepach Waszyngtonu. Wielokrotnie w owych dniach myślał o sprzecznościach swego żywota.

Jeszcze niecałe dwa tygodnie wcześniej gnieździł się w podłym hoteliku w Iquitos, gdzie groziła mu śmierć z ręki jakiegoś zbira, a teraz, on, Irlandczyk marzący o niepodległości Irlandii, stawał jako wysłannik Korony brytyjskiej przed prezydentem Stanów Zjednoczonych z zadaniem przekonania go, by poparł Imperium domagające się od rządu peruwiańskiego położenia kresu nieprawościom w Amazonii. Czy życie nie jest absurdem, dramatem, który nagle przeradza się w farsę?

Trzy dni spędzone w Waszyngtonie okazały się jednym wielkim wirem pracy: codzienne spotkania robocze z urzędnikami z Departamentu Stanu, długa rozmowa z ministrem spraw zagranicznych. Trzeciego dnia został przyjęty w Białym Domu przez prezydenta Tafta, któremu towarzyszyli liczni doradcy oraz sekretarz stanu. Przez krótką chwilę, przed rozpoczęciem *exposé* na temat Putumayo, Roger doznawał halucynacji: oto stoi tu nie jako przedstawiciel dyplomatyczny Korony brytyjskiej, lecz jako wysłannik specjalny świeżo ustanowionej Republiki Irlandzkiej. Został wysłany przez rząd tymczasowy, by bronić racji, jakie skłoniły ogromną większość Irlandczyków, by w referendum zerwać więzy łączące ich z Wielką Brytanią i ogłosić niepodległość. Nowa Irlandia pragnie zachować stosunki przyjaźni i współpracy ze Stanami Zjednoczonymi, z którymi dzieli zamiłowanie do demokracji i które zamieszkuje duża społeczność pochodzenia irlandzkiego.

Roger Casement wywiązał się ze swych obowiązków w sposób nienaganny. Audiencja miała zabrać pół godziny, lecz trwała trzykrotnie dłużej, gdyż sam prezydent Taft, który z wielką uwagą wysłuchał raportu na temat sytuacji autochtonów w Putumayo, poddał go drobiazgowemu przesłuchaniu i poprosił o opinię na temat najlepszej formy zmuszenia rządu peruwiańskiego do położenia kresu zbrodniom na plantacjach kauczuku. Sugestia Rogera, by Stany Zjednoczone otworzyły w Iquitos konsulat, który współpracowałby z konsulatem brytyjskim w ujawnianiu nadużyć, została przyjęta przychylnie. I w rzeczy samej, kilka tygodni później Stany Zjednoczone wysłały do Iquitos jako swojego konsula zawodowego dyplomatę Stuarta J. Fullera.

Zdumienie i oburzenie, z którymi prezydent Taft i jego współpracownicy wysłuchali raportu Rogera, przekonały go bardziej niż ich słowa co do tego, że Stany Zjednoczone będą teraz w sposób zdecydowany współpracować z Anglią w kwestii ujawnienia sytuacji tubylców amazońskich.

W Londynie, mimo marnego stanu fizycznego – wciąż odczuwał skutki zmęczenia i dawnych dolegliwości – oddał się ciałem i duszą pracy nad ostateczną wersją nowego raportu dla Foreign Office, ukazującego, że władze peruwiańskie nie przeprowadziły obiecanych reform i że Peruvian Amazon Company zbojkotowała wszystkie inicjatywy, dręcząc sędziego Carlosa A. Varcárcela i przetrzymując w prefekturze raport don Rómula Paredesa, którego próbowano zabić za to, że bezstronnie opisał fakty, jakich sam był świadkiem podczas czterech miesięcy (od piętnastego marca do piętnastego lipca) spędzonych w stacjach Arany. Roger zaczął tłumaczyć na angielski wybrane zeznania, wywiady oraz inne dokumenty, które wydawca „El Oriente" wręczył mu w Iquitos. Materiał ów znacznie wzbogacał jego własny raport.

Pracował nad tym nocami, ponieważ całe dnie wypełniały mu spotkania w Foreign Office, gdzie różni ludzie, począwszy od ministra, a skończywszy na członkach rozlicznych komisji, żądali od niego raportów, rad i sugestii na temat kroków, których podjęcie rozważał rząd brytyjski. Okrucieństwa popełniane przez brytyjską firmę w Amazonii były przedmiotem energicznej kampanii rozpoczętej przez Towarzystwo Antyniewolnicze i czasopismo „Truth", popieranej obecnie przez liberalną prasę oraz wiele organizacji religijnych i humanitarnych.

Roger nalegał na natychmiastową publikację *Raportu na temat Putumayo*. Stracił wszelką nadzieję co do skuteczności cichej dyplomacji stosowanej przez rząd brytyjski wobec prezydenta Leguíi. Mimo sprzeciwów niektórych sektorów administracji *sir* Edward Grey przystał w końcu na ten krok i gabinet wydał zgodę na publikację. Miała nosić tytuł *Blue Book* (*Błękitna Księga*). Roger spędził wiele bezsennych nocy, odpalając jednego papierosa od drugiego i wypijając niezliczone filiżanki kawy, na sprawdzaniu słowo po słowie tekstu po ostatniej korekcie.

W dniu, w którym ostateczna wersja powędrowała do drukarni, czuł się tak źle, że w obawie, by nie przytrafiło mu się coś złego, gdy zostanie sam, poszukał schronienia w domu swej przyjaciółki Alice Stopford Green. „Wyglądasz jak kościotrup" – powiedziała mu historyczka, biorąc go za ramię i prowadząc do salonu. Roger powłóczył nogami, zachowywał się jak zamroczony i był bliski omdlenia. Plecy bolały go tak bardzo, że Alice musiała podłożyć mu kilka poduszek, by mógł się wyciągnąć na sofie. Prawie natychmiast zasnął lub stracił przytomność. Gdy otworzył oczy, zobaczył, że uśmiechają się do niego Alice i jego siostra Nina.

– Już myślałyśmy, że nigdy się nie obudzisz – usłyszał głos którejś z nich.

Przespał prawie dwadzieścia cztery godziny. Alice wezwała lekarza rodzinnego, a medyk oznajmił, że Roger jest wyczerpany. Że powinny pozwolić mu się wyspać. Nie pamiętał, by cokolwiek mu się śniło. Gdy spróbował wstać, nogi ugięły się pod nim i opadł z powrotem na sofę. „Nie zabiło mnie Kongo, za to zabije mnie Amazonka" – pomyślał.

Po zjedzeniu lekkiego posiłku udało mu się wstać i wsiąść do samochodu, który odwiózł go do mieszkania przy Philbeach Gardens. Wziął długą kąpiel, która go nieco orzeźwiła. Czuł się jednak tak słaby, że musiał się znowu położyć.

Foreign Office zmusiło go do wzięcia dziesięciu dni urlopu. Wzbraniał się przed wyjazdem z Londynu przed publikacją *Blue Book*, lecz w końcu zgodził się wyjechać. W towarzystwie Niny, która poprosiła o zwolnienie ze szkoły, gdzie uczyła, spędził tydzień w Kornwalii. Jego zmęczenie było tak wielkie, że z trudem koncentrował się na lekturze. Stale odbiegał myślą ku niespójnym obrazom. Dzięki spokojnemu trybowi życia i zdrowej diecie powoli odzyskiwał siły. Po jakimś czasie był już w stanie odbywać długie spacery po okolicy, korzystając z ładnej pogody. Trudno było o większy kontrast niż między przyjemnym i cywilizowanym pejzażem Kornwalii a krajobrazem Amazonii, jednak mimo dobrego samopoczucia i pogody ducha, jakie zapewniał mu widok powtarzających swe codzienne gesty rolników, pasących się błogo krów, koni rżących w ciepłych stajniach, i choć nie groziły mu dzikie zwierzęta, węże i moskity, złapał się pewnego dnia na myśli o tym, że owa przyroda, w której widoczne były całe wieki pracy rolnej w służbie człowieka, zamieszkana i ucywilizowana, utraciła swój status świata naturalnego – swą duszę, powiedziałby panteista – w porównaniu z owym dzikim, kipiącym, nieujarzmionym terytorium Amazonii, gdzie wszystko zdawało się jednocześnie rodzić i umierać, tym światem niepewnym i grząskim, pełnym niebezpieczeństw, sprawiającym, że człowiek czuł się wyrwany z teraźniejszości i ciśnięty ku najodleglejszej przeszłości, w stałym kontakcie z przodkami, z powrotem u świtu historii ludzkości. I zaskoczony odkrył, że wspomina tamtą krainę z tęsknotą, mimo okropieństw skrywanych w jej wnętrzu.

Błękitna Księga o Putumayo ukazała się w lipcu tysiąc dziewięćset dwunastego roku. Od pierwszego dnia wzbudzała poruszenie, którego ośrodek stanowił Londyn, a które rozlało się koncentrycznymi falami na całą Europę, Stany Zjednoczone i inne części świata, zwłaszcza Kolumbię, Brazylię i Peru. „Times" poświęcił jej kilkanaście stron oraz przedstawiający stanowisko artykuł, w którym – wysławiając Rogera Casementa pod niebiosa i twierdząc, że po raz kolejny okazał on swe wyjątkowe talenty „wielkiego humanitarysty" – domagał się natychmiastowego podjęcia kroków przeciwko owej brytyjskiej firmie i jej akcjonariuszom czerpiącym zyski z przedsięwzięcia stosującego niewolnictwo i tortury grożące eksterminacją tubylczych ludów.

Jednakże pochwała, która najbardziej wzruszyła Rogera, pochodziła z artykułu napisanego przez jego przyjaciela i sojusznika z kampanii przeciwko królowi Belgów Leopoldowi II Edmunda D. Morela dla „Daily News". Komentując *Błękitną Księgę*, wyraził się o Rogerze Casemencie: „w żadnej istocie ludzkiej nie widziałem takiego magnetyzmu jak u niego". Jak zawsze uczulony na publiczne występy Roger nie cieszył się ani odrobinę z tej kolejnej fali popularności. Wręcz przeciwnie, czuł się niezręcznie i starał się uciekać przed sławą. Było to jednak trudne, gdyż skandal wywołany przez *Blue Book* sprawił, że dziesiątki czasopism angielskich, europejskich i północnoamerykańskich prosiły go o wywiad. Otrzymywał zaproszenia na wykłady w instytucjach akademickich, klubach politycznych, ośrodkach religijnych i dobroczynnych. W Westminster Abbey odbyło się specjalne nabożeństwo poświęcone temu tematowi, a kanonik Herbert Henson wygłosił kazanie, w którym ostro zaatakował akcjonariuszy Peruvian Amazon Company za wzbogacanie się metodami, takimi jak niewolnictwo, morderstwo i okaleczenia.

Brytyjski *attaché* handlowy w Peru Des Graz doniósł o fermencie, jaki wywołały w Limie oskarżenia zawarte w *Błękitnej Księdze*. Rząd peruwiański, obawiając się bojkotu ekonomicznego ze strony krajów zachodnich, ogłosił natychmiastowe wprowadzenie reform i wysłanie sił wojskowych i policyjnych do Putumayo. Jednakże Des Graz dodawał, że prawdopodobnie i tym razem oświadczenie to nie przyniesie żadnego skutku, gdyż niektóre kręgi rządowe przedstawiają wydarzenia napiętnowane w *Blue Book* jako efekt spisku Imperium Brytyjskiego popierającego kolumbijskie pretensje do Putumayo.

Atmosfera sympatii i solidarności z rdzennymi mieszkańcami Amazonii, którą *Błękitna Księga* rozbudziła w opinii publicznej, sprawiła, że projekt otwarcia misji katolickiej w Putumayo otrzymał wsparcie ekonomiczne z wielu stron. Kościół anglikański zgłaszał początkowo obawy, lecz w końcu dał się przekonać argumentom Rogera przedstawianym przezeń podczas niezliczonych spotkań, zebrań, rozmów, a także w wielu listach: że w kraju, gdzie Kościół katolicki jest tak mocno zakorzeniony, otwarcie misji protestanckiej wzbudziłoby nieufność, a Peruvian Amazon Company szybko by ją zniesławiła, przedstawiając jako ostrze kolonizatorskich apetytów Korony.

Roger odbył w Irlandii i w Anglii wiele spotkań z jezuitami i franciszkanami, przedstawicielami dwóch zakonów, do których zawsze czuł sympatię. Już w czasach afrykańskich dużo czytał o wysiłkach podjętych w przeszłości przez Towarzystwo Jezusowe w Paragwaju i w Brazylii w celu zorganizowania i katechizacji tubylców, poprzez zgromadzenie ich w społecznościach, gdzie utrzymywali tradycje wspólnotowego życia i pracy, a zarazem praktykowali elementarne zasady chrześcijaństwa, co podniosło ich poziom życia i ocaliło od eksploatacji i eksterminacji. Dlatego Portugalia zniszczyła misje jezuickie oraz intrygami przekonała Hiszpanię i Watykan, że Towarzystwo Jezusowe przekształciło się w państwo w państwie i stanowi zagrożenie dla władzy papieskiej i dla hiszpańskiego imperium. Jednakże jezuici niezbyt ciepło odnieśli się do projektu misji amazońskiej. Franciszkanie za to podchwycili pomysł z entuzjazmem.

Takim sposobem Roger Casement zapoznał się z pracą wykonywaną w najuboższych dzielnicach Dublina przez franciszkańskich księży robotników. Pracowali w fabrykach i warsztatach, żyli w równie trudnych warunkach jak inni robotnicy. Rozmawiając z nimi, widząc oddanie, z jakim sprawowali posługę kapłańską, dzieląc los wydziedziczonych, Roger pomyślał, że nie ma ludzi lepiej niż oni przygotowanych do założenia misji w La Chorrerze i El Encanto.

Alice Stopford Green, z którą Roger świętował w euforycznym nastroju wyjazd do Amazonii peruwiańskiej czterech pierwszych franciszkanów irlandzkich, przepowiedziała mu:

– Jesteś pewien, że nadal należysz do Kościoła anglikańskiego, Rogerze? Chociaż być może nie zdajesz sobie z tego sprawy, jesteś na najlepszej drodze do zostania papistą!

Wśród stałych bywalców salonu Alice, a także w świetnie zaopatrzonej bibliotece jej domu przy Grosvenor Road, znajdowali się nacjonaliści irlandzcy wyznania anglikańskiego, prezbiteriańskiego i katolickiego. Roger nigdy nie zauważył między nimi tarć ani kłótni. Po owej uwadze Alice zaczął się zastanawiać, czy jego zbliżenie do katolicyzmu ma podłoże czysto duchowe i religijne, czy raczej polityczne, czy nie jest formą ściślejszego związania się z opcją nacjonalistyczną, jako że przeważającą większość zwolenników niepodległości Irlandii stanowili katolicy.

By uciec od poczucia osaczenia, którego był ofiarą jako autor *Blue Book*, poprosił w ministerstwie o kilka dodatkowych dni urlopu i wyjechał do Niemiec. Berlin wywarł na nim ogromne wrażenie. Społeczeństwo niemieckie pod rządami kajzera wydało mu się modelem nowoczesności, rozwoju gospodarczego, porządku i skuteczności. Choć krótka, wizyta ta posłużyła do tego, by niejasna myśl krążąca mu po głowie od jakiegoś czasu zmaterializowała się i przekształciła w jedną z podstaw jego akcji politycznej. W kwestii zdobycia wolności Irlandia nie mogła liczyć na zrozumienie, a jeszcze mniej na dobrą wolę Imperium Brytyjskiego. Widział to na własne oczy w tamtych dniach. Sama ewentualność, by angielski parlament miał powrócić do dyskusji nad projektem ustawy o przyznaniu Irlandii autonomii (*Home Rule*), którą Roger i jego radykalni przyjaciele uważali za ustępstwo formalne i niewystarczające, wywołała w Anglii wybuch patriotycznego oburzenia nie tylko konserwatystów, lecz także szerokich kręgów liberalnych i postępowych, a nawet związków robotniczych oraz izb rzemieślników. W Irlandii perspektywa autonomii administracyjnej i własnego parlamentu rozpaliła unionistów z Ulsteru do czerwoności. Zwołano mnóstwo wieców, dziesiątki tysięcy ludzi podpisały pakt, w którym Irlandczycy północni ogłaszali, że nie uznają *Home Rule*, gdyby doszło do jej uchwalenia, i że będą bronić przynależności Irlandii do Imperium z bronią w ręku, nawet za cenę życia. „W takich okolicznościach – myślał Roger – zwolennicy niepodległości powinni poszukać pomocy Niemiec. Wrogowie naszych wrogów są naszymi przyjaciółmi, a Niemcy są najpoważniejszym wrogiem Anglii. W razie wojny militarna klęska Wielkiej Brytanii otworzyłaby przed Irlandią niepowtarzalną szansę uniezależnienia się". W owych dniach Roger wielokrotnie powtarzał sobie stare nacjonalistyczne powiedzenie: „Nieszczęścia Anglii to radości Irlandii".

Jednakże podczas gdy dochodził do tych wniosków, którymi dzielił się jedynie z przyjaciółmi nacjonalistami podczas podróży do Irlandii albo w Londynie, w domu Alice Stopford Green, to Anglia okazywała mu miłość i podziw za to, co uczynił. Świadomość ta psuła mu samopoczucie.

W tym okresie, mimo desperackich wysiłków Peruvian Amazon Company, było coraz bardziej widoczne, że los przedsiębiorstwa Julia C. Arany jest zagrożony. Pogarda dla niego wzrosła po skandalu, jaki wybuchł, gdy Horace Thorogood, dziennikarz z „The Morning Leader", który udał się do siedziby spółki w City, by spróbować przeprowadzić wywiad z jej dyrektorami, otrzymał od jednego z nich, pana Abla Larca, szwagra Julia C. Arany, kopertę z pieniędzmi. Dziennikarz zapytał, co znaczy ten gest. Larco odrzekł, że kompania zawsze była hojna dla przyjaciół. Reporter oburzony zwrócił pieniądze, którymi usiłowano go przekupić, opisał całą historię w gazecie, a Peruvian Amazon Company musiała dokonać publicznych przeprosin, wyjaśniając, że zaszło nieporozumienie i że winni próby przekupstwa zostaną zwolnieni.

Ceny akcji firmy na Giełdzie Londyńskiej zaczęły się obniżać. I mimo że było to po części spowodowane konkurencją, jaką dla amazońskiego kauczuku stanowił kwitnący eksport surowca z brytyjskich kolonii w Azji – Singapuru, Malezji, Jawy, Sumatry, Cejlonu – z plantacji powstałych z sadzonek wywiezionych z Amazonii podczas brawurowej akcji przemytniczej angielskiego naukowca i łowcy przygód Henry'ego Alexandra Wickhama, główną przyczyną zniżki był czarny wizerunek spółki w oczach opinii publicznej i kręgów finansowych, ugruntowany po publikacji *Błękitnej Księgi*. Lloyd's wstrzymał jej kredyt. W całej Europie i w Stanach Zjednoczonych wiele banków poszło za jego przykładem. Bojkot lateksu Peruvian Amazon Company, kierowany przez Towarzystwo Antyniewolnicze oraz inne organizacje, pozbawił kompanię wielu klientów i wspólników. Ostateczny cios imperium Julia C. Arany zadało powołanie w Izbie Gmin, czternastego marca tysiąc dziewięćset dwunastego roku, specjalnej komisji do zbadania odpowiedzialności Peruvian Amazon Company za zbrodnie popełnione w Putumayo. Złożona z piętnastu członków, z poważanym parlamentarzystą Charlesem Robertsem na czele, obradowała przez piętnaście miesięcy. W trakcie trzydziestu sześciu posiedzeń przesłuchano dwudziestu siedmiu świadków, jawnie, w sali pełnej dziennikarzy, polityków, członków świeckich i religijnych organizacji, w tym Towarzystwa Antyniewolniczego z jego przewodniczącym misjonarzem Johnem Harrisem. Dzienniki i czasopisma szczegółowo informowały o posiedzeniach, komentowano je w licznych artykułach, karykaturach, plotkach i dowcipach.

Najbardziej oczekiwanym świadkiem, którego obecność ściągnęła największą liczbę widzów, był *sir* Roger Casement. Stanął przed komisją dwukrotnie, trzynastego listopada i jedenastego grudnia tysiąc dziewięćset dwunastego roku. Zwięźle i precyzyjnie opisał to, co widział na własne oczy w Putumayo: dyby, okrutne narzędzie tortur, obecne we wszystkich obozach, plecy z bliznami po chłoście, bicze i winchestery w stałym wyposażeniu nadzorców i „chłopców" zajmujących się utrzymaniem porządku i łowieniem przymusowych pracowników, system zniewolenia, nadmiernej eksploatacji i głodzenia rdzennych mieszkańców. Streścił następnie zeznania barbadoskich nadzorców, których wiarygodność, podkreślił, gwarantowało to, że prawie wszyscy przyznali, że sami byli sprawcami tortur i morderstw. Na prośbę członków komisji wyjaśnił także makiaweliczny system płac: szefowie sekcji nie otrzymywali pensji, lecz prowizję od zebranego kauczuku, co skłaniało ich do stawiania coraz większych wymagań zbieraczom w celu osiągnięcia większego zysku. Podczas drugiego przesłuchania Roger zaaranżował spektakl. Przed zdumionymi oczami parlamentarzystów wyciągał kolejno z wielkiego wora wniesionego przez dwóch woźnych przedmioty, które nabył w sklepach Peruvian Amazon Company w Putumayo. Wyjaśnił, jak oszukiwano robotników indiańskich, którym kompania sprzedawała na kredyt, po cenie wielokrotnie wyższej niż w Londynie, narzędzia pracy, sprzęty gospodarstwa domowego, błyskotki – po to, by uczynić ich wiecznymi dłużnikami. Zaprezentował starą jednolufową strzelbę, która w La Chorrerze kosztowała czterdzieści pięć szylingów. Aby zapłacić tę kwotę, Indianin Huitoto lub Bora musiałby pracować przez dwa lata, gdyby zarabiał tyle co zamiatacz ulic w Iquitos. Pokazywał koszule z surowego płótna, drelichowe spodnie, kolorowe paciorki, pudełeczka z prochem, paski z włókna agawy, bączki, lampy naftowe, słomkowe kapelusze, maści na ukąszenia owadów, przytaczając ceny tych przedmiotów stosowane w Anglii. Oczy parlamentarzystów otwierały się coraz szerzej ze zdumienia i przerażenia. Jeszcze większe wrażenie zrobił *sir* Roger, prezentując Charlesowi Robertsowi i pozostałym członkom komisji dziesiątki fotografii, które wykonał osobiście w El Encanto, La Chorrerze i pozostałych placówkach w Putumayo: widniały na nich plecy i pośladki z „marką Arana" w postaci blizn i ran, nadgryzione, skłute ciała gnijące w leśnym gąszczu, wydęte od pasożytów brzuchy noworodków o krok od śmierci, niewiarygodnie wychudzeni mężczyźni, kobiety i dzieci, którzy – choć podobni bardziej do szkieletów niż do ludzi – dźwigali na głowach wielkie „kiszki" kauczuku. Zdjęcia stanowiły niezbity dowód kondycji istot niemal pozbawionych pożywienia i maltretowanych przez ludzi żądnych zysku, mających za jedyny cel zdobycie jeszcze większej ilości kauczuku, choćby przez to całe ludy miały wymrzeć z wyczerpania.

Patetycznym elementem posiedzeń było przesłuchanie brytyjskich dyrektorów Peruvian Amazon Company, w którym stanowczością i subtelnością zabłysnął Irlandczyk Swift McNeill, wieloletni parlamentarzysta z South Donegal. Udowodnił on, nie pozostawiając ani cienia wątpliwości, że znamienici przedsiębiorcy, tacy jak Henry M. Read i John Russell Gubbins, gwiazdy londyńskiej socjety, arystokraci i rentierzy, tacy jak *sir* John Lister-Kaye i baron Souza-Deiro, nie posiadali żadnej wiedzy na temat tego, co się działo w kompanii Julia C. Arany, mimo że brali udział w posiedzeniach zarządu i podpisywali stosowne protokoły, biorąc za to pokaźne sumy pieniędzy. Nawet gdy tygodnik „Truth" zaczął publikować doniesienia Benjamína Saldañi Roki i Waltera Hardenburga, nie pofatygowali się, by skonfrontować stan faktyczny z oskarżeniami. Zadowolili się wyjaśnieniami Abla Larca czy samego Julia C. Arany, zarzucających oskarżycielom szantaż, tłumacząc ich resentyment tym, że nie otrzymali od kompanii pieniędzy, jakie próbowali wyłudzić groźbami. Żaden z nich nie spróbował sprawdzić w terenie, czy firma, której dodawali prestiżu swymi nazwiskami, rzeczywiście popełnia owe zbrodnie. Co gorsza, żaden nie zadał sobie nawet trudu, by przejrzeć dokumenty, rachunki, raporty i korespondencję firmy, w której archiwach pozostały ślady oszustw. Gdyż – choć zdawało się to nieprawdopodobne – Julio C. Arana, Abel Larco i pozostali dyrektorzy czuli się tak pewni siebie do momentu wybuchu skandalu, że nie zacierali w księgach tropów swych łotrostw, na przykład niewypłacania wynagrodzenia robotnikom czy wydawania kolosalnych kwot na zakup batów, rewolwerów i karabinów.

Apogeum dramatyzmu nastąpiło podczas zeznań Julia C. Arany. Pierwszy termin stawienia się przed komisją musiał zostać przesunięty, ponieważ jego małżonka Eleonora, przebywająca w Genewie, miała atak nerwowy spowodowany napięciem, w jakim żyła rodzina, która wspięła się na szczyt drabiny społecznej, a teraz patrzyła, jak wszystko wokół niej wali się w gruzy. Arana wszedł do Izby Gmin ubrany z właściwą sobie elegancją i blady jak ofiary febry w Amazonii. Pojawił się ze świtą pomocników i doradców, lecz do sali posiedzeń wpuszczono jedynie jego adwokata. Początkowo okazywał spokój i arogancję. W miarę jak Charles Roberts i stary wyga Swift McNeill osaczali go pytaniami, coraz bardziej plątał się i mylił, choć jego tłumacz robił, co mógł, by sprostować te potknięcia. Wzbudził wesołość publiczności, gdy na pytanie przewodniczącego komisji: „W jakim celu znajdowało się w stacjach Putumayo tyle karabinów marki Winchester? Czy służyły do rajdów po przymusowych robotników?", odrzekł: „Nie, proszę pana, służyły do obrony przed jaguarami, których jest bardzo dużo w okolicy". Próbował wszystkiemu zaprzeczać, lecz nagle przyznał, że owszem, słyszał, że jakaś Indianka została spalona żywcem. Ale to było bardzo dawno temu. Nadużycia, jeśli jakieś zostały popełnione, to też niegdyś w przeszłości.

Jego zakłopotanie osiągnęło szczyt, gdy próbował zdezawuować świadectwo Waltera Hardenburga, oskarżając Amerykanina o sfałszowanie weksla w Manaos. Swift McNeill przerwał mu, pytając, czy odważyłby się nazwać fałszerzem Hardenburga – który jak powszechnie sądzono, mieszkał w Kanadzie – gdyby ów stanął przed nim osobiście. „Tak" – odrzekł Arana. – „Zatem proszę to zrobić – zażądał McNeill. – Oto on". Wejście Hardenburga poruszyło publiczność. Za radą adwokata Arana wycofał swoje słowa i oznajmił, że nie oskarżał samego Hardenburga, lecz „kogoś", o to, że zrealizował w banku w Manaos weksel, który okazał się fałszywy. Hardenburg udowodnił, że cała historia była machinacją zorganizowaną przez firmę Arany po to, by go zdyskredytować za pośrednictwem osobnika o podejrzanej reputacji, niejakiego Julia Muriedasa skazanego w Peru za oszustwo i odbywającego właśnie karę więzienia.

Po tym epizodzie Arana załamał się. Na wszystkie pozostałe pytania odpowiadał niepewnie i niejasno, a z jego wypowiedzi przebijały niepokój i nieszczerość.

W najgorętszym okresie prac komisji parlamentarnej na przedsiębiorcę spadła kolejna katastrofa. Na wniosek grupy akcjonariuszy sędzia Swinfen Eady z Sądu Najwyższego ogłosił natychmiastowe wstrzymanie działalności Peruvian Amazon Company. Oświadczył, że firma osiągała przychody z „pozyskiwania kauczuku w najokrutniejszy sposób, jaki można sobie wyobrazić", i że „jeśli pan Arana nie wiedział o tym, jego odpowiedzialność jest tym większa, ponieważ to przede wszystkim on miał absolutny obowiązek posiadania pełnej wiedzy o tym, co się dzieje na terenach, nad którymi sprawuje władzę".

Końcowy raport komisji parlamentarnej okazał się równie dobitny. Kończył się następującym wnioskiem: „Pan Julio C. Arana, podobnie jak jego wspólnicy, wiedział o wszystkim, a tym samym jest głównym odpowiedzialnym za zbrodnie popełniane przez jego agentów i pracowników w Putumayo".

Gdy komisja ogłosiła swój raport, który przypieczętował utratę prestiżu i przyśpieszył ruinę imperium stworzonego przez tego ubogiego sprzedawcę kapeluszy z wioski Rioja, Roger Casement zaczynał już powoli zapominać o Amazonii i Putumayo. W centrum jego zainteresowań leżały teraz kwestie związane z Irlandią. Po powrocie z krótkiego urlopu otrzymał z Foreign Office propozycję powrotu do Brazylii jako konsul generalny w Rio de Janeiro i w pierwszym odruchu przyjął ją. Jednakże odwlekał wyjazd i choć przedstawiał ministerstwu i sobie samemu najróżniejsze preteksty, naprawdę chodziło mu o to, że w głębi serca postanowił już, że nie będzie więcej służył Koronie brytyjskiej ani jako dyplomata, ani na żadnym innym stanowisku. Pragnął odzyskać utracony czas, oddać całą inteligencję i energię walce na rzecz jedynego celu swego życia: wyzwolenia Irlandii.

Z tego też powodu śledził z daleka i bez większego zainteresowania końcowe losy Peruvian Amazon Company i jej właściciela. Ujawnienie, przez samego naczelnego dyrektora Henry'ego Lexa Gielguda, że przedsiębiorstwo Julia C. Arany nie posiada żadnego tytułu własności do regionu Putumayo i że zajmuje go jedynie „prawem okupanta", spowodowało wzrost nieufności banków i innych wierzycieli. Natychmiast zaczęli naciskać na właściciela, żądając wywiązania się z bieżących i z zaległych należności (tylko wobec instytucji z City jego dług przekraczał dwieście pięćdziesiąt tysięcy funtów szterlingów). Posypały się groźby embarga i sądowego zajęcia jego dóbr. Zaklinając się, że by ocalić swój honor, spłaci wierzycieli do ostatniego centavo, Arana wystawił na sprzedaż londyński pałacyk na Kensington Road, kamienicę w Biarritz i dom w Genewie. Jako że dochód ze sprzedaży nie wystarczył do zaspokojenia wierzycieli, uzyskali nakaz sądowy zamrożenia jego oszczędności i rachunków bankowych w Anglii. Rozpadowi majątku osobistego towarzyszyło załamanie się interesów. Spadek cen amazońskiego kauczuku z powodu konkurencji azjatyckiej zbiegł się w czasie z decyzją wielu europejskich i północnoamerykańskich importerów o wstrzymaniu zakupu kauczuku peruwiańskiego do czasu ustalenia, przez niezależną komisję międzynarodową, że firma zaprzestała tortur, polowań na ludzi i zmuszania ich do niewolniczej pracy oraz że w stacjach kauczukowych wypłaca się wynagrodzenie indiańskim zbieraczom lateksu i przestrzega się prawa pracy obowiązującego w Anglii i w Stanach Zjednoczonych.

Nie doszło jednak nawet do podjęcia próby spełnienia owych nierealnych żądań. Rejterada głównych nadzorców i szefów placówek przerażonych perspektywą więzienia wprowadziła cały region w stan totalnej anarchii. Wielu krajowców – całe społeczności – wykorzystało sytuację, by również zbiec, co sprawiło, że pozyskiwanie kauczuku załamało się, a wkrótce całkowicie ustało. Uciekinierzy splądrowali wcześniej magazyny i biura, zabierając wszystko, co przedstawiało jakąkolwiek wartość, przede wszystkim broń i żywność. Nieco później okazało się, że firma, chcąc uniknąć sytuacji, w której zbiegli mordercy staną się świadkami oskarżenia w ewentualnych procesach przeciwko niej, wręczyła im wysokie sumy pieniędzy, by ułatwić ucieczkę i kupić milczenie.

Roger Casement śledził degrengoladę Iquitos dzięki listom swego przyjaciela George'a Michella, konsula brytyjskiego. Ów opowiedział mu, jak zamykano hotele, restauracje i sklepy, gdzie dawniej sprzedawano artykuły importowane z Paryża i Nowego Jorku, jak szampan, który niegdyś płynął obfitym strumieniem, zniknął teraz jak za sprawą magii, podobnie jak whisky, koniak, porto i wino. W barach i lupanarach krążyła teraz tylko gorzałka drapiąca gardło i napitki podejrzanej proweniencji, domniemane afrodyzjaki, które często zamiast pobudzać apetyty seksualne działały jak dynamit na żołądek nieostrożnych.

Tak jak w Manaos, upadek Casa Arana i załamanie się rynku kauczuku spowodowały w Iquitos powszechny kryzys, równie szybki jak *prosperity*, którą miasto żyło przez piętnaście lat. Pierwsi zaczęli wyjeżdżać cudzoziemcy – handlarze, podróżnicy, sklepikarze, właściciele barów, specjaliści, technicy, prostytutki, sutenerzy i rajfurki – którzy wrócili do swych ojczyzn lub wyruszyli na poszukiwanie krain o lepszych perspektywach niż ta, która popadała w ruinę i odosobnienie. Prostytucja nie znikła, lecz zmienił się personel. Przepadły gdzieś prostytutki brazylijskie i podające się za „Francuzki" – pochodzące zwykle z Polski, Niderlandów, Turcji czy Włoch – i zastąpiły je Metyski i Indianki, w tym wiele małych dziewczynek i nastolatek, które niegdyś pracowały jako służące, lecz straciły posadę, ponieważ państwo wyjechali lub w obliczu wszechobecnego kryzysu nie byli w stanie odziać ich i wyżywić. W jednym ze swych listów konsul brytyjski umieścił patetyczny opis tych kilkunastoletnich Indianek chudych jak szkielety, jaskrawo umalowanych, przechadzających się po nadrzecznym bulwarze w oczekiwaniu na klientów. Znikły periodyki i czasopisma ilustrowane, nawet tygodniowy biuletyn z informacjami o przybyciu i odpłynięciu statków, ponieważ ruch na rzece, dawniej tak intensywny, słabł stopniowo, aż wreszcie prawie całkiem zamarł. Izolację Iquitos, jego oderwanie od wielkiego świata, z którym przez prawie piętnaście lat utrzymywało tak ścisłą więź, przypieczętowała decyzja Booth Line o stopniowym ograniczaniu regularnego przewozu towarów i pasażerów. Gdy ustał ruch statków, pępowina łącząca Iquitos ze światem została przerwana. Stolica Loreto cofnęła się w czasie. W ciągu kilku lat wróciła do statusu zapomnianej zapadłej dziury w sercu ogromnej Niziny Amazonki.

Pewnego dnia, w Dublinie, Roger Casement w drodze od lekarza, któremu skarżył się na bóle artretyczne, przechodząc przez wilgotny trawnik w St. Stephen's Green, zauważył machającego do siebie franciszkanina. Był to jeden z czterech misjonarzy – księży robotników – którzy wyruszyli jakiś czas temu do Putumayo, by założyć tam misję. Usiedli na ławce przed stawem z kaczkami i łabędziami, by pogawędzić. Doświadczenie zakonników okazało się bardzo ciężkie. Wrogość okazana w Iquitos przed władze pracujące na rozkazy firmy Arany nie zraziła ich – z pomocą przyszli im ojcowie augustianie – podobnie jak ataki malarii i moskitów, które przez pierwsze miesiące w Putumayo wystawiły na próbę ich ducha poświęcenia. Mimo przeszkód i utrudnień zamieszkali w okolicy El Encanto, w chacie podobnej do chat Huitotów. Ich stosunki z autochtonami, po krótkim okresie nieufności i wrogości, stały się dobre, a nawet serdeczne. Wszyscy czterej zaczęli się uczyć języków huitoto oraz bora i zbudowali prowizoryczny kościół pod gołym niebem: ołtarz pod dachem z liści palmowych. Lecz nagle wszystkich ogarnęła owa gorączka ucieczki. Szefowie i urzędnicy, rzemieślnicy i strażnicy, indiańscy służący i robotnicy zniknęli jak wymieceni przez jakąś złowrogą siłę lub atak paniki. Gdy misjonarze zostali sami, ich sytuacja pogarszała się z dnia na dzień. Jeden z nich, ojciec McKey, zachorował na beri-beri. Po długich dyskusjach postanowili, oni także, opuścić tę ziemię sprawiającą wrażenie, że ciąży nad nią klątwa Boga.

Powrót czterech franciszkanów był podróżą homerycką i kalwarią jednocześnie. W związku z zapaścią eksportu kauczuku, powszechnym zamętem i wyludnieniem stacji jedyny środek transportu umożliwiający wydostanie się z Putumayo, czyli statki Peruvian Amazon Company, zwłaszcza „Liberal", przestał działać bez zapowiedzi. Misjonarze zostali zatem odcięci od świata, uwięzieni w opuszczonym miejscu, z poważnie chorym ojcem McKeyem. Gdy ten zmarł, pochowali go na małym pagórku, a na jego grobie postawili tabliczkę z napisami w czterech językach: gaelickim, angielskim, huitoto i hiszpańskim. Następnie polecili się opiece Bożej i ruszyli w drogę. Kilku tubylców zabrało ich pirogą do zbiegu Putumayo i Yavarí. Podczas długiego rejsu chybotliwa łódź wywróciła się kilka razy i ojcowie musieli dopłynąć do brzegu wpław. W ten sposób stracili resztki skromnego dobytku. W Yavarí, po długim oczekiwaniu, dostali się na statek, który zgodził się zabrać ich do Manaos, pod warunkiem że nie zajmą kabiny. Spali więc na pokładzie, w deszczu, od czego najstarszy z nich, ojciec O'Nety, nabawił się zapalenia płuc. W Manaos, dokąd dotarli po dwóch tygodniach, znaleźli schronienie w klasztorze Franciszkanów. Mimo opieki towarzyszy zmarł tam ojciec O'Nety. Został pochowany na cmentarzu przyklasztornym. Dwaj ocalali zakonnicy, doszedłszy do siebie po perypetiach morderczej podróży, zostali repatriowani do Irlandii. Powrócili teraz do pracy z robotnikami przemysłowymi w Dublinie.

Roger siedział jeszcze przez długi czas na ławeczce pod bujnymi drzewami parku St. Stephen's Green. Próbował wyobrazić sobie, jak wygląda ów ogromny region po zniknięciu stacji, ucieczce Indian i pracowników, strażników i zbirów z kompanii Julia C. Arany. Zamykając oczy, dał upust fantazji. Rozbuchana przyroda wkrótce pokryje krzewami, lianami, zagajnikami, gąszczem wszystkie polany i przecinki, a gdy odżyje las, powrócą zwierzęta i założą tu swoje siedliska. Kraina wypełni się śpiewem ptaków, gwizdami, pomrukami, skrzekiem i innymi odgłosami papug, czubaczy, małp, węży, kapibar, jaguarów. Chaty zawalą się, po kilku porach deszczowych nie pozostanie ani śladu po obozowiskach, gdzie ludzka zachłanność i okrucieństwo spowodowały tyle cierpienia, okaleczeń, śmierci. Termity zjedzą belki, drewniane szkielety chat zbutwieją. Najróżniejsze owady i zwierzęta zbudują gniazda i znajdą schronienie pomiędzy szczątkami. W niezbyt odległej przyszłości wszelkie ślady obecności ludzkiej zostaną zatarte przez selwę.

IRLANDIA

XIII

Obudził się na wpół przestraszony, na wpół zdziwiony. Co noc dręczyły go koszmary; dziś osią niespokojnego, przerywanego snu było wspomnienie jego przyjaciela – od niedawna byłego przyjaciela – Herberta Warda. Sen nie dotyczył ani Afryki, gdzie się poznali, uczestnicząc w ekspedycji *sir* Henry'ego Mortona Stanleya, ani Paryża, gdzie Roger wielokrotnie odwiedzał Herberta i Saritę. Tłem były ulice Dublina, i to ni mniej, ni więcej, wrzawa, barykady, odgłosy strzelaniny, wybuchów armatnich, wielka, zbiorowa ofiara Wielkiego Tygodnia. Herbert Ward pośród irlandzkich powstańców, Irish Volunteers i Irish Citizen Army, walczący o niepodległość Éire! Jak umysł ludzki mógł snuć tak absurdalne marzenia senne?

Przypomniał sobie, że kilka dni wcześniej odbyło się posiedzenie gabinetu, na którym jednak nie zapadła żadna decyzja w sprawie wniosku o ułaskawienie. Poinformował go o tym jego adwokat George Gavan Duffy. Co się działo? Skąd to kolejne odroczenie? Gavan Duffy upatrywał w tym pomyślnego znaku: między ministrami istniały rozbieżności, nie udało im się osiągnąć jednomyślności wymaganej prawem. Istniała zatem jeszcze nadzieja. Ale mieć nadzieję, czekać to zarazem umierać wiele razy w ciągu dnia, w ciągu godziny, w ciągu minuty.

Wspomnienie Herberta Warda zasmuciło go. Już nigdy więcej nie będą przyjaciółmi. Śmierć jego syna Charlesa, tak młodego, tak przystojnego, w pełni sił, na froncie pod Neuve Chapelle, w styczniu tysiąc dziewięćset szesnastego roku, wytworzyła między nimi przepaść, której nic nie mogło zasypać. Herbert był jedynym prawdziwym przyjacielem, jakiego miał w Afryce. Od pierwszego momentu zobaczył w tym mężczyźnie nieco starszym od siebie, który przemierzył pół świata – Nową Zelandię, Australię, San Francisco, Borneo – o wybitnej osobowości i kulturze znacznie przewyższającej kulturę wszystkich tamtejszych Europejczyków, także Stanleya, człowieka, u którego boku wiele się nauczy i z którym podzieli swe niepokoje i tęsknoty. W odróżnieniu od innych, zwerbowanych przez Stanleya do tej wyprawy w służbie Leopolda II białych, których jedyną ambicją było zdobyć w Afryce pieniądze i władzę, Herbert kochał przygodę dla przygody. Był człowiekiem czynu, lecz pasjonowała go sztuka, podchodził do Afrykanów z ciekawością pełną szacunku. Wypytywał ich o wierzenia, obyczaje, przedmioty związane z religią, strój i ozdoby, które interesowały go z punktu widzenia estetycznego i artystycznego, a zarazem intelektualnego i duchowego. Już wtedy, w wolnych chwilach, Herbert rysował i rzeźbił małe figurki z motywami afrykańskimi. Podczas długich rozmów o zmierzchu, gdy rozbijali namioty, przygotowywali posiłek i szykowali się do odpoczynku po całodziennym marszu i pracy, zwierzał się Rogerowi, że pewnego dnia porzuci te wszystkie zajęcia, odda się wyłącznie rzeźbie i będzie wiódł życie artysty w Paryżu, „światowej stolicy sztuki". Owa miłość do Afryki nigdy go nie opuściła. Wręcz przeciwnie, odległość i upływ czasu wzmocniły ją. Przypomniał sobie londyńskie domostwo Wardów, przy Chester Square 53, pełne afrykańskich przedmiotów. A przede wszystkim pracownię w Paryżu, o ścianach obwieszonych włóczniami, dzidami, strzałami, maskami, wiosłami i nożami wszelkich kształtów i rozmiarów. Między zasuszonymi łbami dzikich zwierząt na podłodze i skórami okrywającymi skórzane fotele przegadali wiele nocy, wspominając podróże po Afryce.

Francis, córka Wardów, którą nazywali Cricket (Świerszczyk), wówczas mała dziewczynka, wkładała niekiedy afrykańską tunikę, naszyjniki i inne ozdoby i tańczyła taniec bakongo, a rodzice akompaniowali jej, klaszcząc w dłonie i nucąc monotonną melodię. Herbert był jedną z nielicznych osób, którym Roger wyznał swe rozczarowanie Stanleyem, Leopoldem II oraz ideą, jaka przywiodła go do Afryki: że Imperium i kolonizacja otworzą przed mieszkańcami Czarnego Lądu drogę do modernizacji i postępu. Herbert całkowicie się z nim zgadzał, widząc wyraźnie, że prawdziwym powodem obecności Europejczyków w Afryce nie była pomoc Afrykaninowi w wyzbyciu się pogaństwa i barbarzyństwa, lecz wyzyskanie go z zachłannością, która nie znała granic nadużycia i okrucieństwa.

Jednak Herbert Ward nigdy nie traktował zbyt poważnie stopniowego nawracania się Rogera na ideologię nacjonalistyczną. Pokpiwał z niego, w charakterystycznym dla siebie serdecznym stylu, ostrzegając go przed patriotycznym blichtrem – flagi, hymny, mundury – zawsze, prędzej czy później, jak mówił, powodującym cofnięcie się do prowincjonalizmu i zaściankowej umysłowości oraz wypaczenie wartości uniwersalnych. A przecież ów obywatel świata, jak chętnie określał siebie Herbert, zareagował na straszliwą przemoc wojny światowej także ucieczką w patriotyzm, podobnie jak tyle milionów Europejczyków. List, którym zrywał przyjaźń z nim, był nasączony owym poczuciem patriotyzmu, z którego niedawno się wyśmiewał, ową miłością do flagi i do zaścianka, która niedawno wydawała mu się prymitywna i godna pogardy. Wyobrażanie sobie Herberta Warda, tego paryskiego Anglika, walczącego na ulicach Dublina ramię w ramię z ludźmi z Sinn Féin Arthura Griffitha, z Armii Ludowej Jamesa Connolly'ego, z Ochotnikami Patricka Pearse'a o niepodległość Irlandii – cóż za niedorzeczność. A jednak, wyczekując świtu na wąskiej pryczy w celi, Roger powiedział sobie, że w głębi owego bezsensownego obrazu tkwi pewien sens: oto we śnie jego umysł próbował pogodzić dwie rzeczy, które kochał i za którymi rozpaczliwie tęsknił: swego przyjaciela i swą ojczyznę.

Wczesnym rankiem szeryf zapowiedział widzenie. Roger czuł, że serce szybciej bije mu w piersi, gdy wchodząc do rozmównicy, ujrzał przycupniętą na jedynej ławeczce w ciasnej salce Alice Stopford Green. Na jego widok historyczka powstała i podeszła z uśmiechem, by go uściskać.

— Alice, kochana Alice — powiedział Roger. — Cóż za radość zobaczyć cię znowu! Sądziłem, że nie ujrzymy się już nigdy. A przynajmniej na tym świecie.

— Nie było łatwo zdobyć pozwolenie po raz drugi — oświadczyła Alice. — Ale, jak widzisz, mój upór przeważył. Nawet nie wiesz, do ilu drzwi stukałam.

Jego przyjaciółka, zawsze nosząca się z wyszukaną elegancją, miała dzisiaj na sobie wymiętą sukienkę, a na głowie zawiązaną byle jak chustkę, spod której wymykały się siwe kosmyki. Na butach widniały ślady błota. Nie tylko jej strój zmizerniał. Także twarz zdradzała ślady zmęczenia i przygnębienia. Co się jej przydarzyło przez te ostatnie dni, skąd taka zmiana? Czy znowu nękał ją Scotland Yard? Zaprzeczyła, wzruszając ramionami, jakby tamten zapomniany epizod nie miał żadnego znaczenia. Nie poruszyła tematu wniosku o ułaskawienie i odroczenia decyzji do następnego posiedzenia Rady Ministrów. Roger, uznając, że najwyraźniej nic na ten temat nie wiadomo, także o tym nie wspomniał. Opowiedział jej za to absurdalny sen, w którym Herbert Ward walczył wśród irlandzkich powstańców, w potyczkach i bitwach Wielkiego Tygodnia, w centrum Dublina.

— Pomału dociera do nas coraz więcej informacji na temat tamtych wydarzeń — powiedziała Alice, a Roger zauważył, że jej głos nabrzmiewa smutkiem i gniewem. Dostrzegł także, że słysząc komentarz na temat powstania irlandzkiego, szeryf i strażnik stojący nieopodal tyłem do nich zesztywnieli i z pewnością nadstawili ucha. Przestraszył się, że szeryf powie im, iż nie mogą rozmawiać na ten temat, lecz ów nie zrobił tego.

– Zatem dowiedziałaś się czegoś jeszcze, Alice? – zapytał, zniżając głos do szeptu.

Zobaczył, że historyczka blednie nieco, przytakując. Milczała przez długą chwilę, jakby zastanawiając się, czy powinna dręczyć przyjaciela, poruszając bolesny dla niego temat, albo jakby miała tyle do przekazania, że nie wiedziała, od czego zacząć. Odpowiedziała wreszcie, że chociaż słyszała już wcześniej i słyszy nadal różne wersje na temat tego, co wydarzyło się w Dublinie i w niektórych miastach Irlandii podczas tamtego tygodnia – wersje sprzeczne, fakty pomieszane z wyobrażeniami, mity, rzeczywistość, wyolbrzymienia i zmyślenia, jak to zwykle się dzieje, gdy jakieś zdarzenie porusza całą społeczność – najwięcej wiary daje świadectwu Austina, swojego siostrzeńca, mnicha w zakonie kapucynów niedawno przybyłego do Londynu. Było to świadectwo z pierwszej ręki, gdyż on był tam, w Dublinie, w wirze walki, jako sanitariusz i pomocnik duchowy, krążąc między Pocztą Główną, kwaterą główną dowódców powstania Patricka Pearse'a i Jamesa Connolly'ego, okopami w St. Stephen's Green, gdzie kierowała walką hrabina Constance Markiewicz, z zabytkowym pistoletem bukaniera, w nieskazitelnym mundurze Ochotnika, barykadami wzniesionymi przy Jacob's Biscuit Factory a zabudowaniami Boland's Mill opanowanymi przez powstańców pod komendą Éamona de Valery, których później otoczyły wojska angielskie. Świadectwo brata Austina, zdaniem Alice, prawdopodobnie było najbliższe owej nieosiągalnej prawdy, którą ustalą dopiero przyszli historycy.

Ponownie zapadła cisza, której Roger nie ośmielił się przerwać. Widzieli się zaledwie kilka dni temu, lecz Alice sprawiała wrażenie, jakby postarzała się o dziesięć lat. Miała zmarszczki na czole i szyi, na jej rękach pojawiły się piegi. Jej tak jasne oczy straciły blask. Widział, że jest niezmiernie smutna, lecz był pewien, że nie rozpłacze się przy nim. Czyżby odrzucono jego wniosek, a ona nie miała odwagi, by mu o tym powiedzieć?

– To, co najbardziej wryło się w pamięć mojemu siostrzeńcowi – dodała Alice – to nie strzelanina, ostrzał artyleryjski, ranni, krew, płomienie pożarów, dym, który ich dusił, lecz wiesz co, Rogerze? Zamęt. Ogromny, bezbrzeżny zamęt panujący przez cały tydzień w redutach rewolucjonistów.

– Zamęt? – powtórzył Roger ledwie słyszalnym głosem. Zamykając oczy, spróbował zobaczyć go, usłyszeć i poczuć.

– Ogromny, bezbrzeżny zamęt – powtórzyła Alice z naciskiem.

– Byli gotowi dać się pozabijać, a zarazem przeżywali momenty euforii. Niewiarygodne chwile. Dumy. Wolności. Chociaż nikt z nich, ani dowódcy, ani bojownicy, w żadnym momencie nie wiedział dokładnie, co robią i co chcą osiągnąć. Tak mówi Austin.

– Wiedzieli przynajmniej, dlaczego nie dotarła broń, na którą oczekiwali? – szepnął Roger, widząc, że Alice znów popada w milczenie.

– Nie wiedzieli nic, zupełnie nic. Opowiadali sobie najbardziej fantastyczne historie. Nikt nie mógł ich zdementować, bo nikt nie wiedział, jak naprawdę wygląda sytuacja. Krążyły najbardziej niewiarygodne plotki, które wszyscy uznawali za prawdę, ponieważ potrzebowali wiary, że istnieje wyjście z rozpaczliwej sytuacji, w jakiej się znaleźli. Na przykład, że armia niemiecka podchodzi już pod Dublin. Że w różnych miejscach wybrzeża wylądował desant, że całe kompanie, bataliony idą w kierunku stolicy. Że w głębi wyspy, w Cork, w Galway, w Wexford, w Meath, w Tralee, wszędzie, włącznie z Ulsterem, tysiące Ochotników i członków Citizen Army biorą udział w powstaniu, że zajęli koszary i komisariaty policji, że ze wszystkich stron nadchodzą z posiłkami dla oblężonych w Dublinie. Walczyli na wpół żywi z pragnienia i z głodu, już prawie bez amunicji, pokładając całą nadzieję w bajkach.

– Wiedziałem, że tak się stanie – powiedział Roger. – Nie zdążyłem powstrzymać tego szaleństwa. Teraz wolność Irlandii znowu się oddaliła.

– Eoin MacNeill próbował powstrzymać ich, kiedy się dowiedział – powiedziała Alice. – Komando wojskowe IRB nie poinformowało go o planach powstania, ponieważ był przeciwny akcji zbrojnej bez wsparcia niemieckiego. Kiedy dowiedział się, że dowództwo wojskowe Volunteers, Irish Republican Brotherhood i Irish Citizen Army wezwało ludzi na manewry w Niedzielę Palmową, wydał rozkaz zakazujący tego marszu, rozkazał też, żeby Ochotnicy nie wychodzili na ulicę bez instrukcji przez niego podpisanych. To wywołało wielkie zamieszanie. Setki, tysiące Ochotników zostały w domach. Wielu próbowało skontaktować się z Pearse'em, z Connollym, z Clarkiem, lecz bez skutku. Potem ci, którzy posłuchali rozkazu MacNeilla, siedzieli z założonymi rękami, a ci, którzy go nie posłuchali, dali się wystrzelać. Dlatego teraz wielu z Sinn Féin i Ochotników nienawidzi MacNeilla i uważa go za zdrajcę.

Ponownie zamilkła, a Roger zamyślił się. Eoin MacNeill zdrajcą! Cóż za bzdura! Wyobraził sobie założyciela Ligi Gaelickiej, wydawcę „Gaelic Journal", jednego z założycieli Irish Volunteers, który poświęcił całe życie walce o zachowanie irlandzkiego języka i kultury, oskarżonego o zdradę swych braci tylko dlatego, że chciał powstrzymać owo romantyczne powstanie skazane na porażkę. W więzieniu, gdzie się znalazł, będzie przedmiotem szyderstw, być może owego pogardliwego chłodu, jakim patrioci irlandzcy karali niezaangażowanych i tchórzy. Jakże okropnie będzie się czuł ten profesor uniwersytecki, łagodny i wykształcony, pełen miłości do języka, obyczajów, tradycji swego kraju. Będzie się zapewne zadręczał pytaniami: „Czy źle zrobiłem, wydając rozkaz odwoławczy?", „Czy ja, który tylko chciałem ocalić życie ludzkie, przyczyniłem się do upadku powstania, siejąc zamęt i podziały między rewolucjonistami?". Poczuł, że identyfikuje się z Eoinem MacNeillem. Łączyła ich paradoksalna pozycja, na której postawiły ich Historia oraz okoliczności. Co by się stało, gdyby nie został aresztowany w Tralee, gdyby udało mu się porozmawiać z Pearse'em, Clarkiem i innymi dowódcami wojskowymi? Czy zdołałby ich przekonać? Prawdopodobnie nie. A teraz być może o nim też powiedzą, że jest zdrajcą.

- Robię coś, czego nie powinnam, mój kochany - powiedziała Alice, zmuszając się do uśmiechu. - Przekazuję ci tylko złe nowiny, tylko pesymistyczną wizję.
- A czy może być inna po tym, co się wydarzyło?
- Owszem - stwierdziła historyczka mocniejszym głosem, rumieniąc się. - Ja też byłam przeciwna temu powstaniu, biorąc pod uwagę okoliczności. A jednak...
- A jednak co, Alice?
- Przez kilka godzin, przez kilka dni, przez cały tydzień Irlandia była wolnym krajem, kochany - powiedziała, a Rogerowi wydało się, że drży ze wzruszenia. - Niezależną i suwerenną republiką, z prezydentem i rządem tymczasowym. Austin jeszcze tam nie dotarł, gdy Patrick Pearse wyszedł z gmachu Poczty i odczytał ze schodów proklamację niepodległości i uchwałę o powołaniu Konstytucjonalnego Rządu Republiki Irlandii, podpisaną przez całą siódemkę. Ponoć nie było w pobliżu zbyt wielu ludzi. Ale tam obecni, którzy go słyszeli, musieli poczuć coś niezwykłego, czyż nie, kochany? Ja byłam przeciwna, powiedziałam ci. Ale kiedy przeczytałam ten tekst, zaczęłam głośno płakać, tak płakać jak nigdy dotąd. „W imię Boga i minionych pokoleń, od których otrzymaliśmy naszą odwieczną tradycję narodową, Irlandia, poprzez nas, przywołuje swe dzieci pod swą flagę do walki o wolność"... Widzisz, nauczyłam się go na pamięć, o tak. I ogromnie żałowałam, że nie było mnie tam wówczas z nimi. Rozumiesz, prawda?

Roger zamknął oczy. Widział tę scenę, wyraźną, poruszającą. Na szczycie schodów Poczty Głównej, pod zachmurzonym niebem, gdy zbierało się na deszcz, przed setką, może dwiema setkami ludzi uzbrojonych w karabiny, rewolwery, noże, piki, kije, w większości mężczyzn, lecz także sporej liczby kobiet w chustkach na głowie, wysoka, szczupła, wątła sylwetka Patricka Pearse'a, trzydzieści sześć lat, stalowe spojrzenie przeniknięte ową nietzscheańską „wolą mocy" pozwalającą mu pokonać, od czasu gdy w wieku siedemnastu lat wstąpił do Ligi Gaelickiej, której wkrótce został niekwestionowanym przywódcą, wszelkie przeszkody, choroby, represje, wewnętrzne walki, i oblec w ciało mistyczne marzenie całego życia – zbrojne powstanie Irlandczyków przeciwko opresorowi, męczeństwo świętych, które odkupi cały naród – odczytującego mesjanistycznym głosem wzmocnionym przez wzruszenie starannie dobrane słowa zamykające wieki okupacji i służebności i otwierające nową erę w historii Irlandii. Słyszał religijną, świętą ciszę, która z pewnością zapanowała wówczas na owym skrawku ziemi w centrum Dublina i której nie przerwały jeszcze odgłosy wystrzałów, zobaczył twarze Ochotników wyglądających z okien gmachu Poczty i sąsiadujących z nią budynków na Sackville Street opanowanych przez rebeliantów, by podziwiać ten prosty, a zarazem uroczysty akt. Usłyszał potem nagłą wrzawę, aplauzy, wiwaty, okrzyki „hurra", którymi – gdy przebrzmiały nazwiska siedmiu ludzi podpisanych pod proklamacją – nagrodzili słowa Patricka Pearse'a ludzie zebrani na ulicy, w oknach, na dachach. Poczuł efemeryczność i intensywność owego momentu, gdy Pearse i pozostali dowódcy zakończyli ceremonię, oznajmiając, że nie ma już czasu do stracenia. Że powinni wrócić na swoje stanowiska, wypełnić obowiązki, przygotować się do walki. Zauważył, że ma mokre oczy. On też zaczął drżeć. Żeby się nie rozpłakać, potwierdził skwapliwie:

– Oczywiście, to musiało być wzruszające.

– To symbol, a Historia składa się z symboli – oznajmiła Alice Stopford Green. – Nie szkodzi, że rozstrzelano Pearse'a, Connolly'ego, Clarke'a, Plunketta i innych, którzy podpisali się pod proklamacją niepodległości. Wręcz przeciwnie. Te wyroki ochrzciły ów symbol krwią, nadając mu aureolę heroizmu i męczeństwa.

– Dokładnie to, czego pragnęli Pearse i Plunkett – zauważył Roger.
– Masz rację, Alice. Ja również chciałbym być wówczas z nimi.

Niemal równie mocno jak ceremonia na schodach Poczty wzruszyło Alice to, że tyle kobiet z żeńskiej organizacji paramilitarnej Cumann na mBan wzięło udział w rebelii. To, owszem, widział na własne oczy kapucyn. We wszystkich placówkach powstańczych kobiety otrzymały od dowódców zadanie gotowania dla bojowników, lecz później, w miarę nasilenia się walk, rozwój akcji rozszerzył wachlarz obowiązków członkiń Cumann na mBan, wyrwanych przez ostrzał i pożary z zaimprowizowanych kuchni i przekształconych w sanitariuszki. Zakładały rannym opatrunki i pomagały chirurgom wyjmować pociski, oczyszczać rany, amputować członki zagrożone gangreną. Prawdopodobnie jednak najważniejszą rolą tych kobiet – nastolatek, dorosłych, w podeszłym wieku – okazało się zapewnienie łączności, gdy ze względu na rosnącą izolację barykad i ognisk oporu powstańcy musieli uciec się do pomocy kucharek i sanitariuszek, wysyłając je, na rowerze, a gdy tych zabrakło, pieszo, z wiadomościami i po wiadomości, ustne i pisemne (z instrukcją zniszczenia tych ostatnich, przez podarcie, spalenie, zjedzenie, gdyby zostały ranne lub schwytane). Brat Austin zapewnił Alice, że w ciągu sześciu dni buntu, pośród strzelaniny i ostrzału artyleryjskiego, wybuchów, od których waliły się dachy, mury, balkony i które zamieniały centrum Dublina w archipelag pożarów i zwałów dymiącego, zakrwawionego gruzu, stale widywał pochylone nad kierownicą roweru niby Amazonki nad końską szyją, pedałujące wściekle owe anioły w spódnicach, pogodne, bohaterskie, niezłomne, rzucające wyzwanie kulom, niosące wiadomości oraz informacje rozrywające pierścień kwarantanny narzuconej przez armię brytyjską pragnącą odizolować powstańców od świata, by tym skuteczniej ich zmiażdżyć.

– A kiedy nie mogły już działać jako łączniczki, bo wojsko zajęło ulice i poruszanie się po mieście było niemożliwe, wiele z nich chwyciło za rewolwery i strzelby swoich mężów, ojców i braci i stanęło do walki – powiedziała Alice. – Nie tylko Constance Markiewicz pokazała, że nie wszystkie kobiety należą do słabej płci. Wiele z nich walczyło jak ona i zginęło lub zostało rannych z bronią w ręku.

– Wiadomo ile?

Alice pokręciła głową.

– Nie ma oficjalnych danych. Podawane liczby są wyssane z palca. Ale jedna rzecz jest pewna. Walczyły. Wiedzą o tym brytyjscy wojskowi, którzy je aresztowali i zawlekli do koszar Richmond i do więzienia Kilmainham. Chcieli postawić je przed sądem doraźnym i rozstrzelać jak mężczyzn. Wiem to z bardzo wiarygodnego źródła: od pewnego ministra. Ale gabinet przeraził się, myśląc całkiem słusznie, że jeśli zaczną rozstrzeliwać kobiety, cała Irlandia chwyci za broń. Minister Asquith osobiście zadepeszował do dowódcy wojsk w Dublinie *sir* Johna Maxwella, kategorycznie zabraniając mu rozstrzelania choćby jednej kobiety. To ocaliło życie hrabiny Constance Markiewicz. Sąd doraźny skazał ją na śmierć, lecz pod naciskiem rządu zamieniono ten wyrok na dożywocie.

Jednakże nie tylko entuzjazm, solidarność i heroizm panowały wśród ludności cywilnej Dublina podczas owego tygodnia walk. Kapucyn był świadkiem grabieży w sklepach i magazynach przy Sackville Street oraz innych ulicach centrum, popełnianych przez włóczęgów, łotrzyków lub po prostu nędzarzy przybyłych z sąsiednich biednych dzielnic, co postawiło w trudnej sytuacji dowódców IRB, Ochotników i Armii Ludowej, którzy nie przewidzieli takiego rozwoju wydarzeń. Gdzieniegdzie rebelianci próbowali powstrzymać grabieże hoteli, wręcz strzelali w powietrze, by przestraszyć ludzi dewastujących Gresham Hotel, lecz w innych miejscach pozwalali na to zdezorientowani postawą owych biednych, wygłodzonych ludzi, o których interesy przecież walczyli, a którzy atakowali ich wściekle, żądając pozwolenia na zniszczenie eleganckich sklepów.

Nie tylko szabrownicy wystąpili przeciw buntownikom na ulicach Dublina. Także wiele matek, żon, sióstr i córek policjantów i żołnierzy, których powstańcy zaatakowali, zranili lub zabili, niekiedy bardzo liczne grupy nieulękłych kobiet, rozjątrzonych bólem, rozpaczą, wściekłością. W niektórych przypadkach owe kobiety atakowały powstańcze placówki, obrzucając bojowników kamieniami, lżąc, opluwając, przeklinając, nazywając mordercami. To była najtrudniejsza próba dla ludzi przekonanych, że stoją po stronie sprawiedliwości, dobra i prawdy: odkrycie, że naprzeciwko siebie mają nie psy Imperium, żołnierzy armii okupanta, lecz biedne Irlandki zaślepione cierpieniem, widzące w nich nie wyzwolicieli ojczyzny, ale zabójców ukochanych osób, Irlandczyków jak oni, których jedynym przestępstwem była bieda i profesja żołnierza lub policjanta pozwalająca zarobić na kawałek chleba biedakom całego świata.

– Nic nie jest tylko czarne ani tylko białe, kochany – skomentowała Alice. – Nawet tak słuszna sprawa. Tu też pojawiły się owe szarości, które zaciemniają obraz.

Roger potaknął. Słowa przyjaciółki odnosiły się także do niego. Choćby człowiek był nie wiadomo jak przezorny i planował swe czyny z największą przenikliwością, życie, bardziej złożone niż wszelkie kalkulacje, rozsadzało schematy i zastępowało je sytuacjami niepewnymi, pełnymi sprzeczności. Czyż nie był żywym przykładem owego zjawiska? Przesłuchujący go Reginald Hall i Basil Thomson sądzili, że przybył z Niemiec, by stanąć na czele powstania, które jego dowódcy ukrywali przed nim aż do samego końca, wiedząc, że sprzeciwi się buntowi pozbawionemu wsparcia niemieckiej armii. Czy można sobie wyobrazić większą niedorzeczność?

Czy nacjonaliści utracą teraz ducha? Ich kadry zginęły, zostały rozstrzelane, osadzone w więzieniu. Odbudowa ruchu niepodległościowego potrwa całe lata. Niemcy, w których wierzyło tylu Irlandczyków, w tym on sam, odwrócili się do nich plecami. Lata poświęceń i trudów na rzecz Irlandii bezpowrotnie utracone. A on w angielskim więzieniu, oczekujący na decyzję w sprawie wniosku o ułaskawienie, który prawdopodobnie zostanie odrzucony. Czyż nie lepiej było zginąć w Dublinie, u boku tych poetów i mistyków, z bronią w ręku? Jego śmierć miałaby wówczas jakiś sens, w odróżnieniu od haniebnej śmierci na stryczku, jak zwykły przestępca. „Poeci i mistycy". Byli poetami i mistykami i zachowali się w typowy dla siebie sposób, wybierając jako ognisko rebelii nie koszary czy Dublin Castle, ośrodek władzy kolonialnej, lecz budynek cywilny, świeżo wyremontowaną Pocztę Główną. Wybór cywilizowanych obywateli, nie polityków ani wojskowych. Chcieli podbić serca ludzi, nie zniszczyć angielskich żołnierzy. Czyż nie powiedział mu tego wyraźnie Joseph Plunkett podczas berlińskich dyskusji? Bunt poetów i mistyków pragnących męczeństwa, by wstrząsnąć owymi uśpionymi masami wierzącymi, jak John Redmond, w dobrą wolę Imperium i pacyfistyczne metody uzyskania wolności. Byli naiwni czy posiadali dar jasnowidzenia?

Westchnął, a Alice poklepała go serdecznie po ramieniu.

– Mówienie o tym budzi zarazem smutek i egzaltację, prawda, kochany Rogerze?

– Tak, Alice. Smutek i egzaltację. Niekiedy czuję wobec nich bezbrzeżny gniew. Innym razem zazdroszczę im z całej duszy, a mój podziw nie ma granic.

– Prawdę mówiąc, bez przerwy o tym myślę. I bardzo mi ciebie brakuje, Rogerze – powiedziała Alice, ujmując go za ramię. – Twoich poglądów, twojej jasności umysłu. Pomogłyby mi zobaczyć światełko pośrodku takiej masy cienia. Ale wiesz co? Nie od razu, lecz na dalszą metę coś dobrego wyniknie z tych wydarzeń. Są już pewne oznaki.

Roger potaknął, nie rozumiejąc jednak dokładnie, co chciała powiedzieć historyczka.

– Zwolennicy Johna Redmonda najwyraźniej z każdym dniem tracą poparcie w całej Irlandii – wyjaśniła. – My, którzy byliśmy mniejszością, zaczynamy mieć po naszej stronie większość narodu irlandzkiego. Pomyślisz, że to kłamstwo, lecz przysięgam ci, że tak jest. Wyroki śmierci, sądy doraźne, deportacje, to wszystko czyni nam wielką przysługę.

Roger zauważył, że szeryf, nadal stojący do nich tyłem, poruszył się, jakby chciał odwrócić się i nakazać, by zamilkli. Ale i tym razem tego nie zrobił. Alice wydawała się teraz w optymistycznym nastroju. Jej zdaniem Pearse i Plunkett nie mylili się całkowicie. Bo oto codziennie odbywają się w Irlandii spontaniczne wiece, na ulicy, w kościołach, w stowarzyszeniach sąsiedzkich, w izbach rzemieślniczych, demonstracje sympatii z męczennikami, z rozstrzelanymi i skazanymi na długoletnie więzienie oraz przejawy wrogości względem brytyjskich policjantów i żołnierzy. Są obrzucani obelgami i drwinami przez przechodniów, do tego stopnia, że rząd wojskowy wydał rozkaz, by mundurowi wyruszali na patrole wyłącznie w grupach, a w czasie wolnym od służby ubierali się po cywilnemu. Powszechna wrogość społeczeństwa obniżała morale w służbach porządkowych.

Zdaniem Alice najbardziej znacząca zmiana dokonała się w Kościele katolickim. Hierarchowie oraz przeważająca część kleru zawsze stali bliżej pacyfistów, zwolenników stopniowych zmian i *Home Rule*, takich jak John Redmond i jego sympatycy z Irish Parliamentary Party, niż radykalnych separatystów z Sinn Féin, Ligi Gaelickiej, IRB, Ochotników. Jednakże powstanie zmieniło sytuację. Być może wpłynęła na to tak religijna postawa okazana przez rebeliantów podczas tygodnia walk. Świadectwa kapłanów, w tym brata Austina, którzy byli na barykadach, w gmachach i lokalach przemienionych w punkty oporu, były jednobrzmiące: odprawiano msze, udzielano spowiedzi i komunii, wielu bojowników prosiło o błogosławieństwo, zanim zaczęli strzelać. We wszystkich placówkach powstańcy przestrzegali rozkazu przywódców, by nie brać do ust ani kropli alkoholu. W przerwach między walkami rebelianci, na klęczkach, odmawiali głośno Różaniec. Ani jeden z rozstrzelanych, nawet James Connolly, który uważał się za socjalistę i miał reputację ateisty, nie omieszkał poprosić o posługę kapłańską, zanim stanął przed plutonem egzekucyjnym. Siedzący na wózku inwalidzkim, z broczącymi krwią ranami od kul otrzymanymi podczas walki Connolly przed śmiercią ucałował krucyfiks podany przez kapelana więziennego w Kilmainham. Od początku maja w całej Irlandii masowo odprawiano msze dziękczynne i oddawano hołd męczennikom Wielkiego Tygodnia. Co niedziela proboszczowie podczas kazania zachęcali wiernych do modłów za dusze patriotów rozstrzelanych i pochowanych potajemnie przez brytyjskie wojsko. Dowódca wojskowy *sir* John Maxwell złożył oficjalny protest na ręce hierarchów, a biskup O'Dwyer, miast usprawiedliwiania się, stanął po stronie swych proboszczów, oskarżając generała o to, że jest „dyktatorem wojskowym" i że postąpił nie po chrześcijańsku, zarządzając egzekucje i odmawiając oddania rodzinom ciał rozstrzelanych. To drugie, a zwłaszcza to, że rząd wojskowy, działając w ramach prawa stanu wyjątkowego, pochował patriotów po kryjomu, aby nie dopuścić, by ich groby stały się centrami pielgrzymek republikańskich, wywołało oburzenie, które objęło już kręgi nieokazujące dotychczas sympatii radykałom.

– Podsumowując, papiści zyskują coraz większe poparcie, a my, nacjonaliści anglikańscy, kurczymy się jak w *Jaszczurze* Balzaca. Tego tylko brakuje, byśmy ty i ja nawrócili się na katolicyzm – zażartowała Alice.

– Ja już to właściwie zrobiłem – stwierdził Roger. – I to nie z powodów politycznych.

– A ja nie zrobię tego nigdy. Nie zapominaj, że mój ojciec był dziekanem Kościoła anglikańskiego – powiedziała historyczka. – Twój przypadek mnie nie dziwi, zanosiło się na to od dawna. Pamiętasz, jak żartowaliśmy z ciebie podczas spotkań w moim domu?

– Tych niezapomnianych spotkań – westchnął Roger. – Coś ci powiem. Teraz, kiedy mam tyle czasu na myślenie, długo zastanawiałem się, gdzie i kiedy byłem najszczęśliwszy. Otóż na wtorkowych spotkaniach u ciebie, przy Grosvenor Road, kochana Alice. Nigdy nie mówiłem ci o tym, ale wychodziłem z nich w stanie łaski. Podniecony i szczęśliwy. Pogodzony z życiem. Myśląc: „Jaka szkoda, że nie miałem czasu na studia, że nie poszedłem na uniwersytet". Słuchając ciebie i twoich przyjaciół, czułem się równie daleki od kultury jak krajowcy z Afryki czy z Amazonii.

– Ja i inni czuliśmy coś podobnego wobec ciebie, Rogerze. Zazdrościliśmy ci podróży, przygód, tego, że mieszkałeś w tylu różnych miejscach. Pamiętam, że kiedyś Yeats powiedział: „Roger Casement jest najbardziej uniwersalnym Irlandczykiem, jakiego znam. Prawdziwym obywatelem świata". Chyba nigdy ci tego nie powtórzyłam.

Przypomnieli sobie pewną rozmowę, sprzed wielu lat, w Paryżu, na temat symboli, z Herbertem Wardem. Ów pokazał im świeży odlew rzeźby, z której wykonania odczuwał bardzo duże zadowolenie: afrykańskiego czarownika. Była to rzeczywiście piękna rzecz i mimo realistycznego charakteru ukazywała cały sekret i tajemnicę tej uzbrojonej w miotłę i w trupią czaszkę postaci o skaryfikowanej twarzy, świadomej mocy, jaką obdarzyły go bóstwa dżungli, strumieni i dzikich zwierząt, człowieka, w którym mężczyźni i kobiety z jego plemienia pokładali ślepą wiarę, że ocali ich przez złymi czarami, chorobami, lękami i połączy z duchami przodków.

– Wszyscy mamy wewnątrz siebie takiego przodka – powiedział Herbert, wskazując na czarownika, który z przymkniętymi oczami zdawał się pogrążony w jednej z owych wizji sprowadzonych przez odpowiednie zioła. – Chcecie dowodu? Symbole, którym oddajemy cześć z najwyższym szacunkiem. Godła, flagi, krzyże.

Roger i Alice dyskutowali z nim, twierdząc, że symbole nie powinny być postrzegane jako anachronizmy, pamiątka po irracjonalnej epoce historii człowieka. Wręcz przeciwnie, flaga na przykład jest symbolem społeczności, która czuje się solidarna, podziela pewne wierzenia, przekonania, obyczaje, respektuje indywidualne różnice i rozbieżności, nie niszczące wspólnoty, lecz ją wzmacniające. Oboje wyznali, że zawsze ogarniało ich wzruszenie na widok republikańskiej flagi Irlandii łopoczącej na wietrze. Ależ śmiali się z tego Herbert i Sarita!

Alice, dowiedziawszy się, że podczas gdy Pearse odczytywał proklamację niepodległości, na dachu Poczty i Liberty Hall pojawiło się wiele flag, i zobaczywszy później zdjęcia gmachów opanowanych przez dublińskich rebeliantów – Metropole Hotel, Imperial Hotel – z powiewającymi na wietrze flagami zatkniętymi w oknach i na parapetach, poczuła, że coś ściska jej gardło. Widok ten musiał napełnić bezgranicznym szczęściem obecnych tam ludzi. Potem dowiedziała się także, że w tygodniach poprzedzających powstanie kobiety z Cumann na mBan, żeńskiego oddziału pomocniczego Ochotników – podczas gdy ci ostatni szykowali bomby domowego wyrobu, wiązki dynamitu, granaty, piki i bagnety – gromadziły lekarstwa, bandaże, płyny odkażające, a także szyły owe trójkolorowe flagi, które miały pojawić się w poniedziałkowy poranek dwudziestego czwartego kwietnia na dachach w centrum Dublina. Dom Plunkettów w Kimmage stanowił największą fabrykę broni i chorągwi dla powstania.

– To było historyczne wydarzenie – stwierdziła Alice. – Często nadużywamy różnych słów. Zwłaszcza politycy, którzy stosują określenie „historyczny", „historyczna" do byle głupstwa. Ale pojawienie się owych flag republikańskich na niebie starego Dublina było historycznym wydarzeniem. Zawsze będą wspominane z zapałem. Historyczne wydarzenie. Wieść o nim obiegła świat, kochany. W Stanach Zjednoczonych to zdjęcie wydrukowało na pierwszej stronie wiele gazet. Nie chciałbyś tego zobaczyć?

O tak, chętnie by zobaczył ten widok. Zdaniem Alice coraz więcej mieszkańców wyspy łamało zakaz i wywieszało republikańską flagę na fasadzie domu, nawet w Belfaście i w Derry, ostojach sympatii probrytyjskich.

Jednocześnie mimo wojny na kontynencie, z której każdego dnia dobiegały niepokojące wieści – działania na froncie przyniosły niewyobrażalną liczbę ofiar, a wyniki nadal były niepewne – w samej Anglii wiele osób okazywało gotowość do pomocy ludziom deportowanym z Irlandii przez władze wojskowe. Setki mężczyzn i kobiet uznanych za niebezpiecznych zostało wygnanych z kraju i rozproszyło się po całej Anglii z nakazem osiedlenia się w odosobnionych miejscowościach, większość z nich bez środków do życia. Alice, należąca do instytucji dobroczynnych, które przekazywały im pieniądze, żywność, ubrania, powiedziała Rogerowi, że nie mają żadnych problemów w gromadzeniu środków i dóbr od szerokiego ogółu. Także i w tej sprawie udział Kościoła katolickiego był znaczący.

Wśród deportowanych były dziesiątki kobiet. Wiele z nich – z niektórymi Alice rozmawiała osobiście – żywiło, mimo poczucia solidarności, cień urazy do dowódców, którzy utrudniali kobietom współpracę z powstańcami. Jednakże prawie wszyscy, mniej lub bardziej chętnie, przyjęli je w końcu na placówki i skorzystali z ich pomocy. Jedynym komendantem, który kategorycznie odmówił wpuszczenia kobiet do Boland's Mill i na cały sąsiedni teren kontrolowany przez jego oddziały, był Éamon de Valera. Jego argumenty zirytowały bojowniczki z Cumann na mBan, które uznały je za konserwatywne. Że miejscem kobiety jest dom, a nie barykada, a jej narzędziami – wrzeciono, piec, kwiaty, igła i nitka, nie pistolet czy karabin. Oraz że ich obecność może rozkojarzyć walczących mężczyzn, którzy będą chcieli je chronić i zaniedbają swe obowiązki. Wysoki i szczupły profesor matematyki, przywódca Irish Volunteers, z którym Roger odbył mnóstwo rozmów i wymienił wiele listów, został skazany na śmierć przez jeden z owych doraźnych, tajnych i działających w uproszczonym trybie sądów, wydających wyroki na przywódców powstania. Jednakże uratował się w ostatniej minucie. Gdy po spowiedzi i przyjęciu komunii oczekiwał z całkowitym spokojem, z różańcem w ręku, na doprowadzenie pod tylny mur Kilmainham Goal, gdzie odbywało się wykonanie wyroku, sąd postanowił zamienić mu karę śmierci na dożywotnie więzienie. Jak niosła wieść, oddziały pod komendą Éamona de Valery, mimo braku jakiegokolwiek wykształcenia wojskowego ich dowódcy, walczyły w sposób zdyscyplinowany i skuteczny, zadając wrogowi poważne straty. Były ostatnimi, które się poddały. Wieść niosła także, że jego ofiarność w tamtych dniach pełnych napięcia była tak bezgraniczna, iż w pewnym momencie jego podwładni w punkcie dowodzenia sądzili, że zaraz zwariuje, tak dziwacznie się zachowywał. Nie byłby to jedyny taki przypadek. Pod gradem ołowiu i ognia, pozbawieni snu, jedzenia i picia niektórzy powstańcy szaleli lub dostawali ataku nerwowego na barykadach.

Roger przypomniał sobie wysmukłą sylwetkę Éamona de Valery, jego sposób wysławiania się, uroczysty, ceremonialny. Z zamyślenia wyrwał go głos Alice, opowiadającej o jakimś koniu, urywanym głosem i ze łzami w oczach. Historyczka zawsze żywiła wielką miłość do zwierząt, lecz dlaczego los jednego z nich aż tak ją wzruszył? Po chwili zrozumiał, że to historia, którą opowiedział jej siostrzeniec. Chodziło o konia jednego z lansjerów brytyjskich, którzy w pierwszym dniu powstania ruszyli na Pocztę i zostali odparci, straciwszy trzech ludzi. Koń otrzymał wiele kul i zwalił się na ziemię przed barykadą. Rżał rozpaczliwie, przeszyty bólem. Niekiedy udawało mu się powstać, lecz osłabiony upływem krwi po kilku krokach padał na ziemię. Za barykadą wywiązała się dyskusja między tymi, którzy chcieli go dobić, żeby nie cierpiał, a tymi, którzy się sprzeciwiali w nadziei, że przeżyje. Wreszcie strzelili do niego. Trzeba było dwóch strzałów z karabinu, by położyć kres jego agonii.

– To nie było jedyne zwierzę, które zginęło na ulicach – powiedziała Alice posępnie. – Zginęło wiele koni, psów, kotów. Niewinne ofiary ludzkiej brutalności. Bez przerwy śnią mi się w nocy. Biedactwa. My, ludzie, jesteśmy gorsi niż zwierzęta, prawda, Rogerze?

– Nie zawsze, kochana. Zapewniam cię, że niektóre są równie okrutne jak my. Myślę na przykład o wężach, których jad sprawia, że umierasz powoli, w straszliwych męczarniach. Albo o amazońskich kandyrach, które dostają się do twojego wnętrza przez odbyt i powodują krwotok. No cóż...

– Pomówmy o czymś innym – zaproponowała Alice. – Dość już o wojnie, walkach, rannych i martwych.

Jednakże chwilę później opowiadała Rogerowi, że wśród setek Irlandczyków deportowanych i przewiezionych do angielskich więzień nadzwyczajnie rósł odsetek wstępujących do Sinn Féin i do IRB. Nawet ludzie o poglądach umiarkowanych i niezależnych, a także znani pacyfiści zapisywali się do owych radykalnych ugrupowań. Rosła też liczba krążących po całej Irlandii petycji, w których domagano się amnestii dla skazanych. Także w Stanach Zjednoczonych, we wszystkich miastach, gdzie znajdowały się społeczności irlandzkie, trwały protesty przeciwko zbyt surowym represjom zastosowanym po powstaniu. John Devoy wykonał fantastyczną pracę, osiągając to, że prośby o amnestię podpisała śmietanka społeczeństwa północnoamerykańskiego, od artystów i przedsiębiorców po polityków, profesorów i dziennikarzy. Izba Reprezentantów przyjęła uchwałę, zredagowaną w bardzo ostrych słowach, potępiającą doraźne kary śmierci na przeciwnikach, którzy złożyli broń. Mimo klęski sprawy się nie pogorszyły. Zaś co do poparcia międzynarodowego, nacjonaliści nigdy nie mieli tak dobrej sytuacji jak teraz.

– Czas widzenia został przekroczony – przerwał im szeryf. – Muszą się państwo pożegnać.

– Zdobędę jeszcze jedną przepustkę, przyjdę do ciebie, zanim... – powiedziała i urwała w pół słowa, wstając. Była blada jak płótno.

– Tak, oczywiście, kochana Alice – potaknął Roger, obejmując ją. – Mam nadzieję, że ci się uda. Nie wiesz, jak dobrze mi robi twój widok. Napełnia mnie pogodą i spokojem.

Tym razem jednak tak nie było. Wrócił do celi z natłokiem obrazów w głowie, obrazów związanych z rebelią wielkanocną, jakby wspomnienia i opowieści przyjaciółki wyrwały go z Pentonville Prison i rzuciły w środek walk ulicznych, w bitewną wrzawę. Poczuł ogromną tęsknotę za Dublinem, za gmachami publicznymi i domami z czerwonej cegły, mikroskopijnymi ogródkami grodzonymi drewnianym płotkiem, hałaśliwymi tramwajami, dzielnicami nędznych mieszkań i bosej biedoty otaczającymi wysepki dostatku i nowoczesności. Jak wyglądało to wszystko po ostrzale artyleryjskim, wybuchach pocisków zapalających, czy leżało w ruinie? Pomyślał o Abbey Theatre, Olimpii, o dusznych, zatęchłych barach pachnących piwem, wypełnionych gwarem rozmów. Czy Dublin powróci kiedyś do swej dawnej postaci?

Szeryf nie zaproponował mu prysznica, a on go o to nie poprosił. Widział, że dozorca jest tak przygnębiony, tak zniechęcony i nieobecny, że nie chciał mu się narzucać. Martwiło go jego cierpienie, było mu przykro, że nie potrafi podnieść go na duchu. Szeryf już dwukrotnie przyszedł do niego, do celi, nocą, łamiąc regulamin, by porozmawiać, i za każdym razem Rogera smuciło, że nie jest w stanie pocieszyć Mr Staceya. Za drugim razem, podobnie jak za pierwszym, mówił tylko o swym synu Alexie i jego śmierci w bitwie z Niemcami, pod jakimś Loos, zapadłej dziurze w Belgii, o której wyrażał się jak o przeklętym miejscu. W pewnym momencie, po długim milczeniu, dozorca zwierzył się Rogerowi, że boli go wspomnienie tego, iż kiedyś wychłostał Alexa, gdy ów był jeszcze malutki, za kradzież ciastka z pobliskiej piekarni. „To był występek i powinien zostać ukarany – powiedział Mr Stacey – ale nie tak surowo. Wychłostanie kilkuletniego chłopca było niewybaczalnym okrucieństwem". Roger próbował go pocieszyć, opowiadając, że jemu samemu i jego rodzeństwu, w tym dwóm dziewczynkom, kapitan Casement nieraz sprawił lanie, a mimo to nigdy nie przestali kochać ojca. Lecz czy Mr Stacey w ogóle go słuchał? Siedział w milczeniu pogrążony w bólu, wciągając powietrze głęboko i urywanie.

Gdy strażnik zamknął drzwi celi, Roger położył się na pryczy. Oddychał szybko, gorączkowo. Rozmowa z Alice nie przyniosła mu ulgi. Odczuwał teraz dojmujący smutek spowodowany tym, że nie było go w powstaniu, że nie walczył w mundurze Ochotnika, z mauzerem w ręku, nie zważając na to, iż ów zbrojny czyn zakończy się masakrą. Być może Patrick Pearse, Joseph Plunkett i inni mieli rację. Nie chodziło o to, żeby wygrać, lecz by jak najdłużej stawiać opór. By dać się zabić, jak chrześcijańscy męczennicy w heroicznych czasach. Ich krew była nasieniem, które wykiełkowało, usunęło pogańskie idole i zastąpiło je Chrystusem Odkupicielem. Krew przelana przez Ochotników także wyda owoc, otworzy oczy zaślepionym i zdobędzie wolność dla Irlandii. Ilu towarzyszy i przyjaciół z Sinn Féin, Ochotników, Armii Ludowej, IRB stanęło na barykadach, wiedząc, że wykonują gest samobójczy? Bez wątpienia setki, tysiące. Patrick Pearse na czele. Zawsze uważał męczeństwo za główną broń w słusznej walce. Czy nie stanowiło to nieodłącznej cechy charakteru irlandzkiego, celtyckiego dziedzictwa? Zdolność do podjęcia cierpienia katolików występowała już u Cuchulainna, u mitycznych herosów Éire, w ich wielkich czynach, a zarazem w pogodnym heroizmie irlandzkich świętych, których dzieje studiowała z taką miłością jego przyjaciółka Alice. Nieskończona zdolność do wielkich czynów. Niepraktyczny irlandzki duch, być może, lecz niepraktyczność tę rekompensowała bezmierna gotowość do podchwytywania najśmielszych marzeń o sprawiedliwości, równości i szczęściu. Nawet gdy klęska była nieunikniona. Wbrew całej niedorzeczności planu Pearse'a, Clarke'a, Plunketta i innych w ciągu owych sześciu dni nierównej walki ujawnił się w całej okazałości duch narodu irlandzkiego, nieujarzmionego mimo tylu wieków podległości, idealistycznego, zuchwałego, gotowego na wszystko dla słusznej sprawy. Jakże odmienna postawa od postawy jeńców z obozu w Limburgu, ślepych i głuchych na jego zaklęcia. Ci ostatni stanowili drugie oblicze Irlandii: oblicze poddanych, tych, co po stuleciach kolonizacji utracili ową niepokorną iskrę, która popchnęła tyle kobiet i mężczyzn na barykady Dublina. Czyżby pomylił się po raz kolejny? Jak potoczyłyby się wydarzenia, gdyby niemiecka broń z ładowni „Auda" dotarła do rąk Ochotników w nocy dwudziestego kwietnia, w Tralee Bay? Wyobraził sobie setki patriotów na rowerach, w samochodach, na wozach, mulicach, osłach przemierzających pod rozgwieżdżonym niebem wyspę i roznoszących w jej wszystkie zakątki broń i amunicję. Czy te dwadzieścia tysięcy rifles, dziesięć karabinów maszynowych i pięć milionów sztuk amunicji zmieniłoby losy powstania? Przynajmniej walki trwałyby dłużej, buntownicy broniliby się lepiej i zadaliby więcej strat wrogowi. Z radością zauważył, że ziewa. Sen zatrze pomału te obrazy, ukoi jego udrękę. Poczuł, że zapada w przepaść.

Śniło mu się coś przyjemnego. Jego matka pojawiała się i znikała, uśmiechnięta, piękna i gibka, w słomkowym kapeluszu z wielkim rondem i długą wstążką powiewającą na wietrze. Kokietcyjna parasolka w kwiaty chroniła przed słońcem biel jej policzków. Oczy Anne Jephson były utkwione w jego oczach, a jego w jej i nic nie było w stanie zakłócić ich niemego i tkliwego porozumienia. Lecz nagle z zagajnika wynurzył się kapitan lansjerów Roger Casement w strojnym mundurze szwoleżera. Patrzył na Anne Jephson wzrokiem pełnym obscenicznego pożądania. Jego wulgarność uraziła i przestraszyła Rogera. Nie wiedział, co uczynić. Nie miał sił ani by zapobiec temu, co miało się wydarzyć, ani by uciec od okropieństwa, jakie przeczuwał. Ze łzami w oczach, dygocząc ze strachu i gniewu, zobaczył, jak kapitan chwyta brutalnie jego matkę. Usłyszał okrzyk zaskoczenia, a następnie wymuszony, grzeczny śmiech. Trawiony odrazą i zazdrością patrzył, jak macha nogami w powietrzu, ukazując szczupłe kostki, podczas gdy ojciec unosił ją pomiędzy drzewa. Zniknęli w zagajniku, a ich śmiechy stawały się coraz cichsze, aż wreszcie ustały. Słyszał teraz tylko zawodzenie wiatru i ptasie trele. Nie płakał. Świat był okrutny i niesprawiedliwy, lepiej umrzeć, niż cierpieć tak mocno.

Sen trwał jeszcze długo, lecz budząc się kilka minut lub kilka godzin później, nadal w ciemności, Roger nie pamiętał już jego zakończenia. Nie wiedział, która jest godzina, co ponownie przejęło go trwogą. Niekiedy zapominał o tym, lecz najmniejszy niepokój, wątpliwość, zgryzota powodowały, że dojmujący lęk przed niewiedzą, jaka to pora dnia lub nocy, mroził mu serce, powodował poczucie znalezienia się poza czasem, na dnie otchłani, gdzie nie istniało dawniej, teraz, później.

Upłynęły trzy miesiące od jego aresztowania, a on czuł się, jakby spędził całe lata za kratami, w odosobnieniu, w którym z dnia na dzień, z godziny na godzinę tracił człowieczeństwo. Nie powiedział tego Alice, lecz jeśli kiedykolwiek żywił nadzieję, że rząd brytyjski przyjmie jego wniosek o ułaskawienie i zamieni mu karę śmierci na więzienie, teraz już ją utracił. W atmosferze gniewu i pragnienia zemsty, w jaką wprawiło Koronę, a zwłaszcza wojskowych, powstanie wielkanocne, Anglia potrzebowała przykładnego ukarania zdrajców przybywających z Niemiec, wrogiego kraju, z którym Imperium walczyło na równinach Flandrii, a który stanął po stronie Irlandii w jej walce o wyzwolenie. Dziwiła go tylko zwłoka w podjęciu decyzji.

Na co czekali? Chcieli przedłużyć jego agonię, każąc mu tym samym płacić za niewdzięczność wobec państwa, które odznaczyło go i nadało mu szlachectwo, a przeciwko któremu on konspirował ze śmiertelnym wrogiem? Nie, w polityce uczucia nie liczyły się, ważne były tylko potrzeby i korzyści. Rząd zapewne chłodno szacuje pożytki i szkody, jakie przyniesie jego egzekucja. Zadziała jako przykład? Pogorszy stosunki władz brytyjskich z narodem irlandzkim? Kampania przeciwko niemu ma sprawić, by nikt nie płakał po tym wyrzutku ludzkości, zboczeńcu, od którego stryczek uwolni przyzwoitych obywateli. Postąpił bardzo niemądrze, zostawiając swe dzienniki w miejscu ogólnie dostępnym przed wyjazdem do Stanów Zjednoczonych. Nieostrożność ta zostanie wykorzystana przez Imperium i na długo zamąci prawdę o jego życiu, o zachowaniu politycznym, a nawet o śmierci.

Zasnął ponownie. Tym razem śnił mu się koszmar, który na szczęście nazajutrz ledwie pamiętał. Pojawiał się w nim ptaszek, kanarek o czystym głosie, udręczony zamknięciem w klatce. Jego rozpacz przejawiała się w nieustannym biciu w kraty skrzydełkami barwy złota, jakby miał nadzieję, że dzięki temu rozstąpią się przed nim i będzie mógł wylecieć. Małe oczka poruszały się bez ustanku w orbitach, błagając o litość. Roger, chłopczyk w krótkich spodenkach, mówił mamie, że nie powinno być na świecie klatek i ogrodów zoologicznych, że zwierzęta powinny żyć zawsze na wolności. Jednocześnie działo się coś tajemniczego, osaczało go jakieś niebezpieczeństwo, niewidzialne, które wyczuwał szóstym zmysłem, coś podstępnego, zdradzieckiego, co było tuż-tuż, co miało zaraz uderzyć. Zlany potem dygotał jak liść na wietrze.

Obudził się tak wstrząśnięty, że ledwie łapał oddech. Dusił się. Serce waliło mu w piersi z taką siłą, że wziął to za początek zawału. Zawołać dyżurnego strażnika? Natychmiast odrzucił tę myśl. Czy nie lepiej umrzeć tu, na pryczy, naturalną śmiercią, która uwolni go od szubienicy? Chwilę później jego serce zwolniło i mógł oddychać normalnie.

Czy przyjdzie dziś ojciec Carey? Pragnął go zobaczyć i odbyć długą rozmowę na tematy związane z duszą, religią, Bogiem, nie na tematy polityczne. Gdy powoli uspokajał się i zapominał o niedawnym koszmarze, wróciło wspomnienie ostatniego spotkania z kapelanem więziennym i ów moment napięcia, który przejął go trwogą. Rozmawiali o jego nawróceniu się na katolicyzm. Ojciec Carey powtórzył, że nie powinien mówić o „nawróceniu", ponieważ ochrzczony jako dziecko, nigdy nie opuścił Kościoła. Akt byłby odnowieniem jego statusu katolika, czymś, co nie wymaga żadnej formalności. Tak czy owak – a wówczas Roger zauważył, że ojciec Carey waha się, starannie dobierając słowa, by go nie urazić – Jego Eminencja kardynał Bourne pomyślał, że jeśli Roger uważa to za stosowne, może podpisać tekst, prywatny dokument porozumienia między nim a Kościołem, oznajmiający jego wolę powrotu, potwierdzenie statusu katolika, a zarazem stanowiący dowód wyrzeczenia się dawnych grzechów i pomyłek oraz skruchy.

    Ojciec Carey nie potrafił ukryć zakłopotania.

    Nastała cisza. Po chwili Roger powiedział miękko:

    – Nie podpiszę żadnego dokumentu, ojcze. Mój powrót na łono Kościoła katolickiego powinien być rzeczą prywatną, z ojcem jako jedynym świadkiem.

    – Tak będzie – odrzekł kapelan.

    Ponownie nastała cisza pełna napięcia.

    – Czy kardynał Bourne miał na myśli to, co podejrzewam? – zapytał Roger. – To znaczy kampanię rozpętaną przeciwko mnie, oskarżenia związane z moim życiem prywatnym? Czy to z ich powodu powinienem ogłosić pisemną skruchę, by zostać ponownie przyjęty na łono Kościoła katolickiego?

    Oddech ojca Careya stał się szybszy. Znów było widać, że starannie dobiera słowa.

    – Kardynał Bourne jest dobrym i wielkodusznym człowiekiem, o współczującym sercu – stwierdził wreszcie. – Lecz nie zapominaj,

Rogerze, że dźwiga na barkach odpowiedzialność za dobre imię Kościoła w kraju, gdzie my, katolicy, stanowimy mniejszość, i że sporo jest osób, które żywią do nas silne uprzedzenia.

– Proszę mi szczerze odpowiedzieć, ojcze: czy kardynał Bourne postawił jako warunek mojego ponownego przyjęcia na łono Kościoła podpisanie dokumentu, w którym wyrażam skruchę za podłości, o jakie oskarża mnie prasa?

– To nie warunek, to sugestia – powiedział ksiądz. – Możesz przyjąć ją lub nie, a to niczego nie zmieni. Zostałeś ochrzczony. Jesteś katolikiem i pozostaniesz nim. Nie poruszajmy więcej tego tematu.

I rzeczywiście nie poruszyli go więcej. Jednakże wspomnienie owej rozmowy powracało do Rogera co pewien czas i skłaniało go do zastanawiania się, czy pragnienie powrotu do Kościoła jego matki jest czyste czy zbrukane okolicznościami. Czy nie ma przypadkiem podłoża politycznego? Czy nie chodzi mu o okazanie solidarności z Irlandczykami wyznania katolickiego dążącymi do odzyskania niepodległości, a jednocześnie o okazanie wrogości wobec tych, przeważnie protestantów, którzy pragnęli pozostać częścią Imperium? Jaką wartość będzie miało w oczach Boga nawrócenie płynące nie z pobudek religijnych, lecz z chęci znalezienia się pod ochroną pewnej społeczności, przynależności do potężnego plemienia? Bóg ujrzy w tym akcie miotanie się tonącego pływaka.

– Najważniejszy teraz, Rogerze, nie jest ani kardynał Bourne, ani ja, ani katolicy angielscy czy irlandzcy – powiedział ojciec Carey. – Najważniejszy teraz jesteś ty. Twoje ponowne spotkanie z Bogiem. W Nim jest siła, prawda, odpoczynek, którego potrzebujesz po tak intensywnym życiu i po tylu ciężkich próbach, jakim zostałeś poddany.

– Tak, tak, ojcze – potaknął Roger. – Wiem. Ale właśnie. Staram się, przysięgam ojcu. Próbuję mówić do Niego tak, by mnie wysłuchał, próbuję dotrzeć do Niego. Niekiedy, bardzo rzadko, wydaje mi się, że to osiągam. Czuję wówczas odrobinę spokoju, niewiarygodne ukojenie. Tak jak nieraz nocą, tam, w Afryce, podczas pełni księżyca, pod niebem pełnym gwiazd, bez ani jednego powiewu wiatru, który poruszyłby drzewa, wśród cichego brzęczenia owadów. Wszystko było wówczas tak piękne i tak spokojne, że zawsze przychodziła mi do głowy myśl: „Bóg istnieje. Jakże bym, widząc to, co widzę, mógł pomyśleć, że Go nie ma?". Ale kiedy indziej, ojcze, znacznie częściej, nie widzę Go, nie odpowiada mi, nie słucha mnie. A wtedy czuję się bardzo samotny. W ciągu życia wielokrotnie czułem się bardzo samotny. Teraz wciąż mi się to zdarza. Ale samotność bez Boga jest znacznie gorsza. Mówię sobie wtedy: „Bóg nie słucha mnie i nigdy mnie nie wysłucha. Umrę tak samotny, jak żyłem". Ta myśl dręczy mnie dniem i nocą, ojcze.

– On tu jest, Rogerze. Słucha cię. Wie, że Go czujesz. Że Go potrzebujesz. Nie zawiedzie cię. Jeśli cokolwiek mogę ci zagwarantować, jeśli czegokolwiek mogę być pewien, to tego, że Bóg cię nie zawiedzie.

W ciemności, wyciągnięty na pryczy, Roger pomyślał, że ojciec Carey podjął się zadania równie, a może jeszcze bardziej, heroicznego jak rebelianci na barykadach: nieść pociechę i pokój owym zrozpaczonym, roztrzęsionym istotom, które miały spędzić w celi wiele lat lub szykowały się do śmierci na szubienicy. Zajęcie straszne, nieludzkie, które z pewnością wielokrotnie go doprowadzało, zwłaszcza na początku kapłaństwa, do rozpaczy. Potrafił ją jednak ukryć. Zawsze zachowywał spokój i przez cały czas emanowało z niego owo uczucie zrozumienia i solidarności, które tak podnosiło Rogera na duchu.

Któregoś dnia rozmawiali o powstaniu.

– Co by ojciec zrobił, będąc wtedy w Dublinie?

– Poszedłbym nieść wsparcie duchowe potrzebującym, tak jak uczyniło to wielu kapłanów.

Dodał, że nie trzeba podzielać przeświadczenia buntowników, iż wolność Irlandii jest możliwa do osiągnięcia wyłącznie dzięki czynowi zbrojnemu, by nieść im wsparcie duchowe.

Oczywiście ojciec Carey nie podzielał tych przekonań, zawsze odrzucał przemoc. Stanąłby jednak wśród powstańców, by wysłuchać ich spowiedzi, udzielić komunii, modlić się za tych, którzy o to poproszą, pomóc rannym i lekarzom. Tak uczyniło wielu zakonników i zakonnic, a hierarchowie poparli ich. Pasterz powinien być tam gdzie jego stado, czyż nie?

To wszystko było prawdą, a także i to, że idea Boga nie mieści się w ograniczonym umyśle ludzkim. Należało popychać ją łyżką do butów, bo zawsze wystaje. Wiele razy rozmawiali z Herbertem Wardem na ten temat. „W sprawach tyczących Boga trzeba wierzyć, nie rozumować – mówił Herbert. – Jeśli zaczniesz posługiwać się rozumem, Bóg rozwiewa się jak kółko dymu".

Przez całe swoje życie Roger wierzył i wątpił. Nawet teraz, u progu śmierci, nie był w stanie wierzyć w Boga tak niezachwianie, jak wierzyli jego matka, ojciec, rodzeństwo. Jakież szczęście mieli ludzie, dla których istnienie Najwyższej Istoty nigdy nie było problemem, lecz pewnością, dzięki czemu ich świat nabierał ładu, a wszystko znajdywało wyjaśnienie i rację bytu. Kto wierzył w taki sposób, z pewnością osiągał rezygnację wobec śmierci, godził się na nią tak, jak nigdy nie zgodzi się ten, kto jak on sam przeżył życie, bawiąc się z Bogiem w chowanego. Roger przypomniał sobie, że kiedyś napisał wiersz pod takim tytułem: „Bawiąc się z Bogiem w chowanego". Ale Herbert Ward przekonał go, że wiersz jest bardzo marny, i go wyrzucił. Szkoda. Chętnie teraz przeczytałby go raz jeszcze i poprawił.

Zaczęło świtać. Przez kratki umieszczonego wysoko pod sufitem okienka wpadł do celi promyk światła. Niebawem pozwolą mu wynieść kubeł z moczem i odchodami i przyniosą śniadanie.

Odniósł wrażenie, że pierwszy posiłek nadchodzi później niż zwykle. Słońce stało już wysoko na niebie, a celę zalewało złote zimne światło. Od dłuższej chwili czytał, po raz kolejny, maksymy Tomasza à Kempis na temat nieufności do wiedzy, która czyni człowieka aroganckim, i straty czasu, jaką jest „to całe drążenie zagadek i niejasności", których nieznajomości nikt nam nie wypomni na Sądzie

Ostatecznym, gdy usłyszał dźwięk wielkiego klucza przekręcanego w zamku i zobaczył, że otwierają się drzwi celi.

– Dzień dobry – powiedział strażnik, stawiając na podłodze skibkę ciemnego chleba i kubek kawy.

A może dziś będzie herbata? Z nieznanych przyczyn napój podawany do śniadania zmieniał się bezustannie.

– Dzień dobry – odrzekł Roger, wstając z pryczy i ruszając w stronę kubła. – Czy przyszedł pan dziś później niż zwykle, czy tak mi się tylko wydaje?

Wierny nakazowi milczenia strażnik nie odpowiedział, a Roger odniósł wrażenie, że unika jego wzroku. Odsunął się od drzwi, by go przepuścić. Roger wyszedł na korytarz z kubłem w ręku. Strażnik postępował dwa kroki za nim. Poczuł, że podnosi go na duchu widok refleksów letniego słońca na grubych ścianach i kamiennej podłodze; błyszczały tak, jakby rzucało iskry. Pomyślał o londyńskich parkach, o jeziorze Serpentyne, wysokich platanach, wiązach i kasztanowcach w Hyde Parku, o tym, jak wspaniale byłoby teraz znaleźć się tam, anonimowo, wśród sportowców jadących konno lub na rowerze i rodzin z dziećmi, które wyszły zażyć świeżego powietrza, korzystając z pięknej pogody.

W pustej łaźni – najwyraźniej wydano instrukcje, by prowadzić go tam w porze innej niż pozostałych więźniów – opróżnił i umył kubeł. Następnie usiadł na sedesie, bezskutecznie – zaparcia dokuczały mu przez całe życie – a potem, zdjąwszy niebieską więzienną bluzę, umył się, szorując mocno ciało i twarz. Wytarł się wilgotnym ręcznikiem wiszącym na kółku sterczącym ze ściany. Wrócił do celi z czystym kubłem, powoli, rozkoszując się słońcem wpadającym na korytarz przez wysokie, zakratowane okna oraz dającymi mu poczucie powtórnego zanurzenia się w czasie dźwiękami dobiegającymi z ulicy – niezrozumiałe głosy, klaksony, kroki, ruch uliczny, ćwierkanie – które zniknęły, gdy tylko strażnik zamknął na klucz drzwi celi.

Napój mógł równie dobrze być herbatą jak kawą. Nie przeszkadzał mu brak smaku; wędrując przez przełyk do żołądka, płyn dobrze mu zrobił i usunął z ust kwaśny posmak, który zawsze dokuczał mu rano. Chleb zachował na później. Wyciągnięty na pryczy powrócił do lektury *O naśladowaniu Chrystusa*. Niektóre fragmenty wydawały mu się naiwne, jakby wyszły spod pióra dziecka, lecz po chwili, przewracając kartkę, natrafiał na myśl, która niepokoiła go i zmuszała do zamknięcia książki i do medytacji. Mnich mówił, że użyteczne jest, by człowiek cierpiał od czasu do czasu różne troski i przeciwności losu, gdyż to przypomina mu o jego kondycji: oto jest przechodniem na tej ziemi i nie powinien pokładać nadziei w rzeczach tego świata, lecz wyłącznie w świecie przyszłym. To prawda. Ten niemiecki braciszek, w swym klasztorze w Agnetenbergu, pięćset lat temu, utrafił w sedno, wyraził coś, co Roger odczuwał na własnej skórze, czego silnie doznawał przez całe życie. A ściśle mówiąc, od czasów dzieciństwa, od momentu, gdy śmierć matki pogrążyła go w sieroctwie, z którego nigdy się nie wyzwolił. Tak, to słowo najlepiej określało, kim się czuł w Anglii, w Afryce, w Brazylii, w Iquitos, w Putumayo: przechodniem. Przez sporą część życia chełpił się owym statusem obywatela świata, który według Alice podziwiał u niego Yeats: oto człowiek, który nie pochodzi z żadnego miejsca, bo pochodzi zewsząd. Przez długi czas wmawiał sobie, że przywilej ten daje mu wolność nieznaną ludziom zakotwiczonym w jednym punkcie. Ale Tomasz à Kempis miał rację. Nie czuł się nigdy przywiązany do jednego miejsca, bo taka była kondycja człowieka: przechodnia, wygnańca na tym padole łez, na tym etapie drogi, którą po śmierci mężczyźni i kobiety powrócą do zagrody, do źródła, gdzie będą żyć przez całą wieczność.

Natomiast przepis Tomasza à Kempis na przezwyciężenie pokus był naiwny. Czy w ogóle doświadczył kiedyś jakiejś pokusy, tam, w klasztorze oddalonym od świata, ten pobożny mąż? Jeśli tak, z pewnością nie przyszło mu zbyt łatwo przezwyciężyć ją i pokonać diabła, który nigdy nie śpi, ale „krąży szukając, kogo pożreć". Tomasz à Kempis twierdził, że „nikt nie jest aż tak doskonały i święty, aby nie doświadczał pokus", że niemożliwe jest, by chrześcijanin całkowicie wyzbył się pożądania, źródła ich wszystkich.

On sam był słaby i niejeden raz uległ pożądaniu. Nie tyle razy, ile zapisał w swych notesach i dziennikach, chociaż bez wątpienia zapisywanie tego, czego się nie przeżyło, co tylko chciało się przeżyć, było także formą – tchórzliwą, nieśmiałą – przeżywania danego stanu, a zatem uleganiem pokusie. Czy płaciło się za to, mimo że nie nacieszył się tym naprawdę, lecz w ów niepewny, nieuchwytny sposób, właściwy dla przeżywania fantazji? Czy będzie musiał zapłacić za to wszystko, czego nie uczynił, czego tylko pragnął i co tylko opisał? Bóg dokona rozróżnienia i z pewnością ukarze owe retoryczne występki łagodniej niż grzechy popełnione naprawdę.

Tak czy owak, już samo zapisywanie tego, czego się nie przeżyło, by wyobrazić sobie, że się tego doświadcza, zawierało pewną karę: poczucie porażki i frustracji, jakim kończyły się zwykle owe kłamliwe igraszki w jego dziennikach. (Podobnie zresztą jak kończyły się zazwyczaj prawdziwe doznania). Ale teraz owe nieodpowiedzialne zabawy włożyły w ręce wroga wspaniałą broń, by oczernić jego imię i jego pamięć.

Tymczasem nie było łatwo ustalić, jakie pokusy miał na myśli Tomasz à Kempis. Mogły być tak zamaskowane, tak zakryte, że mieszały się z niewinnymi przyjemnościami, na przykład natury estetycznej. Roger pamiętał, że w odległych latach młodzieńczych jego pierwsze emocje związane z ładnie zbudowanym ciałem, muskułami, harmonijną smukłością nastolatków nie wydawały mu się uczuciem nagannym i płynącym z pożądliwości, lecz oznaką wrażliwości, entuzjazmu na widok piękna. Sądził tak przez długi czas. Że ta sama miłość piękna, powołanie artysty, skłoniła go do zgłębienia tajników technik fotograficznych, by utrwalać na papierze owe piękne ciała. Dopiero później, w Afryce, odkrył, że ów podziw nie jest zdrowy, a raczej że jest zdrowy i niezdrowy jednocześnie, gdyż owe zgrabne, błyszczące od potu, muskularne ciała bez kropli tłuszczu, w których odgadywało się materialną zmysłowość drapieżników, budziły w nim, oprócz uniesienia i zachwytu, także pożądanie, pragnienie, nieodpartą chęć dotykania ich i pieszczenia. W taki właśnie sposób pokusy stały się nieodłączną częścią jego życia, dokonały w nim przewrotu, wypełniły sekretami, troską, lękiem, a zarazem momentami rozkoszy. Oraz, rzecz jasna, wyrzutami sumienia i goryczą. Czy Bóg, w momencie bilansu, podliczy wszystkie plusy i minusy? Czy mu wybaczy? Czuł ciekawość, nie strach. Jakby nie chodziło o niego, lecz o ćwiczenie umysłowe lub o zagadkę.

Z tych rozważań wyrwał go odgłos wielkiego klucza przekręcanego w zamku. Gdy otworzyły się drzwi celi, wpadła fala światła, owo mocne słońce, które niekiedy zdawało się rozpalać sierpniowe londyńskie poranki. Oślepiony, zauważył, że do celi weszły trzy osoby. Nie widział ich twarzy. Wstał. Gdy zamknięto drzwi, zobaczył, że tuż przy nim, nieomal dotykając go, stoi naczelnik Pentonville Prison, którego widział dotychczas zaledwie raz czy dwa. Był to mężczyzna w starszym wieku, wątły, pomarszczony. Odziany na czarno, miał poważny wyraz twarzy. Za nim stał szeryf blady jak płótno. Obok strażnik ze wzrokiem wbitym w podłogę. Rogerowi wydało się, że cisza, która zapadła po ich wejściu, trwa całe wieki.

Wreszcie, patrząc mu w oczy, naczelnik przemówił, głosem z początku drżącym, który później nabrał stanowczości:

– Wywiązuję się z obowiązku przekazania panu, że dzisiaj, drugiego sierpnia tysiąc dziewięćset szesnastego roku, w godzinach porannych Rada Ministrów rządu Jego Królewskiej Mości odbyła posiedzenie, na którym rozpatrzyła wniosek o ułaskawienie złożony przez pańskich adwokatów i odrzuciła go jednomyślnie w głosowaniu obecnych ministrów. W wyniku powyższego wyrok trybunału, który sądził i skazał pana za zdradę stanu, zostanie wykonany jutro, trzeciego sierpnia tysiąc dziewięćset szesnastego roku, na dziedzińcu Pentonville Prison o godzinie dziewiątej rano. Zgodnie z ustalonym zwyczajem, w momencie egzekucji skazaniec nie musi mieć na sobie stroju więziennego, może włożyć ubranie cywilne, które zostało mu odebrane w momencie osadzenia, a które zostanie mu teraz zwrócone. Ponadto informuję, że kapelani, kapłan katolicki *father* Carey oraz *father* MacCarroll, tego samego wyznania, są do pańskiej dyspozycji, jeśli życzy pan sobie wsparcia duchowego. Będą to jedyne osoby, z którymi ma pan prawo się spotkać. Jeśli życzy pan sobie listownie wydać rodzinie ostatnie dyspozycje, nasza placówka udostępni panu materiały piśmiennicze. Jeśli ma pan jeszcze jakieś życzenie, może pan je teraz wyrazić.

– O której godzinie będę mógł się spotkać z kapelanami? – zapytał Roger, słysząc, że jego głos brzmi chrapliwie i lodowato.

Naczelnik odwrócił się do szeryfa, wymienili szeptem kilka zdań, po czym szeryf odpowiedział:

– Przyjdą wczesnym popołudniem.

– Dziękuję.

Po chwili wahania wszyscy trzej opuścili celę, a Roger usłyszał, jak strażnik przekręca w zamku klucz.

XIV

Etap życia, na którym Roger Casement najpełniej pogrążył się w sprawach Irlandii, miał początek podczas rejsu na Wyspy Kanaryjskie w styczniu tysiąc dziewięćset trzynastego roku. W miarę jak otwierał się przed nim bezmiar Atlantyku, czuł, że spada mu z piersi ciężar i opuszczają go obrazy z Iquitos, Putumayo, stacji kauczukowych, Manaos, barbadoskich nadzorców, Julia C. Arany, intryg Foreign Office, że odzyskuje wolność i może się wreszcie zająć problemami swojego kraju. Uczynił to, co w jego mocy, dla krajowców amazońskich. Arana, jeden z ich najstraszliwszych oprawców, nie podniesie już głowy: był zrujnowany, otoczony powszechną pogardą, niewykluczone, że resztę dni spędzi w więzieniu. Teraz powinien zająć się innymi krajowcami, tymi z Irlandii. Także i oni musieli uwolnić się od Aranów, którzy ich wyzyskiwali, choć narzędziami bardziej wyrafinowanymi i z większą hipokryzją niż peruwiańscy, kolumbijscy i brazylijscy handlarze kauczukiem.

Jednakże mimo poczucia wyzwolenia, jakie ogarnęło go, gdy oddalał się od Londynu, podczas rejsu, a później podczas miesiąca spędzonego w Las Palmas, irytowało go pogorszenie się stanu zdrowia. Artretyczne bóle w biodrze i w krzyżach pojawiały się o każdej porze dnia i nocy. Środki uśmierzające nie działały tak dobrze jak niegdyś. Całymi godzinami musiał tkwić na łóżku w pokoju hotelowym lub na fotelu na tarasie zlany zimnym potem. Poruszał się z trudem, podpierając się laską, i nie mógł już odbywać długich spacerów po bezdrożach lub po zboczach wzgórz, jak podczas poprzednich podróży, z obawy, że w połowie marszu sparaliżuje go ból. Jego najlepsze wspomnienia z owych tygodni początku tysiąc dziewięćset trzynastego roku wiązały się z podróżą w głąb przeszłości Irlandii odbytej podczas lektury książki Alice Stopford Green *The Old Irish World*, w której historia, mitologia, legenda i tradycje, nierozerwalnie splątane, ukazywały społeczeństwo przygody i fantazji, konfliktów i kreatywności, bitny i wielkoduszny naród krzepnący w walce z nieprzyjazną naturą, dający dowody odwagi i ducha wynalazczości w swych pieśniach, tańcach, ryzykownych zabawach, rytuałach i obyczajach; angielska okupacja przerwała brutalnie rozwój tego bogatego dziedzictwa i próbowała je unicestwić, bezskutecznie.

Trzeciego dnia pobytu w Las Palmas, po kolacji, wyszedł na spacer w okolicę portu, do dzielnicy pełnej tawern, barów i tanich hotelików na godziny. W parku Santa Catalina sąsiadującym z plażą Las Canteras, wybadawszy atmosferę, podszedł do dwóch młodzieńców wyglądających na marynarzy i poprosił o ogień. Gawędził z nimi przez chwilę. Jego kiepska hiszpańszczyzna z portugalskimi wtrąceniami wywołała rozbawienie chłopców. Zaproponował, że zaprosi ich na coś mocniejszego, lecz jeden z nich był już umówiony, więc został tylko z Miguelem, młodszym, brunetem o kędzierzawej czuprynie, może dwudziestoletnim. Poszli do ciasnego, zadymionego baru o nazwie Almirante Colón, gdzie śpiewała kobieta w średnim wieku, której akompaniował gitarzysta. Po drugim kieliszku Roger, pod osłoną półmroku, wyciągnął rękę i położył ją na nodze Miguela. Ów uśmiechnął się przyzwalająco. Ośmielony, przesunął rękę w stronę rozporka. Poczuł penis chłopca i fala pożądania zalała go od stóp do głów. Już od wielu miesięcy – „Ilu? – pomyślał. – Trzech, sześciu?" – nie uprawiał seksu, nie miał pragnień ani fantazji. Odniósł wrażenie, że wraz z podnieceniem powracają w jego żyły młodość i radość życia. „Możemy pójść do hotelu?" – zapytał. Miguel uśmiechnął się, nie potwierdzając ani nie zaprzeczając, lecz nie uczynił żadnego ruchu, by wstać. Zamówił za to jeszcze jeden kieliszek wina, mocnego, aromatycznego, takiego, jakie im podano poprzednio. Gdy kobieta przestała śpiewać, Roger poprosił o rachunek. Zapłacił i wyszli. „Możemy pójść do hotelu? – zapytał go na ulicy jeszcze raz, ogarnięty pożądaniem. Chłopiec sprawiał wrażenie niezdecydowanego, a być może zwlekał z odpowiedzią, by dać się prosić i uzyskać wyższą zapłatę za usługi. W tym momencie Roger poczuł w biodrze dźgnięcie nożem, które złożyło go wpół i sprawiło, że musiał oprzeć się o parapet okna. Tym razem ból nie przyszedł powoli, jak zazwyczaj, lecz nagle i był silniejszy niż zwykle. Jak dźgnięcie nożem, tak. Musiał usiąść na ziemi skulony. Miguel przestraszony odszedł szybkim krokiem, nie zapytawszy nawet, co mu jest, i nie pożegnawszy się. Roger przesiedział długą chwilę w tej pozycji, z zamkniętymi oczami, czekając, aż ostygnie to rozpalone żelazo, którego dotyk czuł na plecach. Gdy wreszcie udało mu się wstać, musiał przejść spory kawałek drogi, bardzo powoli, powłócząc nogami, aż znalazł taksówkę, która zawiozła go do hotelu. Dopiero o świcie ból ustał i pozwolił mu zasnąć. We śnie, niespokojnym, pełnym koszmarów, cierpiał i odczuwał rozkosz na skraju otchłani, do której mógł się stoczyć w każdym momencie.

Następnego ranka, przy śniadaniu, otworzył dziennik i powoli, drobnym pismem, odbył stosunek miłosny z Miguelem, wielokrotnie, najpierw w ciemnościach parku Santa Catalina, z pomrukiem morza w tle, potem w cuchnącym pokoju hoteliku, do którego dobiegały przeciągłe syreny statków. Ciemnowłosy chłopiec dosiadał go, szydząc: „jesteś stary, i to jak, jesteś rozsypującym się staruchem", i bijąc otwartymi dłońmi po pośladkach, co wyrywało mu z ust jęk, być może bólu, być może rozkoszy.

Ani przez resztę pobytu na Wyspach Kanaryjskich, ani podczas podróży do Południowej Afryki, ani przez tygodnie spędzone w Kapsztadzie i w Durbanie ze swoim bratem Tomem i bratową Katje nie szukał więcej przygód miłosnych sparaliżowany lękiem, że artretyzm znów postawi go w sytuacji równie śmiesznej jak owa w parku Santa Catalina w Las Palmas. Od czasu do czasu, jak tyle razy przedtem w Afryce i w Brazylii, uprawiał seks w samotności, zapełniając stronice dziennika nerwowym, pośpiesznym pismem, krótkimi, syntetycznymi zdaniami, niekiedy tak wulgarnymi jak owi kilkuminutowi lub kilkugodzinni amanci, których później musiał opłacać. Owe symulacje pogrążały go w depresji, w związku z czym starał się je ograniczać; nic nie uzmysławiało mu bardziej niż one samotności i kondycji wyrzutka, które – wiedział o tym aż za dobrze – będą mu towarzyszyć aż do śmierci.

Entuzjazm wzbudzony książką Alice Stopford Green skłonił go do poproszenia przyjaciółki o dalsze lektury na ten temat. Paczka z książkami i broszurami nadeszła, gdy szykował się do wypłynięcia na „Grantilly Castle" do Południowej Afryki, szóstego lutego tysiąc dziewięćset trzynastego roku. Czytał je dniem i nocą przez cały rejs i nie przestał w Afryce, tak że mimo oddalenia przez owe tygodnie znów poczuł się bardzo blisko Irlandii, tej dzisiejszej, tej wczorajszej i tej sprzed wieków, której przeszłość chłonął i przyswajał sobie dzięki tekstom wybranym przez Alice. Podczas tej podróży bóle pleców i biodra nieco zelżały.

Spotkanie z Tomem, po tylu latach, okazało się przykre. Wbrew temu, czego oczekiwał Roger, decydując się na tę wizytę – że zbliży go do starszego brata i zadzierzgnie między nimi więź uczuciową – jasno wykazała, że są sobie obcy. Oprócz pokrewieństwa nie mieli z sobą nic wspólnego. Przez te wszystkie lata, owszem, pisywali do siebie, zwłaszcza gdy Tom i jego pierwsza żona Blanche Baharry, Australijka, mieli kłopoty finansowe i chcieli, by Roger im pomógł. Stale to robił, z wyjątkiem sytuacji, gdy pożyczki, których domagali się brat i bratowa, były zbyt wysokie jak na jego możliwości. Tom ożenił się po raz drugi, tym razem z obywatelką Południowej Afryki Katje Ackerman.

Założyli w Durbanie firmę turystyczną, która nie prosperowała zbyt dobrze. Brat wydawał się dużo starszy, niż był w rzeczywistości, i przekształcił się w typowego afrykanera, nieokrzesanego, ogorzałego od słońca i życia w plenerze, o manierach niewyszukanych i cokolwiek chłopskich; nawet w sposobie, w jakim mówił po angielsku, podobniejszy był do mieszkańca Południowej Afryki niż do Irlandczyka. Nie interesowało go, co się dzieje w Irlandii, w Anglii, w Europie. Jego obsesją były problemy finansowe związane z utrzymaniem *lodge*, który założył wraz z Katje w Durbanie. Sądzili, że piękno tego miejsca przyciągnie turystów i myśliwych, lecz przybywało ich zbyt mało, a koszty utrzymania okazały się wyższe, niż przewidywali. Wiązali wielkie nadzieje z tym projektem, a teraz obawiali się, że jeśli sprawy nadal będą toczyć się tym torem, zostaną zmuszeni do sprzedaży za bezcen swego *lodge*. Mimo że bratowa była zabawniejsza i bardziej interesująca niż jego brat – miała zainteresowania artystyczne i poczucie humoru – Roger w końcu pożałował, że odbył tak długą podróż jedynie po to, by ich odwiedzić.

W połowie kwietnia wyruszył w rejs powrotny. Czuł się wówczas nieco silniejszy, a dzięki klimatowi południowoafrykańskiemu bóle artretyczne osłabły. Myślał teraz głównie o swej przyszłości w Foreign Office. Nie mógł dłużej odwlekać decyzji i prosić o kolejne urlopy bezpłatne. Albo ponownie obejmie stanowisko konsula w Rio de Janeiro, co proponowali mu przełożeni, albo porzuci pracę w dyplomacji. Perspektywa powrotu do Rio, miasta, którego nigdy nie lubił mimo pięknego położenia i które zawsze odbierał jako nieprzyjazne, wydawała mu się nie do zniesienia. Jednak chodziło nie tylko o to. Przede wszystkim nie chciał dłużej żyć w dwulicowości, pracować jako dyplomata w służbie Imperium, które potępiał zgodnie ze swymi uczuciami i zasadami. Rejs upłynął mu na rachunkach: oszczędności miał niewiele, lecz prowadząc skromne życie – nic trudnego w jego przypadku – i z pensją, którą otrzyma w ramach wysługi lat, da sobie radę. Gdy przybył do Londynu, był już pewien swej decyzji. Zaraz po powrocie udał się do Foreign Office i złożył dymisję, wyjaśniając, że odchodzi ze służby z powodów zdrowotnych.

Nie zabawił długo w Londynie; tyle, ile potrzebował na odejście z Foreign Office i przygotowanie przeprowadzki do Irlandii. Szykował się do niej z przyjemnością, choć zarazem z nutką nostalgii, jakby miał na zawsze opuścić Anglię. Kilkakrotnie spotkał się z Alice oraz ze swą siostrą Niną, przed którą, by jej nie martwić, zataił fatalny stan finansów Toma w Południowej Afryce. Spróbował spotkać się z Edmundem D. Morelem, który – rzecz dziwna – nie odpowiedział na żaden z listów wysłanych w ciągu ostatnich trzech miesięcy. Jego stary przyjaciel Bulldog był zbyt zajęty; tłumaczył się podróżami i różnymi obowiązkami, co wyglądało na zwykłą wymówkę. O co chodziło towarzyszowi walk, którego tak podziwiał i tak kochał? Skąd ów chłód? Jaka plotka lub intryga usposobiła go nieprzychylnie? Jakiś czas później, w Paryżu, Herbert Ward dał mu do zrozumienia, że Morel, dowiedziawszy się o tym, jak surowo Roger krytykuje Anglię i Imperium w kwestiach związanych z Irlandią, unikał go, by nie potępić wprost takiej postawy.

– Chodzi o to, że choć nie zdajesz sobie z tego sprawy, stałeś się ekstremistą – powiedział mu Herbert, pół żartem, pół serio.

W Dublinie Roger wynajął malutki i nadgryziony zębem czasu domek przy Lower Baggot Street pod numerem 55. Miał tam mikroskopijny ogródek z geranium i hortensjami, które pielęgnował i podlewał wczesnym rankiem. Domek stał w spokojnej dzielnicy sklepikarzy, rzemieślników i drobnych przedsiębiorców, gdzie w niedzielę rodziny szły na mszę, panie wystrojone jak na bal, mężczyźni w ciemnych garniturach, w nakryciu głowy i w wyglansowanych butach. W pobliskim pubie z pajęczynami w kątach, prowadzonym przez karłowatą szynkarkę, Roger popijał ciemne piwo z sąsiadami: sprzedawcą warzyw, krawcem i szewcem, dyskutował o bieżących wydarzeniach i śpiewał stare pieśni. Sława, jaką zyskał w Anglii kampaniami przeciw zbrodniom w Kongu i w Amazonii, sięgnęła także Irlandii i wbrew pragnieniom, by wieść proste i anonimowe życie, od przyjazdu do Dublina był nagabywany przez najróżniejsze osoby – polityków, intelektualistów, dziennikarzy, władze klubów i ośrodków kultury – które prosiły go o wygłoszenie pogadanki, napisanie artykułu lub udział w różnych spotkaniach. Musiał nawet pozować znanej malarce Sarah Purser. Na portrecie jej pędzla Roger jawił się odmłodzony, z wyrazem pewności siebie i triumfu, z którym się nie rozpoznał.

Po raz kolejny podjął naukę języka staroirlandzkiego. Nauczycielka, Mrs Temple, z laską, w okularach i kapelusiku z woalką, przychodziła do niego trzy razy w tygodniu na lekcje gaelickiego i zostawiała mu zadania, które później poprawiała czerwonym ołówkiem i oceniała, zazwyczaj dość nisko. Dlaczego tak trudno mu było nauczyć się języka Celtów, z którymi tak bardzo się identyfikował? Miał smykałkę do języków, opanował biegle francuski, portugalski, co najmniej trzy języki afrykańskie, potrafił dogadać się po hiszpańsku i włosku. Dlaczego język ojczysty, z którym czuł się tak związany, umykał mu? Za każdym razem, gdy z najwyższym trudem nauczył się jakiegoś zwrotu lub reguły, po kilku dniach, a niekiedy wręcz po kilku godzinach, zapominał wszystko. Od tego czasu, nie mówiąc nikomu, a już szczególnie nie w trakcie dyskusji politycznych, podczas których dla zasady bronił tezy przeciwnej, zastanawiał się, czy jest możliwe do spełnienia, czy pozostanie chimerą marzenie ludzi takich jak profesor Eoin MacNeill albo poeta i pedagog Patrick Pearse, by przywrócić do życia język prześladowany i zepchnięty do podziemia przez kolonizatora, mniejszościowy, niemal wymarły, by ponownie uczynić zeń język ojczysty Irlandczyków. Czy istnieje możliwość, by w przyszłej Irlandii angielski wycofał się zastąpiony, dzięki szkołom, dziennikom, kazaniom w kościołach i przemowom polityków, językiem Celtów? Publicznie Roger twierdził, że tak, że jest to nie tylko możliwe, lecz wręcz niezbędne po to, by Irlandia odzyskała swą tożsamość. Będzie to proces długi, trwający wiele pokoleń, lecz nieuchronny, ponieważ dopiero wówczas gdy gaelicki odzyska status języka narodowego, Irlandia będzie wolna. Jednakże w samotności swego gabinetu przy Lower Baggot Street, zmagając się z ćwiczeniami z języka gaelickiego zadanymi przez Mrs Temple, mówił sobie, że to daremny trud. Rzeczywistość posunęła się w pewnym kierunku zbyt daleko, by ją teraz zawracać. Angielski stał się językiem komunikacji, mowy, myśli i uczuć przeważającej większości Irlandczyków i pragnienie odwrócenia tego było politycznym kaprysem mogącym jedynie spowodować zamieszanie podobne do tego, jakie zapanowało po upadku Babel, i kulturowe przekształcenie jego ukochanej Irlandii w ciekawostkę archeologiczną odciętą od reszty świata. Czy było warto?

W maju i w czerwcu tysiąc dziewięćset trzynastego roku jego spokojne, wypełnione nauką życie zostało gwałtownie przerwane. Po rozmowie z dziennikarzem z „The Irish Independent", który opowiedział mu o nędzy i prymitywnych warunkach życia rybaków z Connemary, pod wpływem impulsu postanowił pojechać do tego regionu leżącego na zachód od Galway, gdzie – jak słyszał – zachowała się w nietkniętym stanie najbardziej tradycyjna Irlandia, a mieszkańcy mówili po gaelicku. Jednakże w Connemarze Roger zastał nie relikt historii, lecz porażający kontrast między oszałamiającym pięknem posągowych gór, na których zboczach odpoczywały obłoki, i dziewiczych mokradeł, na których skraju pasły się dzikie koniki typowe dla tego regionu, a porażającą nędzą ludzi pozbawionych szkół, lekarzy, żyjących w całkowitym opuszczeniu. Na domiar złego zanotowano tam kilka przypadków tyfusu. Epidemia mogła się w każdej chwili rozprzestrzenić, dokonując spustoszenia. Potrzeba czynu właściwa Rogerowi Casementowi, niekiedy uśpiona, lecz nigdy niewygasła, skłoniła go do natychmiastowego działania. Napisał dla „The Irish Independent" artykuł pod tytułem *Irish Putumayo* i założył Fundusz Pomocy, którego został pierwszym donatorem i subskrybentem. Rozpoczął jednocześnie kampanię wśród Kościołów: anglikańskiego, prezbiteriańskiego i katolickiego, oraz najróżniejszych organizacji dobroczynnych, a także zachęcał lekarzy i pielęgniarki, by udali się jako wolontariusze do wiosek w Connemarze, aby wesprzeć skromną oficjalną służbę zdrowia. Jego starania zostały uwieńczone sukcesem. Nadeszło sporo darowizn z Irlandii i z Anglii. Roger trzykrotnie wyprawił się do Connemary, wioząc lekarstwa, ubranie i żywność dla najbardziej potrzebujących rodzin. Ponadto utworzył komitet na rzecz budowy w regionie ośrodków zdrowia i szkół podstawowych. W związku z owymi pracami w ciągu dwóch miesięcy odbył ciąg wyczerpujących spotkań z przedstawicielami kleru, politykami, reprezentantami władz, intelektualistami i dziennikarzami. Zaskoczył go szacunek, z jakim był traktowany, nawet przez osoby niepodzielające jego nacjonalistycznych poglądów.

W lipcu wrócił do Londynu, by stawić się przed komisją lekarską, która miała orzec, czy problemy zdrowotne podane przezeń jako powód rezygnacji z pracy w Foreign Office są prawdziwe. Choć czuł się nie najgorzej, mimo intensywnej aktywności rozwiniętej w związku z groźbą epidemii w Connemarze, miał nadzieję, że badania będą zwykłą formalnością. Jednakże diagnoza okazała się poważniejsza, niż się spodziewał: stan zapalny kręgosłupa, stawu biodrowego i kolan się zaostrzył. Można go było załagodzić, przestrzegając ścisłych zaleceń lekarzy i prowadząc bardzo spokojny tryb życia, lecz nie wyleczyć. I nie można było wykluczyć, że jeśli będzie postępował, Roger zostanie kaleką. Foreign Office przyjęło jego dymisję i przyznało szczodrą rentę z uwagi na stan zdrowia.

Przed powrotem do Irlandii postanowił wybrać się do Paryża, na zaproszenie Herberta i Sarity Wardów. Ich widok ucieszył go, podobnie jak ciepła atmosfera tej afrykańskiej enklawy, jaką stanowił ich paryski dom. Wszystko w nim wydawało się podporządkowane wielkiej pracowni, gdzie Herbert pokazał mu nową kolekcję rzeźb afrykańskich mężczyzn i kobiet oraz kilku okazów fauny. Były to postaci tryskające życiem i siłą, w brązie i w drewnie, dzieło ostatnich trzech lat, które zamierzał wystawić jesienią w Paryżu. Oglądając je i słuchając wyjaśnień Herberta, który pokazywał mu szkice i modele w małym formacie, Roger poczuł, że zalewają go wspomnienia z czasów, gdy pracowali razem dla Henry'ego Mortona Stanleya i Henry'ego Sheltona Sanforda. Wiele się wówczas nauczył od Herberta, z jego opowieści o przygodach w różnych zakątkach świata, o malowniczych typach poznanych podczas wędrówek po Australii, o rozległych lekturach. Jego przyjaciel zachował swą wyostrzoną inteligencję, podobnie jak jowialność i optymizm. Jego małżonka Sarita, Amerykanka ze Stanów Zjednoczonych, dziedziczka bogatej rodziny, była jego bliźniaczym duchem, o awanturniczej żyłce i cygańskiej duszy. Rozumieli się doskonale. Odbywali długie piesze wędrówki po Francji i Włoszech. Wychowali dzieci w tym samym duchu – kosmopolitycznym, niespokojnym, ciekawym wszystkiego. Dwaj starsi synowie przebywali teraz w szkole z internatem w Anglii, a wszystkie wakacje spędzali w Paryżu. Córeczka Cricket mieszkała z nimi.

Wardowie zabrali go na kolację do restauracji na wieży Eiffla, z której rozciągał się widok na mosty na Sekwanie i na cały Paryż, a także do Comédie Française na *Chorego z urojenia* Moliera.

Lecz nie wszystko podczas tej wizyty przepełniały przyjaźń, zrozumienie i serdeczność. Od początku swej znajomości on i Herbert miewali odmienne opinie na wiele spraw, co nigdy nie osłabiło ich przyjaźni; wręcz przeciwnie, te różnice ożywiały ją. Tym razem było inaczej. Pewnej nocy dyskutowali tak zażarcie, że Sarita musiała interweniować, zmuszając ich do zmiany tematu.

Herbert zawsze traktował nacjonalizm Rogera z tolerancją niepozbawioną szczypty kpiny. Jednakże owego wieczoru oskarżył przyjaciela o wyznawanie nacjonalistycznych idei ze zbytnią egzaltacją, z brakiem rozsądku, niemalże z fanatyzmem.

– Jeśli większość Irlandczyków chce oderwać się od Wielkiej Brytanii, krzyżyk na drogę – powiedział. – Osobiście nie sądzę, by Irlandia wiele zyskała, mając własną flagę, godło i prezydenta republiki. Jej problemy gospodarcze i społeczne też nie rozwiążą się w ten sposób. Moim zdaniem lepiej byłoby zaakceptować autonomię, za którą opowiadają się John Redmond i jego stronnicy. Oni także są Irlandczykami, nieprawdaż? I stanowią przeważającą większość w porównaniu z tymi, którzy tak jak ty chcą secesji. Niech tam, w gruncie rzeczy to nie są moje zmartwienia. Za to, owszem, martwi mnie, że stałeś się tak nietolerancyjny. Kiedyś przedstawiałeś swoje racje, Rogerze. Teraz tylko pomstujesz, pełen nienawiści, na kraj, który jest także i twoim, krajem twych rodziców i rodzeństwa. Krajem, któremu służyłeś tak godnie przez te wszystkie lata. I który uznał twoje zasługi, nieprawdaż? Nadał ci szlachectwo, przyznał najważniejsze odznaczenia królestwa. Czy to nic dla ciebie nie znaczy?

– Więc powinienem stać się kolonialistą w podzięce za zaszczyty? – przerwał mu Casement. – Powinienem zgodzić się dla Irlandii na to, co obaj odrzucaliśmy dla Konga?

– Wydaje mi się, że między Kongiem a Irlandią jest kosmiczna przepaść. Czy na półwyspach w Connemarze Anglicy obcinają ręce krajowcom i zmieniają ich plecy w krwawą miazgę?

– Metody kolonizacji w Europie są bardziej wyrafinowane, Herbercie, ale nie mniej okrutne.

W ciągu ostatnich dni pobytu w Paryżu Roger unikał poruszania tematu Irlandii. Nie chciał zburzyć przyjaźni z Herbertem. Zmartwiony powiedział sobie, że w związku z jego coraz mocniejszym angażowaniem się w walkę polityczną dystans między nimi będzie stale rósł i niewykluczone, że pewnego dnia zerwie się ta więź, jedna z najsilniejszych, jakie kiedykolwiek łączyły go z drugim człowiekiem. „Czy naprawdę staję się fanatykiem?" – zapytywał siebie potem wielokrotnie z niepokojem.

Po przyjeździe do Dublina, pod koniec lata, nie mógł już powrócić do nauki gaelickiego. Sytuacja polityczna zaogniła się i od pierwszego momentu został wciągnięty w wir wydarzeń. Projekt *Home Rule*, który dałby Irlandii parlament oraz szeroką swobodę administracyjną i gospodarczą, popierany przez Irish Parliamentary Party Johna Redmonda, został przyjęty przez Izbę Gmin w listopadzie tysiąc dziewięćset dwunastego roku, lecz Izba Lordów odrzuciła go dwa miesiące później. W styczniu tysiąc dziewięćset trzynastego roku w Ulsterze, twierdzy unionistów zdominowanej przez lokalną większość anglofilską i protestancką, wrogowie autonomii z Edwardem Henrym Carsonem na czele rozpoczęli zajadłą kampanię. Utworzyli Ulster Volunteer Force (Oddziały Ochotników z Ulsteru), do której wpisało się ponad czterdzieści tysięcy osób. Była to organizacja polityczna i paramilitarna gotowa w razie potrzeby zwalczać *Home Rule* z bronią w ręku. Irish Parliamentary Party Johna Redmonda nie przerywała walki na rzecz autonomii. Poprawiona wersja ustawy została przyjęta przez Izbę Gmin i ponownie odrzucona przez Izbę Lordów. Dwudziestego trzeciego września Rada Unionistów ukonstytuowała się w Rząd Tymczasowy Ulsteru, co potwierdzało jej wolę oderwania się od reszty Irlandii, gdyby autonomia została przyznana.

Roger Casement zaczął pisywać do prasy nacjonalistycznej, teraz już pod własnym imieniem i nazwiskiem, krytykując unionistów z Ulsteru. Obnażał nadużycia, jakich większość protestancka dopuszczała się w owych prowincjach wobec mniejszości katolickiej, na przykład to, że robotnicy tego wyznania są zwalniani z fabryk, a rady dzielnic katolickich dyskryminowane przy podziale środków z budżetu oraz innych. „Widząc, co się dzieje w Ulsterze – napisał w jednym z artykułów – już nie czuję się protestantem". We wszystkich tekstach ubolewał nad tym, że ekstremistyczna postawa podzieliła Irlandczyków na dwa wrogie obozy, co z pewnością będzie miało tragiczne skutki dla przyszłości narodu. W innym artykule piętnował kler anglikański za skrywanie, poprzez swoje milczenie, nadużyć wobec społeczności katolickiej.

Choć w dyskusjach politycznych Roger sceptycznie podchodził do poglądu, że *Home Rule* posłuży do wyzwolenia Irlandii z zależności, w swych artykułach dawał wyraz takiej nadziei: gdyby ustawa została przyjęta bez wypaczających ją poprawek, gdyby Irlandia uzyskała własny parlament, mogła wybierać władze i zarządzać dochodami, znalazłaby się w przedsionku suwerenności. A gdyby to przyniosło pokój, jakie znaczenie miałoby, że sprawy obronne i dyplomacja pozostaną w rękach Korony brytyjskiej?

W owych dniach zacieśniła się jego przyjaźń z dwoma Irlandczykami, którzy oddali swe życie obronie, nauce i rozpowszechnianiu języka Celtów: profesorem Eoinem MacNeillem i Patrickiem Pearse'em. Roger ogromnie polubił tego radykalnego i niezłomnego krzyżowca sprawy języka gaelickiego i niepodległości, jakim był Pearse. Wstąpił do Ligi Gaelickiej jako nastolatek, zajmował się literaturą, dziennikarstwem i dydaktyką. Założył i prowadził dwie szkoły dwujęzyczne, St. Enda's dla chłopców i St. Ita's dla dziewcząt, pierwsze szkoły traktujące gaelicki jako język narodowy. Pisywał wiersze i sztuki teatralne, a w swych broszurach i artykułach bronił tezy, że bez powrotu języka celtyckiego niepodległość będzie bezużyteczna, gdyż Irlandia pozostanie pod względem kulturalnym kolonią brytyjską. Jego nietolerancja w tej dziedzinie była absolutna; w młodości zdarzyło mu się nawet okrzyknąć zdrajcą Williama Butlera Yeatsa – dla którego później żywił bezgraniczny podziw – za to, że ów pisał po angielsku. Był kawalerem, nieśmiałym, krzepkiej postury, z niewielką wadą oka, niezmordowanym pracownikiem, egzaltowanym i charyzmatycznym mówcą. W rozmowach niedotyczących języka gaelickiego i wyzwolenia, w zaufanym gronie, Patrick Pearse okazywał się człowiekiem tryskającym humorem, dobrodusznym, gadatliwym i ekstrawertycznym, który zaskakiwał niekiedy przyjaciół, przebierając się za starą żebraczkę proszącą o jałmużnę w centrum Dublina lub wypacykowaną panienkę przechadzającą się bezwstydnie przed drzwiami tawern. Prowadził życie wstrzemięźliwe jak mnich. Mieszkał z matką i rodzeństwem, nie pił, nie palił, nigdy nie słyszano, by miewał jakieś miłostki. Jego najlepszym przyjacielem był brat Willie, rzeźbiarz i nauczyciel sztuki w St. Enda's; byli nierozłączni. Na frontonie, nad bramą szkoły otoczonej zalesionymi wzgórzami Rathfarnham, Pearse wyrył zdanie, które irlandzkie sagi przypisywały mitycznemu herosowi Cuchulainnowi: „Nic to, bym żył jeden tylko dzień i jedną noc, jeśli me czyny będą wspominane zawsze". Mówiono, że jest prawiczkiem. Wiarę katolicką praktykował z wojskową dyscypliną, często poszcząc i nosząc włosiennicę. W owej epoce, pogrążony w wirze zabiegów, intryg i zagorzałych dyskusji politycznych, Roger Casement mówił sobie, że u podłoża jego sympatii do Patricka Pearse'a leży to, iż jest on jednym z bardzo nielicznych polityków, których ta sfera aktywności nie pozbawiła poczucia humoru, oraz to, że jego działalność ma charakter całkowicie ideowy i bezinteresowny: cenił poglądy, gardził władzą. Niepokoiło go jednak obsesyjne postrzeganie przez Pearse'a irlandzkich patriotów jako współczesnej wersji pierwszych męczenników: „Tak jak krew męczenników stała się nasieniem chrześcijaństwa, tak krew patriotów stanie się nasieniem naszej wolności" – napisał Pearse w pewnym eseju. „Piękne zdanie – myślał Roger. – Lecz czyż nie brzmi cokolwiek złowieszczo?"

W nim samym polityka budziła sprzeczne uczucia. Z jednej strony, pozwalała żyć z nieznaną dotąd intensywnością – nareszcie ciałem i duszą oddał się sprawie Irlandii! – lecz z drugiej, irytowało go poczucie straty czasu wywoływane przez niekończące się dyskusje poprzedzające, a niekiedy hamujące każde porozumienie i każdy czyn, intrygi, próżność, małostkowość mieszająca się z ideałami i ideami w codziennej pracy. Słyszał i czytał o tym, że polityka, jak wszystko, co wiąże się z władzą, wydobywa na światło dziennie to co najlepsze w człowieku – idealizm, heroizm, skłonność do poświęceń, szczodrość – a zarazem to co najgorsze – okrucieństwo, zawiść, resentyment, pychę. Zobaczył, że to wszystko prawda. On sam nie miał żadnych ambicji politycznych, władza go nie pociągała. Być może to właśnie, a także prestiż, jakim cieszył się jako wielki międzynarodowy bojownik zwalczający zbrodnie popełniane na krajowcach afrykańskich i południowoamerykańskich, sprawiało, że w ruchu nacjonalistycznym nie miał wrogów. Tak przynajmniej sądził, ponieważ wszyscy okazywali mu szacunek. Jesienią tysiąc dziewięćset trzynastego roku wstąpił na trybunę po szlify mówcy politycznego.

Pod koniec sierpnia przeprowadził się do Ulsteru, kraju dzieciństwa i młodości, by podjąć próbę zjednoczenia irlandzkich protestantów przeciwnych probrytyjskiemu ekstremizmowi Edwarda Carsona i jego stronników, musztrujących swe oddziały na oczach władz. Komitet, którego Roger był jednym z założycieli, zwany Ballymoney, zwołał wiec w ratuszu w Belfaście. Roger przemawiał jako jeden z oratorów, obok Alice Stopford Green, kapitana Jacka White'a, Alexa Wilsona i młodego aktywisty o nazwisku Dinsmore. Pierwszą w życiu mowę polityczną wygłosił w deszczowe popołudnie dwudziestego czwartego października tysiąc dziewięćset trzynastego roku w sali ratusza, przed pięciuset osobami. Niezwykle zdenerwowany, napisał tekst poprzedniego dnia i nauczył się go na pamięć. Miał wrażenie, że wstępując na trybunę, czyni nieodwracalny krok naprzód, że począwszy od tego momentu, wkracza na drogę, z której nie ma odwrotu. W przyszłości jego życie będzie poświęcone sprawie, jaka – biorąc pod uwagę okoliczności – może nieść z sobą ryzyko równe temu, jakiemu stawiał niegdyś czoła w afrykańskiej i amazońskiej dżungli. Mowa, w którą włożył całego siebie, przecząc temu, że podział Irlandczyków ma jednocześnie charakter religijny i polityczny (katoliccy autonomiści kontra protestanccy unioniści), oraz nawołując do „jedności w różnorodności haseł i ideałów wszystkich Irlandczyków", wzbudziła powszechny aplauz. Gdy zszedł z trybuny, Alice Stopford Green, obejmując go, szepnęła mu do ucha: „Pozwól, że zabawię się w wieszczkę. Wróżę ci wielką przyszłość polityczną".

Przez kolejne osiem miesięcy Roger miał wrażenie, że nie robi nic innego oprócz wchodzenia na estradę i schodzenia z niej, gdzie wygłaszał przemowy. Tylko na początku je czytał, później improwizował na podstawie krótkiego konspektu. Przejechał Irlandię wzdłuż i wszerz, biorąc udział w zebraniach, spotkaniach, dyskusjach, okrągłych stołach, niekiedy publicznych, innym razem tajnych, dyskutując, argumentując, proponując, odpierając zarzuty całymi godzinami, z uszczerbkiem dla jedzenia i snu. Owo całkowite oddanie działalności politycznej niekiedy napawało go entuzjazmem, a niekiedy głębokim przygnębieniem. W chwilach utraty ducha dokuczały mu bóle biodra i pleców.

Na przełomie tysiąc dziewięćset trzynastego i czternastego roku napięcie polityczne w Irlandii rosło. Rozłam między unionistami z Ulsteru a autonomistami i independystami osiągnął taki poziom, że sprawiał wrażenie preludium do wojny domowej. W listopadzie tysiąc dziewięćset trzynastego roku, w odpowiedzi na działalność Ochotników Ulsterskich Edwarda Carsona, powołano do życia Irish Citizen Army, której główny inspirator James Connolly był przywódcą związków zawodowych i działaczem robotniczym. Stanowiła ugrupowanie wojskowe i stawiała sobie za cel obronę robotników przed agresywnymi działaniami właścicieli fabryk i władz. Jej pierwszy komendant kapitan Jack White przed wstąpieniem do nacjonalistycznych organizacji irlandzkich odznaczył się w służbie armii brytyjskiej. W momencie jej powołania odczytano przysięgę pióra Rogera Casementa, którego podówczas przyjaciele polityczni wysłali do Londynu po pomoc finansową dla ruchu nacjonalistycznego.

Niemal w tym samym okresie co Irish Citizen Army powstała, z inicjatywy profesora Eoina MacNeilla, któremu Roger gorąco sekundował, organizacja Irish Volunteers. Od samego początku cieszyła się wsparciem podziemnej milicji Irish Republican Brotherhood, domagającej się niezależności dla Irlandii, kierowanej z niewinnie wyglądającego kiosku z wyrobami tytoniowymi przez Toma Clarke'a, legendarną postać ruchu nacjonalistycznego. Człowiek ów spędził piętnaście lat w brytyjskich więzieniach oskarżony o zamachy terrorystyczne z użyciem dynamitu. Udał się później na wygnanie do Stanów Zjednoczonych. Został następnie wysłany przez przywódców Clan na Gael (północnoamerykańskiego odgałęzienia Irish Republican Brotherhood) do Dublina, by dzięki swemu geniuszowi organizacyjnemu założyć podziemną siatkę. I uczynił to. W wieku pięćdziesięciu dwóch lat był nadal zdrów, niezmordowany i ideowy. Kontrwywiad brytyjski nie odkrył jego prawdziwej tożsamości. Obie organizacje działały w ścisłej, choć nie zawsze łatwej współpracy, a wielu członków należało do obu jednocześnie. Do Ochotników przyłączyli się także członkowie Ligi Gaelickiej, bojownicy Sinn Féin stawiającej pierwsze kroki pod dowództwem Arthura Griffitha, towarzysze z Ancient Order of Hibernians oraz tysiące niezależnych.

Roger Casement pracował z profesorem MacNeillem i Patrickiem Pearse'em nad redakcją manifestu założycielskiego Ochotników i słuchał go, przejęty wzruszeniem, wraz z tłumem obecnych w dublińskiej Rotundzie dwudziestego piątego listopada tysiąc dziewięćset trzynastego roku na pierwszym zgromadzeniu tej organizacji. Od samego początku, tak jak zaproponowali MacNeill i Roger, Ochotnicy stanowili ugrupowanie paramilitarne stawiające sobie za cel rekrutację, szkolenie i zbrojenie podzielonych na drużyny, kompanie i pułki członków działających na terenie całej Irlandii, na wypadek wybuchu działań zbrojnych, który – biorąc pod uwagę zaognienie sytuacji politycznej – wydawał się nieunikniony.

Roger oddał się ciałem i duszą pracy na rzecz Ochotników. Poznał wówczas – i zadzierzgnął z nimi silną przyjaźń – głównych przywódców, wśród których znajdowało się wielu poetów i pisarzy, takich jak Thomas MacDonagh, autor sztuk teatralnych, nauczyciel akademicki, oraz młody Joseph Plunkett, chory na płuca inwalida, który mimo ograniczeń fizycznych tryskał niewyczerpaną energią: katolik równie zagorzały jak Pearse, czytelnik mistyków, był jednym z założycieli Abbey Theatre. Działalność Rogera na rzecz Ochotników zabrała mu całe dnie i noce między listopadem tysiąc dziewięćset trzynastego roku a lipcem tysiąc dziewięćset czternastego. Codziennie przemawiał na wiecach, w dużych miastach, takich jak Dublin, Belfast, Cork, Londonderry, Galway i Limerick, lub w maleńkich miasteczkach i wioskach, przed setkami lub przed garstką słuchaczy. Jego mowy zaczynały się spokojnie ("Jestem protestantem z Ulsteru, który broni idei suwerenności i wyzwolenia Irlandii spod kolonialnego jarzma angielskiego"), lecz szybko ulegał egzaltacji i kończył je zazwyczaj w stylu patetycznym. Prawie zawsze przyjmowano je owacjami.

W tym samym czasie uczestniczył w opracowaniu strategii Ochotników. Należał do przywódców kładących silny nacisk na zaopatrzenie ruchu w broń zdolną skutecznie wesprzeć ich walkę o suwerenność, walkę, która – był o tym przekonany – przerodzi się wkrótce z politycznej w zbrojną. Aby się uzbroić, potrzebowali pieniędzy; należało przekonać Irlandczyków pragnących wolności, by nie szczędzili pieniędzy na Ochotników.

Tak zrodził się pomysł wysłania Rogera Casementa do Stanów Zjednoczonych. Tamtejsze społeczności irlandzkie posiadały środki finansowe i były w stanie zwiększyć swą pomoc, gdyby została poruszona opinia publiczna. A któż mógł to uczynić lepiej niż najsłynniejszy Irlandczyk świata? Ochotnicy postanowili skonsultować ten projekt z Johnem Devoyem, amerykańskim przywódcą potężnego Clan na Gael skupiającego liczną społeczność irlandzką o poglądach nacjonalistycznych. Devoy, urodzony w Kill w hrabstwie Kildare, działał w konspiracji od młodzieńczych lat i został skazany, jako terrorysta, na piętnaście lat więzienia. Odbył jednak tylko pięć lat kary. Wstąpił później do Legii Cudzoziemskiej, służył w Algierii. W Stanach Zjednoczonych założył czasopismo „The Gaelic American", w tysiąc dziewięćset trzecim, i zadzierzgnął silne więzy z Amerykanami należącymi do establishmentu, dzięki którym Clan na Gael uzyskał wpływy polityczne.

Podczas gdy John Devoy rozważał tę propozycję, Roger aktywnie działał na rzecz Irish Volunteers i militaryzacji ruchu. Zaprzyjaźnił się z pułkownikiem Maurice'em Moore'em, naczelnym inspektorem Ochotników, któremu towarzyszył w podróżach po wyspie, mających na celu sprawdzenie przebiegu szkoleń i bezpieczeństwa kryjówek broni. W wyniku nalegań pułkownika Moore'a został członkiem sztabu generalnego organizacji.

Wielokrotnie wysyłano go do Londynu. Działał tam podziemny komitet pod przewodnictwem Alice Stopford Green organizujący zbiórki pieniędzy, a także tajne zakupy, w Anglii i różnych krajach europejskich, karabinów, pistoletów, granatów, broni maszynowej i amunicji, które później przemycał do Irlandii. Podczas spotkań z Alice i jej przyjaciółmi Roger zauważył, że perspektywa wojny w Europie przestała być czystym przypuszczeniem i stała się czymś całkowicie realnym: wszyscy politycy i intelektualiści bywający w domu historyczki na Grosvenor Road sądzili, że Niemcy podjęły już decyzję, i nie zastanawiali się, czy wojna wybuchnie, lecz kiedy.

Roger przeprowadził się do Malahide, na północne przedmieście Dublina, lecz ze względu na częste podróże rzadko nocował w nowym domu. Wkrótce po przeprowadzce Ochotnicy ostrzegli go, że Royal Irish Constabulary założyła mu akta i że śledzi go tajna policja. Był to kolejny argument za wyjazdem do Stanów Zjednoczonych: będzie tam bardziej przydatny ruchowi nacjonalistycznemu niż w Irlandii, gdzie w każdej chwili mógł trafić za kratki. John Devoy dał znać, że przywódcy Clan na Gael zgadzają się na jego przybycie. Wszyscy sądzili, że jego obecność przyśpieszy zbiórkę datków.

Zgodził się, lecz odwlekał wyjazd przez wzgląd na pewien projekt, który przygotowywał z zapałem: uroczyste obchody, dwudziestego trzeciego kwietnia tysiąc dziewięćset czternastego roku, dziewięćsetnej rocznicy bitwy pod Clontarf, w której Irlandczycy pod dowództwem Briana Boru pokonali wikingów. MacNeill i Pearse popierali go, lecz pozostali przywódcy uważali tę inicjatywę za stratę czasu: po cóż trwonić energię na operację o charakterze archeologiczno-historycznym, skoro najważniejsza jest teraźniejszość? Nie ma czasu na błahostki. Projekt nie doszedł do skutku podobnie jak inna inicjatywa Rogera, zbiórka podpisów na rzecz uczestnictwa Irlandii w igrzyskach olimpijskich z własną drużyną sportową.

Szykując się do podróży, nie zaprzestał publicznych wystąpień, prawie zawsze u boku MacNeilla i Pearse'a, niekiedy także Thomasa MacDonagha. Przemawiał w Cork, Galway, Kilkenny. W dniu świętego Patryka wszedł na trybunę w Limerick, podczas największej manifestacji, jaką dane mu było oglądać w całym swoim życiu. Sytuacja pogarszała się z dnia na dzień. Unioniści z Ulsteru, uzbrojeni po zęby, organizowali jawnie defilady i manewry wojskowe tak powszechnie, że rząd brytyjski musiał zareagować, wysyłając więcej żołnierzy i marynarzy do północnej Irlandii. A wówczas wybuchł bunt na Curragh, epizod, który silnie zaważył na politycznych przekonaniach Rogera.

W szczytowej fazie mobilizacji brytyjskich żołnierzy i marynarzy, mającej na celu powstrzymanie ewentualnej akcji zbrojnej ekstremistów z Ulsteru, generał *sir* Arthur Paget, głównodowodzący wojsk brytyjskich w Irlandii, poinformował rząd angielski, że spora liczba brytyjskich oficerów z Sił Zbrojnych w Curragh dała mu do zrozumienia, że jeśli rozkaże im zaatakować Ochotników Ulsterskich Edwarda Carsona, nie wykonają tego rozkazu. Rząd uległ szantażowi i żaden z oficerów nie został ukarany.

Wydarzenie to ugruntowało przekonanie Rogera, że nie dojdzie do uchwalenia *Home Rule*: mimo wielu obietnic rząd angielski, konserwatystów czy liberałów, nigdy się na to nie zgodzi. Johna Redmonda i Irlandczyków wierzących w autonomię czekają kolejne rozczarowania. To nie jest rozwiązanie dla Irlandii. Rozwiązaniem może być tylko niepodległość, a ta nigdy nie zostanie im przyznana dobrowolnie. Musi zostać wydarta poprzez czyn polityczny i wojskowy, za cenę poświęceń i aktów bohaterstwa, tak jak uważali Pearse i Plunkett. W taki sposób uzyskały suwerenność wszystkie wolne ludy świata.

W kwietniu tysiąc dziewięćset czternastego roku przyjechał do Irlandii niemiecki dziennikarz Oskar Schweriner. Chciał napisać cykl reportaży na temat biedaków z Connemary. Jako że Roger wykazał dużą aktywność w niesieniu pomocy mieszkańcom podczas zagrożenia epidemią tyfusu, Schweriner go odszukał. Pojechali do Connemary we dwójkę, odwiedzili rybackie wioski, niedawno założone szkoły i przychodnie. Roger przetłumaczył później artykuły Schwerinera dla „The Irish Independent". W rozmowach z niemieckim reporterem, sprzyjającym ruchowi nacjonalistycznemu, Roger utwierdził się w przekonaniu, które powziął podczas wizyty w Berlinie, że bojownicy o wolność Irlandii powinni sprzymierzyć się z Niemcami, gdyby wybuchł konflikt zbrojny między tym państwem a Wielką Brytanią. U boku potężnego sojusznika mieli więcej szans na uzyskanie od Anglii tego, czego sama Irlandia, swymi skromnymi środkami – Pigmej naprzeciwko giganta – nie osiągnie nigdy. Pogląd ten został dobrze przyjęty wśród Ochotników. Nie był nowy, lecz nieuchronność wojny tchnęła weń nową siłę.

W takich okolicznościach dowiedziano się, że Ochotnicy Ulsterscy Edwarda Carsona wwieźli potajemnie do Ulsteru, przez port w Larne, dwieście szesnaście ton broni. W połączeniu z tą, którą mieli od dawna, dysponowali siłą znacznie przewyższającą siły Ochotników nacjonalistycznych. Roger wiedział, że trzeba przyśpieszyć wyjazd do Stanów Zjednoczonych.

Uczynił to, lecz przedtem musiał towarzyszyć Eoinowi MacNeillowi udającemu się do Londynu na rozmowę z Johnem Redmondem, liderem Irish Parliamentary Party. Wbrew wszelkim przesłankom Redmond nie porzucił przekonania, że autonomia zostanie prędzej czy później uchwalona. Bronił przed Rogerem i Eoinem tezy o dobrej woli liberalnego rządu angielskiego. Był korpulentnym, ruchliwym mężczyzną, mówił bardzo szybko, wyrzucając z siebie słowa niby karabin maszynowy. Bijąca odeń całkowita pewność siebie pogłębiła antypatię, jaką już wcześniej budził w Rogerze. Skąd brała się jego ogromna popularność w Irlandii? Jego pogląd, że autonomię należy uzyskać we współpracy i przyjaźni z Anglią, cieszył się poparciem większości Irlandczyków. Roger był jednak pewien, że powszechne zaufanie, jakim obdarzano lidera Irish Parliamentary Party, zacznie słabnąć, gdy opinia publiczna zorientuje się, że *Home Rule* to fatamorgana, narzędzie służące rządowi Imperium do utrzymywania Irlandczyków w ułudzie, do pogłębiania ich bierności i rozłamu.

Podczas rozmowy najbardziej zirytowało Rogera twierdzenie Redmonda, że w razie wybuchu wojny z Niemcami Irlandczycy powinni walczyć u boku Anglii, dla zasady i z powodów strategicznych: w ten sposób zdobędą zaufanie rządu angielskiego i opinii publicznej, warunek przyszłej autonomii. Redmond zażądał, by w Komitecie Wykonawczym Ochotników zasiadło dwudziestu pięciu przedstawicieli jego partii, na co ugrupowanie przystało, aczkolwiek niechętnie, by zachować jedność. Jednakże nawet owo ustępstwo nie zmieniło opinii Redmonda na temat Rogera Casementa, którego oskarżał o „radykalny rewolucjonizm". Mimo to w ciągu ostatnich tygodni w Irlandii Roger napisał do Redmonda dwa uprzejme listy, zachęcając go do działania w taki sposób, by utrzymać jedność narodową wbrew ewentualnym rozbieżnościom. Zapewniał, że jeśli *Home Rule* dojdzie do skutku, będzie pierwszym, który ją poprze. Jednakże jeśli rząd angielski, ze względu na swą słabość wobec ekstremistów z Ulsteru, nie doprowadzi do jej uchwalenia, nacjonaliści powinni mieć plan alternatywny.

Roger przemawiał na wiecu Ochotników w Cushendun dwudziestego ósmego czerwca tysiąc dziewięćset czternastego roku, gdy przyszła wieść o tym, że w Sarajewie serbski terrorysta zamordował arcyksięcia Ferdynanda. W owym momencie nikt nie przywiązywał wielkiej wagi do tego epizodu, który kilka tygodni później miał się stać pretekstem do wybuchu pierwszej wojny światowej. Ostatnią mowę w Irlandii Roger wygłosił w Carn trzydziestego czerwca. Ochrypł już od ciągłego mówienia.

Siedem dni później wypłynął potajemnie z Glasgow do Montrealu na pokładzie statku „Casandra", którego nazwa była symbolem tego, co miała przynieść mu przyszłość. Podróżował drugą klasą, pod fałszywym nazwiskiem. Ponadto zmienił strój, zwykle wyszukany, teraz więcej niż skromny, oraz wygląd, czesząc się inaczej i goląc brodę. Rejs – po długiej przerwie znów znalazł się na morzu – upłynął spokojnie. Ze zdumieniem zauważył, że aktywny tryb życia ostatnich miesięcy spowodował zmniejszenie bólów artretycznych. Prawie już ich nie odczuwał, a gdy powracały, były znośniejsze niż dawniej.

W pociągu z Montrealu do Nowego Jorku przygotował raport, jaki zamierzał złożyć Johnowi Devoyowi i pozostałym przywódcom Clan na Gael na temat sytuacji w Irlandii i potrzeby wsparcia finansowego dla Ochotników, by mogli nabyć broń, jako że przy tym rozwoju wypadków można było w każdej chwili spodziewać się wybuchu przemocy. Jednocześnie wojna otwierała przed nacjonalistami irlandzkimi wyjątkową szansę.

Po przyjeździe do Nowego Jorku, osiemnastego lipca, zamieszkał w Belmont Hotel, skromnym, popularnym wśród Irlandczyków. Tego samego dnia, spacerując po Manhattanie w upale nowojorskiego lata, natknął się na Norwega Eivinda Adlera Christensena. Przypadkowe spotkanie? Tak wówczas sądził. Ani przez moment nie przyszło mu do głowy podejrzenie, że mogło zostać ukartowane przez tajne służby brytyjskie, które śledziły jego kroki od miesięcy. Był pewien, że środki ostrożności podjęte przy potajemnym wyjeździe z Glasgow były wystarczające. Nie przeczuwał wtedy także, jakim kataklizmem okaże się dla niego spotkanie z tym dwudziestoczterolatkiem, który nie wyglądał bynajmniej na przymierającego głodem włóczęgę, za jakiego się podawał. Mimo znoszonego ubrania wydał się Rogerowi najpiękniejszym i najbardziej atrakcyjnym mężczyzną, jakiego widział w życiu. Patrząc, jak je kanapkę i małymi łyczkami popija napój, na który go zaprosił, poczuł zmieszanie i wstyd, gdyż serce zaczęło walić mu w piersi, a krew zawrzała tak, jak nie zdarzyło się od dawna. On, zawsze tak zważający na każdy gest, tak ściśle przestrzegający dobrych manier, tego popołudnia i wieczoru wielokrotnie był o krok od naruszenia zasad, od pofolgowania nieodpartemu pragnieniu pieszczenia tych muskularnych ramion pokrytych złotych meszkiem, objęcia smukłej talii Eivinda.

Dowiedziawszy się, że młodzian nie ma gdzie spać, zaprosił go do hotelu. Wynajął mu mały pokoik na tym samym piętrze. Mimo znużenia po długiej podróży tej nocy nie zmrużył oka. Rozkoszował się i dręczył obrazami atletycznego ciała nowego przyjaciela, pogrążonego we śnie, z aureolą jasnych włosów, z głową opartą na ramieniu – ta delikatna twarz, te błękitne oczy – być może z rozchylonymi ustami ukazującymi równe białe zęby.

Poznanie Eivinda Adlera Christensena było przeżyciem tak mocnym, że następnego dnia, podczas pierwszego spotkania z Johnem Devoyem, z którym miał do omówienia wiele ważnych spraw, ta twarz i ta sylwetka stawały mu wielokrotnie przed oczami, przenosząc go chwilami poza niewielki gabinet, gdzie rozmawiali zmęczeni upałem.

Stary doświadczony rewolucjonista, którego życie przypominało powieść przygodową, wywarł na Rogerze ogromne wrażenie. Dźwigał z animuszem swoje siedemdziesiąt dwa lata, a jego gesty, ruchy i sposób wysławiania były pełne zaraźliwej energii. Robiąc w małym notesiku zapiski ołówkiem, którego koniuszek zwilżał w ustach od czasu do czasu, wysłuchał raportu Rogera na temat Ochotników, nie przerywając mu ani razu. Gdy ów skończył, Devoy zasypał go gradem pytań, prosząc o szczegóły. Rogera zdumiało, że jest tak znakomicie poinformowany o tym, co się dzieje w Irlandii, nawet o sprawach, które utrzymywali w największym sekrecie.

Nie był człowiekiem serdecznym. Lata więzienia, konspiracji, walk uczyniły go szorstkim i surowym, lecz budził zaufanie, sprawiał wrażenie człowieka szczerego, uczciwego, o granitowych przekonaniach. W trakcie tej rozmowy i następnych, które odbywali regularnie podczas jego pobytu w Stanach, Roger zauważył, że mają identyczne poglądy co do kwestii irlandzkiej. Podobnie jak on, John uważał, że jest za późno na autonomię, że celem irlandzkich patriotów może być już tylko oderwanie się od Anglii. I że akcja zbrojna musi być nieodłącznym dopełnieniem negocjacji. Rząd angielski zgodzi się na negocjacje dopiero wówczas, gdy działania wojskowe postawią go w tak trudnej sytuacji, że przyznanie Irlandii niepodległości będzie dla Londynu mniejszym złem. W owej nieuchronnej wojnie zbliżenie z Niemcami leży w najżywotniejszym interesie nacjonalistów: ich wsparcie logistyczne i polityczne zwiększy skuteczność bojowników. John Devoy poinformował go, że pod tym względem społeczność irlandzka Stanów Zjednoczonych nie była jednomyślna. Tezy Johna Redmonda miały wielu zwolenników, choć władze Clan na Gael zgadzały się z Devoyem i Casementem.

W ciągu następnych dni John Devoy przedstawił go większości nowojorskich przywódców organizacji, a także Johnowi Quinnowi i Williamowi Bourke'owi Cockranowi, dwóm ustosunkowanym amerykańskim adwokatom popierającym sprawę irlandzką. Obaj mieli wpływowych przyjaciół w kręgach rządowych i w Kongresie Stanów Zjednoczonych.

Roger zauważył, że jego wystąpienia, do których namówił go John Devoy, na wiecach i spotkaniach, gdzie zbierano fundusze, przynoszą wymierny skutek. Był znany z kampanii na rzecz tubylców afrykańskich i amazońskich, a jego racjonalna i emotywna retoryka trafiała do wszystkich słuchaczy. Po wiecach, na których przemawiał w Nowym Jorku, Filadelfii i innych miastach Wschodniego Wybrzeża, datki gwałtownie wzrosły. Przywódcy Clan na Gael śmiali się, że w tym tempie wkrótce staną się kapitalistami. Ancient Order of Hibernians zaprosił go jako głównego mówcę na największy wiec, na jakim miał okazję znaleźć się w Stanach Zjednoczonych.

W Filadelfii poznał kolejnego wybitnego przywódcę na wygnaniu, Josepha McGarrity'ego, bliskiego współpracownika Johna Devoya w Clan na Gael. Był właśnie u niego w domu, gdy dotarła do nich wieść o sukcesie operacji przemytu tysiąca pięciuset karabinów i dziesięciu tysięcy sztuk amunicji dla Ochotników, które wylądowały w okolicy Howth. Nowina wywołała wybuch radości i została uczczona toastem. Kilka dni później dowiedział się, że wkrótce po tej dostawie broni w Bachelor's Walk doszło do starcia między Irlandczykami a brytyjskimi żołnierzami z pułku The King's Own Scottish Borderers, w którym zginęły trzy osoby, a ponad czterdzieści zostało rannych. Czy oznaczało to wybuch wojny?

Prawie wszędzie w Stanach Zjednoczonych, na zebraniach Clan na Gael i wystąpieniach publicznych, Roger pojawiał się w towarzystwie Eivinda Adlera Christensena. Przedstawiał go jako swego adiutanta i zaufanego człowieka. Kupił mu przyzwoite ubranie i podszkolił w zakresie problematyki irlandzkiej, w której młody Norweg był, wedle swych własnych słów, całkowitym ignorantem. Nie miał wykształcenia, lecz nie był głupi, uczył się szybko i okazywał całkowitą dyskrecję podczas spotkań Rogera z Johnem Devoyem oraz innymi członkami organizacji. Jeśli w tych ostatnich obecność młodego Norwega wzbudziła jakieś podejrzenia, zachowali je dla siebie i nigdy nie zadali Rogerowi żadnego kłopotliwego pytania na temat jego towarzysza.

Gdy w sierpniu tysiąc dziewięćset czternastego roku wybuchła wojna światowa – czwartego sierpnia Wielka Brytania wypowiedziała wojnę Niemcom – Casement, Devoy, Joseph McGarrity i John Keating, najściślejsze dowództwo Clan na Gael, zadecydowali już, że Roger wyruszy do Niemiec. Uda się tam jako przedstawiciel zwolenników niepodległości Irlandii opowiadających się za zawarciem strategicznego sojuszu, w którym rząd kajzera udzieli pomocy politycznej i wojskowej Ochotnikom, a ci zorganizują kampanię przeciwko zaciągowi Irlandczyków do armii brytyjskiej, do którego nawoływali zarówno unioniści z Ulsteru, jak i stronnicy Johna Redmonda. Projekt został skonsultowany z nielicznymi przywódcami Ochotników, takimi jak Patrick Pearse i Eoin MacNeill, którzy poparli go bez zastrzeżeń. Ambasada niemiecka w Waszyngtonie, z którą Clan na Gael utrzymywał stosunki, współdziałała w realizacji tego planu. Niemiecki *attaché* wojskowy kapitan Franz von Papen przyjechał do Nowego Jorku i dwukrotnie spotkał się z Rogerem. Entuzjastycznie przyjął ideę zbliżenia między Clan na Gael i irlandzką IRB a rządem niemieckim. Po konsultacji z Berlinem poinformował ich, że Roger Casement zostanie przyjęty przychylnie w Niemczech.

Roger wyczekiwał wojny, podobnie jak niemal wszyscy, i zaledwie jej groźba się urzeczywistniła, rzucił się w wir działania z całą ogromną energią, jaką był zdolny wykrzesać. Na jego przychylne nastawienie do Reichu nałożyła się zaciekła antybrytyjskość zaskakująca niekiedy jego własnych towarzyszy z Clan na Gael, choć wielu z nich także stawiało na zwycięstwo Niemiec. Odbył zażartą dyskusję z Johnem Quinnem, który zaprosił go na kilka dni do swej luksusowej rezydencji, utrzymując, że ta wojna jest efektem spisku odczuwających urazę i zawiść obywateli dekadenckiego kraju przeciw potężnemu mocarstwu w pełnym rozkwicie przemysłowym i ekonomicznym, przeżywającemu wyż demograficzny. Niemcy, pozbawione balastu kolonialnego, symbolizowały przyszłość, podczas gdy Anglia, żywe wcielenie idei kolonialnego imperium, była skazana na wymarcie.

W sierpniu, wrześniu i październiku tysiąc dziewięćset czternastego roku Roger, jak w swych najlepszych czasach, pracował dniem i nocą, pisząc artykuły i listy, wygłaszając prelekcje i mowy, w których z uporem maniaka oskarżał Anglię o spowodowanie tej europejskiej katastrofy i nawoływał Irlandczyków do niesłuchania syreniego głosu Johna Redmonda wzywającego ich do zaciągu do armii. Liberalny rząd angielski zatwierdził autonomię przyjętą przez parlament, lecz zawiesił jej wprowadzenie do zakończenia wojny. Rozłam wśród Ochotników był nieunikniony. Organizacja ogromnie się rozrosła, a Redmond i Irish Parliamentary Party mieli w niej przeważającą większość. Poszło za nim ponad sto pięćdziesiąt tysięcy ochotników, a przy Eoinie MacNeillu i Patricku Pearsie zostało zaledwie jedenaście tysięcy. Nie osłabiło to bynajmniej progermańskiego ferworu Rogera Casementa, który na wszystkich wiecach w Stanach Zjednoczonych przedstawiał Niemcy kajzera jako ofiarę tej wojny i najlepszego obrońcę zachodniej cywilizacji. „To nie miłość do Niemiec przemawia przez twoje usta, lecz nienawiść do Anglii" – powiedział mu John Quinn podczas tej dyskusji.

We wrześniu tysiąc dziewięćset czternastego roku, w Filadelfii, ukazała się niewielka książeczka autorstwa Rogera Casementa, *Ireland, Germany and freedom of the seas. A possible outcome of the War of 1914*, zbiór esejów i artykułów przychylnych Niemcom. Wydanie w Berlinie ukazało się pod tytułem *Verbrechen gegen Europa* (Zbrodnia przeciw Europie). Jego wypowiedzi na rzecz Niemiec wywarły duże wrażenie na dyplomatach Reichu akredytowanych w Stanach Zjednoczonych. Niemiecki ambasador w Waszyngtonie hrabia Johann von Bernstorff wybrał się do Nowego Jorku na prywatne spotkanie z trzema przywódcami Clan na Gael – Johnem Devoyem, Josephem McGarritym i Johnem Keatingiem – oraz z Rogerem Casementem. Obecny był także kapitan Fritz von Papen. To Roger, zgodnie z ustaleniami, wyłuszczył przed niemieckim dyplomatą prośbę nacjonalistów o pięćdziesiąt tysięcy karabinów i amunicję. Można było przemycić je do Irlandii przez różne porty, dzięki Ochotnikom. Posłużą do antykolonialnego powstania zbrojnego, które zwiąże poważne siły wojskowe Imperium, co powinno zostać wykorzystane przez marynarkę oraz siły lądowe kajzera do ataku na przybrzeżne garnizony angielskie. By wzmocnić proniemieckie sympatie irlandzkiej opinii publicznej, rząd niemiecki powinien wydać deklarację gwarantującą, że w razie zwycięstwa poprze dążenia Irlandczyków do wyzwolenia spod jarzma kolonialnego. Rząd niemiecki powinien także zobowiązać się do specjalnego traktowania irlandzkich żołnierzy, którzy trafią do niewoli, oddzielając ich od Anglików i oferując szansę wstąpienia do Brygady Irlandzkiej, która walczyłaby „u boku, lecz nie w składzie" niemieckiego wojska przeciw wspólnemu wrogowi. Roger Casement byłby organizatorem takiej brygady.

Hrabia von Bernstorff, krzepki, z monoklem w oku i rzędem orderów na piersi, wysłuchał go z uwagą. Kapitan von Papen robił notatki. Ambasador musiał, rzecz oczywista, poczekać na opinię Berlina, lecz już teraz mógł powiedzieć, że propozycja wydaje mu się rozsądna. I rzeczywiście, kilka dni później, podczas drugiego spotkania, zakomunikował im, że rząd niemiecki jest gotów przeprowadzić rozmowy na ten temat, w Berlinie, z Casementem jako przedstawicielem irlandzkich nacjonalistów. Wręczył im list rekomendacyjny, w którym upraszano władze o udzielenie wszelkiej pomocy *sir* Rogerowi podczas jego pobytu w Niemczech.

Natychmiast zaczął przygotowywać się do podróży. Zauważył, że Devoy, McGarrity i Keating zdziwili się, gdy oznajmił, że zabierze swego adiutanta Eivinda Adlera Christensena. W związku z zaplanowaniem trasy przez Norwegię – statkiem z Nowego Jorku do Christianii – ze względów bezpieczeństwa, młodzieniec okaże się przydatny jako tłumacz w rodzinnym kraju, podobnie jak później, w Berlinie, gdyż Eivind władał też językiem niemieckim. Nie poprosił o dodatkowe pieniądze dla asystenta. Kwota, którą wręczył mu Clan na Gael na podróż i pobyt – trzy tysiące dolarów – mogła wystarczyć dla dwóch.

Jeśli jego nowojorscy towarzysze uznali za dziwny jego upór, by zabrać do Berlina tego młodego wikinga, który nigdy nie otwierał ust podczas spotkań, zachowali to dla siebie. Zgodzili się bez komentarzy. Roger zaś nie byłby w stanie wyruszyć w tę podróż bez Eivinda. Wraz z tym chłopcem wkroczyła do jego życia młodość, radość i – słowo to wywoływało uśmiech na jego twarzy – miłość. Nie zdarzyło mu się to nigdy wcześniej. Miewał sporadyczne przygody z ludźmi, których imiona – o ile to były imiona, a nie przydomki – zapominał natychmiast, lub z widmami, które jego wyobraźnia, pożądanie i samotność stwarzały na kartach dzienników. Jednak co do „pięknego wikinga", jak nazywał go poufale, odnosił podczas owych tygodni i miesięcy wrażenie, że łączy go z nim coś więcej niż doraźna przyjemność, że nawiązał wreszcie nić uczucia mającego szansę na przetrwanie i wyrwanie go z samotności, na którą skazała go orientacja seksualna. Nie rozmawiał o tym z Eivindem. Nie był naiwny i wielokrotnie mówił sobie, że najprawdopodobniej, a wręcz na pewno, Norweg pozostaje z nim z wyrachowania, ponieważ u jego boku jada dwa razy dziennie, mieszka pod dachem, sypia w porządnym łóżku, otrzymuje ubranie i poczucie bezpieczeństwa, którego – jak twierdził – nie zaznał od dłuższego czasu. Lecz niebawem Roger porzucił wszelkie uprzedzenia w codziennym kontakcie. Chłopiec był uważny i czuły, wydawało się, że żyje tylko po to, by go obsługiwać, wynajdywać coraz to nowe stroje, spełniać z całkowitym oddaniem wszystkie zlecenia. Nawet w najbardziej intymnych momentach zwracał się do niego z pewnym szacunkiem, nie pozwalając sobie ani na nadmierną poufałość, ani na wulgarność.

Kupili bilety drugiej klasy na statek „Oskar II" wypływający z Nowego Jorku do Christianii w połowie października. Roger, podróżujący z paszportem na nazwisko James Landy, zmienił wygląd, obciął bardzo krótko włosy, wybielił kremami opaloną twarz. Statek został przejęty na pełnym morzu przez marynarkę brytyjską i odstawiony pod eskortą do Stornoway, na Hebrydy, gdzie Anglicy przeprowadzili drobiazgową kontrolę. Prawdziwa tożsamość Casementa nie została jednak odkryta. Para dotarła cało i zdrowo do Christianii o zmierzchu dwudziestego ósmego października. Roger czuł się tak dobrze jak nigdy dotąd. Gdyby go zapytano, powiedziałby, że mimo wszelkich problemów jest człowiekiem szczęśliwym.

Jednakże w tych samych godzinach i minutach, gdy miał wrażenie, że uchwycił ów błędny ognik – szczęście – zaczynał się najbardziej gorzki etap jego życia, owa porażka, która – pomyśli później – zniweczy wszystko, co dobre i szlachetne w jego przeszłości. Następnego dnia po przybyciu do stolicy Norwegii Eivind oznajmił mu, że został porwany na ulicy przez nieznajomych ludzi i zabrany na kilka godzin do konsulatu brytyjskiego, gdzie wypytywano go o tajemniczego towarzysza. A on, naiwny, uwierzył mu. Pomyślał nawet, że epizod ów daje mu niepowtarzalną szansę, by wykazać złą wolę (skrytobójcze intencje) brytyjskiego rządu. W rzeczywistości, jak miał się później dowiedzieć, Eivind sam zgłosił się do konsulatu z propozycją, że go sprzeda. Zdarzenie to przyniosło tylko taki efekt, że Roger myślał o nim obsesyjnie przez jakiś czas, trwoniąc tygodnie i miesiące na daremnych zabiegach i przygotowaniach, które nie tylko nie przyniosły żadnej korzyści sprawie irlandzkiej, lecz z pewnością stały się powodem kpin Foreign Office i wywiadu, gdzie patrzono na niego jak na żałosnego amatorskiego konspiratora.

Kiedy zaczął odczuwać rozczarowanie owymi Niemcami, które – być może jako skutek odrzucenia Anglii – tak podziwiał i nazywał modelem skuteczności, dyscypliny, kultury, nowoczesności? Z pewnością nie w ciągu pierwszych tygodni w Berlinie. Podczas podróży, pełnej perypetii, z Christianii do stolicy Rzeszy, w towarzystwie Richarda Meyera, łącznika z Ministerstwem Spraw Zagranicznych kajzera, był jeszcze pełen złudzeń, przekonany, że Niemcy wygrają wojnę, a ta wiktoria okaże się decydująca dla wyzwolenia Irlandii. Jego pierwsze wrażenia z tego zimnego, deszczowego i zamglonego miasta, jakim był Berlin tamtej jesieni, zapamiętał jako dobre. Zarówno podsekretarz stanu Arthur Zimmermann, jak hrabia Georg von Wedel, dyrektor sekcji brytyjskiej ministerstwa, przyjęli go życzliwie i okazali entuzjazm dla planu sformowania brygady z jeńców irlandzkich. Obaj popierali pomysł deklaracji rządu niemieckiego na rzecz niepodległości Irlandii. I rzeczywiście, dwudziestego listopada tysiąc dziewięćset czternastego roku Rzesza wydała taką deklarację, być może sformułowaną w terminach nie tak jednoznacznych, jak życzył sobie Roger, lecz dostatecznie jasnych, by usprawiedliwić postawę ludzi, którzy tak jak on bronili sojuszu nacjonalistów irlandzkich z Niemcami. Jednakże już wtedy, mimo uniesienia, w jakie wprawiła go owa deklaracja – niewątpliwie jego osobisty sukces – oraz informacja od ministra spraw zagranicznych, że Sztab Generalny rozkazał, by zebrano irlandzkich jeńców w jednym obozie, gdzie będzie mógł do nich przemówić, Rogera opadły przeczucia, że rzeczywistość nie nagnie się do jego planów, lecz raczej stanie okoniem i będzie dążyć do jego porażki.

Pierwszą oznaką, że sprawy przyjmują niespodziewany obrót, była wieść – przekazana w jedynym liście od Alice Stopford Green otrzymanym w ciągu osiemnastu miesięcy, liście, który by dotrzeć do niego, dwukrotnie przemierzył Atlantyk, z postojem w Nowym Jorku, gdzie dostał nową kopertę, nazwisko adresata i adres – że prasa brytyjska doniosła o jego pobycie w Berlinie. Wywołało to zażartą polemikę między nacjonalistami, którzy popierali jego decyzję wzięcia strony Niemiec w konflikcie wojennym, a tymi, którzy odrzucali ją. Alice ją odrzucała: mówiła mu to bardzo wyraźnie. Dodawała, że wielu zaprzysięgłych zwolenników niepodległości zgadza się z nią. Co najwyżej, pisała, można było przyjąć neutralną postawę Irlandczyków wobec europejskiej wojny. Ale sprzymierzać się z Niemcami, co to, to nie. Dziesiątki tysięcy Irlandczyków walczyły za Wielką Brytanię; jak poczują się na wieść o tym, że wielkie postaci irlandzkiego nacjonalizmu identyfikują się z wrogiem, który miażdży ich ogniem artyleryjskim i dusi gazem w belgijskich okopach?

List Alice uderzył w Rogera jak grom z jasnego nieba. To, że najbardziej podziwiana przez niego osoba, z którą dzielił tyle poglądów politycznych co z nikim innym, potępia to, co robi, i wyraża to w tak bezpośredni sposób, oszołomiło go. Oczywiście z Londynu sprawy wyglądały inaczej, bez perspektywy, jaką dawał dystans. Jednakże choć przedstawiał sobie wszelkie możliwe argumenty, w jego sumieniu pozostała drzazga: oto jego polityczna mentorka, jego przyjaciółka i nauczycielka nie pochwala jego działań i uważa, że zamiast niesienia pomocy szkodzi sprawie Irlandii. Od tego czasu w jego głowie stale pobrzmiewało złowieszczo pytanie: „A jeśli Alice ma rację i to ja się mylę?".

Również w listopadzie władze niemieckie zorganizowały mu podróż na front, do Charleville, na rozmowy z dowódcami wojskowymi na temat Brygady Irlandzkiej. Roger mówił sobie, że jeśli odniesie sukces i powstanie oddział wojskowy walczący u boku wojsk niemieckich o niepodległość Irlandii, być może rozwieje to skrupuły wielu kolegów, na przykład Alice. Uznają, że w polityce uczucia stanowią wyłącznie przeszkodę, że wrogiem Irlandii jest Imperium Brytyjskie, a wrogowie wrogów Irlandii są jej przyjaciółmi. Podróż, choć krótka, przyniosła dobre rezultaty. Wysocy oficerowie walczący w Belgii byli pewni zwycięstwa. Wszyscy przyklasnęli pomysłowi stworzenia Brygady Irlandzkiej. Z samej wojny nie zobaczył zbyt wiele: wojska na drogach, szpitale w miasteczkach, szeregi jeńców pilnowanych przez uzbrojonych żołnierzy, dalekie odgłosy kanonady. Gdy wrócił do Berlina, zastał dobrą nowinę. Watykan przystał na jego prośbę i zgodził się wysłać dwóch kapłanów do obozu, gdzie zbierano irlandzkich jeńców: augustianina brata O'Gormana i dominikanina brata Thomasa Crotty'ego. O'Gorman miał zostać tam przez dwa miesiące, a Crotty tak długo, jak długo będzie trzeba.

Jak potoczyłyby się jego losy, gdyby Roger Casement nie poznał ojca Thomasa Crotty'ego? Prawdopodobnie nie przeżyłby owej straszliwej zimy tysiąc dziewięćset piętnastego roku, gdy w całych Niemczech, zwłaszcza w Berlinie, szalały zamiecie śnieżne, zasypując drogi i ulice, które stały się całkowicie nieprzejezdne, wichury wyrywające krzaki, markizy, okna, mrozy piętnasto- i dwudziestostopniowe, które w związku ze stanem wojny nieraz trzeba było znosić bez światła i ogrzewania. Dopadły go wszystkie dawne choroby: bóle stawu biodrowego złożyły go na długie dni, nie pozwalając stanąć na nogi. Myślał wówczas, że pozostanie w Niemczech sparaliżowany na zawsze. Powróciła stara udręka: hemoroidy. Pobyt w toalecie stanowił prawdziwą torturę. Czuł, że jego ciało jest osłabione i znużone, jakby przybyło mu znienacka dwadzieścia lat.

Przez cały ten czas jego zbawieniem był ojciec Thomas Crotty. „Święci istnieją, nie są tylko mitem" – mówił sobie. Bo czym innym jak nie świętym był ojciec Crotty? Nigdy się nie skarżył, przystosowywał się do najgorszych warunków z uśmiechem na ustach, oznaką dobrego humoru i witalnego optymizmu, wewnętrznego przekonania, że w życiu jest dostatecznie dużo dobrych rzeczy, dla których warto żyć.

Był niezbyt wysoki, miał przerzedzone, siwe włosy, okrągłą czerstwą twarz, w której skrzyły się jasne oczy. Pochodził z bardzo ubogiej rodziny chłopskiej, z Galway; niekiedy, gdy był w jeszcze lepszym humorze niż zazwyczaj, śpiewał po gaelicku kołysanki, którymi matka usypiała go, gdy był malutki. Dowiedziawszy się, że Roger spędził dwadzieścia lat w Afryce i około roku w Amazonii, opowiedział mu, że od czasów seminarium marzył o tym, by wyjechać na misję do jakiegoś odległego kraju, lecz zakon wybrał dla niego inny los. W obozie zyskał przyjaźń wszystkich jeńców, gdyż wszystkich traktował z jednakim uszanowaniem, bez względu na ich poglądy i wiarę. Jako że od pierwszego momentu był świadom, że tylko niewielki ułamek da się przekonać Rogerowi, zachował całkowitą bezstronność i nigdy nie wypowiedział się na temat Brygady Irlandzkiej ani za, ani przeciw. „Wszyscy, którzy są tutaj, cierpią, są dziećmi Bożymi, a zatem naszymi braćmi, nieprawdaż?" – powiedział Rogerowi. W długich rozmowach z ojcem Crottym rzadko poruszali tematy polityczne. Za to, owszem, dużo mówili o Irlandii, o jej przeszłości, bohaterach, świętych, męczennikach, lecz w ustach ojca Crotty'ego najczęściej powracali owi nieszczęśni anonimowi wyrobnicy, którzy harowali od świtu do zmierzchu, by zarobić na skibkę czerstwego chleba, oraz ci, którzy musieli emigrować do Ameryki, do Południowej Afryki, do Australii, by nie umrzeć z głodu.

To Roger skierował ich rozmowy na tematy religijne. Dominikanin także i pod tym względem okazywał daleko posuniętą dyskrecję, uważając z pewnością, że jego rozmówca, jako anglikanin, będzie wolał unikać drażliwego tematu. Gdy jednak Roger przedstawił mu swe duchowe rozterki i wyznał, że od pewnego momentu coraz mocniej pociąga go katolicyzm, religia jego matki, ojciec Crotty chętnie przystał na rozmowę o tym. Cierpliwie zaspokajał jego ciekawość, rozwiewał wątpliwości, odpowiadał na pytania. Pewnego dnia Roger odważył się zapytać go wprost: „Czy sądzi ojciec, że dobrze robię, czy że się mylę?". Kapłan natychmiast spoważniał: „Nie wiem, Rogerze. Nie chciałbym kłamać. Po prostu nie wiem".

Roger teraz już też nie wiedział, po owych pierwszych dniach grudnia tysiąc dziewięćset czternastego roku, gdy po obejściu obozu w Limburgu z niemieckimi generałami Graafem i Exnerem po raz pierwszy przemówił do setek irlandzkich jeńców. Nie, rzeczywistość zdecydowanie odbiegała od jego oczekiwań. „Ależ byłem głupi i naiwny" – powie sobie, wspominając, z nagłym smakiem popiołu w ustach, twarze jeńców, na których odmalowywały się niedowierzanie, nieufność, wrogość, gdy wyjaśniał im, z całym żarem swej miłości do Irlandii, istotę Brygady Irlandzkiej, mówił o misji, jaką ma do wypełnienia, i wdzięczności, jaką winna im będzie ojczyzna za owo poświęcenie. Przypomniał sobie kilka okrzyków na cześć Johna Redmonda, które przerwały jego wystąpienie, pomruk niechęci, wręcz groźby, ciszę, jaka nastała po jego słowach. Najbardziej upokarzające było to, że gdy skończył swe wystąpienie, niemieccy strażnicy otoczyli go i eskortowali do wyjścia, ponieważ choć nie zrozumieli słów, postawa większości jeńców wskazywała na to, że nie można wykluczyć ataku na mówcę.

Który faktycznie nastąpił za drugim razem, gdy Roger wrócił do Limburga, piątego stycznia tysiąc dziewięćset piętnastego roku. Wówczas jeńcy nie poprzestali na nieprzyjaznych minach i okazaniu niesmaku gestami czy postawą. Wygwizdali go i obsypali wyzwiskami. „Ile ci zapłacili Niemcy?" – ten okrzyk powtarzał się najczęściej. Musiał zamilknąć, gdyż wrzawa była ogłuszająca. Posypał się nań grad kamieni i innych pocisków, niektórzy pluli na niego. Niemieccy żołnierze wyprowadzili go szybko z terenu obozu.

Nigdy nie podźwignął się po tym doświadczeniu. Jego wspomnienie, niby rak, toczyło go od wewnątrz, dniem i nocą, bez ustanku.

– Czy powinienem porzucić ten pomysł, skoro budzi tak powszechny sprzeciw, ojcze?

– Powinieneś robić to, co twoim zdaniem jest najlepsze dla Irlandii, Rogerze. Twoje ideały są czyste. Niepopularność nie zawsze jest dobrym argumentem przy osądzaniu słuszności danej sprawy.

Od tamtego czasu żył w rozdzierającej dwulicowości, udając przed niemieckimi władzami, że formowanie Brygady Irlandzkiej jest w toku. To prawda, że na razie zgłoszeń jest niewiele, lecz to ulegnie zmianie, gdy jeńcy przełamią początkową nieufność i zrozumieją, że dobro Irlandii, a zatem także ich samych, zależy od przyjaźni i współpracy z Niemcami. W głębi ducha wiedział jednak doskonale, że to nieprawda, że nie ma co liczyć na masowy zaciąg do brygady, że nigdy nie będzie ona niczym więcej jak tylko symboliczną garstką. A skoro tak, to czy jest sens ciągnąć to wszystko? Czy nie lepiej wycofać się? Nie, bo to oznaczałoby samobójstwo, a Roger Casement nie miał ochoty popełniać samobójstwa. Jeszcze nie teraz. A w każdym razie nie w ten sposób. I dlatego, w pierwszych miesiącach tysiąc dziewięćset piętnastego roku, z bryłką lodu w piersi, tracąc sporo czasu na „sprawę Findlaya", negocjował z władzami Reichu umowę w sprawie Brygady Irlandzkiej. Stawiał warunki, a jego rozmówcy, Arthur Zimmermann, hrabia Georg von Wedel i hrabia Rudolf Nadolny, słuchali go z poważnymi minami, robiąc notatki. Na kolejnym spotkaniu zakomunikowali mu, że rząd niemiecki przyjmuje jego warunki: brygada otrzyma własne mundury oraz irlandzkich oficerów, będzie mogła wybierać pola bitwy, gdzie wejdzie do akcji, jej koszty zostaną zwrócone rządowi niemieckiemu przez rząd Republiki Irlandzkiej, gdy tylko ów się ukonstytuuje. Wiedział równie dobrze jak oni, że to wszystko jest tylko teatrem, gdyż w połowie tysiąc dziewięćset piętnastego roku Brygada Irlandzka nie liczyła nawet tylu ochotników, by dało się sformować kompanię: zaciągnęło się do niej zaledwie czterdziestu mężczyzn i było mało prawdopodobne, by wszyscy wytrwali w swym postanowieniu. Wielokrotnie zadawał sobie pytanie: „Jak długo jeszcze potrwa ta farsa?". W listach do Eoina MacNeilla i Johna Devoya poczuwał się do obowiązku, by zapewniać ich, że choć powoli, Brygada Irlandzka nabiera kształtu. Ochotników z pewnością przybędzie. Koniecznie muszą przysłać mu irlandzkich oficerów, którzy zaczną szkolenie wojskowe i staną na czele przyszłych drużyn i kompanii. Obiecali mu to, lecz nie dotrzymali słowa: przybył tylko kapitan Robert Monteith. Choć w rzeczywistości ów niezłomny wojak wart był całego batalionu.

Zaczął przeczuwać, co go czeka, gdy skończyła się zima, a na drzewach Unter den Linden pojawiły się pierwsze zielone pączki. Podsekretarz stanu w Ministerstwie Spraw Zagranicznych, z którym odbywali regularnie robocze spotkania, oznajmił mu znienacka pewnego dnia, że Sztab Główny nie ufa jego adiutantowi Eivindowi Adlerowi Christensenowi. Istniały przesłanki, by podejrzewać, że jest informatorem służb brytyjskich. Powinien bezzwłocznie go od siebie odsunąć. Oskarżenie spadło nań jak grom z jasnego nieba. Początkowo odrzucił je. Zażądał dowodów. Odpowiedziano mu, że niemieckie służby nie wydałyby podobnego oświadczenia, gdyby nie posiadały solidnych podstaw. Jako że w owym okresie Eivind zamierzał wybrać się do Norwegii w odwiedziny do krewnych, Roger zachęcił go do wyjazdu. Dał mu pieniądze i odprowadził na stację. Nie zobaczył go nigdy więcej. Od tego czasu do poprzednich trosk dołączyło się jeszcze pytanie: czy to możliwe, by skandynawski bóg był szpiegiem? Przetrząsnął pamięć, próbując doszukać się w ciągu kilku ostatnich miesięcy wspólnego życia jakiegoś wydarzenia, postawy, sprzeczności, nieuważnego słowa, które by go wydały. Nie znalazł niczego. Próbował się uspokoić, myśląc, że owa kalumnia była taktycznym manewrem teutońskich arystokratów, purytańskich i pełnych uprzedzeń, którzy podejrzewając, że jego stosunki z Norwegiem nie są niewinne, chcieli rozłączyć ich pod byle pretekstem, nawet oszczerczym. Jednakże wątpliwości powracały i dręczyły go. Gdy dowiedział się, że Eivind Adler Christensen postanowił wrócić z Norwegii do Stanów Zjednoczonych, nie zaglądając do Niemiec, ucieszył się.

Dwudziestego kwietnia tysiąc dziewięćset piętnastego roku przybył do Berlina młody Joseph Plunkett jako delegat Ochotników i IRB. Przemierzył z różnymi perypetiami pół Europy, starając się wymknąć sieci brytyjskiego wywiadu. Jak udało mu się tego dokonać w tak opłakanym stanie zdrowia? Miał zaledwie dwadzieścia siedem lat, lecz był chudy jak szkielet, na wpół sparaliżowany przez chorobę Heinego-Medina, trawiony gruźlicą, która nadawała chwilami jego twarzy wygląd trupiej czaszki. Syn zamożnego arystokraty hrabiego George'a Noble'a Plunketta, dyrektora Muzeum Narodowego w Dublinie, Joseph, mówiący po angielsku z arystokratycznym akcentem, ubierał się byle jak, w spodnie z wypchanymi kieszeniami, zbyt duży surdut i kapelusz naciągnięty na oczy. Wystarczyło jednak posłuchać, jak mówi, i porozmawiać z nim przez chwilę, by odkryć za owym wyglądem klauna, ciałem w stanie ruiny i karnawałowym strojem ponadprzeciętną inteligencję, przenikliwą jak rzadko, ogromną kulturę literacką i żarliwego ducha, przesiąkniętego powołaniem do walki i poświęcenia dla sprawy irlandzkiej, które wywarły silne wrażenie na Rogerze Casemencie, gdy spotykali się w Dublinie, na zebraniach Ochotników. Pisał poezję mistyczną, był tak jak Patrick Pearse żarliwym katolikiem i znał na wyrywki mistyków hiszpańskich, zwłaszcza świętą Teresę od Dzieciątka Jezus i świętego Jana od Krzyża, których wiersze cytował z pamięci po hiszpańsku. Podobnie jak Patrick Pearse, sytuował się zawsze wśród radykałów, co zbliżyło go do Rogera. Słuchając ich, Roger mówił sobie wielokrotnie, że Pearse i Plunkett zdają się szukać męczeństwa, przekonani, że tylko heroizmem i pogardą śmierci, takimi jak owych tytanów zaludniających karty historii Irlandii, od Cuchulainna, Fiona, Owena Roe po Wolfe'a Tone'a i Roberta Emmeta, składających samych siebie w ofierze jak chrześcijańscy męczennicy z pierwszych wieków, zaszczepią w większości rodaków ideę, że jedynym sposobem zdobycia wolności jest pochwycenie za broń i wyruszenie w bój. Z ofiary synów Éire zrodzi się wolny kraj, pozbawiony kolonizatorów i wyzyskiwaczy, gdzie królować będą prawo, chrześcijaństwo i sprawiedliwość. W Irlandii ów cokolwiek szalony romantyzm Josepha Plunketta i Patricka Pearse'a niekiedy napawał Rogera lękiem. Jednakże w owych tygodniach w Berlinie, słuchając młodego poety i rewolucjonisty, w piękne dni, gdy wiosna napełniała kwiatami ogrody, a drzewa w parkach odzyskiwały zieloną barwę, Roger poczuł wzruszenie i chęć, by uwierzyć we wszystko, co mówił nowo przybyły.

Przywoził z Irlandii podniecające wieści. Rozłam Ochotników w związku z wojną europejską przyczynił się jego zdaniem do wyklarowania sytuacji. To prawda, że ogromna większość popierała ideę

Johna Redmonda, by współpracować z Imperium i zaciągać się do brytyjskiej armii, lecz mniejszość lojalna wobec Ochotników liczyła wiele tysięcy ludzi zdecydowanych na walkę, stanowiła prawdziwe wojsko, zjednoczone, prężne, trzeźwo postrzegające swój cel i gotowe umrzeć za Irlandię. Teraz, owszem, istniała ścisła współpraca między Ochotnikami a IRB, a także Irish Citizen Army, w której skład wchodzili marksiści i związkowcy tacy jak Jim Larkin i James Connolly, oraz Sinn Féin Arthura Griffitha. Nawet Seán O'Casey, który niegdyś zażarcie atakował Ochotników, nazywając ich „burżujami i maminsynkami", popierał tę współpracę. Komitet Tymczasowy, na czele z Tomem Clarkiem, Patrickiem Pearse'em, Thomasem MacDonaghem i innymi, przygotowywał powstanie dniem i nocą. Okoliczności były sprzyjające. Wojna w Europie otwierała przed nimi niepowtarzalną szansę. Potrzebowali pomocy Niemiec: pięćdziesięciu tysięcy karabinów i jednoczesnej akcji wojskowej na terytorium brytyjskim, ataku na irlandzkie porty zajęte przez Royal Navy. Wspólny czyn przesądzi być może o niemieckim zwycięstwie. Irlandia wreszcie odzyska wolność i niepodległość.

Roger zgadzał się: on sam uważał tak od dłuższego czasu i dlatego znajdował się teraz w Berlinie. Stanowczo nalegał na to, by Komitet Tymczasowy uznał, że ofensywne działania niemieckiej marynarki i armii lądowej stanowią warunek *sine qua non* powstania. Bez owej inwazji rebelia zakończy się klęską, gdyż siły są zbyt nierówne.

– Lecz pan, *sir* Roger – przerwał mu Plunkett – zapomina o czynniku ważniejszym niż uzbrojenie i liczba żołnierzy: o mistyce. My ją mamy. Anglicy nie.

Rozmawiali w piwiarni świecącej pustkami. Roger popijał piwo, Joseph – napój orzeźwiający. Palili. Plunkett opowiedział mu, że Larkfield Manor, jego dom w dzielnicy Kimmage, w Dublinie, przemienił się w arsenał i w kuźnię, gdzie wyrabiano granaty, bomby, bagnety, piki, gdzie szyto flagi. Mówił o tym, gestykulując z uniesieniem, w transie. Opowiedział mu też, że Komitet Tymczasowy postanowił zataić przed Eoinem MacNeillem porozumienie w sprawie powstania. Roger zdumiał się. Jak można było zataić taką rzecz przed człowiekiem, który założył Ochotników i pozostawał ich przewodniczącym?

– Wszyscy go szanujemy i nikt nie wątpi w patriotyzm i uczciwość profesora MacNeilla – wyjaśnił Plunkett. – Ale on jest miękki. Wierzy w siłę perswazji i metody pacyfistyczne. Zostanie poinformowany, gdy już będzie zbyt późno, by powstrzymać powstanie. A wówczas, nikt w to nie wątpi, dołączy do nas na barykadzie.

Roger pracował z Josephem dzień i noc, opracowując szczegółowy, trzydziestodwustronicowy plan powstania. Przedstawili go obaj w Kancelarii i w Admiralicji. Plan zakładał, że brytyjskie siły zbrojne w Irlandii, rozproszone w niewielkich i odosobnionych garnizonach, mogą łatwo zostać zniszczone. Niemieccy dyplomaci, urzędnicy i wojskowi słuchali uważnie, będąc pod wrażeniem tego młodego kaleki ubranego jak klaun, który mówiąc, ulegał transformacji i wyjaśniał z matematyczną precyzją i ogromną spójnością intelektualną korzyści płynące z synchronizacji niemieckiej inwazji z nacjonalistyczną rewolucją. Zwłaszcza ci, którzy rozumieli po angielsku, wyglądali na zaintrygowanych jego swobodą, dzikością i żarliwą retoryką. Ci zaś, którzy nie znali angielskiego i musieli poczekać, aż tłumacz przełoży jego słowa, spoglądali ze zdumieniem na rozpaloną twarz i frenetyczne gesty tego pokracznego emisariusza irlandzkich nacjonalistów.

Słuchali go, notowali prośby Josepha i Rogera, lecz udzielane przez nich odpowiedzi nie zobowiązywały do niczego. Ani do inwazji, ani do dostawy pięćdziesięciu tysięcy karabinów i amunicji. Wszystko to zostanie przeanalizowane w ramach globalnej strategii wojennej. Reich wyrażał aprobatę dla dążeń narodu irlandzkiego i zamierzał poprzeć jego prawomocne pragnienia; nic ponadto.

Joseph Plunkett spędził prawie dwa miesiące w Niemczech, żyjąc równie skromnie jak Casement. Dwudziestego czerwca wyruszył w stronę granicy szwajcarskiej, w drogę powrotną do Irlandii przez Włochy i Hiszpanię. Młodego poety nie zraziła nikła liczba członków

Brygady Irlandzkiej. Inicjatywa ta nie wzbudziła w nim zresztą ani krzty sympatii.

– By służyć w brygadzie, jeńcy muszą złamać przysięgę wierności armii brytyjskiej – powiedział Rogerowi. – Zawsze byłem przeciwny temu, by nasi zaciągali się w szeregi wojsk okupanta. Lecz skoro już to uczynili, przysięgi złożonej przed Bogiem nie można złamać bez popełnienia grzechu i utraty honoru.

Ojciec Crotty był przy tej rozmowie, lecz się nie odezwał. Przez całe popołudnie, które spędzili we trzech, milczał jak sfinks, słuchając poety, który nie przestawał perorować. Nieco później dominikanin powiedział Casementowi:

– Ten chłopiec jest człowiekiem wybitnym, to nie ulega wątpliwości. Pod względem inteligencji i oddania sprawie. Jego wiara to wiara chrześcijan, którzy ginęli w rzymskich amfiteatrach rzucani na pożarcie dzikim bestiom. A zarazem wiara krzyżowców, którzy odbili Jerozolimę, zabijając wszystkich bezbożnych żydów i muzułmanów, jakich napotkali na swej drodze, także kobiety i dzieci. Ten sam żarliwy zapał, ta sama gloryfikacja krwi i wojny. Przyznam ci, Rogerze, że tacy ludzie, choć to oni tworzą historię, budzą we mnie więcej strachu niż podziwu.

Wątkiem stale powracającym w rozmowach Rogera i Josepha była ewentualność wybuchu powstania bez jednoczesnej inwazji niemieckiej na Anglię czy choćby ostrzelania z dział portów irlandzkich obsadzonych przez Royal Navy. Plunkett był zwolennikiem rozpoczęcia powstania nawet w takim przypadku: wojna europejska oferowała szansę, która nie powinna zostać zmarnowana. Roger uważał, że to samobójstwo. Choćby bojownicy walczyli z największym bohaterstwem i oddaniem, zostaną zmiażdżeni przez machinę wojenną Imperium, które wykorzysta okazję, by dokonać bezlitosnej czystki. Wyzwolenie Irlandii odwlecze się o kolejne pięćdziesiąt lat.

– Czy mam przez to rozumieć, że jeśli powstanie wybuchnie bez interwencji Niemiec, nie przyłączy się pan do nas, *sir* Roger?

– Przyłączę się, to oczywiste. Lecz wiedząc, że będzie to niepotrzebne samobójstwo.

Młody Plunkett spojrzał mu głęboko w oczy, a Roger odniósł wrażenie, że w jego wzroku dostrzega litość.

– Pozwoli pan, że będę mówił z nim szczerze, *sir* Roger – szepnął wreszcie z pewnością osoby przekonanej o posiadaniu niezbitej prawdy. – Wydaje mi się, że pan czegoś nie zrozumiał. Nie chodzi o zwycięstwo. To jasne, że przegramy tę bitwę. Chodzi o jej przedłużenie. O stawienie oporu. Przez kilka dni, kilka tygodni. I o to, by zginąć w taki sposób, żeby nasza śmierć i nasza krew pomnożyły patriotyzm Irlandczyków tak, by stał się niepokonaną siłą. Chodzi o to, żeby na miejsce każdego z tych, co zginą, zrodziło się stu rewolucjonistów. Czy nie tak stało się z chrześcijaństwem?

Nie wiedział, co odpowiedzieć. Po wyjeździe Plunketta pracował bardzo intensywnie. Ponawiał prośby o zwolnienie jeńców irlandzkich, którzy zasługiwali na to ze względu na swój stan zdrowia, wiek, kategorię umysłową i zawodową, zachowanie. Taki gest wywrze w Irlandii doskonałe wrażenie. Władze niemieckie były początkowo niechętne, lecz zaczynały ustępować. Sporządzono listy, ustalono nazwiska. W końcu Sztab Główny zgodził się zwolnić około stu specjalistów, nauczycieli, studentów i przedsiębiorców posiadających rekomendacje. Wymagało to wielogodzinnych, wielodniowych negocjacji, parcia i ustępowania, które Rogera wyczerpywały. Ponadto dręczony obawą, że Ochotnicy, wierni ideom Pearse'a i Plunketta, wzniecą powstanie, zanim Niemcy postanowią zaatakować Anglię, naciskał na Kancelarię i Admiralicję, by udzielono mu wiążącej odpowiedzi w kwestii pięćdziesięciu tysięcy karabinów. Odpowiadały ogólnikami. Wreszcie pewnego dnia, podczas spotkania w Ministerstwie, hrabia Blücher powiedział coś, co odebrało Rogerowi nadzieję:

– *Sir* Roger, pan nie ma właściwego pojęcia o proporcjach. Niech pan spojrzy obiektywnym wzrokiem na mapę, a zobaczy pan, jak niewiele znaczy Irlandia pod względem geopolitycznym. Choćby Reich żywił największą sympatię do sprawy irlandzkiej, dla interesów niemieckich ważniejsze są inne państwa i inne regiony.

– Czy to znaczy, że nie otrzymamy broni, panie hrabio? Że Niemcy odrzucają plan inwazji?

– Obie kwestie są nadal przedmiotem analiz. Gdyby to ode mnie zależało, odrzuciłbym plan inwazji, rzecz jasna, w najbliższej przyszłości. Lecz decyzję podejmą specjaliści. Niebawem otrzyma pan ostateczną odpowiedź.

Roger napisał długi list do Johna Devoya i Josepha McGarrity'ego, przedstawiając im swe racje przeciwko powstaniu pozbawionym wsparcia jednoczesnej akcji zbrojnej ze strony Niemiec. Zaklinał ich, żeby wykorzystali swe wpływy wśród Ochotników i w IRB, by wyperswadować im podejmowanie niedorzecznego działania. Jednocześnie zapewniał, że dokonuje wszelkich wysiłków, by uzyskać broń. Kończył jednak dramatycznym wnioskiem: „Poniosłem porażkę. Jestem tu zbędny. Pozwólcie mi wrócić do Stanów".

W owym czasie nasiliły się jego dolegliwości. Nic nie uśmierzało bólów artretycznych. Ciągłe przeziębienia, którym towarzyszyła wysoka gorączka, zmuszały go do częstego pozostawania w łóżku. Wychudł, cierpiał na bezsenność. Na domiar złego, w tym stanie dowiedział się, że „New York Herald" opublikował informację, z pewnością podrzuconą przez brytyjski kontrwywiad, jakoby *sir* Roger Casement przebywał w Berlinie i otrzymywał od Reichu duże sumy pieniędzy w zamian za podżeganie do rebelii na terenie Irlandii. Napisał sprostowanie – „Pracuję dla Irlandii, nie dla Niemiec" – które nie zostało wydrukowane. Nowojorscy przyjaciele odwiedli go od pomysłu składania pozwu: przegra proces, a Clan na Gael nie zamierza wyrzucać pieniędzy na spory sądowe.

W maju tysiąc dziewięćset piętnastego roku władze niemieckie zgodziły się na spełnienie stale ponawianej prośby: by ochotnicy z Brygady Irlandzkiej zostali odseparowani od innych jeńców w Limburgu. Dwudziestego maja pięćdziesięciu żołnierzy, traktowanych wrogo przez towarzyszy niedoli, zostało przeniesionych do małego obozu w Zossen, w pobliżu Berlina. Uczcili to wydarzenie mszą, którą odprawił ojciec Crotty, po czym wznieśli toasty i śpiewali irlandzkie piosenki, a atmosfera koleżeństwa podniosła nieco Rogera na duchu. Oznajmił żołnierzom, że za kilka dni otrzymają mundury, które sam zaprojektował, i że wkrótce przybędzie grupka oficerów irlandzkich, którzy poprowadzą szkolenie. Oni zaś, tworzący Pierwszą Kompanię Brygady Irlandzkiej, przejdą do historii jako pionierzy.

Natychmiast po tym spotkaniu napisał kolejny list do Josepha McGarrity'ego, opowiadając mu o otwarciu obozu w Zossen i przepraszając za katastroficzny ton poprzedniego pisma. Zredagował je w momencie przygnębienia, lecz teraz czuje się mniejszym pesymistą. Wizyta Josepha Plunketta i obóz w Zossen dały mu nowy bodziec do pracy. Nie zaprzestanie wysiłków na rzecz Brygady Irlandzkiej. Choć niewielka, stanowiła ważny symbol w obrębie wojny europejskiej.

Na początku lata tysiąc dziewięćset piętnastego roku wyjechał do Monachium. Zatrzymał się w Basler Hof, skromnym, lecz przyjemnym hoteliku. Stolica Bawarii nie przygnębiała go tak bardzo jak Berlin, choć wiódł tu życie jeszcze bardziej samotne niż w stolicy Rzeszy. Jego zdrowie ulegało dalszemu pogorszeniu, bóle i przeziębienia zmuszały go do pozostawania w pokoju. Odosobnienie sprzyjało intensywnej pracy umysłowej. Wypijał wiele filiżanek kawy dziennie i palił bez przerwy papierosy z ciemnego tytoniu, które wypełniały dymem jego pokój. Prowadził regularną korespondencję ze swoimi kontaktami w Kancelarii i w Admiralicji, a do ojca Crotty'ego pisywał codziennie, na tematy duchowe i religijne. Po wielekroć odczytywał jego odpowiedzi i zachowywał je niczym skarb. Pewnego dnia spróbował się pomodlić. Od dawna tego nie robił, a w każdym razie nie w ten sposób, próbując otworzyć przed Bogiem serce, wyznać wątpliwości, niepokój, lęk przed pomyłką, prosząc o miłosierdzie i poradę co do dalszego postępowania. Jednocześnie redagował krótkie eseje na temat błędów, takich jak korupcja, wyzysk, kosmiczna przepaść istniejąca wszędzie między ubogimi a bogatymi, słabymi a silnymi, których powinna uniknąć niepodległa Irlandia, wykorzystując doświadczenia innych nacji. Chwilami jednak upadał na duchu: na cóż komu te teksty? Nie miało sensu zaprzątać głowy przyjaciołom w Irlandii esejami na temat przyszłości, podczas gdy byli w tak trudnej sytuacji.

Pod koniec lata, odzyskawszy nieco sił, wybrał się do obozu w Zossen. Żołnierze otrzymali mundury jego projektu i prezentowali się w nich znakomicie, zwłaszcza ze znakami Irlandii na daszku. W obozie panował ład, wszystko działało. Jednakże bezczynność i zamknięcie nadwątliły morale niewielkiej brygady, mimo wysiłków ojca Crotty'ego, który starał się podtrzymać jeńców na duchu. Organizował zawody sportowe, konkursy, lekcje i dyskusje na różne tematy. Roger uznał to za sprzyjający moment, by roztoczyć przed nimi perspektywę działania.

Zebrał ich w krąg i wyjaśnił strategię, która być może wyrwie ich z Zossen i zwróci im wolność. Skoro w tej chwili było niemożliwe, by ruszyli do walki w Irlandii, dlaczego nie zrobić tego w innych krainach, gdzie toczy się ten sam bój, do którego została stworzona brygada? Wojna światowa rozprzestrzeniła się na Bliski Wschód. Niemcy i Turcja starały się wyprzeć Brytyjczyków z ich kolonii egipskiej. Może zechcieliby wziąć udział w tym boju przeciw kolonializmowi, w walce o niepodległość Egiptu? Jako że brygada była jeszcze niewielka, musieliby wejść w skład większej jednostki, lecz zachowaliby irlandzką tożsamość.

Propozycję tę Roger przedyskutował z władzami niemieckimi i została przyjęta. John Devoy i McGarrity także się zgadzali. Turcja przyjęłaby brygadę w skład swej armii na warunkach opisanych przez Rogera. Odbyła się długa dyskusja. W jej wyniku trzydziestu siedmiu żołnierzy oznajmiło, że są gotowi walczyć w Egipcie. Pozostali musieli to przemyśleć. Lecz najbardziej martwiło ich teraz coś innego: jeńcy z Limburga zagrozili, że przekażą ich nazwiska władzom brytyjskim, by wstrzymały wypłatę należnego im żołdu ich rodzinom w Irlandii. Gdyby do tego doszło, ich rodzice, żony i dzieci umrą z głodu. Co zamierza uczynić Roger w tej sprawie? Było oczywiste, że rząd brytyjski zastosuje takie represje, a jemu nawet nie przyszło to na myśl. Jedyną odpowiedzią, jakiej mógł udzielić zatroskanym żołnierzom, było zapewnienie, że ich rodziny nigdy nie pozostaną bez opieki. Gdyby przestano wypłacać im to wynagrodzenie, pomogą im organizacje patriotyczne. Tego samego dnia napisał do Clan na Gael, prosząc, by utworzono fundusz na rzecz krewnych członków brygady, gdyby rząd podjął takie działania. Jednakże nie robił sobie złudzeń: na tym etapie wszystkie pieniądze wpływające do kas Ochotników, IRB i Clan na Gael szły na zakup broni, co stanowiło priorytet. Przygnębiony wyrzucał sobie, że z jego winy pięćdziesiąt biednych irlandzkich rodzin zazna głodu, a może zostanie zdziesiątkowanych przez gruźlicę najbliższej zimy. Ojciec Crotty próbował go pocieszyć, lecz tym razem jego argumenty nie przyniosły skutku. Do wcześniejszych trosk doszła nowa i ponownie podupadł na zdrowiu. Nie tylko fizycznie, także psychicznie, jak w najtrudniejszych okresach w Kongu i w Amazonii. Czuł, że traci równowagę umysłową. Jego głowa przypominała niekiedy wulkan w trakcie erupcji. Czy groziła mu utrata rozumu?

Wrócił do Monachium, skąd nadal słał pisma do Stanów i do Irlandii w sprawie wsparcia finansowego dla rodzin członków brygady. Jako że jego listy, by zmylić kontrwywiad brytyjski, wędrowały przez wiele krajów, gdzie zmieniano koperty i adresy, odpowiedzi dochodziły niekiedy po miesiącu, niekiedy po dwóch. Jego niepokój sięgał zenitu, gdy przybył wreszcie Robert Monteith, by objąć dowództwo wojskowe nad brygadą. Oficer przywiózł nie tylko zaraźliwy optymizm, godność i niespokojną duszę poszukiwacza przygód, lecz także oficjalną obietnicę, że rodziny członków brygady, w razie zastosowania przez rząd jakichkolwiek represji, otrzymają natychmiastową pomoc od irlandzkich rewolucjonistów.

Kapitana Monteitha, który natychmiast po swym przybyciu do Niemiec udał się do Monachium na spotkanie z Rogerem, zaskoczył jego zły stan zdrowia. Żywił dla niego podziw i traktował z wielkim szacunkiem. Powiedział mu, że nikt w Irlandii nie podejrzewał, iż jest w tak fatalnym stanie. Casement zabronił mu rozpowszechniania informacji o swoim zdrowiu i wrócił z nim do Berlina. Przedstawił Monteitha w Kancelarii i w Admiralicji. Młody oficer płonął chęcią rzucenia się w wir działania i wykazywał nieugięty optymizm w kwestii przyszłości brygady, optymizm, który Roger, w głębi ducha, utracił jakiś czas temu. Przez sześć miesięcy swego pobytu w Niemczech Robert Monteith był dla niego, podobnie jak ojciec Crotty, błogosławieństwem. Obaj ocalili go od pogrążenia się w depresji, która być może doprowadziłaby go do szaleństwa. Zakonnik i wojskowy byli bardzo różni, a jednak, co wielokrotnie powtarzał sobie Roger, stanowili wcielenie dwóch typów irlandzkich: świętego i wojownika. Przebywając z nimi, przypominał sobie słowa Patricka Pearse'a, który mieszał ołtarz z bronią i twierdził, że z połączenia tych dwóch tradycji, męczenników i mistyków oraz herosów i wojowników, zrodzi się duchowa i fizyczna siła, która zerwie łańcuchy krępujące Éire.

Byli różni, lecz obu cechowały naturalna czystość, wielkoduszność i oddanie ideałowi. Wielokrotnie Roger wstydził się swych momentów załamania i zmienności, widząc, że ojciec Crotty i kapitan Monteith nie tracą czasu na wahania nastroju i zniechęcenie. Obaj wytyczyli przed sobą drogę i podążali nią, nie zbaczając w lewo czy w prawo, nie dając się onieśmielić przeszkodom, przekonani, że u jej kresu czeka triumf Boga nad złem, a Irlandii nad ciemięzcą. „Ucz się od nich, Rogerze, bądź jak oni" – powtarzał jak akt strzelisty.

Robert Monteith należał do bliskiego otoczenia Toma Clarke'a, którego traktował z niemal nabożną czcią. O jego kiosku z wyrobami tytoniowymi – konspiracyjnym Sztabie Głównym – u zbiegu Great Britain Street i Sackville Street mówił jako o „miejscu świętym". Zdaniem kapitana to właśnie ów szczwany lis mający za sobą wiele bytności w angielskich więzieniach decydował, z ukrycia, o narodowej strategii rewolucyjnej. Czyż nie był godzien podziwu? Mając za całą kwaterę maleńki kiosk na biednej ulicy w centrum Dublina, ten niepozorny, wychudzony, żyjący nad wyraz skromnie, wyniszczony cierpieniami i upływem czasu weteran, który poświęcił całe życie walce o Irlandię i spędził za to piętnaście lat za kratami, stworzył podziemną organizację polityczno-wojskową, IRB, obejmującą cały kraj i pozostawał nieuchwytny dla brytyjskiej policji. Roger zapytał go, czy organizacja jest rzeczywiście tak prężna. Kapitan nie krył swego entuzjazmu.

— Mamy kompanie, drużyny, plutony, z oficerami, ze składami broni, łącznikami, kryptonimami, hasłami — oznajmił, gestykulując z euforią. — Wątpię, czy gdziekolwiek w Europie jest wojsko bardziej skuteczne i zmotywowane niż nasze, *sir* Roger. Nie przesadzam ani na jotę.

Zdaniem Monteitha przygotowania osiągnęły punkt szczytowy. Brakowało jedynie niemieckiej broni, by powstanie mogło wybuchnąć.

Kapitan natychmiast przystąpił do pracy, szkoląc i organizując pięćdziesięciu rekrutów z Zossen. Często wyprawiał się do obozu w Limburgu, próbując przełamać opory pozostałych jeńców co do brygady. Udało mu się zwerbować jeszcze kilka osób, lecz przeważająca większość nadal okazywała mu całkowitą wrogość. To jednak nie osłabiało jego ducha. W listach do Rogera, który wrócił do Monachium, tryskał entuzjazmem i słał coraz to nowe zachęcające wieści dotyczące mikroskopijnego oddziału.

Gdy po kilku tygodniach spotkali się ponownie, w Berlinie, zjedli razem kolację w Charlottenburgu, w małej restauracyjce pełnej rumuńskich uchodźców. Kapitan Monteith, zebrawszy się na odwagę i starannie dobierając słowa, by go nie urazić, powiedział mu znienacka:

— *Sir* Roger, proszę nie sądzić, że bezczelnie wtykam nos w nie swoje sprawy, ale nie może pan trwać w tym stanie. Jest pan zbyt ważny dla Irlandii, dla naszej walki. W imię ideałów, dla których tak wiele pan uczynił, błagam pana, niech pan się uda do lekarza. Pańskie nerwy są stargane. Nic dziwnego. Odpowiedzialność i troski zrobiły swoje. To musiało nadejść prędzej czy później. Potrzebuje pan pomocy.

Roger wyjąkał kilka wymijających słów i zmienił temat, lecz zalecenie kapitana przestraszyło go. Czy jego zaburzenia aż tak rzucały się w oczy, że ów oficer, zawsze okazujący taki szacunek i dyskrecję, odważył się o tym wspomnieć? Poszedł za jego radą. Po zasięgnięciu kilku opinii postanowił zwrócić się do doktora Oppenheima, który mieszkał za miastem, pośród drzew i strumyków Grunewaldu. Był to mężczyzna w starszym wieku, który wzbudził w nim zaufanie, gdyż wyglądał na doświadczonego i pewnego siebie. Odbyli dwie długie sesje, podczas których Roger wyłuszczył swój stan, problemy, troski, lęki. Musiał poddać się testom mnemotechnicznym i szczegółowym wywiadom. Doktor Oppenheim uznał, że konieczne jest leczenie sanatoryjne. Jeśli Roger się na nie nie zgodzi, jego umysł będzie nadal podążał w stronę obłędu. Zadzwonił do Monachium i umówił go na wizytę u swego kolegi i ucznia doktora Rudolfa von Hoesslina.

Roger nie zgodził się na pobyt w klinice doktora von Hoesslina, lecz przez wiele miesięcy odwiedzał go kilka razy w tygodniu. Terapia odniosła skutek.

– Nie dziwię się, że po tym, co widział pan w Kongu i w Amazonii, i w efekcie tego, co robi pan obecnie, wystąpiły takie problemy – powiedział mu psychiatra. – Godne podziwu jest to, że nie wpadł pan w obłęd i nie popełnił samobójstwa.

Był to człowiek jeszcze młody, namiętnie kochający muzykę, wegetarianin i pacyfista. Wypowiadał się przeciwko trwającej wojnie i przeciwko wszystkim wojnom i marzył, że pewnego dnia nastanie powszechne braterstwo – „kantowski pokój", mówił – na całym świecie, że znikną granice, a wszyscy ludzie uznają się za braci. Ze spotkań z doktorem Rudolfem von Hoesslinem Roger wychodził uspokojony i podniesiony na duchu. Nie był jednak pewien, czy jego zdrowie rzeczywiście się polepsza. Ów dobry nastrój ogarniał go zawsze wtedy, gdy napotykał osobę zdrową, dobrą, nastawioną idealistycznie.

Odbył wiele podróży do Zossen, gdzie – jak można było oczekiwać – Robert Monteith podbił serca wszystkich rekrutów. Dzięki jego ponawianym wysiłkom brygada urosła o dziesięciu ochotników. Marsze i ćwiczenia trwały w najlepsze. Jednakże żołnierze nadal byli traktowani przez strażników i oficerów niemieckich jak jeńcy, niekiedy szykanowani. Kapitan Monteith zabiegał w sztabie, by członkowie brygady, jak obiecano Rogerowi, otrzymali odrobinę swobody, mogli od czasu do czasu wyjść do miasteczka i napić się piwa w szynku. Czyż nie są sojusznikami? Dlaczego więc ciągle traktuje się ich jak wrogów? Jego starania nie przyniosły dotąd żadnych rezultatów.

Roger wystosował protest. Doszło do sprzeczki z generałem Schneiderem, komendantem garnizonu w Zossen, który oznajmił mu, że nie można dać więcej swobody osobnikom niezdyscyplinowanym, skłonnym do burd, a nawet dopuszczającym się kradzieży i rabunków na terenie obozu. Zdaniem Monteitha oskarżenia te nie miały podstaw. Jedyne incydenty były wywołane obelgami niemieckich strażników.

Ostatnie miesiące Rogera Casementa w Niemczech wypełniły ciągłe dyskusje z władzami obfitujące w momenty ogromnego napięcia. Poczucie, że został oszukany, nasilało się. Rzesza nie miała żadnego interesu w wyzwoleniu się Irlandii, nigdy nie brała poważnie pomysłu wspólnej akcji z powstańcami irlandzkimi, Kancelaria i dowództwo armii wykorzystały jego naiwność i dobrą wiarę, wmawiając mu, że zrobią rzeczy, których nie zamierzały uczynić. Projekt włączenia Brygady Irlandzkiej do tureckiego wojska walczącego z Anglikami w Egipcie, opracowany ze wszystkimi szczegółami, upadł w momencie, gdy zdawał się wchodzić w życie, bez żadnego wyjaśnienia ze strony Niemiec. Zimmermann, hrabia Georg von Wedel, kapitan Nadolny i wszyscy oficerowie, którzy uczestniczyli w przygotowywaniu planu, nagle nabrali wody w usta i stali się nieuchwytni. Odmawiali przyjęcia Rogera pod błahymi pretekstami. Gdy udało mu się do nich dotrzeć, byli niezmiernie zajęci, mogli mu poświęcić tylko kilka minut, kampania egipska nie leżała w zakresie ich kompetencji. Roger poddał się: jego pragnienie, by niewielka brygada stała się skromnym symbolem walki Irlandczyków z kolonializmem, rozwiało się jak dym.

A wówczas, z tą samą gwałtownością, z jaką podziwiał Niemcy, zaczął odczuwać do tego kraju niechęć, która wkrótce przerodziła się w nienawiść podobną do tej, którą budziła w nim Anglia, a może nawet silniejszą. Tak właśnie napisał w liście do mecenasa Johna Quinna z Nowego Jorku, zreferowawszy mu uprzednio złe traktowanie przez władze: „Otóż tak, mój przyjacielu: nienawidzę Niemców tak mocno, że od śmierci na tej ziemi wolę brytyjską szubienicę".

Stan podenerwowania i dolegliwości fizyczne zmusiły go do powrotu do Monachium. Doktor Rudolf von Hoesslin wymógł na nim, by położył się w szpitalu dla rekonwalescentów w Bawarii, miażdżącym argumentem: „Jest pan na skraju załamania, z którego nie podźwignie się pan nigdy, chyba że zgodzi się pan odpocząć i zapomnieć o wszystkim. W przeciwnym razie straci pan rozum albo dozna uszczerbku na psychice, który uczyni pana niezdatnym do niczego przez resztę swych dni".

Roger posłuchał go. Na jakiś czas jego życie weszło w okres takiego spokoju, że czuł się bytem pozbawionym ciała. Środki nasenne sprawiały, że spał dziesięć, dwanaście godzin na dobę. Odbywał długie spacery po pobliskim lesie pełnym klonów i jesionów, w nadal chłodne poranki zimy, która odmawiała odejścia. Zabroniono mu używek: papierosów i alkoholu, jadał skromne wegetariańskie dania. Nie miał sił, by czytać lub pisać. Spędzał całe godziny, nie myśląc o niczym, czując się duchem.

Z owego letargu wyrwał go gwałtownie Robert Monteith pewnego słonecznego ranka na początku marca tysiąc dziewięćset szesnastego roku. Ze względu na wagę sprawy kapitan uzyskał od rządu niemieckiego przepustkę, by się z nim spotkać. Jeszcze nie ochłonął z wrażenia i mówił, zacinając się.

— Eskorta przyjechała po mnie do obozu z Zossen i przewiozła do Berlina, do Admiralicji. Oczekiwała tam spora grupa wyższych oficerów, w tym dwóch generałów. Przekazali mi następującą wiadomość: „Irlandzki Komitet Tymczasowy postanowił, że powstanie wybuchnie dwudziestego trzeciego kwietnia". To znaczy za półtora miesiąca. Roger wyskoczył z łóżka. Wydało mu się, że jego zmęczenie zniknęło jak ręką odjął, a serce zmieniło się w werbel, w który walono z furią. Nie był w stanie wydusić z siebie słowa.

— Proszą o karabiny, strzelców, artylerzystów, broń maszynową, amunicję — ciągnął Monteith w podnieceniu. — Żeby statek był eskortowany przez okręt podwodny. Broń powinna dotrzeć do Fenit, Tralee Bay, County Kerry, w Niedzielę Wielkanocną około północy.

— Czyli nie będą czekać na niemiecką akcję zbrojną — wykrztusił wreszcie Roger. Miał przed oczami hekatombę, rzeki krwi barwiące na czerwono wody Liffey.

— Są także instrukcje dla pana, *sir* Roger — dodał Monteith. — Powinien pan zostać w Niemczech jako ambasador nowej Republiki Irlandzkiej.

Roger osunął się na łóżko oszołomiony. Towarzysze poinformowali o swych planach rząd niemiecki wcześniej niż jego. I rozkazywali mu, żeby został tutaj, podczas gdy oni dadzą się wyrżnąć w jednej z tych brawurowych akcji, do których czuli upodobanie Patrick Pearse i Joseph Plunkett. Nie ufali mu? Nie było innego wyjaśnienia. Świadomi jego niezgody na powstanie niezgrane z niemiecką inwazją uznali, że w Irlandii będzie zawadzał, i woleli, by pozostał tu, z założonymi rękami, pełniąc ekstrawagancką funkcję ambasadora Republiki, którą ta rebelia i krwawa łaźnia odsuną w jeszcze dalszą i niepewną przyszłość.

Monteith czekał bez słowa.

— Jedziemy natychmiast do Berlina, kapitanie — powiedział Roger, zrywając się ponownie. — Ubieram się, pakuję walizkę i wyruszamy pierwszym pociągiem.

I tak zrobili. Roger zdążył jeszcze skreślić kilka słów podziękowania doktorowi Rudolfowi von Hoesslinowi. Podczas długiej podróży jego mózg pracował na najwyższych obrotach, z krótkimi przerwami na wymianę poglądów z Monteithem. Gdy wjeżdżali do Berlina, miał już gotowy plan działania. Jego problemy osobiste schodzą na drugi plan. Po pierwsze, najważniejsze w tej chwili jest zaangażowanie całej energii i inteligencji, by zdobyć to, o co proszą towarzysze: karabiny, amunicję i niemieckich oficerów, którzy skutecznie przeprowadzą akcje wojskowe. Po drugie, pojedzie osobiście do Irlandii z transportem broni. Tam spróbuje przekonać przyjaciół, by poczekali; w krótkim czasie wojna europejska mogła stworzyć sytuację bardziej sprzyjającą powstaniu. Po trzecie, musiał zapobiec temu, by pięćdziesięciu siedmiu członków Brygady Irlandzkiej wyruszyło na wyspę. W oczach rządu brytyjskiego są zdrajcami; jeśli wpadną w ręce Royal Navy, zostaną bez litości zgładzeni. Monteithowi pozostawi całkowitą swobodę, by sam zadecydował, co chce uczynić. Znając go, był pewien, że dołączy do swych towarzyszy, by umrzeć ramię w ramię z nimi za sprawę, której oddał życie.

W Berlinie zatrzymali się jak zwykle w Eden Hotel. Następnego dnia rozpoczęli negocjacje z władzami. Do spotkań dochodziło w sypiącym się i szpetnym gmachu Admiralicji. Kapitan Nadolny witał ich przy wejściu i prowadził do sali, gdzie czekali urzędnicy Kancelarii i wojskowi. Nowe twarze mieszały się z twarzami starych znajomych. Roger i Monteith od razu zostali poinformowani, że rząd niemiecki kategorycznie odmawia wysłania oficerów, by doradzali rewolucjonistom.

Zgodził się natomiast na wysłanie broni i amunicji. Przez wiele godzin, przez wiele dni głowili się, wykonując tysiąc obliczeń i analiz, jak najpewniej dostarczyć ładunek ustalonego dnia w ustalone miejsce. Postanowiono w końcu, że wyślą angielski okręt „Aud", aresztowany, przerobiony i przemalowany, który popłynie pod norweską banderą. Ani Roger, ani Monteith, ani żaden członek Brygady Irlandzkiej nie wejdzie na jego pokład. Kwestia ta wznieciła zażarte dyskusje, lecz rząd niemiecki nie ustąpił: obecność Irlandczyków mogłaby spowodować wykrycie mistyfikacji, a gdyby tak się stało, Rzesza znalazłaby się w delikatnej sytuacji wobec opinii międzynarodowej. Roger i Monteith zażądali wówczas, by zorganizować im transport do Irlandii w tym samym czasie co broń, lecz osobno. Całymi godzinami wymieniali propozycje i kontrpropozycje, w których Roger próbował przekonać Niemców, że jeśli uda się do ojczyzny, skłoni swych przyjaciół, by poczekali, aż szala wojny przechyli się na korzyść Rzeszy, gdyż wówczas powstanie można by zsynchronizować z atakiem niemieckiej marynarki i piechoty. Dowództwo zgodziło się wreszcie, by Casement i Monteith wyjechali do Irlandii. Popłyną na pokładzie okrętu podwodnego, a z nimi jeden członek Brygady Irlandzkiej jako jej przedstawiciel.

Decyzja Rogera, by nie zezwolić Brygadzie Irlandzkiej na dołączenie do powstania, spowodowała protesty i tarcia z Niemcami. On jednak nie chciał, by jego żołnierze zostali rozstrzelani w trybie doraźnym, bez szansy na śmierć z bronią w ręku. Nie zamierzał obarczać się taką odpowiedzialnością.

Siódmego kwietnia dowództwo poinformowało Rogera, że okręt podwodny jest gotowy. Kapitan Monteith wybrał sierżanta Daniela Juliana Baileya, by reprezentował brygadę. Otrzymał fałszywe dokumenty na nazwisko Julian Beverly. Dowództwo potwierdziło Casementowi, że zgodnie z prośbą rewolucjonistów, dwadzieścia tysięcy *rifles*, dziesięć karabinów maszynowych i pięć milionów sztuk amunicji znajdą się na północ od Innistooskert Island, w Tralee Bay, umówionego dnia, po dziesiątej wieczorem: tam miał oczekiwać na nich pilot w łodzi lub motorówce oznaczonej dwoma zielonymi światłami.

Pomiędzy siódmym kwietnia a dniem odjazdu Roger nie zmrużył oka. Sporządził krótki testament, prosząc, by w razie jego śmierci cała korespondencja i papiery zostały przekazane Edmundowi

D. Morelowi, „człowiekowi nieprzeciętnie sprawiedliwemu i szlachetnemu", by dzięki tym dokumentom zadbał o „pamięć, która ocali moje imię po moim odejściu".

Monteith, chociaż podobnie jak Roger przeczuwał, że powstanie zostanie zmiażdżone przez wojsko brytyjskie, palił się do wyjazdu. Odbyli rozmowę w cztery oczy, kilkugodzinną, w dniu, gdy kapitan Boehm wręczył im truciznę, o którą poprosili na wypadek, gdyby zostali schwytani. Oficer wyjaśnił im, że to amazońska kurara. Skutek będzie natychmiastowy. „Kurara to moja stara znajoma – powiedział mu Roger z uśmiechem. – W Putumayo rzeczywiście widziałem, jak Indianie paraliżują w locie ptaki strzałami zanurzonymi w tej truciźnie". Poszedł z Monteithem na piwo do pobliskiej *kneipe*.

– Wyobrażam sobie, że boli pana tak jak mnie konieczność wyjazdu bez pożegnania się z brygadą i wyjaśnienia jej, co się dzieje – powiedział Roger.

– Do końca życia będzie dręczyło mnie sumienie – przyznał Monteith. – Ale to słuszna decyzja. Powstanie to zbyt ważna rzecz, by ryzykować przeciek.

– Sądzi pan, że mam jakąkolwiek szansę, by je powstrzymać?

Oficer pokręcił głową.

– Nie, *sir* Roger. Ale jest pan tam bardzo szanowany i być może przekona ich pan. Tak czy owak, musi pan zrozumieć, co się dzieje w Irlandii. Przygotowujemy się do tego od wielu lat. Co ja mówię, lat. Raczej stuleci. Jak długo mamy żyć pod obcym jarzmem? I to w dwudziestym wieku. A poza tym nie ulega wątpliwości, że dzięki wojnie w tym momencie Anglia jest słabsza niż Irlandia.

– Nie boi się pan śmierci?

Monteith wzruszył ramionami.

– Widziałem ją z bliska wiele razy. W Południowej Afryce, w czasie wojny burskiej, była o włos. Myślę, że wszyscy boimy się śmierci. Ale jest śmierć i śmierć, *sir* Roger. Zginąć w walce za ojczyznę to śmierć tak godna jak zginąć za rodzinę czy za wiarę. Nie uważa pan?

– Tak, tak właśnie jest – potaknął Casement. – Mam nadzieję, że gdy do tego przyjdzie, zginiemy w ten sposób, a nie połykając tę amazońską miksturę, z pewnością o podłym smaku.

W przeddzień wyjazdu Roger udał się na kilka godzin do Zossen, by pożegnać się z ojcem Crottym. Nie wszedł na teren obozu. Poprosił o wezwanie dominikanina i odbyli długi spacer po lesie, wśród jodeł i brzóz, które zaczynały się zielenić. Ojciec Crotty wysłuchał wyznań Rogera ze zmienioną twarzą, nie przerywając mu ani razu. Gdy Roger skończył, kapłan przeżegnał się. Milczał przez długą chwilę.

– Jechać do Irlandii ze świadomością, że powstanie jest skazane na porażkę, to forma samobójstwa – odezwał się w końcu, jakby myśląc na głos.

– Jadę z zamiarem powstrzymania go, ojcze. Porozmawiam z Tomem Clarkiem, z Josephem Plunkettem, z Patrickiem Pearse'em, z wszystkimi przywódcami. Przedłożę im argumenty, dlaczego to powstanie wydaje mi się niepotrzebne. Zamiast przyśpieszyć odzyskanie niepodległości, opóźni je. A poza tym... – Poczuł ucisk w gardle i zamilkł.

– O co chodzi, Rogerze? Jesteśmy przyjaciółmi, a ja jestem tu, by panu pomóc. Może pan na mnie liczyć.

– Krąży mi po głowie obraz, którego nie potrafię się pozbyć, ojcze. Ci idealiści i patrioci gotowi dać się poćwiartować i pozostawić zdruzgotane rodziny, które czeka nędza i straszliwe represje, oni przynajmniej są świadomi tego, co robią. Ale wie ojciec, o kim też ciągle myślę?

Opowiedział mu, że w tysiąc dziewięćset dziesiątym roku wygłosił prelekcję w The Hermitage, w Rathfarnham, na obrzeżach Dublina, gdzie mieściła się St. Enda's, dwujęzyczna szkoła Patricka Pearse'a. Gdy skończył, wręczył uczniom pamiątkę z podróży po Amazonii – dmuchawkę huitoto – jako nagrodę dla autora najlepszego wypracowania napisanego po gaelicku przez uczniów ostatniego roku. Ogromne wrażenie wywarła na nim egzaltacja tych kilkudziesięciu młodych ludzi w odniesieniu do Irlandii, wojownicza miłość, z jaką mówili o jej historii, bohaterach, świętych, kulturze, stan religijnej ekstazy, w jakim śpiewali dawne celtyckie pieśni. A także głęboko katolicki duch panujący w szkole wespół z owym żarliwym patriotyzmem: Pearse osiągnął to, że te dwie rzeczy stopiły się w jedno w owych młodzieńcach, tak jak stanowiły jedność w nim i jego rodzeństwie, Williem i Margaret, także nauczycielach w St. Enda's.

— Ci wszyscy młodzi ludzie pójdą na pewną śmierć, będą mięsem armatnim, ojcze. Z karabinami i pistoletami, z których nawet nie będą umieli wystrzelić. Setki, tysiące niewinnych ludzi takich jak oni naprzeciw dział, karabinów maszynowych, oficerów i żołnierzy najpotężniejszej armii świata. Po to, by nie uzyskać niczego. Czy to nie straszne?

— Tak, straszne — przyznał zakonnik. — Ale być może nie pan racji, twierdząc, że nie osiągną niczego. — Zamilkł ponownie na długą chwilę, po czym zaczął mówić, powoli, głosem pełnym bólu i wzruszenia. — Irlandia jest krajem głęboko chrześcijańskim, wie pan o tym. Być może ze względu na swą szczególną sytuację kraju okupowanego okazała się bardziej chłonna niż inne na Chrystusowe przesłanie. A być może dlatego, że mieliśmy misjonarzy i apostołów takich jak święty Patryk, niesamowicie działających na wyobraźnię, wiara zakorzeniła się tu mocniej niż gdzie indziej. Wyznajemy przede wszystkim religię tych, co cierpią. Upokorzonych, głodnych, pokonanych. Wiara ta nie pozwoliła, byśmy rozpadli się jako kraj mimo siły, która nas miażdżyła. W naszej religii centralne miejsce zajmuje męczeństwo. Poświęcić się w ofierze, zginąć na ołtarzu. Czy nie tak uczynił Chrystus? Oblókł się w ciało i poddał się najstraszniejszym okrucieństwom. Zdradom, mękom, śmierci na krzyżu. Czy to nie zdało się na nic, Rogerze?

Roger przypomniał sobie Pearse'a, Plunketta, młodych ludzi przekonanych, że walka o wolność ma charakter mistyczny w równym stopniu co obywatelski.

– Rozumiem, co chce ojciec powiedzieć. Ja wiem, że ludzie tacy jak Pearse, Plunkett, nawet Tom Clarke, który ma reputację człowieka myślącego realistycznie i praktycznie, wiedzą, że powstanie jest ofiarą. I są pewni, że dając się zabić, stworzą symbol, który poruszy całą energię w Irlandczykach. Rozumiem ich wolę złożenia siebie w ofierze. Ale czy mają prawo pociągać za sobą ludzi pozbawionych takiego doświadczenia, takiej trzeźwości spojrzenia, młodych, którzy nie wiedzą, że idą na rzeź tylko po to, by dać przykład?

– Ja nie czuję podziwu dla tego, co robią, Rogerze, mówiłem ci już – szepnął ojciec Crotty. – Męczeństwo jest czymś, na co chrześcijanin się godzi, nie celem, do którego dąży. Lecz czy w Historii postęp ludzkości nie dokonał się właśnie w ten sposób, przez gesty i ofiary? W każdym razie najbardziej teraz martwi mnie pan. Jeśli zostanie pan schwytany, nie będzie miał pan okazji walczyć. Stanie przed sądem za zdradę stanu.

– Sam się w to wpakowałem, ojcze, i jest moim obowiązkiem pozostać konsekwentnym i kroczyć tą drogą do końca. Nigdy nie zdołam ojcu podziękować za to, co dla mnie uczynił. Czy mogę poprosić ojca o błogosławieństwo?

Ukląkł, ojciec Crotty pobłogosławił go i uścisnęli się na pożegnanie.

XV

Gdy ojciec Carey i ojciec MacCarroll weszli do celi, Roger otrzymał już papier, pióro i atrament, o które prosił, i pewną ręką, bez wahania, skreślił szybko dwa krótkie listy. Jeden do Gertrude, drugi, wspólny, do przyjaciół. Oba były podobne do siebie. W liście do Gee, oprócz kilku ciepłych zdań, w których zapewniał, jak bardzo ją kocha i jak dobre wspomnienia o niej zachował w pamięci, pisał: „Jutro, w dzień świętego Stefana, otrzymam śmierć, której szukałem. Mam nadzieję, że Bóg wybaczy mi błędy i przyjmie moje błagania". List do przyjaciół utrzymany był w równie tragicznym tonie: „Moje ostatnie przesłanie do wszystkich brzmi: *sursum corda*. Życzę wszystkiego najlepszego tym, którzy odbiorą mi życie, i tym, którzy próbowali je uratować. Wszyscy są teraz moimi braćmi".

Mr John Ellis, kat, odziany zawsze na czarno, przyszedł w towarzystwie asystenta, młodzieńca, który przedstawił się jako Robert Baxter i był wyraźnie zdenerwowany i przestraszony, by zdjąć z niego miarę – wzrost, waga, rozmiar kołnierzyka – po to, jak wyjaśnił z całkowitą naturalnością, by ustalić wysokość szubienicy i wytrzymałość sznura. Mierząc go za pomocą metra i robiąc notatki, opowiedział mu, że oprócz tego zajęcia pracuje jeszcze jako golarz w Rochdale i że klienci próbują wyciągnąć od niego sekrety zawodowe, lecz on w tych sprawach milczy jak sfinks. Roger ucieszył się, gdy wyszli.

Wkrótce potem strażnik przyniósł mu ostatnią porcję listów i telegramów sprawdzoną już przez cenzurę. Pochodziły od ludzi, których nie znał: życzyli mu szczęścia lub lżyli go i nazywali zdrajcą. Przerzucał je machinalnie, lecz pewien długi telegram przykuł jego uwagę. Wysłał go kauczukowy potentat Julio C. Arana. Jako miejsce wysłania widniało Manaos. Napisany był hiszpańszczyzną, którą nawet Roger ocenił jako pełną błędów. Arana nawoływał go, by „postąpił sprawiedliwie, wyznając przed sądem ludzkim swe winy znane tylko Boskiej Sprawiedliwości, w tym, co się tyczy jego działań w Putumayo". Oskarżał go o „wyssanie z palca faktów i wpłynięcie na barbadoskich nadzorców, by potwierdzili zdarzenia, które nigdy nie miały miejsca", wyłącznie w celu „otrzymania tytułów i majątku". Telegram kończył się następująco: „Wybaczam panu, lecz jest konieczne, by postąpił pan sprawiedliwie i opowiedział w pełni i szczerze o prawdziwych wydarzeniach, których nikt nie zna lepiej niż pan".

Był spokojny. Lęk, który przez ostatnie tygodnie i dni wywoływał nagłe dreszcze i zlewał mu zimnym potem plecy, rozwiał się bez śladu. Miał pewność, że pójdzie na śmierć z podobnym spokojem, jaki niechybnie okazali Patrick Pearse, Tom Clarke, Joseph Plunkett, James Connolly i wszyscy śmiałkowie, którzy złożyli swe życie w ofierze owego tygodnia w kwietniu, w Dublinie, by Irlandia odzyskała wolność. Czuł się wolny od problemów i trosk, przygotowany na rozliczenie z Bogiem.

Father Carey i *father* MacCarroll weszli bardzo poważni i uścisnęli mu serdecznie ręce. Ojca MacCarrolla widział trzy lub cztery razy, lecz zamienił z nim tylko kilka słów. Był Szkotem, miał pewien nieznaczny tik, poruszał nosem, co nadawało jego twarzy komiczny wygląd. Za to z ojcem Careyem czuł się swobodnie. Zwrócił im egzemplarz *O naśladowaniu Chrystusa* Tomasza à Kempis.

– Nie wiem, co z tym zrobić, może ojcowie podarują to komuś. To jedyna książka, jaką pozwolono mi czytać w Pentonville Prison. Nie żałuję tego. Była dobrym kompanem. Gdyby kiedyś zdarzyło się ojcu porozmawiać z ojcem Crottym, proszę mu powiedzieć, że miał rację. Tomasz à Kempis był właśnie taki, jak mi mówił: święty, prosty, pełen mądrości.

Ojciec MacCarroll powiedział mu, że szeryf zajmuje się jego cywilnym ubraniem i że wkrótce mu je przyniesie. W więziennym magazynie zmięło się i zakurzyło, a Mr Stacey osobiście nadzorował jego czyszczenie i prasowanie.

– To dobry człowiek – powiedział Roger. – Stracił na wojnie swego jedynego syna i sam jest na wpół żywy ze zmartwienia.

Po krótkiej ciszy poprosił ich, by przystąpili do nawrócenia go na katolicyzm.

– Ponownego przyłączenia do Kościoła, nie do nawrócenia – przypomniał mu po raz kolejny ojciec Carey. – Zawsze byłeś katolikiem, Rogerze, dzięki decyzji matki, którą tak kochałeś i którą wkrótce zobaczysz ponownie.

Ciasna cela zdawała się jeszcze mniejsza w obecności trzech osób. Ledwie znaleźli miejsce, by uklęknąć. Przez dwadzieścia lub trzydzieści minut modlili się, najpierw po cichu, następnie na głos, odmawiali „Ojcze nasz" i „Zdrowaś Mario", zakonnicy zaczynali zdanie, Roger je kończył.

Następnie ojciec MacCarroll wyszedł, by ojciec Carey mógł wysłuchać spowiedzi Rogera Casementa. Kapłan przysiadł na skraju łóżka, a Roger pozostał na kolanach przez pierwszą część długiego, bardzo długiego wyliczenia grzechów prawdziwych lub domniemanych. Gdy wybuchnął płaczem po raz pierwszy, mimo wysiłków, by się powstrzymać, ojciec Carey posadził go obok siebie. I tak ciągnęła się ta końcowa ceremonia, podczas której mówiąc, wyjaśniając, wspominając, zapytując, Roger czuł, że w rzeczy samej coraz bardziej zbliża się do matki. Chwilami odnosił przelotne wrażenie, że smukła sylwetka Anne Jephson pojawia się i znika na czerwonych cegłach muru celi.

Płakał wiele razy, tak jak chyba nigdy w życiu, nie próbując dłużej powstrzymać łez, gdyż w nich rozpływały się napięcia i gorycz i wydawało mu się, że nie tylko jego dusza, lecz także i ciało nabiera lekkości. Ojciec Carey pozwolił mu mówić milczący i nieruchomy. Niekiedy zadawał mu jakieś pytanie, wtrącał uwagę lub krótki, uspokajający komentarz. Po wyznaczeniu mu pokuty i udzieleniu rozgrzeszenia objął go: „Witaj ponownie w domu, który zawsze był twoim, Rogerze".

W chwilę później otworzyły się znowu drzwi celi i wszedł ojciec MacCarroll, a za nim szeryf. Mr Stacey trzymał w rękach jego ciemny garnitur, białą koszulę z kołnierzykiem, krawat i kamizelkę, a ojciec MacCarroll buty i skarpetki. Był to strój, który Roger miał na sobie w dniu, gdy sąd Old Bailey skazał go na śmierć przez powieszenie. Każda rzecz była nieskazitelnie czysta i wyprasowana, a buty wypastowane i wyglansowane.

– Ogromnie panu dziękuję za uprzejmość, szeryfie.

Mr Stacey skinął głową. Miał jak zwykle smutną, obrzmiałą twarz, lecz teraz unikał jego wzroku.

– Czy będę mógł się wykąpać przed włożeniem tego ubrania, szeryfie? Szkoda byłoby brudzić je takim cuchnącym ciałem...

Mr Stacey potaknął, tym razem z lekkim uśmiechem wspólnika. Potem opuścił celę.

Ściśnięci zmieścili się wszyscy na siedząco na pryczy. Pozostali tak przez dłuższy czas, niekiedy milcząc, niekiedy modląc się, niekiedy gawędząc. Roger opowiedział im o dzieciństwie, o pierwszych latach w Dublinie, w Jersey, o wakacjach spędzanych z rodzeństwem w domu rodziny ze strony matki, w Szkocji. Ojciec MacCarroll ucieszył się, słysząc, że owe szkockie wakacje stanowiły dla Rogera namiastkę raju, to znaczy czystości i szczęścia. Roger zanucił im półgłosem dziecinne piosenki, jakich nauczyli go matka i wujostwo, i przypomniał, jak ulegał rozmarzeniu, słuchając historii o wyczynach szwoleżerów w Indiach, które opowiadał jemu i jego braciom kapitan Roger Casement, gdy był w dobrym nastroju.

Następnie oddał im głos, prosząc, by opowiedzieli, jak to się stało, że zostali kapłanami. Czy wstąpili do seminarium, idąc za głosem powołania czy pod wpływem okoliczności, głodu, biedy, pragnienia zdobycia wykształcenia, jak w przypadku wielu irlandzkich księży? Ojciec MacCarroll został sierotą, zanim jeszcze osiągnął wiek rozumu. Przygarnęli go starzy krewni i zapisali go do szkółki parafialnej, gdzie proboszcz, który go polubił, przekonał go, że jego powołaniem jest Kościół.

– Czyż mogłem mu nie uwierzyć? – zamyślił się ojciec MacCarroll. – Prawdę mówiąc, wstąpiłem do seminarium bez wielkiego przekonania. Wezwanie od Boga przyszło później, podczas ostatnich lat nauki. Bardzo interesowała mnie teologia. Chętnie poświęciłbym się studiom i nauczaniu. Ale jak wiemy, człowiek proponuje, Pan Bóg decyduje.

Przypadek ojca Careya był zupełnie inny. Jego rodzina, dobrze prosperujący kupcy z Limerick, była katolicka raczej w słowach niż w czynach, tak że nie dorastał w religijnej atmosferze. Mimo to już we wczesnej młodości poczuł powołanie, a nawet potrafił wskazać zdarzenie, które być może miało decydujący wpływ. Chodziło o Kongres Eucharystyczny – jako trzynasto- lub czternastoletni chłopiec wysłuchał podczas niego opowieści misjonarza ojca Aloysiusa o pracy, jaką wykonywali w dżunglach Meksyku i Gwatemali zakonnicy i zakonnice, wśród których spędził dwadzieścia lat życia.

– Był dobrym mówcą i oczarował mnie – powiedział ojciec Carey. – To dzięki niemu jestem tutaj. Nigdy więcej nie widziałem go ani nie miałem o nim żadnych wieści. Ale na zawsze zapamiętałem jego głos, jego żar, jego retorykę, jego długą brodę. I jego imię: *father* Aloysius.

Gdy otworzyły się drzwi celi i przyniesiono mu zwyczajową, skromną kolację – zupę, sałatkę i chleb – Roger zorientował się, że rozmawiają już od wielu godzin. Dogasał zmierzch, nadchodziła noc, choć odrobina słońca błyszczała jeszcze w kratach małego okienka. Nie chciał kolacji, zatrzymał tylko buteleczkę wody.

A wtedy przypomniał sobie, że podczas jednej z pierwszych wypraw po Afryce, w pierwszym roku pobytu na Czarnym Lądzie, spędził kilka dni w małej wiosce należącej do plemienia, którego nazwy nie pamiętał (może Bangui?). Przy pomocy tłumacza rozmawiał z miejscowymi. W ten sposób dowiedział się, że tamtejsi starcy, gdy czują, że mają umrzeć, wiążą skromne dobra w węzełek i dyskretnie, nie żegnając się z nikim, niepostrzeżenie, znikają w dżungli. Wyszukują spokojne miejsce, małą plażę na brzegu jeziora lub rzeki, podnóże wielkiego drzewa, skalisty pagórek. Tam kładą się w oczekiwaniu na śmierć, nie przeszkadzając nikomu. Mądra i elegancka forma odejścia.

Ojciec Carey i ojciec MacCarroll chcieli spędzić z nim noc, lecz Roger się nie zgodził. Zapewnił ich, że czuje się dobrze, spokojniejszy niż w ciągu ostatnich trzech miesięcy. Wolał zostać sam i odpocząć. Była to prawda. Zakonnicy, widząc jego pogodę, uznali, że mogą odejść.

Gdy wyszli, Roger długo patrzył na ubranie, które zostawił szeryf. Nie wiadomo, dlaczego był pewien, że przyniosą mu rzeczy, które miał na sobie w momencie pojmania, w ten posępny poranek dwudziestego pierwszego kwietnia w okrągłej celtyckiej budowli zwanej McKenna's Fort, o zmurszałych kamieniach, pokrytej zbutwiałymi liśćmi, porośniętej paprociami, otoczonej drzewami, w których śpiewały ptaki. Zaledwie trzy miesiące wcześniej, a jemu zdawało się, że wieki. Co stało się z tamtym ubraniem? Czy trafiło do archiwum, podobnie jak jego akta? Garnitur, który wyprasował Mr Stacey i w którym umrze za kilka godzin, kupił mu mecenas Gavan Duffy, żeby stanął w przyzwoitym stroju przed sądem. By go nie zmiąć, rozłożył go pod cienkim siennikiem. I położył się, myśląc, że czeka go długa bezsenna noc.

Ku swemu zdziwieniu szybko zasnął. I musiał spać przez wiele godzin, ponieważ gdy otworzył oczy, wzdrygając się, mimo że w celi panował jeszcze mrok, zauważył przez zakratowany kwadracik okna, że zaczyna świtać. Pamiętał, że śniła mu się matka. Miała smutną twarz, a on, mały chłopczyk, pocieszał ją, mówiąc: „Nie martw się, wkrótce znów się zobaczymy". Czuł się spokojny, nie odczuwał lęku, pragnął, by to się wreszcie skończyło.

Niedługo potem, a może długo, bo nie wiedział, ile minęło czasu, otworzyły się drzwi, a stojący we wnęce szeryf – zmęczona twarz, oczy przekrwione, jakby nie zmrużył oka przez całą noc – powiedział mu:
– Jeśli chce pan się wykąpać, to musi być teraz.
Roger potaknął. Gdy szli w stronę łaźni długim korytarzem z poczerniałej cegły, Mr Stacey zapytał go, czy udało mu się choćby trochę wypocząć. Gdy Roger powiedział, że przespał kilka godzin, szeryf mruknął: „Cieszę się". Nieco później, gdy Roger cieszył się z góry na dotyk strumienia chłodnej wody na swoim ciele, Mr Stacey opowiedział mu, że pod bramą więzienia przez całą noc stało, modląc się, z krzyżami i transparentami przeciwko karze śmierci, wiele osób, w tym kilku księży i pastorów. Roger czuł się dziwnie, jakby to już nie był on, jakby zastępował go ktoś inny. Pozostał długą chwilę pod zimną wodą. Namydlił się starannie, po czym opłukał się, trąc mocno ciało obiema rękami. Gdy wrócił do celi, byli tam już znowu ojciec Carey i ojciec MacCarroll. Powiedzieli mu, że liczba ludzi zgromadzonych u bramy Pentonville Prison, modlących się i potrząsających transparentami, bardzo wzrosła od ostatniej nocy. Wielu z nich było parafianami przyprowadzonymi przez ojca Edwarda Murnaue z kościółka Holy Trinity, dokąd uczęszczały irlandzkie rodziny z tej dzielnicy. Była też grupa wyrażająca poparcie dla egzekucji „zdrajcy". Na Rogerze wieści te nie wywarły żadnego wrażenia. Zakonnicy odczekali na zewnątrz celi, aż się ubierze. Zdumiało go, jak bardzo schudł. Ubranie i buty zrobiły się luźne.

Z księżmi po bokach, z szeryfem i uzbrojonym strażnikiem z tyłu, udał się do kaplicy Pentonville Prison. Nie znał jej. Była mała i ciemna, lecz wnętrze z zaokrąglonym stropem miało w sobie coś przytulnego i uspokajającego. Ojciec Carey odprawił mszę, ojciec MacCarroll służył mu jako ministrant. Roger uczestniczył w rytuale ze wzruszeniem, choć nie wiedział, czy ze względu na okoliczności, czy na to, że oto miał przyjąć komunię po raz pierwszy i ostatni. „Będzie to moja pierwsza komunia i mój wiatyk" – pomyślał. Po przyjęciu komunii spróbował coś powiedzieć obu ojcom, lecz nie znalazł słów i zamilkł, starając się modlić.

Po powrocie do celi zastał przy łóżku śniadanie, lecz nie chciał nic zjeść. Zapytał o godzinę i tym razem mu odpowiedziano: była ósma czterdzieści rano. „Zostało mi dwadzieścia minut" – pomyślał. W tym momencie nadeszli dyrektor więzienia i szeryf, a także kilku mężczyzn ubranych po cywilnemu, zapewne lekarz, który miał stwierdzić jego zgon, jakiś urzędnik Korony i kat ze swym młodym pomocnikiem. Mr Ellis, niski i krzepki, był ubrany na czarno tak jak pozostali, lecz miał podwinięte rękawy marynarki, by łatwiej mu było pracować. Na ramieniu trzymał zwinięty sznur. Grzecznym, lekko zachrypniętym głosem poprosił go, by dał ręce do tyłu, gdyż musi mu je związać. Roger wykonał polecenie. Krępując mu dłonie, Mr Ellis zadał pytanie, które wydało mu się absurdalne: „Nie ściskam zbyt mocno?". Zaprzeczył ruchem głowy.

Father Carey i *father* MacCarroll zaczęli głośno odmawiać litanię. Robili to przez cały czas, towarzysząc mu, każdy z jednego boku, w długim przejściu przez sektory więzienia, których nie znał: schody, korytarze, mały dziedziniec, nigdzie ani żywej duszy. Roger prawie nie widział miejsc, które mijali. Modlił się, odpowiadał na wezwania litanii i odczuwał zadowolenie, że jego kroki brzmią stanowczo i że nie wymyka mu się ani jeden szloch, ani jedna łza. Chwilami zamykał oczy i prosił Boga o łaskę, lecz w głowie pojawiała mu się twarz Anne Jephson.

Wyszli wreszcie na plac zalany słońcem. Czekał na nich pluton uzbrojonych strażników. Otaczali drewniane kwadratowe rusztowanie z małymi schodkami o ośmiu lub dziesięciu stopniach. Dyrektor odczytał coś, zapewne wyrok, na co Roger nie zwrócił uwagi. Następnie zapytał go, czy chce coś powiedzieć. Pokręcił przecząco głową, ale szepnął cicho: „Irlandia". Odwrócił się do kapłanów, a oni uściskali go. Ojciec Carey go pobłogosławił.

Wówczas podszedł Mr Ellis i poprosił, by zechciał się pochylić, by mógł zawiązać mu oczy, gdyż Roger był znacznie wyższy od niego. Pochylił głowę, a gdy kat nakładał mu opaskę, która pogrążyła go w ciemności, wydało mu się, że palce Mr Ellisa są teraz mniej stanowcze, mniej pewne, niż gdy wiązał mu ręce. Ująwszy go za ramię, kat wprowadził go po stopniach na podest, powoli, by się nie potknął.

Usłyszał jakiś ruch, modlitwę kapłanów, a potem kolejny szept Mr Ellisa, który prosił go, by pochylił głowę i całe ciało, *„please, sir"*. Uczynił to, a wówczas poczuł, że ten nakłada mu sznur na szyję. Usłyszał jeszcze ostatni szept Mr Ellisa: „Jeśli wstrzyma pan oddech, pójdzie szybciej, *sir*". Posłuchał go.

EPILOG

> *I say that Roger Casement*
> *Did what he had to do.*
> *He died upon the gallows,*
> *But that is nothing new*.*
>
> W.B. Yeats

Historia Rogera Casementa wystrzeliwuje, gaśnie i ponownie rozbłyska po jego śmierci jak owe sztuczne ognie, które wzbijają się w niebo i rozświetlają noc deszczem gwiazd i grzmotów, po czym przygasają, milkną, by w chwilę później ożyć fanfarami i łuną na niebie.

Według lekarza, który asystował przy egzekucji, doktora Percy'ego Mandera, dokonała się ona „bez najmniejszej przeszkody", a zgon nastąpił natychmiast. Przed wydaniem zezwolenia na pogrzeb medyk, zgodnie z rozkazami władz brytyjskich, które pragnęły jakiegoś naukowego dowodu w sprawie „perwersyjnych skłonności" straconego, przystąpił, nałożywszy uprzednio gumowe rękawiczki, do zbadania

---

* Twierdzę, że Roger Casement / zrobił, co zrobić miał. / Na szubienicy zawisł, / lecz to nie nowość wszak.

jego odbytu i początkowego odcinka jelita. Ustalił, że "na pierwszy rzut oka", odbyt wykazywał znaczne rozszerzenie, podobnie jak "dolna część jelit, na odcinku, do którego sięgały palce ręki". Medyk zakończył raport stwierdzeniem, że badanie potwierdziło "praktyki, do których stracony żywił ponoć upodobanie".

Po owych oględzinach szczątki Rogera Casementa zostały pogrzebane bez nagrobka, krzyża, inicjałów, obok grobu, także anonimowego, doktora Crippena, słynnego mordercy skazanego już dużo wcześniej. Bezkształtny kopczyk ziemny, stanowiący miejsce jego pochówku, przylegał do Roman Way, traktu, którym na początku pierwszego milenium naszej ery weszły rzymskie legiony, by ucywilizować ten odległy zakątek Europy mający stać się później Anglią.

Następnie historia Rogera Casementa zdaje się urywać. Starania wobec władz brytyjskich czynione przez mecenasa George'a Gavana Duffy'ego w imieniu rodzeństwa Rogera w sprawie zwrócenia szczątków rodzinie, by mogły otrzymać chrześcijański pochówek w Irlandii, zakończyły się niepowodzeniem, w owym momencie i przez całe następne półwiecze; za każdym razem gdy jego krewni podejmowali kolejną próbę, spotykała ich odmowa. Przez długi czas, nie licząc bardzo wąskiego grona – w tym kata Mr Johna Ellisa, który we wspomnieniach zredagowanych wkrótce przed swoim samobójstwem stwierdził: "spośród wszystkich ludzi, na których wykonywałem wyrok, największą odwagę w momencie śmierci wykazał Roger Casement" – nikt o nim nie mówił ani nie pisał. Po prostu zniknął z łamów prasy i z kręgu zainteresowań opinii publicznej, w Anglii i w Irlandii.

Dość długo trwało, zanim został przyjęty do panteonu bohaterów niepodległości Irlandii. Perfidna kampania, rozpętana przez brytyjskie tajne służby w celu zdeprecjonowania jego osoby z użyciem fragmentów sekretnych dzienników, odniosła skutek. Czarna legenda jeszcze do dziś nie została całkiem rozwiana: ponura otoczka homoseksualizmu i pedofilii towarzyszyła jego wizerunkowi przez cały wiek dwudziesty. Jego postać była niewygodna dla rodaków, gdyż Irlandia, aż do niedawna, wyznawała oficjalnie bardzo surową moralność, w której nawet cień podejrzenia o „zboczenie seksualne" pogrążał człowieka w niesławie i pozbawiał go szacunku opinii publicznej. Przez sporą część dwudziestego wieku nazwisko oraz czyny i niedole Rogera Casementa pojawiały się wyłącznie w esejach politycznych, artykułach prasowych i biografiach historycznych, w większości napisanych przez autorów angielskich.

Wraz z rewolucją obyczajową, szczególnie tą, która dokonała się w zakresie seksualności ludzkiej, w Irlandii pomału, choć z oporami i dąsami, nazwisko Casementa zaczęło torować sobie drogę, aż wreszcie został uznany za tego, kim był: jedną z wielkich postaci ruchu antykolonialnego, obrońcę praw ludzkich i autochtonicznych kultur, a także bojownika o niepodległość Irlandii, który poświęcił życie tej sprawie. Powoli jego rodacy zaakceptowali to, że bohater i męczennik nie jest abstrakcyjnym bytem ani wzorem cnót, lecz istotą ludzką ulepioną ze sprzeczności i z kontrastów, ze słabości i z wielkości, gdyż człowiek, jak napisał José Enrique Rodó, „jest wieloma ludźmi", co znaczy, że anioły i demony mieszają się w jego osobowości tak ściśle, iż nie sposób ich rozplątać.

Nigdy nie ustały i prawdopodobnie nie ustaną kontrowersje co do tak zwanych *Black Diaries*. Czy istniały rzeczywiście i Roger Casement napisał je własnoręcznie, z wszystkimi odrażającymi obscenami włącznie, czy też zostały sfałszowane przez tajne służby brytyjskie, by zadać swemu dawnemu dyplomacie śmierć także moralną i polityczną, co miałoby stanowić przykładną karę służącą do odstraszania potencjalnych zdrajców? Przez całe dekady rząd angielski odmawiał wydania zgody na analizę dzienników przez niezależnych historyków i grafologów, twierdząc, że są objęte tajemnicą państwową, co dało asumpt do podejrzeń i argumentów na rzecz fałszerstwa. Gdy stosunkowo niedawno odtajniono je, a badacze uzyskali do nich dostęp i mogli poddać je naukowym analizom, spór nie dobiegł końca. Prawdopodobnie potrwa jeszcze długo. Co nie jest takie złe. Nie jest złe, że wokół

Rogera Casementa panuje wciąż atmosfera niepewności, co dowodzi, że niemożliwością jest całkowite i ostateczne poznanie istoty ludzkiej, całości wymykającej się wszystkim sieciom teorii i racjonalizmu, które usiłują ją złowić. Moje własne odczucie – jako powieściopisarza, rzecz jasna – jest takie, że Roger Casement, owszem, napisał sławetne dzienniki, lecz że nie stanowią one zapisu jego przeżyć, a w każdym razie że nie przeżył wszystkiego, o czym wspomina, że zawierają wiele przesady i fikcji, że napisał pewne rzeczy, ponieważ chciałby ich doznać, lecz nie było to możliwe.

W tysiąc dziewięćset sześćdziesiątym piątym roku angielski rząd Harolda Wilsona zezwolił wreszcie na repatriację kości Casementa. Przybyły do Irlandii wojskowym samolotem i odebrały publiczny hołd dwudziestego trzeciego lutego tego roku. Były wystawione przez cztery dni w kaplicy pogrzebowej w Garrison Church of the Sacred Heart jako należące do bohatera. Tłumy oceniane na wielotysięczne przedefilowały przez kaplicę, by złożyć mu uszanowanie. Orszak wojskowy odprowadził je do Saint Mary's Pro-Cathedral, oddano mu honory wojskowe naprzeciwko historycznego gmachu Poczty, kwatery głównej powstania z tysiąc szesnastego roku, po czym przeniesiono trumnę na cmentarz Glasnevin, gdzie Casement został pochowany szarego deszczowego poranka. By wygłosić mowę na jego cześć, Éamon de Valera, pierwszy prezydent Irlandii, bohaterski kombatant powstania z tysiąc szesnastego roku i przyjaciel Rogera Casementa, przybył na uroczystość, choć bliski śmierci, i powiedział kilka słów nabrzmiałych wzruszeniem, jakimi zwykle żegna się wielkich ludzi.

Ani w Kongu, ani w Amazonii nie pozostał żaden ślad po człowieku, który tyle uczynił, by ujawnić straszliwe zbrodnie popełnione na tych ziemiach w epoce kauczuku. W Irlandii pozostało kilka pamiątek rozproszonych po całej wyspie. W Antrim, na grzbiecie Glenshesk opadającym ku małej zatoce Murlough, nieopodal domu rodzinnego Magherintemple, Sinn Féin wzniosła mały pomnik, który zburzyli radykalni unioniści z Irlandii Północnej. Jego szczątki zalegają jeszcze w pobliżu. W Ballyheigue, w hrabstwie Kerry, na placyku zwróconym ku morzu wznosi się posąg Rogera Casementa wyrzeźbiony przez Irlandczyka Oisína Kelly'ego. Kerry County Museum w Tralee przechowuje aparat fotograficzny, który Roger zabrał w tysiąc dziewięćset jedenastym roku w podróż do Amazonii, a na prośbę zwiedzającego kustosz pokazuje też szynel, którym okrywał się na pokładzie niemieckiego okrętu podwodnego U-19 w drodze do Irlandii. Kolekcjoner prywatny Mr Sean Quinlan ma w swym domku w Ballyduff, nieopodal ujścia rzeki Shannon do Atlantyku, łódź, którą – jak się zaklina – dopłynęli do brzegu w Banna Strand Roger kapitan Monteith i sierżant Bailey. W szkole języka gaelickiego w Tralee, noszącej imię Rogera Casementa, w gabinecie dyrektora widnieje na honorowym miejscu fajansowy talerz, z którego Roger jadał w sądowym Public Bar Seven Stars podczas procesu. W McKenna's Fort stoi nieduży pomnik – kolumna z czarnego kamienia – z inskrypcją po gaelicku, angielsku i niemiecku przypominającą, że w tym miejscu został schwytany przez Royal Irish Constabulary dwudziestego pierwszego kwietnia tysiąc dziewięćset szesnastego roku. A w Banna Strand, na plaży, gdzie wylądował, wznosi się mały obelisk z rysunkiem twarzy Rogera Casementa sąsiadującej z twarzą kapitana Roberta Monteitha. Gdy go oglądałem, był pokryty białymi odchodami krzykliwych mew zataczających kręgi na niebie, a wokół bujnie kwitły dzikie fiołki, które tak wzruszyły Rogera w ten blady świt, kiedy wrócił do Irlandii, gdzie czekały go więzienie, sąd i szubienica.

Madryt, 19 kwietnia 2010

PODZIĘKOWANIA

Nie byłbym w stanie napisać tej powieści bez współpracy, świadomej lub nieświadomej, wielu osób, które okazały mi pomoc podczas podróży po Kongu i Amazonii, a także w Irlandii, Stanach Zjednoczonych, Belgii, Peru, Niemczech i Hiszpanii, które przysłały mi książki i artykuły, ułatwiły dostęp do archiwów i bibliotek, udzieliły odpowiedzi i rad, a przede wszystkim dały otuchę i przyjaźń, gdy czułem, że słabnę wobec trudności, jakie stawiał przede mną mój własny projekt. Spośród nich chciałbym szczególnie uhonorować Verónicę Ramírez Muro za nieocenioną pomoc w wędrówce po Irlandii oraz w przygotowaniu rękopisu. Za uszczerbki tej książki ponoszę odpowiedzialność ja jeden, lecz jej ewentualne zalety nie byłyby możliwe bez wsparcia wszystkich wymienionych. Proszę, by zechciały przyjąć moje podziękowania następujące osoby:

W Kongu: pułkownik Gaspar Barrabino, Ibrahima Coly, ambasador Félix Costales Artieda, ambasador Miguel Fernández Palacios, Raffaella Gentilini, Asuka Imai, Chance Kayijuka, Placide-Clement Mananga, Pablo Marco, ojciec Barumi Minavi, Javier Sancho Más, Karl Steinecker, dr Tharcisse Synga Ngundu de Minova, Juan Carlos Tomasi, Xisco Villalonga, Émile Zola oraz „Poétes du Renouveau" z Lwemba.

W Belgii: David Van Reybrouck.

W Amazonii: Alberto Chirif, ojciec Joaquín García Sánchez i Roger Rumrill.

W Irlandii: Christopher Brooke, Anne i Patrick Casementowie, Hugh Casement, Tom Desmond, Jeff Dudgeon, Seán Seosamh Ó Conchubhair, Ciara Kerrigan, Jit Ming, Angus Mitchell, Griffin Murray, Helen O'Carroll, Séamas O'Siochain, Donal J. O'Sullivan, Sean Quinlan, Orla Sweeney oraz personel National Library of Ireland i National Photographic Archive.

W Peru: Rosario de Bedoya, Nancy Herrera, Gabriel Meseth, Lucía Muñoz-Nájar, Hugo Neira, Juan Ossio, Fernando Carvallo oraz personel Biblioteca Nacional.

W Nowym Jorku: Bob Dumont oraz personel New York Public Library.

W Londynie: John Hemming, Hugh Thomas oraz personel British Library.

W Hiszpanii: Fiorella Battistini, Javier Reverte, Nadine Tchamlesso, Pepe Verdes, Antón Yeregui i Muskilda Zancada.

Héctor Abad Faciolince, Ovidio Lagos i Edmundo Murray.

SPIS TREŚCI

KONGO 9

I 11
II 16
III 25
IV 31
V 64
VI 76
VII 118

AMAZONIA 133

VIII 135
IX 171
X 194
XI 253
XII 272

IRLANDIA   323

XIII   325
XIV   358
XV   416

EPILOG   425

PODZIĘKOWANIA   431

KSIĄŻKI MARIA VARGASA LLOSY W ZNAKU

Szelmostwa niegrzecznej dziewczynki
Pantaleon i wizytantki
Kto zabił Palomina Molero?
Wojna końca świata
Rozmowa w „Katedrze"
Ciotka Julia i skryba
Święto Kozła
Gawędziarz
Pochwała macochy
Miasto i psy
Lituma w Andach
Zeszyty don Rigoberta
Zielony dom
Raj tuż za rogiem
Wyzwanie. Szczeniaki
Historia Alejandra Mayty
Jak ryba w wodzie. Wspomnienia

Społeczny Instytut Wydawniczy Znak,
ul. Kościuszki 37, 30-105 Kraków. Wydanie I, 2011.
Druk i oprawa: Drukarnia Skleniarz, ul. Lea 118, Kraków.